無聲，做管不成。德明。

司馬遷説律，只是推得〔六〕一個通了，十二個皆通。庚。〔七〕

十二律自黄鍾而生。黄鍾是最濁之聲，其餘漸漸清。若定得黄鍾是便入得樂，都是這裏纔差了些子其他都差。只是寸難定，所以易差。道夫。

樂聲，黄鍾九寸最濁，應鍾最清，清聲則四寸半。八十一、五十四、七十二、六十四，至六十四則不齊而不容分矣。人傑。

音律如尖塔樣，闊者濁聲，尖者清聲。宫以下則太濁，羽以上則太輕，皆不可爲樂，惟五聲者中聲也。人傑。

樂律：自黄鍾至仲吕皆屬陽，自蕤賓至應鍾皆屬陰，此是一個大陰陽。黄鍾爲陽，大吕爲陰，太簇爲陽，夾鍾爲陰，每一陽間一陰，又是一個小陰陽。閎祖。

自黄鍾至仲吕皆下生，自蕤賓至應鍾皆上生。以上生下皆三生二，以下生上皆三生四。閎祖。

律管只以九寸爲準，則上生下生，三分益一損一，如破竹矣。人傑。〔八〕

禮記注疏説「五聲六律十二管還相爲宫」處分明。人傑。

旋宫：且如大吕爲宫，則大吕用黄鍾八十一之數而三分損一，下生夷則；夷則又用林鍾

晦庵先生朱文公語類卷第九十二

樂古今

問：「古尺何所考？」曰：「羊頭山黍今不可得，只依温公様。他考必子細，然尺亦多様。隋書載十六等尺，說甚詳。王莽貨泉錢，古尺徑一寸。」因出二尺，曰：「短者周尺，長者景表尺。」淳。[一]

十二律皆在，只起黄鍾之宫不得。所以起不得者，尺不定也。黍。[二]升卿。

「律管只吹得中聲爲定。季通嘗截小竹吹之，可驗。若謂用周尺或羊頭山黍，雖應準則，不得中聲，終不是。大抵聲太高則焦殺，低則盎緩。」「牛鳴盎中」，謂此。又云：「此不可容易杜撰。劉歆爲王莽造樂，樂成而莽死；後荀勗造於晉帝[三]時，即有五胡之亂；和峴造於周世宗時，世宗亦死。惟本朝太祖皇帝[四]神聖特異，初不曾理會樂律，但聽樂聲，嫌其太高，令降一分，其聲遂和。唐太宗定[五]樂及本朝樂皆平和，所以世祚久長。」笑云：「如此議論，又却似在樂不在德也。」德明。

朱子語類彙校

陸

[宋]黄士毅 編

徐時儀 楊艷 彙校

上海古籍出版社

五十四之數而三分益一，上生夾鍾。其餘皆然。閎祖。

道夫[九]問：「先生所論樂，今考之，若以黃鍾爲宮，便是太簇爲商，姑洗爲角，蕤賓爲變徵，林鍾爲徵，南呂爲羽，應鍾爲變宮。若以大呂爲宮，便是夾鍾爲商，中呂爲角，林鍾爲變徵，夷則爲徵，無射爲羽，黃鍾爲變宮。其餘則旋相爲宮，周而復始。若言相生之法，則以律生呂便是下生，以呂生律則爲上生。自黃鍾下生林鍾，林鍾上生太簇；太簇下生南呂，南呂上生姑洗；姑洗下生應鍾，應鍾上生蕤賓。蕤賓本當下生，今卻復上生大呂；大呂下生夷則，夷則上生夾鍾；夾鍾下生無射，無射上生中呂。相生之道至是窮矣，遂復變而上生黃鍾之宮。再生之黃鍾不及九寸，只是八寸有餘。然黃鍾君象也，非諸宮之所能役，故虛其正而不復用，所用祇再生之變者。就再生之變又缺其半，所謂缺其半者，蓋若大呂爲宮，黃鍾爲變宮時，黃鍾管最長，所以只得用其半聲。而餘宮亦皆倣此。」曰：「然。」又曰：「宮、商、角、徵、羽與變徵，皆是類[一〇]之相生，自然如此，非人力所加損，此其所以爲妙。」問：「既有宮、商、角、徵、羽，又有變宮、變徵，何也？」曰：「二者是樂之和，去聲。相連接處。」道夫。

「『旋相爲宮』，若到應[一一]爲宮則下四聲都當低去，所以有半聲，亦謂之『子聲』，近時所謂清聲是也。大率樂家最忌臣民陵君，故商聲不得過宮聲。然近時卻只[一二]有四清聲，方響十六個，十二個是律呂，四片是四清聲。古來十二律卻都有半聲。所謂『半聲』者，如蕤賓之管當用六寸，却只用三寸。雖用三寸，聲却只是大吕，但愈重濁耳。」又問聲氣之元。先生云：「律曆家最重這元聲一定〔一三〕，向下都定；元聲差，向下都差。」植。〔一四〕

宫與羽、角與徵相去獨遠，故於其間製變宫、變徵二聲。廣。

問：「周禮大司樂説宫、角、徵、羽，與七聲不合，如何？」曰：「此是降神之樂，如黄鍾爲宫，大吕爲角，太簇爲徵，應鍾爲羽，自是四樂各舉其一者而言之。以大吕爲角，則南吕爲宫，太簇爲徵，則林鍾爲宫，應鍾爲羽，則太簇爲宫。以七聲推之合如此，注家之説非也。」人傑。

律吕有十二，用時只使七個。自黄鍾下生至七，若更插一聲便拗了。淳。

七聲之説，國語言之。人傑。

「律十有二，作樂者只用七聲。惟宫聲筵席不敢用，用則賓主失歡。」力行云：「今人揲卦得乾卦者多不爲吉，故左傳言『隨元、亨、利、貞』，有是四德乃可以出。」先生曰：「然。」力行。

文蔚〔一五〕問：「國語云『律者立均出度』，韋昭注云：『均謂均鍾，木長七尺，係之以弦。』不知其制如何？」曰：「韋昭是個不分曉底人。國語本自不分曉，更著他不曉事，愈見鶻突。『均』只是七均。如以黄鍾爲宫，便用林鍾爲徵，太簇爲商，南吕爲羽，姑洗爲角，應鍾爲變宫，蕤賓爲變徵。這七律自成一均，其聲自相諧應。古人要合聲，先須吹律，使衆聲皆合，律方可用。後來人想不能〔一六〕解去逐律吹得。京房始有律準，乃是先做下一個母子，調得正了，後來只依此爲準。國語謂之『均』，梁武帝謂之『通』。其制十三弦，一弦是全律底黃鍾，只是散聲。又自黃鍾起至應鍾有十二弦，要取甚聲，用柱子來逐弦分寸上柱定取聲，立均之意本只是如此。古來人解書最有一個韋昭無理會，且如下文『六者中之色』，『六』字本只是『黃』字闕却上面一截，他便就這『六』字上解，謂六聲天地之中。六者天地之中，自是數，干色甚事！」文蔚。

水、火、木、金、土是五行之序。至五聲，宮却屬土，至羽屬水。宮聲最濁，羽聲最清。一聲應七律，共八十四調。除二律是變宮，止六十調。人傑。

樂聲是土、金、木、火、水，洪範是水、火、木、金、土。人傑。

樂之六十聲便如六十甲子。以五聲合十二律而成六十聲，以十干合十二支而成六十甲子，若不相屬而實相爲用。遺書云「三命是律，五星是曆」，即此説也。只曉不得甲子、乙丑皆屬木而納音却屬金，前輩多論此，皆無定説。僩。

絲宮而竹羽。人傑。

絲尚宮，竹尚羽。竹聲大，故以羽聲濟之；絲聲細，故以宮聲濟之。廣。

周禮以十二律爲之度數，如黃鍾九寸、林鍾六寸之類。以十二聲爲之劑量，蓋磬材有剛柔清濁，音聲有輕重高低，故復以十二聲劑量斟酌，磨削厚薄令合節族，如磬氏「已上則磨其旁，已下則磨其端」之類。僩。

先生偶言及律呂，謂：「管有長短，則聲有清濁。黃鍾最長，則聲最濁，應鍾最短，則聲最清。」時舉云：「黃鍾本爲宮，然周禮祭天神人鬼地示之時，則其樂或以黃鍾爲宮，或以林鍾爲宮，未知如何？」先生云：「此不可曉。先儒謂商是殺聲，鬼神之[一七]所畏，故不用，而只用四聲迭相爲宮。未知其五聲不備又何以爲樂。大抵古樂多淡，十二律之外，又有黃鍾、大呂、太簇、夾鍾四清聲雜於正聲之間，樂都可聽。今古樂不可見矣。長沙南嶽廟每祭必用樂，其節奏甚善，祭者久立不勝其勞。據圖經云是古樂，然其樂器又亦用伏鼓之類，如此則亦非古矣。」時舉因云：「『金聲玉振』是樂之始終。不知只是首尾用之，還中間亦用耶？」先生云：「樂有特鍾、特磬，有編鍾、編磬。編鍾、編磬是中間奏者，特鍾、特磬是首尾用者。」時舉云：「所謂『玉振』者只是石耶，還真用玉？」曰：「只是石耳，但大樂亦有玉磬，所謂『天球』者是也。」時舉。

義剛[一八]問：「周禮祭不用商音，或以爲是武王用厭勝之術。切疑聖人恐無此意。」曰：「這個也難曉，須是問樂家，如何不用商。嘗見樂家言是有殺伐之意，故祭不用。然也恐是無商調，不是無商音。他那奏起來五音依舊皆在。」又問：「向見一樂書，温公言本朝無祉音。切謂五音如四時代謝，不可缺一。若無祉音，則本朝之樂大段不成說話。」曰：「不特本朝，從來無那祉。不特祉無，角亦無之。然只是太常樂無，那宴樂依舊有。這個也只是無那祉調角音[一九]，不是無那祉角音[二〇]。如今人曲子所謂『黃鍾宮，大呂羽』，這便是調。謂如頭一聲是宮聲，尾後一聲亦是宮聲，這便是宮調。若是其中按拍處，那五音依舊都用，不只是全用宮。如說無祉便只是頭聲與尾聲不是祉，這却不知是如何，其中有個甚麽欠缺處所以做那祉不成。徽宗嘗令人硬去做，然後來做得成却只是頭一聲是祉，尾後一聲依舊不是，依舊走了，這個[二一]不知是如何。平日也不曾去理會，這須是樂家辨得那[二二]聲音底方理會得。但是這個別是一項，未消得理會。」義剛。

古者太子生則太師吹管以度其聲，看合甚律。及長，其聲音高下皆要中律。庚。[二三]

南北之亂，中華雅樂中絶。隋文帝時，鄭譯得之於蘇祇婆，乃[二四]自西域傳來，故知律呂乃天地自然之聲氣，非人之所能爲。譯請用旋宮，何安[二五]恥其不能，遂止用黄鍾一均。事見隋志。因言佛與吾道不合者，蓋道乃無形之物，所以有差。至如樂律，則有數器，所以合也。閎祖。

六朝彈箏鼓瑟皆歌。節。

唐祖孝孫説八十四調，季通云只有六十調，不以變宮、變徵爲調，恐其説有理。此左傳「中聲以降，五降之後不容彈矣」之意也。人傑。

又曰：[二六]「自唐以前樂律尚有制度可考，自[二七]唐以後都無可考。如杜佑通典所算分數極精，但通典用十分爲寸作算法，頗難算。蔡季通只以九分算。本朝范、馬諸公非惟不識古制，自是於唐制亦不曾詳看。通典又不是隱僻底書，不知當時諸公何故皆不看。只如沈存中博爲皆是亂數[二八]。某與之[二九]言：『未可恁地説，恐老兄欺他未得在，只是他做人不甚好耳。』」因令將五音、十二律寫作圖子，云：「且須曉得這個，其他却又商量。」道夫。

問樂。曰：「古聲只是和，後來多以悲恨爲佳。温公與范蜀公、胡安定與阮逸、李照争辯，其實都自理會不得，却不曾去看通典。通典説得極分明，蓋此事在唐猶有傳者，至唐末遂失其傳。王朴當五代之末，杜撰得個樂如此。當時有幾鍾名爲『啞鍾』，不曾擊得，蓋是八十四調。朴調其聲，令一一擊之，其實那個啞底却是，古人製此不擊以避宫聲，若一例皆擊，便有陵節之患。漢禮樂志劉歆説樂處亦好。唐人俗舞謂之『打令』，其狀有四：曰招，曰摇，曰送，其一記不得。蓋招則邀之之意，摇則摇手呼唤之意，送者送酒之意。舊嘗見深村父老爲余言，其祖父嘗爲之收得譜子，因兵火失去。舞時皆裹幞頭，列坐飲酒，少刻起舞。有四句號云『送摇招摇，三方一圓，分成四片，送在摇前』，人多不知，皆以爲瓦謎。」漢卿云：「張滋約齋亦是張家好子弟。」先生曰：「見君舉説，其人大曉音律。」因言：「今日到詹元善處見其教樂，又以管吹習古詩二南、七月之屬，其歌調却只用太常譜。然亦只做得今樂，若古樂，必不恁地美。人聽他在行在録得譜子，大凡壓入音律只以首尾二字，章首一字是某調，章尾即以某調終之，如關雎『關』字，合作無射調，結尾亦着作無射聲應之；葛覃『葛』字，合作黄鍾調，結尾亦著作黄鍾聲應之；

如『七月流火』三章皆『七』字起，『七』字則是清聲調，末亦以清聲調結之；如『五月斯螽動股』、『二之日鑿冰沖沖』，『五』字、『二』字皆是濁聲，黄鍾調末以濁聲結之。元善理會事都不要理會個是，只信口胡亂説，事事喚做曾經理會來。如宮、商、角、徵、羽，固是就喉、舌、唇、齒上分，他便道只此便了，元不知道喉、舌、唇、齒上亦各自有宮、商、角、徵、羽。何者？蓋自有個疾徐高下。」賀孫。

「温公與范忠宣公[三〇]，胡安定與阮逸、李照等議樂，空自争辯。看得來都未是，元不曾去看唐[三一]通典。據通典中所説皆是，又且分曉。」廣云：「如此則杜佑想是理會得樂。」曰：「也不知他會否，但古樂在唐猶有存者，故他因取而載之於書。至唐末黄巢亂後遂失其傳，至五代[三二]周世宗時，王朴據他所見杜撰得個樂出來。通鑑中説，王朴説當時鍾有幾個不曾擊，謂之『啞鍾』，朴乃調其聲，便皆可擊。看得來所以存而不擊者，恐是避其陵慢之聲，故不擊之耳，非不知擊之耳。」廣。

蔡京用事主張喻世清作樂，盡破前代之言樂者。因作中聲正聲，如正聲九寸，中聲只八寸七分一。按史記「七」字多錯，乃是「十分一」。其樂只是杜撰，至今用之。人傑。

仁宗以胡安定、阮逸樂書，令天下名山藏之，意思甚好。道夫。

問：「温公論本朝樂無徵音，如何？」曰：「其中不能無徵音，只是無徵調。如首以徵音〔三三〕而末復以徵音合殺者，是徵調也。徵調失其傳久矣。徽宗令人作之，作不成，只能以徵音起而不能以徵音終。如今俗樂亦只有宮、商、羽三調而已。」淳。

季通律書分明是好，却不是暗〔三四〕說，自有按據。道夫。

問：「季通律書難曉。」先生曰：「甚分明，但未細考耳。」問：「空圍九分便是徑三分？」曰：「古者只說空圍九分，不說徑三分，蓋不啻三分，猶有奇也。」問：「算到十七萬有餘之數當何用？」曰：「以定管之長短而出是聲。如太簇四寸惟用半聲方和。大抵考究其法是如此，又未知可用與否耳。節五聲須是知音律之人與審驗過方見得。」德明。

季通理會樂律大段有心力，看得許多書也是見成文字，如史記律曆書，自無人看到這裏。他近日又成一律要，盡合古法。舊時所作律逐節吹得却和，怕如今未必如此。這個若促些子聲便焦殺，若長些子便慢蕩。賀孫。

「陳□〔三五〕言『琴只可彈黃鍾一均，而不可旋相爲宮』，此說猶可。至謂琴之泛聲爲六律，又謂六律爲六同，則妄矣。今人彈琴都不知孰爲正聲，若正得一弦則其餘皆可正。今調弦者云，如此爲宮聲，如此爲商聲，安知是正與不正？此須審音人方曉得。古人所以吹管，聲傳在琴上。如吹管起黃鍾之指，則以琴之黃鍾聲合之，聲合無差，然後以次遍合諸聲。五聲既正，然後不用管，只以琴之五聲爲準，而他樂皆取正焉。季通書來說，近已曉得，但絣定七絃，不用調絃，皆可以彈十一宮。琴之體是黃鍾一均，故可以彈十一宮。如此則大吕、太簇、夾鍾以下，聲聲皆用按徽，都無散聲。蓋纔不按即是黃鍾聲矣，亦安得許多指按耶？兼如其説，則大吕以下亦不可對徽，須挨近第九徽重[三六]按之，此後愈挨下去方合大吕諸聲。蓋按著正徽，復是黃鍾聲矣。渠云頃問之太常樂工，工亦云然。恐無此理。古人彈琴隨月調弦，如十一月調黃鍾，十二月調大吕，正月調太簇，二月調夾鍾，但此後聲愈緊，至十月調應鍾則弦急甚，恐絶矣。不知古人如何。季通不能琴，他只是思量得，不知彈出便不可行。這便是無下學工夫，吾人皆坐此病。古人朝夕習於此，故以之上達不難，蓋下學中上達之理皆具矣。如今説古人兵法戰陣，坐作進退，斬射擊刺，鼓行金止，如何曉得他底？莫説古人底曉不得，只今之陣法也曉不得，更説甚麼？如古之兵法，進則齊進，退則齊退，不令進而進猶不令退而退也，如此則無人敢妄動。然又却有一人躍馬蹈陣，殺數十百人，出入數四，矢石不能傷者，何也？」良久，又曰：「據今之法只是兩軍相拄住，相射相刺，立得脚住不退底便贏，立不住退底便輸耳。」僩。

堂上樂金鍾玉磬。今太常玉磬鎖在櫃裏，更不曾設，恐爲人破損無可陪還。尋常交割只據文書，若要看，旋開櫃取一二枚視之。人傑。

「子路問聞斯行諸」至「季路使子羔爲費宰」四章，植與講友通舉，先生無説。先生因與亞夫與植説，近於樂處，[三七]因論：「樂之[三八]黃鍾之律最長，應鍾之律最短，長者聲濁，短者聲清。十二律旋相爲宫，宫爲君，商爲臣。樂中最忌臣陵君，故有四清聲。如合[三九]今方響有十六個，十二個是正律，四個是四清聲，是[四〇]減一律之半。如應鍾爲宫，其宫[四一]聲最短而清。或蕤賓爲之，固則是高聲，似宫聲，[四二]爲臣陵君，不可用，遂乃用蕤賓律減半爲清聲以應之，確[四三]然減半，只是此律，故亦自能相應也。此是通典載此一項。」先生又云：「樂聲不可太高，又不可太低，樂中上聲便是鄭、衛。所以太祖英明不可及，當王朴造樂，聞其聲太急，便令減下一律，其律聲遂平。徽宗朝作大晟樂，其聲一聲低似一聲，故其音緩。」先生又云：「賢君大概屬意於雅樂，所以仁宗晚年極力要理會雅樂，終未理會得。」又問聲氣之元。先生云：「律曆家最重這元聲。元聲定，向下都定；元聲纔差，向下都差。」[四四]植。[四五]

今之簫管乃是古之笛，雲簫方是古之簫。廣。

觱篥本名悲栗，言其聲之悲壯也。廣。

今朝廷樂章長短句者，如六州歌頭，皆是俗樂鼓吹之曲。四言詩乃大樂中曲。本朝樂章會要，國史中只有數人做得好，如王荆公做得全似毛詩，甚好。其他有全做不成文章。横渠只學古樂府做，辭拗强不似，亦多錯字。庚。[四六]

今之樂皆胡樂也，雖古之鄭、衛亦不可見矣。今關雎、鹿鳴等詩亦有人播之歌曲，然聽之與俗樂無異，不知古樂如何。古之宫調與今之宫調無異，但恐古者用濁聲處多，今樂用清聲處多。

季通謂今俗樂黄鍾及夾鍾清，如此則争四律，不見得如何。般涉調者，胡樂之名也。「般」如「般若」之「般」。「子在齊聞韶」，據季札觀樂，魯亦有之，何必在齊而聞之也？又，夫子見小兒徐行恭謹，曰「韶樂作矣」。人傑。

「詹卿家令樂工以俗樂譜吹風、雅篇章。初聞吹二南詩尚可聽，後吹文王詩則其聲都不成模樣。」因言：「古者風、雅、頌，名既不同，其聲想亦各别。」廣。

趙子敬送至小雅樂歌，以黄鍾清爲宫，此便非古。清者，半聲也。唐末喪亂，樂〔四七〕人散亡，禮壞樂崩。朴自以私意撰四清聲。古者十二律外有十二子聲，又有變聲六。謂如黄鍾爲宫則他律用正律，若他律爲宫，則不用黄鍾之正聲而用其子聲，故漢書云「黄鍾不與他律爲役」者此也。若用清聲爲宫，則本聲輕清而高，餘聲重濁而下，禮書中删去，乃是。樂律，通典中蓋説得甚明。本朝如胡文定公〔四八〕、范蜀公、司馬温公〔四九〕、李照輩元不曾看，徒自如此争辨也。漢書所載甚詳，然不得其要。太史公所載甚略，然都是要緊處。新修禮書中樂律補篇，以一尺爲九寸，一寸爲九分，一分爲九毫，一毫爲九厘，一厘爲九絲〔五〇〕。方子。

今之士大夫，問以五音、十二律無能曉者。要之，當立一樂學，使士大夫習之，久後必有精通者出。升卿。

洛陽有帶花劉使，名几，於俗樂甚明，蓋曉音律者。范蜀公徒論鍾律，其實不曉，但守死法。

若以應鍾爲宫，則君民事物皆亂矣。司馬公比范公又低，二公於通典尚不曾看，通典自説得分曉。史記律書説律數亦好。此蓋自然之理，與先天圖一般，更無安排，但數到窮處又須變而通[五一]之，却生變律。人傑。

劉几與伶人花日新善，其弟厭之，令勿與[五二]通。几戒花吹笛於門外則出與相見，其弟又令終日吹笛亂之，然花笛一吹，則劉識其音矣。人傑。

向見一女童天然理會得音律，其歌唱皆出於自然，蓋是禀得這一氣之全者。人傑。

晦庵先生朱文公語類卷第九十三

孔孟周程[一]

看聖賢代作，未有孔子便無論語之書，未有孟子便無孟子之書，未有堯、舜便無典謨，未有商、周便無風、雅、頌。賀孫。

此道更前後聖賢，其説始備。自堯、舜以下若不生個孔子，後人去何處討分曉？孔子後若無個孟子也未有分曉。孟子後數千載乃始得程先生兄弟發明此理。今看來漢、唐以下諸儒説道理見在史策者，便直是説夢，只有個韓文公依稀説得略似耳。賀孫。

卿[二]問：「論語之言無所不包，而其所以示人者莫非操存涵養之要，七篇之指無所不究，而其所以示人者類多體驗充擴之端。」云云。[三]曰：「孔子體面大，不用恁地説，道理自在裏面。孟子多是就發見處盡説與人，終不似夫子立得根本住，所以程子謂『其才高，學之無可依據』。要之，夫子所説包得孟子，孟子所言却出不得聖人疆域。且如夫了都不説出，但教人恁地去做則仁便在其中。如言『居處恭，執事敬，與人忠』，果能此則心便在。到孟子則不然，曰『惻隱之心，仁之端也。今人乍見孺子將入井，皆有怵惕、惻隱之心』，都教人就事上推究。」道夫問：「如孟子所謂『求放心』、『集義所生』，莫是立根本處否？」曰：「他有恁地處，終是說得來寬。」道夫[四]曰：「他莫是以其所以做工夫者告人否？」曰：「固是。也是他所見如此。自後世觀之，孔、顏便是漢文帝之躬修玄默，而其效至於幾致刑措。孟子便如唐太宗，天下之事無所不爲，極力去做，而其效亦幾致於刑措。」道夫。[五]

先生曰：[六]「孔子之言多且只[七]是泛說做工夫，如『居處恭，執事敬』、『言忠信，行篤敬』之類，未說此是要你[八]理會甚麼物，待學者自做得工夫透徹，却就其中見得體段是如此。孟子[九]則恐人不理會得，又趲進一着說，如『惻隱之心』與『學問之道，求放心』之類，說得漸漸親切。今人將孔、孟之言都是恁地草率看說了[一〇]。」雉。[一一]

楊至之云：「看孟子見得一個大意，是性之本體、仁義之良心。到戰國時君臣、上下都一齊埋没了，孟子所以推明發見之端緒，教人去體認擴[一二]充。」曰：「孟子才[一三]高，他都未有許多意思，今說得一『體認』字早是遲鈍了孟子。孟子大段見得敏、見得快，他說話却[一四]似個獅子跳躍相似。且如他說個惻隱之心便是仁之端，羞惡之心便是義之端。只他說在那裏底便是，似他說時見得聖賢大段易做，全無許多等級，所以程子云『孟子才高，學之無可依據』。」道夫。[一五]

孔子只説「忠信篤敬」，孟子便發出「性善」，直是漏洩。德明。〔一六〕

大〔一七〕凡看道理要見得大頭腦處分明，下面節節只是此個道理〔一八〕散爲萬殊。如孔子教人只是逐件事〔一九〕説個道理，未嘗説出大頭腦處，然四面八方合聚湊來也自見得個大頭腦。若孟子，便已指出教人。至〔二〇〕周子説出太極，已是大段分明指出〔二一〕矣。且如惻隱之端，從出處推上去〔二二〕則是此心之仁，仁即所謂四〔二三〕德之元，元即太極之動處〔二四〕，如此節節推上去〔二五〕亦自見得總〔二六〕腦處。若〔二七〕看得太極處分明，則盡〔二八〕見得天下許多道理〔二九〕皆自此出，事事物物上皆有此〔三〇〕個道理，元無虧欠也。銖。〔三一〕

問：「顏子之學莫是先於性情上着工夫否？」曰：「然。凡人爲學，亦須先於性情上着工夫。非獨於性情上着工夫，行步坐立亦當着工夫。」方子。〔三二〕

才仲問顏子，因舉：「先生舊語云顏子優於湯武，如何見得？」曰：「公且自做工夫，這般處説不得。據自看得覺〔三三〕顏子渾渾無痕迹。」賀孫。

或問：「顏子比湯如何？」答〔三四〕曰：「顏子只據見在事業，未必及湯，使其成就則湯又不得比顏子。前輩説禹與顏子雖是同道，禹比顏子又粗些。顏子比孟子則孟子當粗，看磨稜合縫猶未有盡處。若看諸葛亮，只看他大體正當，細看不得。」大雅。

或問：「孔子當孟子時如何？」曰：「孔子自有作用，然亦須稍加峻厲。」又問：「孔子若見用，顔子還亦出否？」答〔三五〕曰：「孔子若用，顔子亦須出來做他次一等人。如孔子做宰相，顔子做參政。」去僞。

曾子說話盛水不漏。敬仲。

孔子〔三六〕問答，曾子聞得底話顔子未必與聞，顔子聞得底話子貢未必與聞，今却合在論語一書。後世學者豈不幸事！但患自家不去用心。儒用。〔三七〕

孔門只一個顔子合下天資純粹，到曾子便過於剛，與孟子相似。世衰道微，人欲横流，不是剛勁有脚跟底人定立不住。淳。

邵漢臣問顔淵、仲弓不同。先生曰：「聖人之德自是無不備，其次則自是易得不備。如顔子是〔三八〕煞周全了，只比之聖人更有些未完。如仲弓則偏於淳篤，而少顔子剛明之意。若其他弟子，未見得。只如曾子則大抵偏於剛毅，這終是有立脚處，所以其他諸子皆無傳，惟曾子獨得其傳。到子思也恁地剛毅，〔三九〕惟是有這般人方始湊合得着，惟是這剛毅等人方始立得定。子思别無可考，只孟子所稱，如『摽使者出諸大門之外，北面再拜稽首而不受』，如云『事之云乎，豈曰友之云乎』之類，這是甚麽樣剛毅！」賀孫。

又云：〔四〇〕「且如孔門教人亦自有等。聖人教人何不都教他做顔、曾底事業？而子貢、子路之徒所以止於子貢、子路者，是其才止於此。且如『克己復禮』，雖止是教顔子如此說，然所以

教他人亦未嘗不是『克己復禮』底道理。」卓。〔四一〕

至〔四二〕問：「韓子稱『孔子之道大而能博』，大是就渾淪，博是就該貫處否？」先生曰：「韓子亦未必有此意，但如此看亦自好。」至既，〔四三〕問：「韓子謂『門弟子不能遍觀而盡識，故學焉而皆得其性之所近』，〔四四〕如何是『學焉而皆得其性之所近』？」先生曰：「政事者就政事上學得，文學者就文學上學得，德行言語者就德行言語上學得。」至。

「看來人全是資質。韓退之云：『孔子之道大而能博，門弟子不能遍觀而盡識也，故學焉而皆得其性之所近。』此説甚好。看來資質定了，其爲學也只就他資質所尚處添得些小好而已。所以學貴公聽並觀求一個是當處，不貴徒執己自用。今觀孔子論〔四五〕弟子，只除了曾、顏之外其他説話便皆有病。程子諸門人，上蔡有上蔡之病，龜山有龜山之病，和靖有和靖之病，無有無病者。」或問曰〔四六〕：「也是後來做工夫不到故如此。」曰：「也是合下見得不周遍，差了。」又曰：「而今假令親見聖人説話，盡傳得聖人之言不差一字，若不得聖人之心，依舊差了，何況猶不得其言？若能得聖人之心，則雖言語各別不得〔四七〕害其爲同。如曾子説話比之孔子又自不同。子思傳曾子之學，比之曾子其言語亦自不同。孟子比之子思又自不同。然自孔子以後，得孔子之心者惟曾子、子思、孟子而已。後來非無能言之士，如揚子雲法言模倣論語，王仲淹中説亦模倣論語，言愈似而去道愈遠。直至程子方略明得四五十年爲得聖人之心，然一傳之門人則已皆失其真矣。云云。其終卒歸於『擇善固執』、『明善誠身』、『博文約禮』而已，只是要人要[四八]去理會。」僩。

夫子度量似堯，堯着四凶在朝，夫子之門亦何所不容。人傑。[四九]

孟子不甚細膩，如大匠把得繩墨定，千門萬户自在。又記「千門」字上有「東西南北」字。節。

龜山謂「孔子如知州，孟子如通判權州」，也是如此。通判權州必竟是別人事，須着些力去做始得。廣。

問：「『顔子合下完具，只是小，要漸漸恢廓；孟子合下大，只是未粹，要索學以充之。』此莫是才具有異？」曰：「然。孟子覺有動蕩底意思。」可學。

聖人說話磨稜合縫，盛水不漏。如云「一言喪邦」、「以直報怨」，自是細密。孟子說得便粗，如云「今樂猶古樂」、「太王好色」、「公劉好貨」之類。橫渠說：「孟子比聖人自是粗。顔子所以未到聖人處亦只是心粗。」夔孫。[五〇]

孟子比之孔門原憲，謹守必不似他。然他不足以及人，不足以任道，孟子便擔當得事。淳。[五一]

「濂溪在當時，人見其政事精絕則以爲官業過人，見其有山林之志則以爲襟袖灑落，有仙風道氣，無有知其學者。惟程太中獨知之，這老子所見如此，宜其生兩程子也。只一時程氏類多好人。」舉橫渠祭太中弟云「父子參、點」。又祭明道女兄云：「見伯淳言汝讀孟子有所見，死生鬼神之藴無不洞曉。今之爲卿相大臣者尚不能知。云云。[五二]」先生笑曰：「此似是譏富公。」竇問：「韓公一般氣象如何？」曰：「韓公天資高，但學識淺，故只做得到那田地，然其大綱皆正。」又云：「明道當初想明得煞容易，便無那查滓。只一再見濂溪，當時又不似而今有許多言語出來。不是他天資高、見得易，如何便明得？」德明問：「遺書中載明道語便自然洒落明快。」曰：「自是他見得容易。伊川易傳却只管修改，晚年方出其書。若使明道作，自[五三]無許多事。嘗見門人有祭明道文云『先生欲著樂書，有志未就』。不知其書要作如何[五四]。」德明。[五五]

濂溪清和。孔經甫祭其文曰：「公年壯盛，玉色金聲；從容和毅，一府皆傾。」墓碑亦謂其「精密嚴恕」，氣象可想矣。道夫。

「今人多疑濂溪出於希夷；又云爲禪學，其諸子皆學佛。」某[五六]云：「濂溪書具存，如太極圖，希夷如何有此説哉[五七]？是本學老、佛而自變了亦未可知。」曰：「嘗讀張忠定公語録，語[五八]李畋云：『汝還知公事有陰陽否？』云云。此説全與濂溪同。忠定公常[五九]見希夷，蓋亦有些來歷，但當時諸公知濂溪者未嘗言其有道。」某[六〇]曰：「此無足怪。程太中獨知之。」曰：「然。」又問：「明道之學後來固別，但其本自濂溪發之。只是此理推廣之耳，但不如後來程門授業之多。」曰：「當時既未有人知，無人往復，只得如此。」可學。

國初人便已崇禮義、尚〔六一〕經術，欲得爲二帝三代時〔六二〕，已自勝如唐人了〔六三〕，但說未透〔六四〕。直至二程出，此理始說得透。因看种明逸集。方子。〔六五〕

問：「近有一見〔六六〕孔子六經之書，盡是說道理内實事故，便覺得此道大。自孟子以下，如程、張之門，多指說道之精微、學之要領與夫下手處，雖甚親切易見，然被他開了四止〔六七〕，便覺規模狹小〔六八〕，不如孔子六經氣象大。」答〔六九〕曰：「後來緣急欲得〔七〇〕人曉得，故不得不然耳〔七一〕。然亦無他不得，若無他說破，則六經雖大，學者從何處入頭？橫渠最親切，程氏規模廣大，其後學者少有能如橫渠輩用工者。近看得橫渠輩用工最親切，直是可畏。學者用工須是如此親切。更有一說奉祝：老兄言語更多些，更須刪削〔七二〕，簡潔處方是。」大雅。

伊川先生〔七三〕說話，如今看來中間寧無小小不同？只是大綱統體說得極善。如「性即理也」一語，直自孔子後惟是伊川說得盡，這一句便是千萬世說性之根基。理是個公共底物事，不解會不善。人做不是自是失了性，却不是壞了着修。賀孫。

明道說底話恁地動彈流轉。方子。

或說明道先生〔七四〕五十年猶不忘遊獵之心。先生云：「人當以此自檢〔七五〕。須是〔七六〕得明道先生〔七七〕氣質如此，至五十年猶不能忘。在我者當益加操守方是，不可以此自恕。」卓。

伊川好學論十八時作。明道十四五便學聖人，二十及第出去做官，一向長進。定性書是二十二三時作。是時遊山，許多詩甚好。義剛。

鄭問：「明道到處響應，伊川入朝成許多事，此亦可見二人用處。」曰：「明道從容，伊川都挨不行。」陳後之問：「伊川做時似孟子否？」曰：「孟子較活絡。」問：「孟子做似伊尹否？」先生首肯之〔七八〕。又曰：「孟子傳伊尹許多話，當時必有一書該載。」淳。

楊至之〔七九〕問：「程先生當初進説，只以『聖人之説爲可必信，先王之法陳作「道」。〔八〇〕爲可必行，不狃滯於近規，不遷惑於衆口，必期致天下如三代之世』，何也？」先生曰：「也不得不恁地説。如今説與學者也只得教他依聖人言語恁地做去，待他就裏面做工夫有見處，便自知得聖人底是確然恁地。荆公初時與神宗語亦如此。曰：『願陛下以堯、舜、禹、湯爲法，今苟能爲堯、舜、禹、湯之君，則自有皐、夔、稷、契、伊、傅之臣。諸葛、魏徵，有道者所羞道也。』説得甚好，只是他所學偏，後來做得差了，又在諸葛、魏徵之下。」義剛。按陳淳録同。〔八一〕

「近〔八二〕讀一小集，見李偲祭明道文，謂明道當初欲著樂書而不及。」因笑曰：「既是樂，何用書説甚底〔八三〕！」淳。〔八四〕

有咎伊川著書不以示門人者，再三誦之，先生不以爲然也。因坐復歎。先生曰：「公恨伊川著書不以示人，某獨恨當時提撕他不緊，故當時門人弟子布在海内炳如日星，自今觀之皆不有行得他個否？」道夫。

滿人意。只今易傳一書散滿天下，家置而人有之，且道誰曾看得他個？果有得其意者否？果曾

聞伯夷、柳下惠之風者，頑廉薄敦皆有興起，此孟子之善想象者也。「孔子，元氣也；顏子，和風慶雲也；孟子，泰山巖巖之氣象也」，此程夫子之善想象者也。今之想象大程夫子者，當識其明快中和處；小程夫子者，當識其初年之嚴毅，晚年又濟以寬平處。豈徒想象而已哉？必還以驗之吾身者如何也。若言論風旨則誦其詩，讀其書，字字而訂之，句句而議之，非惟求以得其所言之深旨，將併與其風範氣象皆得之矣。大雅。

曾子本是魯拙，後來既有所得，故守得夫子規矩定。其教人有法，所以有傳。若子貢則甚敏，見得易，然又雜。往往教人亦不似曾子守定規矩，故其後無傳。因竇問子貢之學無傳。德明〔八五〕問：「若使曾子爲邦，比顏子如何？」曰：「想得不似顏子熟，然曾子亦大，故有力。曾子、子思、孟子大略皆相似。」問：「明道比曾子〔八六〕如何？」曰：「不要如此問，且看他做工夫處。」德明。〔八七〕

問：「明道可比顏子，伊川可比孟子否？」曰：「明道可比顏子。孟子才高，恐伊川未到孟子處。然伊川收束檢制處，孟子却不能到。」晦夫。

竇問：「前輩多言伊川似孟子。」曰：「不然。伊川謹嚴，雖大，故以天下自任，其實不似孟

子才高，縱橫見得無礙。然伊川却確實，不似孟子放脚放手。〔八八〕孟子不及顏子，顏子常以〔八九〕爲不足。」德明。

橫渠之於程子，猶伯夷、伊尹之於孔子。若海。

胡叔器〔九〇〕問：「橫渠似孟子否？」先生〔九一〕曰：「一人是一樣，規模各不同。橫渠嚴密，孟子宏闊。孟子是個有規矩底康節。」陳安卿〔九二〕曰：「他宏闊中有縝密處，每常於所謂『「不見諸侯，何也」，曰「不敢也」』、『「賜之則不受，何也」，曰「不敢也」』，此兩處見得他存心甚畏謹，守義甚縝密。」先生〔九三〕曰：「固是。」楊至之〔九四〕曰：「孟子平正。橫渠高處太高，僻處太僻。」先生〔九五〕曰：「是。」義剛。〔九六〕

橫渠之學是苦心得之，乃是「致曲」，與伊川異。以孔子爲非生知，渠蓋執「好古敏以求之」，故有此說。不知「好古敏以求之」非孔子做不得。可學。

橫渠儘會做文章。如西銘及應用之文，如百椀燈詩，甚敏。到說話却如此難曉，怕自關西人語言自如此。賀孫。

晦庵先生朱文公語類卷第九十四

周子之書

太極圖

太極圖「無極而太極」。上一圈即是太極，但挑出在上。泳。

太極一圈便是一畫，只是撒開了，引教長一畫。泳。

「無極而太極」不是太極之外別是[二]無極，「無」中自有此理。又不可將無極便做太極。「無極而太極」，此「而」字輕，無次序故也。「動而生陽，靜而生陰」，動即太極之動，靜即太極之靜；動而後生陽，靜而後生陰；生此陰、陽之氣，謂之「動而生」、「靜而生」則有漸次也。「一動一靜，互爲其根」，動而靜，靜而動，闢闔往來，更無休息。「分陰分陽，兩儀立焉」，兩儀是天地，與畫卦兩儀意思又別。動靜如晝夜，陰陽如東西南北，分從四方去。「一動一靜」以時言，「分陰分陽」以位言。方渾淪未判，陰陽之氣混合幽暗。及其既分，中間放得寬闊光朗而兩儀始立。邵康節[二]以十二萬九千六百年爲一元，則是十二萬九千六百年之前又是一個大闢闔，更以上亦復如此，直是「動静無端，陰陽無始」。小者大之影，只晝夜便可見，五峰所謂「一氣大息，震蕩無垠，海宇變動，山勃川湮，人物消盡，舊迹大滅，是謂洪荒之世」。常見高山有螺蚌殼或生石中，此石即舊日之土，螺蚌即水中之物。下者却變而爲高，柔者變而爲剛，此事思之至深，有可驗者。「陽變陰合而生水火木金土」，陰陽氣也，此生五行之質。天地生物，五行獨先。地即是土，便[三]包含許多金木之類。天地之間何事而非五行？五行陰陽，七者衮合便是生物底材料。「五行順布，四時行焉」，金木水火分屬春夏秋冬，土則寄旺四季，如春屬木而清明後十二日即是土寄旺之時。每季寄旺十八日，共七十二日。唯夏季十八日土氣爲最旺，故能生秋金也。以圖象考之，木生火、金生水之類各有小畫相牽聯[四]，而火生土、土生金獨穿乎土之内，餘則從旁而過，爲可見矣。「五行一陰陽也，陰陽一太極也，太極本無極也」，此當思無有陰陽而無太極底時節。若以爲土[五]是陰陽，陰陽却是形而下者；若只專以理言，則太極又不曾與陰陽相離。正當沉潛玩索，將圖象意思抽開細看，又復合而觀之。某解此云：「非有離乎陰陽也，即陰陽而指其本體，不雜乎陰陽而爲言也。」此句自有三節意思，更宜深考。通書云：「静而無動，動而無静，物也；動而無動，静而無静，神也。」當即此兼看之。謨。[六]

「『無[七]極而太極』只是無形而有理。周子恐人於太極之外更尋太極，故以無極言之，既謂之無極，則不可以有底道理强搜尋也。太［八］極始於陽動乎？」曰：「陰静是太極之本，然陰静又自陽動而生。一動一静［九］便是一個闢闔，自其闢闔之大者推而上之更無窮［一〇］，不可以本始言。」謨。

「『無極而太極』只是説無形而有理。所謂太極者只二氣五行之理，非別［一一］物爲太極也。」又云：「以理言之則不可謂之有，以物言之則不可謂之無。」僩。

問：「『無極而太極』固是一物，有積漸否？」曰：「無積漸。」曰：「上言無極，下言太極。竊疑上言無窮無極，下言至此方極。」曰：「無極者無形，太極者有理也。周子恐人把作一物看，故云無極。」曰：「太極既無［一二］，氣象如何？」曰：「只是理。」可學。

問：「『無極而太極』如何？」曰：「子細看便見得。」問：「先生之意莫正是以無極太極爲理？」曰：「此非某之説，他道理自如此，着自家私意不得。太極無形象，只是理。它自有這個道理，自家私着一字不得。」問：「既曰太極又有個無極，如何？」曰：「『太極本無極』，要去就中看得這個意出方得。公只要去討它不是處與它鬬，而今只管去檢點古人不是處道自家底是，便是識不長。」劉曰：「要得理明，不得不如此。」先生曰：「且可去放開胸懷讀書，看得道理明徹，自然無歉吝之病，無物我之私，自然快活。」砥。寓録同。［一三］

「無極是有理而無形。如性何嘗有形？太極是五行陰陽之理皆有，不是空底物事。若是空時，如釋氏說性相似。」又曰：「釋氏只見得個皮殼，裏面許多道理他却不見。他皆以君臣父子爲幻妄。」節。

淳[一四]問：「太極解引『上天之載無聲無臭』，此『上天之載』只[一五]是太極否？」曰：「蒼蒼者是上天，理在『載』字上。」淳。

原「極」之所以得名，蓋取樞極之義。聖人謂之「太極」者，所以指夫天地萬物之根也；周子因之而又謂之「無極」者，所以大[一六]「無聲無臭」之妙也。升卿。

李問：「『無極之真』與『未發之中』同否？」曰：「無極之真是包動靜而言，未發之中只以靜言。太極只是極至，更無去處了，至高至妙，至精至神，是[一七]没去處。濂溪恐人道太極有形故曰『無極而太極』，是無之中有個至極之理。如『皇極』亦是中天下而立，四方輻湊，更没去處，移過這邊也不是，移過那邊也不是，只在中央，四畔合湊到這裏。」又指屋極曰：「那裏更没去處了。」問：「南軒說『無極而太極』言『莫之爲而爲之』，如何？」曰：「他說差。道理不可將初見便把做定。伊川解文字甚縝密，也是他年高七十以上歲，見得道理熟。吕與叔言語多不縝密處是他不滿五十歲，若使年高，看道理必煞縝密。」寓。陳淳。[一八]

太[一九]極是個藏頭底物[二〇]，動時屬陽而[二一]未動時又屬陰了。公晦。[二二]

太極如一本[二三]生上，分而爲枝榦，又分而生花生葉，生生不窮。到得成果子，裏面又有生生不窮之理，生將出去又是無限個太極，更無停息。只是到成果實時又却略[二四]少歇，也[二五]不是立[二六]到這裏，自合少止，正所謂「終始萬物莫盛乎艮」，艮止是生息之意。賀孫。[二七]

太極者，如屋之有極，天之有極，到這裏更没去處，理[二八]之極至者也。陽動陰静非太極動静，只是理有動静。理不可見，因陰陽而後知。理搭在陰陽上，如人跨馬相似，纔生五行便被氣質拘定，各爲一物亦各有一性，而太極無不在也。統言，陰陽只是兩端，而陰中自分陰陽，陽中亦有陰陽。「乾道成男，坤道成女」，男雖屬陽而不可謂其無陰，女雖屬陰亦不可謂其無陽。人身氣屬陽而氣有陰陽，血屬陰而血有陰陽。至如五行，「天一生水」，陽生陰也；而壬癸屬水，壬是陽，癸是陰。「地二生火」，陰生陽也；而丙丁屬火，丙是陽，丁是陰。通書聖學章，「一」便是太極，「静虚動直」便是陰陽，「明通公溥」便是五行。太極，[二九]周子之書纔説起便都貫穿太極許多道理。謨。

舜賓[三〇]論太極云：「陰陽便是太極。」曰：「某解云：『非有離乎陰陽也，即陰陽而指其本體，不雜乎陰陽而言耳。』此句當看。今於某解説句尚未通，如何論太極！」又問曰[三一]：「『無極而太極』，因『而』字故生陸氏議論。」曰：「『而』字自分明。下云『動而生陽，静而生陰』，説一『生』字便是見其自太極來。今曰『而』則只是一理，『無極而太極』言無能生有也。」某問：「自陽動以至於人物之生是一時俱生？且如此説，爲是節次如此？」曰：「道先後不可，然亦須有節次。邵康節〔三二〕推至上十二萬八千云云，不知已前又如何。太極之前須有世界來，正如昨日之夜、今日之晝耳。陰陽亦一大闔闢也，但當其初開時須昏暗，漸漸分〔三三〕明，故有此節次，其實已一齊在其中。」又問：「今推太極以前如此，後去又須如此。」曰：「固然。程子云『動静無端，陰陽無始』，此語見得分明。今高山上多有石上蠣殼之類，是低處成高。又蠣須生於泥沙中，今乃在石上，則是柔化爲剛。天地變遷，何常之有？」又問：「明道云『陰陽亦形而下者，而曰「道」，只此兩句截得上下分明』，『截』字莫是『斷』字誤？」曰：「正是『截』字。形而上、形而下只就形處離合分別，此正是界至處。若只説作〔三四〕在上、在下，便成兩截矣。」可學。

問：「『即陰陽而指其本體，不雜於陰陽而言之』，是於道有定位處指之。」曰：「然。『一陰一陽之謂道』亦此意。」可學。

太極非是別爲一物，即陰陽而在陰陽，即五行而在五行，即萬物而在萬物，只是一個理而已。因其極至故名曰太極。廣。按，萬人傑録同。〔三五〕

纔説太極便帶着陰陽，纔説性便帶着氣。不帶着陰陽與氣，太極與性那裏收附？然要得分明，又不可不拆開説。寓。

因問：「太極圖所謂『太極』莫便是性否？」曰：「然。此是理也。」因〔三六〕問：「此理在天地間，則爲陰陽而生五行以化生萬物；在人，則爲動靜而生五常以應萬事。」先生曰：「動則此理行，此動中之太極也；靜則此理存，此靜中之太極也。」洽。

問：「先生説太極『有是性則有陰陽五行』云云，此説性是如何？」曰：「想只是其舊時説耳，[三七]近思量又不然。此『性』字爲稟於天者言。若太極，只當説理，自是移易不得。易言『一陰一陽之謂道』，繼之者則謂之『善』，至於成之者方謂之『性』。此謂天所賦於人物，人物所受於天者也。」寓。

梁文叔云：「太極兼動靜而言。」先生曰：「不是兼動靜，太極有動靜也[三八]。」恪。[三九]

問：「『太極動而生陽，靜而生陰』，見得理先而氣後。」先生曰：「雖是如此，然亦不須如此理會，二者有則皆有。」問：「未有一物之時如何？」曰：「是有天下公共之理，未有一物所具之理。」德明。

問：「太極之有動靜是靜先動後否？」曰：「一動一靜循環無端，無靜不成動，無動不成靜。譬如鼻息，無時不噓，無時不吸；噓盡則生吸，吸盡則生噓，理自如此。」德明。

問：「『太極動而生陽』是陽先動也。今解云『必體立而用得以行』，如何？」曰：「體自先有。下言『靜而生陰』只是説相生無窮耳。」可學。

國秀説太極。曰：「公今夜説得却似。只是説太極是一個物事不得，説太極中便有陰陽也不得。他只説『太極動而生陽，動極而静，静而生陰』，公道未動以前如何？」曰：「只是理。」曰：「固是理，只不當對動言。未動即是静，未静又即是動，未動又即是静。伊川云『動静無端，陰陽無始，惟知道者識之』。動極復静，静極復動，還當把那個做擗初頭始得？今説『太極動而生陽』，是且把眼前即今個動斬截便説起。其實那動以前又是静，静以前又是動。如今日一晝過了便是夜，夜過了又只是明日晝。即今晝以前又有夜了，昨夜以前又有晝了。即今要説時日起，也只且把今日建子説起，其實這個子以前豈是無子？」賀孫。

問：「『無極而太極，動而生陽』。[四〇] 太極動然後生陽，則是以動爲主？」曰：「纔動便生陽，不是動了而後生。這個只得且從動上説起，其實此之所以動，又生於静；上面之静，又生於動。此理只循環生去，『動静無端，陰陽無始』。」賀孫。

「太極動而生陽，静而生陰」，不是動後方生陽，蓋纔動便屬陽，静便屬陰。「動而生陽」，其初本是静，静之上又須動矣。所謂「動静無端」，今且自「動而生陽」處看去。時舉。

晏兄亞夫[四一] 問太極、兩儀、五行。先生云：「兩儀者，一陰一陽，[四二] 陰陽是氣，五行是質。『立天之道曰陰與陽，立地之道曰柔與剛』，亦是質。又如人魂是氣，體魄是質。」晏兄[四三] 云：「『太極生兩儀，兩儀生四象』，此如母生子，子在母外之義。若兩儀五行，却[四四] 子在母内。」先生曰：「是如此。陰陽、五行、萬物各有一太極。」又云：「『太極動而生陽』，只是如一長物不免就中間截斷説起，其實動之前未嘗無靜，靜之前又未嘗無動。如『繼之者善也』亦是就此説起，譬之俗語謂『自今日爲頭，已前更不受理』意思。」蓋卿。

問：「陰陽動靜以大體言，則春夏是動，屬陽；秋冬是靜，屬陰。就一日言之，晝陽而動，夜陰而靜。就一時一刻言之，無時而不動靜，無時而無陰陽。」曰：「陰陽無處無之，横看竪看皆可見。横看則左陽而右陰；竪看則上陽而下陰；仰手則爲陽，覆手則爲陰；向明處爲陽，背明處爲陰。正蒙云：『陰陽之氣循環迭至，聚散相盪，升降相求，絪緼相揉，相兼相制，欲一之不能。』蓋謂是也。」德明。

「『動而生陽』，元未有物，且是如此動蕩，所謂『化育流行』也。『靜而生陰』，陰主凝，然後萬物『各正性命』。」問：「『繼之者善』之時，此所謂『性善』。至『成之者性』然後氣質各異，方説得善惡？」曰：「既謂之性則終始[四五]未可分善惡。」德明。

問：「自太極一動而爲陰陽，以至於爲五行，爲萬物，無有不善。在人則纔動便差，是如何？」曰：「造化亦有差處，如冬熱夏寒。所生人物有厚薄，有善惡。不知自甚處差將來便没理會了。」又問：「惟人纔動便有差，故聖人主靜以立人極歟？」曰：「然。」廣。

太極未動之前便是陰，靜[四六]之中自有陽之根，陽動之中又有陰之根。動之所以必靜者，根乎陰故也；靜之所以必動者，根乎陽故也。謨。

問：「必至於『互爲其根』方分陰陽。」曰：「從動静便分。」曰：「『分陰分陽』是帶上句？」曰：「然。」可學。

問：「如何是〔四七〕所乘之機？」曰：「理搭於氣而行。」可學。

周貴卿問「動静者所乘之機」。先生曰：「機是關捩子。踏着動底機便挑撥得那静底，踏着静底機便挑撥得那動底。」義剛。

陰陽有個流行底，有個定位底。「一動一静，互爲其根」便是流行底，寒暑往來是也；「分陰分陽，兩儀立焉」便是定位底，天地上下四方是也。「易」有兩義：一是變易，便是流行底；一是交易，便是對峙〔四八〕底。如〔四九〕魄魂，以二氣言則陽爲魂，陰爲魄〔五〇〕；以一氣言則伸爲魂，屈爲魄。夔孫。〔五一〕

問：「動静是太極動静，是陰陽動静？」曰：「是理動静。」問：「如此則太極有模樣？」曰：「無。」問：「南軒云『太極之體至静』，如何？」曰：「不是。」問：「又云『所謂至静者貫乎已發未發而言』，如何？」曰：「如此則却成一不正當尖斜太極！」可學。

鄭仲履云：「吴仲方疑太極説『動極而静，静極復動』之説，大意謂動則俱動，静則俱静。」先生曰：「他都是胡説。」仲履云：「太極便是人心之至理。」先生曰：「事事物物皆有個極，是道理之極至。」蔣元進曰：「如君之仁、臣之敬便是極。」先生曰：「此是一事一物之極。總天地萬物之理便是太極。太極本無此名，只是個表德。」蓋卿。

賀孫[五二]問：「『無極而太極』，極是極至無餘之謂。無極是無之至，自吾身之外未可謂之無，若耳目所及亦未可謂之無，惟即天地六合之外言之，未有如這個是無之極。雖是至無，其中無所不具，未有如這個是有之極。[五三]至無之中乃至有存焉，故云『無極而太極』。」先生曰：「本只是個太極，只爲這本來都無物事，故説『無極而太極』。如公説無極，恁地説却好，但太極説不去。」賀孫云：[五四]「『有』字便是『太』字地位。」先生曰：「將『有』字訓『太』字不得。太極只是個理。」賀孫云：[五五]「至無之中乃萬理之至有也。」先生曰：「亦得。」問：「『動而生陽，静而生陰』，注：『太極者本然之妙，動静者所乘之機。』太極只是理，理不可以動静言，惟『動而生陽，静而生陰』，理寓於氣，不能無動静所乘之機。乘[五六]載之『乘』。其動静者乃乘載在氣上，不覺動了静，静了又動。」先生曰：「然。」賀孫[五七]又問：「『動静無端，陰陽無始』，那個動又從上面静生下，上面静又是上面動生來。今姑把這個説起。」先生曰：「然。」賀孫[五八]又問：「『以質而語其生之序』，不是相生否？只是陽變而助陰故生水，陰合而陽盛故生火，木金各從其類，故在左右。」先生曰：「『水陰根陽，火陽根陰』，錯綜而生其端，是『天一生水，地二生火，天三生木，地四生金』；到得運行處便水生木，木生火，火生土，土生金，金又生水，水又生木，循環相生。又如甲乙丙丁戊己庚辛壬癸，都是這個物事。」因曰：「這個太極是個大底物事。

『四方上下曰宇，古往今來曰宙』，無一個物似宇樣大：四方去無極，上下去無極，是多少大！無一個物似宙樣長遠：亘古亘今，往來不窮。自家心下須常認得這意思。」賀孫〔五九〕問：「此是誰語？」答〔六〇〕曰：「此是古人語。陸象山〔六一〕常要説此語，但他説便只是這個，又不用裏面許多節拍，却只守得個空蕩蕩底。公更看橫渠西銘，初看有許多節拍，却似狹。充其量是甚麽樣大，合下便有個乾健、坤順意思，自家身己便如此，形體便是這個物事，性便是這個物事。『同胞』是如此，『吾與』是如此，主腦便是如此，『尊高年所以長其長，慈孤弱所以幼其幼』又是做工夫處。後面節節如此。『于時保之，子之翼也。樂且不憂，純乎孝者也』，其品節次第又如此。橫渠這般説話體用兼備，豈似他人只説得一邊！」賀孫〔六二〕問：「自其節目言之便是『各正性命』，充其量而言之便是『流行不息』。」先生曰：「然。」賀孫〔六三〕又問：「聖人定之以中正仁義而主靜。」先生曰：「此是聖人『修道之謂教』處。」因云：「今且須涵養。如今看道理求〔六四〕精進便須於尊德性上用功，今〔六五〕於德性上有不足處便須於講學上用功，二者須相趲逼庶得互相振策出來。若能德性常尊便恁地廣大，便恁地光輝；於講學上須更精密，見處須更分曉；若能常講學，於本原上又須好。今〔六六〕覺得年來朋友於講學上却説較多，於尊德性上説較少，所以講學處也〔六七〕不甚明了。」賀孫。

「陽變陰合」，初生水火。水火氣也，流動閃鑠，其體尚虛，其成形猶未定。次生木金，則確然有定形矣。水火初是自生，木金則資於土。五金之屬皆從土中旋生出來。德明。

厚之問：「『陽變陰合』，如何是合？」曰：「陽行而陰隨之。」可學。

問：「太極圖兩儀中有地，五行中又有土，如何分別？」曰：「地言其大概，〔六八〕土是地之形質。」

「大而天地萬物，小而起居食息，皆太極陰陽之理也。」又曰：「仁木，義金，禮火，智水，信土。」祖道。〔六九〕

問：「『春作夏長，仁也；秋斂冬藏，義也』。此易所謂『人道天道』之立歟？」曰：「此即通書所謂二氣、五行之説。」去僞。按徐寓録同。〔七〇〕

問：「『五行之生，各一其性』，理同否？」曰：「同而氣質異。」曰：「既説氣質異則理不相通。」曰：「固然。仁作義不得，義作仁不得。」可學。

或問太極一陰一陽。先生曰：「一陰一陽，道也。陰陽，器也。」謙。〔七一〕

水火清，金木濁，土又濁。可學。〔七二〕

「某許多説話是太極中説已盡。太極便是性，動静陰陽是心，金木水火土是仁義禮智信，化生萬物是萬事。」又云：「『無極之真，二五之精，妙合而凝』，此數句甚妙，是氣與理合而成性也。」賀孫。〔七三〕

「無極二五，妙合而凝」。凝只是此氣結聚，自然生物。若不如此結聚，亦何由造化得萬物出來？無極是理，二五是氣。無極之理便是性，性爲之主而二氣、五行經緯錯綜於其間也。得其氣之精英者爲人，得其查滓者爲物。生氣流行，一衮而出，初不道付其全氣與人，減下一等與物也，但稟受隨其所得。物固昏塞矣，而昏塞之中亦有輕重。〔七四〕昏塞尤甚者，於氣之查滓中又復稟得查滓之甚者爾。謨。

或問：「太極圖下二圈，固是『乾道成男，坤道成女』，是各有一太極也。如曰『乾道成男，坤道成女』，方始萬物化生。易中却云『有天地然後有萬物，有萬物然後有男女』，是如何？」曰：「太極所説乃生物之初陰陽之精自凝結成兩個，後來方漸漸生去。萬物皆然。如牛羊草木皆有牝牡，一爲陽，一爲陰。萬物有生之初亦各自有兩個，故曰『二五之精，妙合而凝』。陰陽二氣更無停息。如金木水火土是五行分了，又三屬陽，二屬陰，然而各又有一陰一陽。如甲便是木之陽，乙便是木之陰；丙便是火之陽，丁便是火之陰。只這個陰陽更無休息。形質屬陰，其氣屬陽。金銀坑有金礦銀礦便是陰，其光氣爲陽。」賀孫。

氣化，是當初一個人無種後自生出來底。形生，却是有此一個人後乃生生不窮底。義剛。

問「氣化」、「形生」。曰：「此是總言。人、〔七五〕物自有牝牡，只是人不能察耳。」可學。〔七六〕

天地之初如何討個種〔七七〕？自是氣蒸〔七八〕結成兩個人後方生許多物事〔七九〕。所以先説

「乾道成男，坤道成女」，後方説「化生萬物」。當初若無那兩個人，如今如何有許多人？那兩人便似而今人身上蝨，是自然變化出來。楞嚴經後面説，大劫之後世上人都死了，無復人類，却生一般禾穀，長二尺餘，天上有仙人下來喫，見好後只管來喫，喫得身重，遂上去不得，世間方又有人種。此説固好笑，但某因如此得〔八〇〕世間却是其初有個人種如他樣説。義剛。

或問：「『萬物各具一太極』，此是以理言，以氣言？」先生曰：「以理言。」銖。〔八一〕

問：「『五行之生各一其性，五性感動而善惡分』，此『性』字是兼氣稟言之否？」曰：「性離氣稟不得。有氣稟，性方存在裏面；無氣〔八二〕，性便無所寄搭了。稟得氣清者，性便在清氣之中，這清氣不隔蔽那善；稟得氣濁者，性則〔八三〕在濁氣之中，爲濁氣所蔽。『五行之生各一其性』，這又隨物各具去了。」淳。

問「五性感動而善惡分」。曰：「天地之性是理也，纔到有陰陽五行處便有氣質之性，於此便有昏明厚薄之殊。『得其性而最靈』乃氣質以後事。」人傑。按，謨、去僞録並同。〔八四〕

節〔八五〕問：「如何謂之性？」曰：「天命之謂性。」又問：「天之所命者果何物也？」曰：「仁義禮智信。」又問：「周先生作〔八六〕太極圖何爲列五者於陰陽之下？」曰：「五常是理，陰陽是氣。有理而無氣則理無所立，有氣而後理方有所立，故五行次陰陽。」又問：「如此則是有七？」曰：「義知屬陰，仁禮屬陽。」按太極圖列金木水火土於陰陽之下，非列仁義禮智信於陰陽之下也。以氣言之曰陰陽五行，以理言之曰健順五常［八七］之性。問此似欠分別。節。

聖人立人極，不説仁義禮智，却説仁義中正者，中正尤親切。中是禮之得宜處，正是智之正當處。自氣化一節以下，又節節應前面圖説，仁義中正應五行也。大抵天地生物先其輕清以及重濁，「天一生水，地二生火」，二物在五行中最輕清，金木復重於水火，土又重於金木。如論律呂則又重濁爲先，宫最重濁，商次之，角次之，祉又次之，羽最後。謨。

舜弼問：「何故不言『禮智』而言『中正』？」曰：「『中正』字尤切。」可學。［八八］

問：「太極圖何以不言『禮智』而言『中正』，［八九］是否？」曰：「亦不知是如何，但『中正』二字較有力。」閎祖。

問：「通書［九〇］中正即禮智，何以不直言『禮智』而曰『中正』？」曰：「『禮智』字不似『中正』字却實。且『中』者『禮』之極，『正』者『智』之極［九一］體，『正』是『智』親切處。伊川解『貞』字謂『正而固』也。一『正』字未盡必兼『固』字，所謂『智之實，知斯二者弗去是也』。『知』是端的真知，恁地便是『正』，『弗去』便是『固』，所以『正』字較親切。」淳。

時舉［九二］問：「太極説［九三］『聖人定之以中正仁義』，何不曰『仁義中正』？」先生曰：「此亦是且恁地説。當初某看時也疑此，只要去强説又説不得。後來子細看，乃知中正即是禮知，無可疑者。」時舉。

知是非之正爲知，故通書以「正」爲知。節。

問：「智與正何以相契？」曰：「只是真見得是非便是正；不正便不喚做智了。」問：「只是真見得是，真見得非，若以是爲非、以非爲是便不是正否？」曰：「是。」淳。寓録[九四]同。

問：「周子言仁義中正亦甚大，今乃自偏言止是屬於陽動陰静。」曰：「不可如此看，反覆皆可。」問：「『仁爲用，義爲體』，若以體統論之，仁却是體，義却是用。」曰：「是仁之[九五]體，義之[九六]用。大抵仁義中又各自有體用。」可學。

「中正仁義」一節，仁義自分體用是一般説，仁義中正分體用又是一般説。偏言專言者只説仁便是體，纔説義便是仁就[九七]中分出一個道理。如人家有兄弟，只説户頭止[九八]言兄足矣，纔説弟便更別有一人。仁義中正只屬五行，爲其配元亨利貞也。元是亨之始，亨是元之盡；利是貞之始，貞是利之盡。故曰「元亨，誠之通；利貞，誠之復」。謨。

先生答叔重疑問曰：「仁體剛而用柔，義體柔而用剛。」廣請曰：「自太極之動言之，則仁爲剛而義爲柔；自一物中陰陽言之，則仁之用柔，義之用剛。則不知如此説得否？[九九]」曰：「也是如此。仁便有個流動發越之意，然其用則慈柔；義便有個商量從宜之義，然其用則決裂。」廣。[一〇〇]

問「聖人定之以中正仁義而主静」。曰：「中正仁義皆謂發用處。正者中之質，義者仁之斷。中則無過不及，隨時以取中；正則當然之定理。仁是[一〇一]惻隱慈愛之處，義是裁制斷決之事。主静者主正與義也，正義便是利貞，中是亨，仁是元。」德明。[一〇二]

問「聖人定之以中正仁義」。曰：「本無先後。此四字配金木水火而言，中有禮底道理，正有智底道理。如乾之元亨利貞，元即仁，亨即中，利即義，貞即正，皆是此理。至於主静，是以正與義爲體，中與仁爲用。聖人只是主静，自有動底道理。譬如人説話，也須是先沉默然後可以説話，蓋沉默中便有[一〇三]言語底意思。」人傑。謨、去僞録並同。[一〇四]

「聖人定之以中正仁義」，此四物常在這裏流轉，然常靠着個静做本。[一〇五]若無夜則做得晝不分曉，若無冬則做得春夏不長茂。如人終日應接，却歸來這裏空處少歇，便精神較健。如生物而無冬，只管一向生去，元氣也會竭了。中仁是動，正義是静。通書都是恁地説，如云「禮先而樂後」。問：「周子是從上面去見得如此[一〇六]？」先生曰：「也未見得恁地[一〇七]。但是周先生天資高，想見下面工夫也不大故費力。而今學便須是從下面理會[一〇八]，若下學而不上達也不成個學問，須是尋個[一〇九]頂頭却從上貫下來。」夔孫。[一一〇]義剛録同。[一一一]

淳[一一二]問：「『中正仁義而主静』，中仁是動，正義是静。如先生解曰『非此心無欲而静，則何以酬酢事物之變而一天下之動哉』，今於此心寂然無欲而静處，欲見所謂正義者何以見？」

曰：「見〔一一三〕理之定體便是。」又曰：「只是那一個定理在此中，截然不相侵犯。雖然，就其中又各有動靜：如惻隱是動，仁便是靜；羞惡是動，義便是靜。」淳。義剛同。

問：「『中即禮，正即智』，正如何是智？」曰：「然〔一一四〕於四德屬貞。〔一一五〕」可學。

「周貴卿説『定之以仁義中正而主靜』，如先生曰〔一一六〕『那克處便是義。非禮勿視聽言動，那禁止處便是義』。或曰『正義方能靜，謂正義便是靜，恰不到〔一一七〕』。」先生曰：「如何恁地亂説！今且粗解則分外有精神，且如四時有秋冬收斂則春夏方能生長，若是〔一一八〕春夏只管生長將去，却有甚了期，便有許多元氣，故『復，其見天地之心乎』，這便是靜後見得動恁地好。這『中正』只是將來替了那『禮智』字，皆不離這四般，但是主靜。」義剛。

主靜，看「夜氣」一章可見。德明。

問：「又言『無欲故靜』，何也？」曰：「欲動情勝則不能靜。」德明。

問：「周先生説靜與程先生説敬，義則同而其意似有異？」曰：「程子是怕人理會不得他『靜』字意，便似坐禪入定。周子之説只是『無欲故靜』，其意大抵以靜爲主，如『禮先而樂後』。」賀孫。

又云：〔一一九〕「『聖人定之以中正仁義而主靜』，正是要人靜定其心，自作主宰。程子又恐只管靜去，遂與事物不相交涉。却説個『敬』，云『敬則自虚靜』。須是如此做工夫。」德明。

林問：「太極『原始反終，故知死生之説』，南軒解與先生解不同，如何？」先生曰：「南軒説不然，恐其偶思未到。周子太極之書如易六十四卦，一一有定理，毫髮不差，自首至尾只不出陰陽二端而已。始處是有生〔一二〇〕之初，終處是已定之理。始有處説生，已定處説死，不〔一二一〕復變動矣。」因舉張乖崖説：「斷公事，以其〔一二二〕未判底事皆屬陽，已判之事皆屬陰，以爲不可改變。通書無非發明此二端之理。」寓。

問：「太極圖自一而二，自二而五，即推至於萬物。易則自一而二，自二而四，自四而八，自八而十六，自十六而三十二，自三十二而六十四，然後萬物之理備。西銘則止言陰陽，洪範則止言五行，或略或詳皆不同，何也？」先生曰：「理一也，人所見有詳略耳，然道理亦未始不相值也。」閎祖。

問：「先生謂程子不以太極圖授門人，蓋以未有能授〔一二三〕之者。然而孔門亦未嘗以此語顔、曾，是如何？」先生曰：「焉知其不曾説。」曰：「觀顔、曾做工夫處只是切己做將去。」曰：「此亦何嘗不切己？皆非在外，乃我所固有也。」曰：「言〔一二四〕此恐徒長人臆度料想之見。」曰：「理會不得者固如此。若理會得者莫非在我便可受用，何臆度之有！」廣。

濂溪著太極圖，某若不分別出許多節次來，如何看得？未知後人果能如此子細去看否。人傑。

通書

周子留下太極圖，若無通書却教人如何曉得？故太極圖得通書而始明。大雅。

直卿云：「通書便可上接語、孟。」先生曰：「比語、孟較分曉精深，結〔一二五〕得密。語、孟說得較闊。」方子。

通書誠上一章，〔一二六〕「誠者聖人之本」言太極，「大哉乾元，萬物資始，誠之源」言陰陽五行，「乾道變化，各正性命」言氣化，「誠斯立焉，純粹至善者」通繳上文。〔一二七〕「故曰『一陰一陽之謂道』」，解「誠者聖人之本」；「繼之者善也」，解「大哉乾元」以下；「成之者性也」，解「乾道變化」以下。「元亨，誠之通」言流行處，「利貞，誠之復」言學者用力處，「大哉易也，性命之源」又通繳上文。人傑。

曼問通書〔一二八〕誠上篇舉易「一陰一陽之謂道」、「繼之者善也」、「成之者性也」〔一二九〕三句。先生曰：「『繼』、『成』二字皆接那氣底意思說。『善』、『性』二字皆只說理，但『繼之者善』方是天理流行處，『成之者性』便是已成形有分段了。」植。

曼問：「周子誠上篇〔一三〇〕舉『一陰一陽之謂道』以下三句，是證上文否？」先生曰：「固是。『一陰一陽之謂道』一句，通證『誠之源』、『大哉乾元』至『誠斯立焉』二節。『繼之者善』又通〔一三一〕證『誠之源』一節，『成之者性』證『誠斯立焉』一節。」植。

問：「濂溪論性自氣稟言，却是上面已說『太極』、『誠』，不妨。如孔子說『性相近，習相遠』，不誠是不誠。〔一三二〕如荀、楊便不可。」曰：「然。他已說『純粹至善』。」可學。

「繼之者善也」，周子是說生生之善。程子說作天性之善，用處各自不同。若以此觀彼，必有窒礙。人傑。

「元亨」，「繼之者善也」，陽也；「利貞」，「成之者性也」，陰也。節。

問：「陽動是元亨，陰静是利貞，但五行在陰陽之下，人物又在五行之下，如何說『繼善成性』？」曰：「陰陽流於五行之中而出，五行無非陰陽。」可學。

問：「『天只是以生爲道，繼此生理便是善』。善便有一個元底意思，生便是繼，如何分作兩截？」曰：「此亦先言其理之統如此，然亦未甚安。有一人云『元』當作『無』，尤好笑。」可學。〔一三三〕

又問：「『繼之者善也，成之者性也』，竊謂妙合之始便是繼。『乾道成男，坤道成女』，便是成。」曰：「動而生陽之時便有繼底意，及至静而生陰方是成，如六十四卦之序至復而繼。」德明。

問：「『元亨誠之通』便是陽動，『利貞誠之復』便是陰静，注却云『此已是五行之性』。如何？」曰：「五行便是陰陽，但此文〔一三四〕已分作四。」可學。

黄直卿〔一三五〕問：「『利貞誠之復』，如先生注下言，『復』如伏藏。」先生曰：「復只是回來，這個是周先生添這一句。孔子只説『乾道變化，各正性命』。」又曰：「這個物事〔一三六〕流行到〔一三七〕這裏住着，却又復從這裏做起。」又曰：「如母子相似。未生之時母無氣，不能成〔一三八〕其子，既生之後子自是子，母自是母。」又曰：「如樹上開一花，結一子，未到利貞處尚是運下面氣去蔭又記是「養」字。他，及他到利貞處自不用養。」又記「養」字〔一三九〕是「恁地」字。又問：「自一念之萌以至於事之得其所，是一事之元亨利貞？」先生應而曰：「他又自這裏做起，所謂『生生之謂易』也是恁地。」又記曰：「氣行到這裏住著便立在這裏，既立在這裏則又從這裏做起。」節。

又〔一四〇〕問：「『元亨誠之通，利貞誠之復』，元亨是春夏，利貞是秋冬。秋冬生氣既散，何以謂之收斂？」先生曰：「其氣已散，收斂者乃其理耳。」曰：「冬間地下氣暖，便也是氣收斂在内。」先生曰：「上面氣自散了，下面暖底乃自是生來，却不是已散之氣復爲生氣也。」時舉。

先生出示答張元德書，問「通」、「復」二字。先生謂：「『誠之通』是造化流行，未有成立之功〔一四一〕，所謂『繼之者善』；『誠之復』，是萬物已得此理而皆有所歸藏之時，所謂『成之者性』。在人則『感而遂通』者，『誠之通』；『寂然不動』者，『誠之復』。」時舉因問：「明道謂『今人説性只是説「繼之者善也」』是如何？」先生曰：「明道此言却只是就人上説耳。」時舉。銖

録同。〔一四二〕

「誠下」一章言太極之在人者。人傑。〔一四三〕

問：「『誠，五常之本』，同此實理於其中，又分此五者之用？」曰：「然。」可學。

道夫言：「『誠無爲，幾善惡』，〔一四四〕蓋〔一四五〕誠者，自然之實理，無俟營爲，及幾之所動則善惡著矣，善之所成則爲五常之德。聖人初〔一四六〕不假修爲安而全之，賢者則有克復之功〔一四七〕。要之，聖賢雖有等降，然及其成功則一而已，故曰『發微不可見，充周不可窮之謂神』。」曰：「固是如此，但幾是動之微，是欲動未動之間便有善惡，便須就這處理會。若至於發著之甚，則亦不濟事矣，更怎生理會？所以聖賢説『戒謹乎其所不覩，恐懼乎其所不聞』，蓋幾微之際大是要切。」又問：「以誠配太極，以善惡配陰陽，以五常配五行，此固然。但『陽變陰合而生水火木金土』，則五常必不可謂共出於善惡也。此似祇是説得善之一脚。」曰：「通書從頭是配合，但此處却不甚似。如所謂『剛善剛惡，柔善柔惡』，則確然是也。」道夫。〔一四八〕

曾問「誠無爲，幾善惡。德愛曰仁，宜曰義，理曰禮，通曰智，守曰信〔一四九〕」。先生曰：「誠是實理，無所作爲，便是『天命之謂性』、『喜怒哀樂未發之謂中』。『幾者，動之微』，微，動之初，是非善惡於此可見。一念之生不是善便是惡，孟子曰『道二：仁與不仁而已矣』，是也。德者有此五者而已。仁義禮智信者，德之體；『曰愛』，『曰宜』，『曰理』，『曰通』，『曰守』者，德之用。」卓。

賀孫［一五〇］問：「『誠無爲，幾善惡』一段，看此與太極圖相表裏？」曰：「然。周子一書都是說這道理。」賀孫［一五一］又舉「喜怒哀樂未發謂之中」一章，及「心一也」一章：「程子承周子一派，都是太極中發明。」曰：「然。」賀孫云：［一五二］「此都是說這道理是如此，工夫當養於未發。」曰：「未發有工夫，既發亦用工夫。既發若不照管也不得，也會錯了。但未發、已發，其工夫有個先後，有個重輕。」賀孫。

濂溪言「誠無爲，幾善惡」，纔誠便行其所無事，而幾有善惡之分。於此之時宜當窮察識得是非。其初有毫忽之微，至其窮察之久，漸見充越之大，天然有個道理開裂在那裏。此幾微之決，善惡之分也。若於此分明，則物格而知至，知至而意誠，意誠而心正，身修而家齊國治天下平。如激湍水，自已不得；如田單火牛，自止不住。寓。

光祖問：「『誠無爲，幾善惡』，如何？［一五三］」。曰：「『誠』是當然，合有這實理，所謂『寂然不動』者。『幾』便是動了，或向善或向惡。」賀孫。

人傑問：「去歲見蔡丈季通說通書［一五四］『誠無爲，幾善惡。德愛曰仁』一段，云：［一五五］『周子亦有照管不到處，既曰「誠無爲」，則其下未可便着「善惡」字。』如何？」先生曰：「正淳如何看？」人傑曰：「若既誠而無爲，則恐未有惡。若學者之心，其幾安得無惡？」先生曰：「當其未感，五性具備，豈有不善？及其應事，纔有照顧不到處這便是惡。古之聖賢戰戰兢兢過了一生，正謂此也。顏子『有不善未嘗不知』，亦是如此。」因言：「仲弓問『焉知賢才而舉之』，程子以爲『便見仲弓與聖人用心之小大。推此義則一心可以興邦，一心可以喪邦，只在公私之間』，且看仲弓之問未見其爲私意，然其心淺狹欠闕處多，其流弊便有喪邦之理。凡事微有過差，纔有安頓不着處便是惡。」人傑。

「或舉蔡季通〔一五六〕語：『通書云〔一五七〕「誠無爲，幾善惡」，與太極「惟人也得其秀而最靈；形既生矣，神發知矣，五性感動而善惡分」，二説似乎相背。然〔一五八〕既曰「無爲」矣，如何又却有善惡之幾？恐是周子失照管處。』如何？」曰：「當『寂然不動』時便是『誠無爲』，有感而動即有善惡。幾是動處。大凡人性不能不動，但要頓放得是。於其所動處頓放得是時，便是『德愛曰仁，宜曰義』，頓放得不是時便一切反是。人性豈有不動，但須於中分得天理人欲時〔一五九〕方是。」祖道。

或問：「有陰陽便有善惡。」曰：「陰陽五行皆善。」又曰：「陰陽之理皆善。」又曰：「合下只有善，惡是後一截事。」又曰：「竪起看皆善，横看後一截方有惡。」又曰：「有善惡，理却皆善。」「皆善」二字又記是「無惡」。〔一六〇〕節。

或以爲〔一六一〕善惡爲男女之分，或以爲陰陽之事，凡此兩件相對説者無非陰陽之理。分陰陽而言之，或説善惡，或説男女，看他如何使。故善惡可以言陰陽，亦可以言男女。謨。

「性焉安焉之謂聖」，是就聖人性分上說。「發微不可見，充周不可窮之謂神」，是他人見其不可測耳。寓。[一六二]

問：「通書言神者五：三章、四章、九章、十一章、十六章。其義或[一六三]同否？」曰：「當隨所在看。」曰：「神只是以妙言之否？」曰：「是。且說『感而遂通者，神也』，橫渠謂『一故神，兩在故不測』。」因指造化而言曰：「忽然在這裏，又忽然在那裏，便是神。」曰：「在人言之則如何？」曰：「知覺便是神。觸其手則手知痛，觸其足則足知痛，便是『神應故妙』。」淳。

「幾」雖已感，却是方感之初；「通」，則直到末梢皆是通也。如推其極到「協和萬邦，黎民於變時雍」，亦只是通也。「幾」却只在起頭一些子。[一六四]

林問：「入德莫若以幾，此最要否？」曰：「然。」問：「通書中聖第四章解『幾』字，云『動靜體用之間』，[一六五]如何是『動靜體用之間』？」曰：「似有而未有之時，在人識之爾。」寓。

「通書多說『幾』，太極圖却不說[一六六]。」曰：「『五性感動』，動而未分者是[一六七]。」直卿云：「通書言主靜、審幾、謹獨，三者循環，與孟子『夜氣』、『平旦之氣』、『晝旦所爲』相似。」方子。

問：「通書云[一六八]『誠精故明』，先生引『清明在躬，志氣如神』釋之，却是自明而誠。」曰：「便是看得文字粗疏。周子說『精』字最好。『誠精』者直是無些夾雜，如一塊銀更無銅鉛便是通透好銀，故只當以『清明』釋之。『志氣如神』即是『至誠之道可以前知』之意也。」人傑因曰：「凡看文字緣理會未透，所以有差。若長得一格便又看得分明。」曰：「便是説得倒了。」人傑。

問：「『誠』、『神』、『幾』，在學者當如何？」曰：「隨處做工夫，然本在『誠』，着力在『幾』。存主處是『誠』，〔一六九〕發用處是『神』，『幾』則在二者之間。『幾』最緊要。」淳。〔一七〇〕

問：「『動而正曰道，用而和曰德』，却是自動用言。『曰』猶言合也。若看做道德是自〔一七一〕却難通。」曰：「然。是自人身上説。」可學。〔一七二〕

「動而正曰道」，言動而必正爲道，否則非也。「用而和曰德」，德有熟而不喫力之意。人傑。

問「性者，剛柔善惡中而已」。曰：「此性便是言氣質之性。四者之中去却兩件剛惡、柔惡，却於〔一七三〕剛柔二善中擇中而主〔一七四〕焉。」人傑。謨、僩録並同。〔一七五〕

問：「通書解七章〔一七六〕論周子止於四象，以爲水火金木，如何？」曰：「周子只推到五行。如邵康節又從一分爲二，極推之至於八萬四千，縱横變動，無所不可。如漢儒將十二辟卦分十二月。康節推又別。」可學。

問：「通書師章解〔一七七〕云：『剛柔即易之兩儀，各加善惡即易之四象，易又加倍以爲八卦，而此書及圖則止於四象。〔一七八〕』疑『善惡』二字是虛字，如易八卦之吉凶也。今以善惡配爲四象，不知如何？」曰：「更子細讀，未好便疑。凡物皆有兩端，如此扇便有面有背，凡物皆然。[一七九]善惡[一八〇]自一人之心言之，則有善有惡在其中，便是兩物。周子止説到五行住，其理亦只消如此，自多説不得。包括萬有，舉歸於此。康節却推到八卦，太陽、太陰、少陽、少陰，觀此則通書所説可知矣。[一八一]太陽、太陰各有一陰一陽，少陽、少陰亦有一陰一陽，是分爲八卦也。」問：「前輩以老陰、老陽爲乾、坤，又分六子以爲八卦，是否？」曰：「六子之説不然。」寓。

「人之生，不幸不聞過。大不幸無耻。」此兩句只是一項事。知耻是由内心以生，聞過是得之於外。人須知耻方能聞[一八二]過而改，故耻爲重。僩。幸。[一八三]

問：「通書云[一八四]『無思，本也；思通，用也。無思而無不通爲聖人』，不知聖人是有思耶，無思耶？」曰：「無思而無不通是聖人，必思而後無不通是睿。」時舉云：「聖人『寂然不動』是無思，纔感便通，特應之耳。」曰：「聖人也不是塊然由人撥後方動，如莊子云『推而行，曳而止』之類。只是纔思便通，不待大故地思索耳。」時舉因云：「如此則是無事時都無所思，事至時纔思而便通耳。」時舉。銖録同。以下思。[一八五]

「幾」是事之端緒，方討頭處，[一八六]這方是用得思。植。

「思」一章，「幾」、「機」二字無異義。舉易一句者，特斷章取義以解上文。人傑。

問：「『聖希天』，若論聖人，自是與天相似了。得非聖人未嘗自以爲聖，雖已至處[一八七]而猶戒謹恐懼，未嘗頃刻忘所法則否？」曰：「不消如此説。天自是天，人自是人，終是如何得

似天？自是用法天。『明王奉若天道，建邦設都』，無非法天者。大事大法天，小事小法天。」僩。〔一八八〕

寶問：「通書云〔一八九〕『志伊尹之志，學顏子之學』，所謂志者便是志於行道否？」曰：「『志伊尹之所志』，不是志於私。大抵古人之學本是欲行，『伊尹耕於有莘之野，而樂堯、舜之道』，凡所以治國平天下者無一不理會。但方處畎畝之時不敢言必於用耳，及三聘幡然便一向如此做去，此是堯舜事業。看二典之書，堯舜所以卷舒作用，直如此熟。」因說：「耿守向曾説『用之則行，舍之則藏，惟我與爾有是夫』，此非專爲用舍行藏，凡所謂治國平天下之具惟夫子顏子有之，用之則抱持而往，不用則卷而懷之。」曰：「不〔一九〇〕敢如此說。若如此說，即是孔顏胸次都〔一九一〕無些洒落底氣象，只是學得許多骨董將去治天下。又如龜山說，伊尹樂堯舜之道，只是出作入息、飢食渴飲而已，即是伊尹在莘郊時全無些能解。及至伐夏救民，逐旋叫喚起來，皆說得一邊事。今世又有一般人，只道飽食暖衣無外慕，便如此涵養去亦不是，須是一一理會去。」德明。〔一九二〕

寶又問：「『志伊尹之志』乃是志於行。」曰：「只是不志於私。今人仕宦只爲禄，伊尹却『禄之天下弗顧，繫馬千駟弗視也』。」又云：「雖志於行道，若自家所學元未有本領，如何便能舉而措之天下？又須有那地位，若身處貧賤又如何行？然亦必自修身始，修身齊家然後達諸天下也。」又曰：「此個道理緣爲家家分得一分，不是一人所獨得而專者。經世濟物，古人有這個心。若只是我自會得，自卷而懷之却是私。」德明。

「『志伊尹之所志，學顔子之所學』，志固是要立得大，然其中又自有先後緩急之序，『致廣大而盡精微』。若曰未到伊尹田地做未得，不成塊然喫飯都不思量天下之事。若是見州郡所行事有不可人意，或百姓遭酷虐，自家寧不惻然動心？若是朝夕憂慮，以天下國家爲念，又那裏教你恁地來？」或曰：「聖賢憂世之志，樂天之誠，蓋有並行而不相悖者，如此方得。」曰：「然。便是怕人倒向一邊去。今人若不塊然不以天下爲志，便又切切然理會不干己事。如世間一樣學問專理會典故世務，便是如此。『古之欲明明德於天下者』，合下學便是學此事。既曰『欲明明德於天下』，不成只恁地空說！裏面有幾多工夫。」僩。

節問：「通書云『志伊尹之所志，學顔子之所學』，一本作『顔淵』，孰是？」曰：「『顔淵』底須是。」節。〔一九三〕

問：「『過則聖，及則賢』，若過於顔子，則工夫又更絶細，此固易見。不知過伊尹時如何說？」曰：「只是更加些從容而已，過之便似孔子。伊尹終是有擔當底意思多。」僩。

又〔一九四〕問：「通書云〔一九五〕『動而無動，靜而無靜，神也』，此理如何？」先生曰：「譬之晝夜：晝固是屬動，然動却來管那神不得；夜固是屬靜，靜亦來管那神不得。蓋神之爲物自

是超然於形器之表，貫動静而言，其體常如是而已矣。」時舉。[一九六]

問「動而無動，静而無静」。曰：「此説『動而生陽，動住[一九七]而静，静而生陰，静住[一九八]復動』，此自有個神在其間，不屬陰陽，[一九九]故曰『陰陽不測之謂神』。且如晝動[二〇〇]，在晝間不與之倶動，在夜間[二〇一]。神又自是神，神却變得晝夜，却[二〇二]變不得神。妙[二〇三]萬物，如説『水陰根陽，火陽根陰』，已是有形象底，是説粗底了。」又曰：「静者爲主，故以蒙艮終云。」植。

通書[二〇四]「動静」章所謂神者，初不離乎物。如天地，物也。天之收斂豈專乎動？地之發生豈專乎静？此即神也。閎祖。

寓[二〇五]問：「通書『動静』一段言[二〇六]『動而無静，静而無動，物也；静而無静，動而無動，神也』，所謂物者，不知人在其中否。」曰：「人在其中。」曰：「所謂神者是天地之造化否？」曰：「言神者[二〇七]即此理也。」問：「物則拘於有形。人則動而有静，静而有動，如何却同萬物而言？」曰：「人固是静中動，動中静，則[二〇八]亦謂之物。凡言物者指形器有定體而言，然自有一個變通底在其中。須是[二〇九]知器即道，道即器，莫離道而言器可也。凡物皆有此理。且如這竹椅，固是一器物[二一〇]，到其[二一一]適用處便有個道在其中。」又問神曰：「神在天地中，所以妙萬物者，如水爲陰則根陽，火爲陽則根陰。[二一二]」曰：[二一三]「文字不可泛然〔二一四〕看，須是逐句逐段理會。此一段未透又去看別段，便鶻突去，如何會透徹，如何會貫通？且如此，這〔二一五〕段未說理會到十分，亦且理會七分，看來看去直至無道理得說，却又再換別〔二一六〕一段看。此最〔二一七〕疏略之病，是今世學者通患。不特今時如此，前輩看文字，蓋有一覽而盡者，亦恐只是無究竟。」問：「經書須逐句理會。至如史書易曉，只看大綱，如何？」曰：「較之經書不同，然亦自是草率不得。須當看人物是如何，治體是如何，國勢是如何，皆當子細。」因舉上蔡看明道讀史：「逐行看過，不蹉一字。」寓。

楊至之〔二一八〕問：「通書〔二一九〕『水陰根陽，火陽根陰』與『五行陰陽，陰陽太極』爲一截，『四時運行，萬物終始』與『混兮闢兮，其無窮兮』爲一截。『混兮』是『利貞誠之復』，『闢兮』是『元亨誠之通』。注下『自五而一，自五而萬』之說，則是太極常在貞上，恐未穩。」先生大以爲然，曰：「便是猶有此等硬說處。」直卿云：「自易說『元亨利貞』，直到濂溪、康節始發出來。」方子。

「混兮闢兮」，混言太極，闢言爲陰陽五行以後。故末句曰「其無窮兮」，言既闢之後，爲陰陽五行，爲萬物，無窮盡也。人傑。

通書論樂意極可觀，首尾有條理。只是淡與不淡、和與不和，前輩所見各異。邵康節須是二四六八，周子只是二四中添一土〔二二〇〕爲五行。如剛柔添善惡，又添中於其間，周子之說也。可學。〔二二一〕

周子以禮先於樂。可學。〔二三二〕

問：「『聖學』章，一者是表裏俱一，純徹無二。少有纖毫私欲便二矣。內一則靜虛，外一則動直，而明通公溥則又無時不一也。一者，此心渾然太極之體；無欲者，心體粹然無極之真；靜虛者，體之未發，豁然絶無一物之累，陰之性也；動直者，用之流行，坦然由中道而出，陽之情也。此下遂以〔二三三〕明屬火，通屬木，公屬金，溥屬水。明通則靜極而動，陰生陽也；公溥則動極而靜，陽生陰也，而無欲者又所以貫動靜明通公溥而統於一，則終始表裏一太極也。不審是否？」曰：「只四象分得未是。此界兩邊説，明屬靜邊，通屬動邊，公屬動邊，溥屬靜邊。明是貞，屬水；通是元，屬木；公是亨，屬火；溥是利，屬金。只恁地循環去。明是萬物收斂醒定在這裏，通是萬物初發達，公是萬物齊盛，溥是秋來萬物溥徧成遂，各自分去，所謂『各正性命』。」曰：「在人言之則如何？」曰：「明是曉得事物，通是透徹無窒礙，公是正無偏陂，溥是溥徧萬事，便各有個理去。」直卿曰：「通者明之極，溥者公之極。」曰：「亦是。如後所謂『誠立明通』，意又別。彼處以『明』字爲重。『立』如『三十而立』，『通』則『不惑矣，知天命，耳順』也。」淳。〔二三四〕

或問：「濂溪〔二三五〕『聖可學乎云云。一爲要』，個〔二三六〕是分明底一，不是鶻突底一。」問：「如何是鶻突底一？」曰：「須是理會得敬落着處，若只塊然守一個『敬』字，便不成個敬。這個亦只是説個大概。明通，在己也；公溥，接物也。須是就靜虛中涵養始得，明通方能公溥，若便要公溥定不解得。静虛、明通，『精義入神』也；動直、公溥，『利用安身』也。」又曰：「一即所謂太極。静虛、明通，即圖之陰静；動直、公溥，即圖之陽動。」賀孫。

驤〔二二七〕問：「伊川云『爲士必志於聖人』，周子乃云『一爲要，一者，無欲也』，何如？」曰：「若注釋古聖賢之書，恐認當時聖賢之意不親切或有誤處。此書乃周子自著，不應有差。『一者，無欲』，一，〔二二八〕今試看無欲之時，心豈不一？」又問：「比主一之敬如何？」曰：「『無欲』與『敬』字分外分明。〔二二九〕要之，持敬頗似費力，不如無欲撇脱。人只爲有欲，此心便千頭萬緒。此章之言甚爲緊切，學者不可不知。」道夫。〔二三〇〕

問：「『明通公溥』於四象何所配？」曰：「只是春夏秋冬模樣。」曰：「明是配冬否？」曰：「似是就動處説。」曰：「便似是元否？」曰：「是。然這處亦是偶然相合，不是正恁地説。」又曰：「也有恁地相似處。『吉凶者，失得之象也；悔吝者，憂虞之象也』，悔便是悔惡向善意，如曰『震无咎者存乎悔』，非如『迷復』字意。吝是未至於惡，只管吝漸漸入惡。『剛柔者，晝夜之象也；變化者，進退之象也』，變是進，化是退，便與悔吝相似。且以一歲言之，自冬至至春分是進到一半，所以謂之分；自春分至夏至是進到極處，故謂之至。進之過則退，至秋分是退到一半處，到冬至也是退到極處。天下物事皆只有此兩個。」問：「人只要全得未極以前底否？」曰：「若以善惡配言，則聖人到那善之極處又自有一個道理，不到得『履霜堅冰至』處。若以陰陽言則他自是陰了又陽，陽了又陰，也只得順他。易裏纔見陰生便百種去裁抑他，固是如此，若一向是陽，則萬物何由得成？他自是恁地。國家氣數盛衰亦恁地。堯到那〔二三一〕七十載時也自衰了，便所以求得一個舜分付與他，又自重新轉過。若一向做去，到死後也衰了。文武恁地，到成康也只得恁地持盈守成。到這處極了，所以昭王便一向衰，扶不起了〔二三二〕。漢至宣帝以後便一向衰去〔二三三〕，直至光武又只得一二世，便一向扶不起了〔二三四〕，國統屢絶。」劉曰：「光武便如康節所謂秋之春時節。」曰：「是。」賀孫。

問：「通書『明通公溥庶矣乎』，舊見履之所記先生語〔二三五〕以明配水，通配木，公配火，溥配金。溥何以配金？」曰：「溥如何配金？溥正是配水。此四字只是依春夏秋冬之序相配將去：明配木，仁元。通配火，禮亨。公配金，義利。溥配水，智貞。想是他記錯了。」僩。

理性命一章。〔二三六〕彰言道之顯，微言道之隱。「匪靈弗瑩」，言彰與微須靈乃能了然照見，無滯礙也。此三句是言理。別一本「靈」作「虛」，義短。「剛善、剛惡，柔亦如之，中焉止矣」，此三句言性命〔二三七〕。「二氣五行」以下並言命。實是實理。人傑。

節〔二三八〕問「五殊二實」。曰：「分而言之有五，總而言之只是陰陽。」節。

㬊問通書〔二三九〕「五殊二實」一段。先生說了，又云：「中庸『如天之無不覆蓋〔二四〇〕，地之無不持載』，止是一個大底包在中間；又有『四時錯行，日月代明』，自有細小去處。『道並行而不相悖，萬物並育而不相害』，並行並育便成〔二四一〕那天地之〔二四二〕覆載，不相悖不相害便是那錯行代明底。『小德川流』是説小細底，『大德敦化』是那大底。大底包小底，小底分大底，千五百年間不知人如何讀書，這個都似不理會得這個道理。〔二四三〕」先生又云：「『一實萬分，萬一各正』，便是『理一分殊』處。」植。

鄭問：「通書〔二四四〕『理性命』章何以下『分』字？」曰：「不是割成片去，只如月映萬川相似。」淳。

問：「『理性命』章注云：『自其本而之末，則一理之實而萬物分之以爲體，故萬物各有一太極。』如此説〔二四五〕則是太極有分裂乎？」先生曰：「本只是一太極，而萬物各有稟受，又自各全其〔二四六〕一太極爾。如月在天只一而已，及散在江湖，則隨處而見，不可謂月分〔二四七〕也。」謨。

問顔子「能化而齊」。曰：「此與『大而化之』之『化』異，但言消化却富貴貧賤之念方能齊一。〔二四八〕」人傑。謨、去僞録並同。顔子。〔二四九〕

問通書云〔二五〇〕「極重不可反，知其重而亟反之可也」。先生曰：「是説天下之勢，如秦至始皇强大，六國便不可敵。東漢之末，宦官權重便不可除。紹興初，只斬陳少陽便成江左之勢。極重則反之也難，識其重之機而反之則易。」人傑。〔二五一〕

問[二二五二]「發聖人之蘊，教萬世之無窮者，顔子也」。曰：「夫子之道如天，惟顔子得[二二五三]之。夫子許多大意思，盡在顔子身上發見。言如天地生物，即在物上盡見天地純粹之氣。[二二五四]謂之發者，乃『亦足以發』之『發』，不必待顔子言而後發也[二二五五]。」人傑。謨，去僞録同而少異。聖蘊。[二二五六]

「聖人之精，畫卦以示；聖人之蘊，因卦以發。」濂溪看易，却須看得活。方子。[二二五七]

濂溪説「聖人之精，畫卦以示；[二二五八]聖人之蘊，因卦以發」。易未[二二五九]有許多道理，搭[二二六〇]在上面，所謂「因卦以發」者也。從周。[二二六一]

砥[二二六二]問「聖人之精，畫卦以示；[二二六三]聖人之蘊，因卦以發[二二六四]」。曰：「精是精微之意，蘊是包許多道理。」又問：「伏羲始畫而其蘊亦已發見於此否？」曰：「謂之已具於此則可，謂之已發見於此則不可。方其初畫也未有乾四德意思，到孔子始推出來。然文王、孔子雖能推出意思，而其道理亦不出伏羲始畫之中，故謂之蘊。『蘊』如『衣敝蘊袍』之『蘊』，是包得在裏面。」砥。[二二六五]

「聖人之精，畫卦以示；聖人之蘊，因卦以發。」[二二六六]精是聖人本意，蘊是偏旁帶來道理。如春秋，聖人本意只是載那事，要見世變：「禮樂征伐自諸侯出」，「臣弒其君，子弒其父」，如此而已。就那事上見得是非美惡曲折，便是「因卦以發」底。如「易有太極，是生兩儀，兩儀生四象，四象生八卦」，是聖人本意底；如文王繫辭等，孔子之言皆是因而發底。不可一例作重看。淳。

「乾乾不息」者，體；「日往月來，寒來暑往」者，用。有體則有用，有用則有體，不可分先後說。用之問通書。〔二六七〕僩。〔二六八〕

「乾損益動」一章，〔二六九〕第一句言「乾乾不息」，而第二句言「損」，第三句言「益」者，蓋以解第一句。若要不息，須着去忿慾而有所遷改。中「乾之用其善是」，「其」一〔二七〇〕字疑是「莫」字，蓋與下兩句相對。若只是「其」字，則無義理，說不通。人傑。

問：「通書『乾損益動』章，〔二七一〕前面『懲忿窒慾，遷善改過』皆是自修底事，後面忽說動者，何故？」曰：「所謂『懲忿窒慾，遷善改過』，皆是動上有這般過失，須於方動之時審之方無凶悔吝，所以再說個『動』。」僩。

問：「通書〔二七二〕『艮其背』，背非見也。」曰：「只如『非禮勿視』，『姦聲亂色，不留聰明；淫樂慝禮，不接心術』，非是耳無所聞，目無所見。程子解『艮其背』，謂『止於其所不見』，即是此說，但看〔二七三〕易意恐不如此。卦彖下『止』，便是去止那上面『止』。『艮其止』一句，若不是『止』字誤，本是『背』字，便是『艮其止』句解『艮其背』一句。『艮其止』是止於其〔二七四〕所當止，如大學『君止於仁，臣止於敬』之類。程子解此下文〔二七五〕却好，不知上如何又恁地說？人之四肢皆能動，惟背不動有止之象。『艮其背』是止於其所當止之地；『不獲其身，行其庭不見其人』，萬物各止其所了〔二七六〕便都純是理。也不見有〔二七七〕己，也不見有人，都只見道理。」淳。寓同而略。〔二七八〕

問：「『止，非爲也；爲，不止矣』，何謂也？」曰：「止便不作爲，作爲便不是止。」曰：「止是以心言否？」曰：「是。」淳舉易傳「內欲不萌，外物不接」。先生曰：「即是這止。」淳。

遺文〔二七九〕

拙賦

拙賦「天下拙，刑政撤」。其言似莊老。謨。

晦庵先生朱文公語類卷第九十五

程子之書一 凡係〔一〕入近思録者皆依次第類爲此卷。

問：「伊川言：『「喜怒哀樂未發謂之中」，中也者，「寂然不動」是也。』南軒言：『伊川説〔二〕此處有小差。所謂喜怒哀樂之中，言衆人之常性；「寂然不動」者，聖人之道心。』又，南軒辨吕與叔論中書説亦如此。今載近思録如何？」曰：「前輩多如此説，不但欽夫，自五峰發此論，某自是曉不得。今湖南學者往往守此説，牢不可破。某看來，『寂然不動』，衆人皆有是心；至『感而遂通』，惟聖人能之，衆人却不然。蓋衆人雖具此心，未發時已自汩亂了，思慮紛擾，夢寐顛倒，曾無操存之道，至感發處如何得會如聖人中節！」寓。以下第一卷。〔三〕

「心一也，有指體而言者，有指用而言者」，伊川此語與横渠「心統性情」相似。淳。

「近編近思録中一段云『心一也，有指體而言者』。注云『「寂然不動」是也』。『有指用而言者』，注云『「感而遂通天下之故」是也』。夫『寂然不動』是性，『感而遂通』是情，横渠所謂『心包性情者也』。此説最爲穩當。明道云『感爲情，動爲心』，感與動如何分得？若伊川云『自性有形者謂之心』，皆是門人記録之誤。孟子所謂才止是指本性而言。性之發用無有不善處，如人之有才，事事做得出來。一性之中萬化完備，發將出來便是才也。」又云：「惻隱、羞惡者，才也。如伊川論才却有此意。如書『惟人萬物之靈，亶聰明，作元后』，與夫『天乃錫王勇智』之説，皆有意也。所謂『性相近也，習相遠也』，孟子云告子『生之謂性』，亦是説氣質之性。近世被濂溪拈掇出來，而横渠、二程始有『氣質之性』之説。此伊川論才所以云有善不善者，蓋主此而言也。如韓愈所引越椒等事，若不着個氣質説，後如何説得通也！韓愈論性比之荀、楊儘好。將性分三品，此亦是論氣質之性，但欠一個『氣』字。」問：「既是孟子指本性而言，則孟子謂才無不善乃爲至論，而伊川却云未暇一一與辨者，何也？」曰：「此伊川被他問一時逼着，且如此説了。伊川如此等處亦多，不必泥也。」人傑。〔四〕

先生問道夫曰〔五〕：「公〔六〕別看甚文字？」曰：「只看近思録。今日問個明日復將來温尋，子細熟看。」曰：「如適間所説元亨利貞是一個道理之大綱目，須當時復將來子細研究。如濂溪通書只是反復説這一個道理，蓋那裏雖千變萬化，一〔七〕條萬緒，只是這一個做將去。」道夫。〔八〕

「仁之包四德猶冢宰之統六官。」又曰：〔九〕「得此生意以有生，然後有義禮智。〔一〇〕以先後言之則仁在〔一一〕先，以小大〔一二〕言之則仁爲大。」處謙。〔一三〕

節〔一四〕問：「仁既偏言則一事，如何又可包四者？」答〔一五〕曰：「偏言之仁便是包四者底，包四者底便是偏言之仁。」節。

郭兄問：「偏言則一事，專言則包四者。」曰：「以專言言之，則一者包四者；以偏言言之，則四者不離一者也。」卓。僩録同。〔一六〕

節〔一七〕問：「論語中所〔一八〕言仁處皆是包四者？」曰：「有是包四者底，有是偏言底。如『克己復禮爲仁』、『巧言令色鮮矣仁』，便是包四者。」節。

專言仁則包三者，言仁義則又管攝禮智者〔一九〕，如「智之實，知斯二者；禮之實，節文斯二者」也。德明。〔二〇〕

直卿問：「仁包四德如『元者善之長』，從四時生物意思觀之，則陰陽都偏了。」曰：「如此則秋冬都無生物氣象，但生生之意至此退了，到得退未盡處則陽氣依舊在。且如陰陽，其初亦只是一個，進便唤做陽，退便做陰。」道夫。

問：「仁包四者只就生意上看否？」曰：「統是一個生意。如四時，只初生底便是春；夏天長亦只是長這生底；秋天成亦只是遂這生底，若割斷便死了，不能成遂矣；冬天堅實亦只是實這生底。如穀九分熟，一分未熟，若割斷亦死了。到十分熟方割來，這生意又藏在裏，而〔二一〕明年種〔二二〕亦只是這個生。如惻隱、羞惡、辭遜、是非都是一個生意。當惻隱若無生意，這裏便死了，亦不解惻隱；當羞惡若無生意，這裏便死了，亦不解羞惡；這裏無生意，亦不解辭遜，亦不解是非，心都無活底意思。仁，渾淪言則渾淪都是一個，義禮知都是仁；對言則仁義與禮智一般。」淳。〔二三〕

道夫〔二四〕問：「曩者論仁包四者，蒙教以初底意思看仁。昨觀孟子『四端』處似頗認得意〔二五〕。」曰：「如何？」道夫〔二六〕曰：「蓋〔二七〕仁者生之理而動之機也。惟其運轉流通無所間斷，故謂之心，故能貫通四者。」曰：「這自是難説自〔二八〕活。今若恁地看得來只見得一邊，只見得他用處，不見他體了。」又〔二九〕問：「生之理便是體否？」曰：「公〔三〇〕若要見得分明，只看程先生説『心譬如穀種，生之性便是仁』便分明。若更要真實識得仁之體，只看夫子所謂『克己復禮』，克去己私如何便喚得做仁。」曰：「若如此看，則程子所謂『公』字愈覺親切。」曰：「公也只是仁底殼子，盡他未得在，畢竟裏面是個甚物事。『生之性』也只是狀得仁之體。」道夫。

問：「仁何以能包四者？」曰：「人只是這一個心，就這〔三一〕裏面分爲四者。且以惻隱論之：本只是這惻隱，遇當辭遜〔三二〕，不安處便爲羞惡，分別處便爲是非。若無一個動底醒底在裏面，便也不知羞惡，不知辭遜，不知是非。譬如天地只是一個春氣〔三三〕發生之心〔三四〕，春〔三五〕氣發生得過〔三六〕便爲夏，收斂便爲秋，消縮盡便爲冬。明年又復從春處起〔三七〕，渾然只是一個發生之意〔三八〕。」節。按，李方子録同。〔三九〕

時舉〔四〇〕問："惻隱之心如何包得四端？"曰："惻隱便是初動時，羞惡、是非、恭敬，亦須是這個先動一動了方會恁地，只於動處便見。譬如四時，若不是有春生之氣，夏來長個甚麼？秋時又把甚收？冬時把甚藏？"時舉。〔四一〕

味道問："仁包義禮智，惻隱包羞惡、辭遜、是非，元包亨利貞，春包夏秋冬。以五行言之，不知木如何包得火金水？"曰："木是生氣。有生氣然後物可得而生，若無生氣則火金水皆無自而能生矣，故木能包此三者。仁義禮智，性也。性無形影可以摸索，只是有這理耳。惟情乃可得而見惻隱、羞惡、辭遜、是非是也。故孟子言性曰『乃若其情則可以爲善矣』，蓋性無形影，惟情可見，觀其發處既善，則知其性之本善必矣。"時舉。〔四二〕

吉甫問："仁義禮智立名還有意義否？"曰："說仁便有慈愛底意思，說義便有剛果底意思，聲音氣象自然如此。"直卿曰："經〔四三〕中專言仁者，包四端者〔四四〕也。言仁義而不言禮智〔四五〕，仁包禮，義包智。"方子。〔四六〕

或問前日仁說未達〔四七〕。曰："公〔四八〕且就氣上看，如春夏秋冬須是看他四時界限，又却看〔四九〕如何包得三時。四時之氣温涼寒熱，涼與寒既不能生物，夏氣又熱，亦非生物之時。惟春氣温厚，乃天地生物之心。到夏是生氣之長，秋是生氣之斂，冬是生氣之藏。若春無生物之意，後面三時都無了。此仁所以包得義禮智也。〔五〇〕今先是講明得個仁義，〔五一〕若理會得後，在心術上看是[五二]此理，在事物上看亦[五三]是此理。若不見得[五四]，則心術上言仁與事物上言仁，判然不同[五五]。」

問：「仁包四者，然惻隱之端如何貫得是非、羞惡、辭遜之類？」曰：「惻隱只是動處。接事物時皆是此心先擁出來，其間却自有羞惡、是非之別，所以惻隱又貫四端。如春和則發生，夏則長茂，以至秋冬皆是一氣，只是這個生意。」「『偏[五六]言則[五七]「愛之理」，專言則曰「心之德」』，如何？」曰：「偏言是指其一端，因惻隱之發而知其有是愛之理；專言則五性之理兼舉而言之，而仁則包乎四者是也。」謨。

問：「仁可見[五八]義智禮。惻隱如何包羞惡三[五九]端？」曰：「但看羞惡時自有一般惻怛底意思，便可見。」曰：「仁包三者，何以見？」曰：「但以春言，春本主生，夏秋冬亦只是此生氣，或長養或斂藏有間耳。」可學。

唐傑問：「近思録既載『鬼神者造化之跡』，又載『鬼神者二氣之良能』，似乎重了。」曰：「造化之跡是日月、星辰、風雨之屬，二氣良能是屈伸往來之理。」蓋卿。

問「在物爲理，處物爲義」。曰：「且如這卓子是物，於理可以安頓物事。我把他如此用便是義。」友仁。

「動靜無端，陰陽無始」，説道有，有無底在前；説道無，有有底在前，是循環物事。

敬仲。〔六〇〕

「動静無端，陰陽無始」，今以太極觀之，雖曰「動而生陽」，畢竟未動之前須静，静之前又須〔六一〕動。推而上之，何自而見其端與始！道夫。〔六二〕

義剛〔六三〕問「動静無端，陰陽無始」。曰：「這不可説道有個始。他那有始之前畢竟是個甚麼？他自是做一番天地了。壞了後又恁地做起來，那個有甚窮盡！某自五六歲便煩惱道：『天地四邊之外是個〔六四〕什麼物事？』見人説四方無邊，某思量也須有個盡處。如這壁相似，壁後也須有個〔六五〕什麼物事？其時思量得幾乎成病，到而今也未知那壁後〔六六〕是何物。」或舉天地相依之物〔六七〕云：「是〔六八〕氣。」先生曰：「亦是古如此説了。素問中説：『黄帝曰：「地有憑乎？」岐伯對〔六九〕曰：「大氣乘之。」』是説那氣浮得那地起來，〔七〇〕這也説得好。」義剛。夔孫録同而略，但作「問太極」，今別見朱子爲學工夫。〔七一〕

「忠信所以進德」至「君子當終日對越在天也」，這個只是解一個「終日乾乾」。「忠信進德，修辭立誠」，便無間斷，便是「終日乾乾」，不必更説「終日對越在天」。下面説「上天之載，無聲無臭」云云，便是説許多事都只是一個天。賀孫。

道夫〔七二〕問「忠信所以進德，終日乾乾，君子當終日對越在天也」〔七三〕。曰：「此一段只是解個『終日乾乾』。在天之剛健者便是天之乾，在人之剛健者便是人之乾。其體則謂之易，這[七四]便是横渠所謂『坱然太虛，升降飛揚，未嘗止息』者。自此而下雖有許多般，要之，『形而上者謂之道，形而下者謂之器』皆是實理。以時節分段言之便有古今，以血氣支體言之便有人己，理却只是一個理也。」道夫。

寓[七五]問：「近思録伊川言『忠信所以進德，終日乾乾，君子當終日對越在天』[七六]一段，自『浩然之氣』以上自是説道，下面『説神如在其上，如在其左右』，不知如何？」曰：「一段皆是明道體無乎不在。名雖不同，只是一理發出，是個無始無終底意。」林易簡問：「此[七七]莫是『動静無端，陰陽無始』底道理否？」曰：「不可如此類泥着，但見有相[七八]梗礙耳。某舊見伊川説仁，令將聖賢所言仁處類聚看，看來恐如此不得。古人言語各隨所説見意，那邊自如彼説，這裏自如此説。要一一來比並，不得。」又曰：「文字且子細逐件理會，待看得多自有個見處。」林曰：「某且要知[七九]許多疑了，方可下手做去[八〇]。」曰：「若要知了，如何便知得了？不如且就知得處逐旋做去，知得一件做一件，知得兩件做兩件。貪多不濟事，如此用工夫恐怕輕費了時月。某謂少看有功却多，泛泛然多看全然無益。今人大抵有貪多之病，初來只是一個小没理會，下梢成一個大没理會。」寓。

賀孫[八一]問：「夜來問『忠信所以進德，終日乾乾，君子當終日對越在天』，[八二]詳此一段意只是體當這個實理。雖説出有許多般，其實一理也。」曰：「此只是解『終日乾乾』，故説此一段。從『上天之載，無聲無臭』説起。雖是『無聲無臭』，其闔闢變化之體則謂之易，然所以能闔闢變化之理則謂之道，其功用著見處則謂之神，此皆就天上説。及説到其〔八三〕『命于人則謂之性，率性則謂之道，修道則謂之教』，此〔八四〕是就人身上説。上下説得如此子細，都説了，可謂盡矣。『故説神「如在其上，如在其左右」』，此〔八五〕又皆是此理顯著之跡。看甚大事小事都離這個物事不得，上而天地鬼神離這個不得，下而萬事萬物都不出此，故曰『徹上徹下，不過如此』。形而上者，無形無影是此理；形而下者，有情有狀是此器。然有此器則有此理，有此理則有此器，未嘗相離，却不是於形器之外別有所謂理。亘古亘今，萬事萬物皆只是這個，所以説道〔八六〕『但得道在，不係今與後、己與人』。」叔蒙問：「不出這體用。其體則謂之性，其用則謂之道？」曰：「道只是統言此理，不可便以道爲用。仁義禮智信是理，道便是統言此理。」直卿云：「『道』字看來亦兼體用，如説『其理則謂之道』是指體言，又説『率性則謂之道』是指用言。」曰：「此語上是就天上説，下是就人身上説。」直卿又云：「只是德亦〔八七〕自兼體、用言。如通書云『動而正曰道，用而和曰德』。」先生曰：「『正』是理，雖動而得其正理便是道，若動而不正則不是道。『和』亦只是順理，用而和順便是得此理於身，若用而不和順則此理不得於身。故下云『匪仁，匪義，匪禮，匪智，匪信，悉邪也』，只是此理，故又云『君子慎動』。」直卿問：「太極圖中〔八八〕只説『動而生陽，靜而生陰』，通書又説個『幾』，此是動靜之間又有此一項。」又問：

「『智』字自與知識之『知』不同。智是具是非之理，知識便是察識得這個物事好惡。」又問：「神是氣之至妙處，所以管攝動静。十年前曾聞先生説，神亦只是形而下者。」賀孫問：「神既是管攝此身，則心又安在？」曰：「神即是心之至妙處，衮在氣裏説又只是氣，然神又是氣之精妙處，到得氣又是粗了。精又粗，形又粗，至於説魂、説魄，皆是説到精〔八九〕粗處。」賀孫。〔九〇〕

程子曰「上天之載，無聲無臭，〔九一〕其體則謂之易，其理則謂之道，其用則謂之神」。人傑謂：「陰陽闔闢，屈伸往來，則謂之易；皆是自然，皆有定理，則謂之道；造化功用不可測度，則謂之神。」程子又曰「其命於人則謂之性，率性則謂之道，修道則謂之教，只是就人道上説」。人傑謂：「中庸大旨，則『天命之謂性，率性之謂道』，是通人物而言；『修道之謂教』，則聖賢所以扶世立教、垂法後世者皆是也。」先生云：「就人一身言之，易猶心也，道猶性也，神猶情也。」翌日再問，云：「既就人身言之，却以就人身者就天地言之，可乎？」先生曰：「天命流行，所以主宰管攝是理者即其心也，而有是理者即其性也。如所以爲春夏，所以爲秋冬之理是也。至於〔九二〕發育萬物者，即其情也。」人傑。〔九三〕

又曰：〔九四〕「『其體則謂之易，其理則謂之道，其用則謂之神』，此三句是説自然底。下面云『其命於人則謂之性』，此是就人上説。『命〔九五〕於人』，這『人』字便是『心』字。」賜。〔九六〕

「其體則謂之易，其理則謂之道，其用則謂之神」。以人言之，其體謂之心，其理謂之性，其

用謂之情。「體」非體用之謂。賀孫。〔九七〕

「以其體謂之易，以其理謂之道」，這正如心、性、情相似。易便是心，道便是性。易，變易也，如弈棋相似。寒了暑，暑了寒，日往而月來，春夏爲陽，秋冬爲陰，一陰一陽只管恁地相易。賀孫。

「其體則謂之易」，在人則心也；「其理則謂之道」，在人則性也；「其用則謂之神」，在人則情也。〔九八〕公謹。〔九九〕

問「其理謂之道，其體謂之易，其用謂之神」。先生曰：「理是性，體是心，用是情。」賜。〔一〇〇〕

孟子説「性善」，是就用處發明人性之善；程子謂「乃極本窮原之性」，却就用處發明本理。人傑。〔一〇一〕

「人生氣稟，理有善惡」，此「理」字不是説實理，猶云理當如此。僩。

木之問：〔一〇二〕「程子生之謂性章説〔一〇三〕『善固性也，然惡亦不可不謂之性也』，疑與孟子説〔一〇四〕牴牾。」曰：「這般所在難説，卒乍理會未得。某舊時初看亦自疑，但看來看去自是分明，今定是不錯，不相誤。只着工夫子細看，莫據己見便説前輩説得不是。」又問：「草木與人物之性一乎？」曰：「須知其異而不害其爲同，知其同而不害其爲異方得。」木之。

問：「『惡亦不可不謂之性』，先生舊做明道論性説云：『氣之惡者，其性亦無不善，故惡亦不可不謂之性。』明道又云：『善惡皆天理。謂之惡者本非惡，但或過或不及便如此。蓋天下無性外之物，本皆善而流於惡耳。』如此則惡專是氣禀，不干性事，如何説惡亦不可不謂之性？」曰：「既是氣禀惡，便已〔一〇五〕牽引得那性不好。蓋性只是搭附在氣禀上，既是氣禀不好，便和那性壞了。所以説濁亦不可不謂之水。水本是清，却因人撓之，故濁也。」又問：「先生嘗云『性不可以物譬』，明道以水喻性，還有病否？」曰：「若比來比去也終有病，只是不以這個比又不能得分曉。」僩。

問：「遺書〔一〇六〕『生之謂性』一段難看，自起頭至『惡亦不可不謂之性也』成兩三截。」曰：「此一段極難看，但細尋語脈却亦可曉。上云『不是兩物相對而生』，蓋言性善也。」曰：「既言性善，下却言『善惡〔一〇七〕性也，然惡亦不可不謂之性』，却是言氣禀之性，似與上文不相接。」曰：「不是言氣禀之性。蓋言性本善，而今乃惡，亦是此性爲惡所汩，正如水爲泥沙所混不成不唤做水。」曰：「適所問乃南軒之論。」曰：「敬夫議論出得太早，多有差舛。此間有渠論孟解，士大夫多求之者，又難爲拒之。」又問：「『人生而静』當作斷句。」曰：「只是連下文而『不容説』作句。性自禀賦而言，『人生而静以上』，未有形氣，理未有所受，安得謂之性！」又問：「纔説性時便已不是性」。此處先生所答記得不切，不敢録。次夜再問，别録在後。又問：「『凡人説性只是説繼之者善也』，『繼之者善』如何便指作性？」曰：「吾友疑得極是。此却是就人身上説『繼之者善』。若就向上説則天理方流出，亦不可謂之性。」曰：「『生之謂性』，性即氣，氣即性。此言人生性與氣混合者。」曰：「有此氣爲人，則理具於身方可謂之性。」又問：「向在書堂〔一〇八〕，滕德粹問『生之謂性』，先生曰『且從程先生之説，亦好』。當時再三請益，先生不答。後來子細看，此蓋告子之言。若果如程先生之説亦無害，而渠意直是指氣爲性，與程先生之意不同。」曰：「程先生之言亦是認告子語脈不著。果如此説，則孟子何必排之？則知其發端固非矣。大抵諸儒説性多就〔一〇九〕著氣。如佛氏亦只是認知覺作用爲性。」又問孟注云：「『近世蘇氏、胡氏之説近此』，某〔一一〇〕觀二家之説，似亦不執著氣。」曰：「其流必至此。」又問：「胡氏説『性不可以善惡名』，似只要形容得性如此之大。」曰：「不是要形容，只是見不明，若見得明則自不如此。敬夫向亦執此説。嘗語之云：『凡物皆有對，今乃欲作尖邪物，何故？』程先生論性，只云『性即理也』，豈不是見得明？是真有功於聖門。」又問：「『繼之者善也，成之者性也』至程先生始分明。」曰：「以前無人如此説。若不是見得，安能及此？」可學。〔一一一〕

第二夜復問：「昨夜問『生之謂性』一段，意有未盡。不知『纔説性便不是性』，此是就性未稟時説，已稟時説？」曰：「就已稟時説。性者，渾然天理而已，纔説性時則已帶氣矣。所謂『離了陰陽更無道』，此中最宜分別。」又問：「『水流而就下』以後，此是説氣稟否？若説氣稟，則生下已定，安得有遠近之別？」曰：「此是夾習說。」〔一一二〕可學。

或問：「說『人生而靜以上不容說』，爲天命之不已；感物而動，酬酢萬殊，爲天命之流行。不〔一一三〕知上一截如何下語？」曰：「『人生而靜以上不容說』，乃天命之本體也。」人傑。

「人生而靜」已是夾形氣，專說性不得。此處宜體認。文蔚。〔一一四〕

「人生而靜以上〔一一五〕說」，此只是理；「纔說性時便已不是性」，此是氣質。要之，假合而後成。文蔚。

曾問「人生而靜以上不容說性〔一一六〕」。先生曰：「此是未有人生之時，但有天理，更不可言性。人生而後方是有這氣禀，有這物欲，方可言性。」卓。

問「人生而靜以上」一段。曰：「有兩個『性』〔一一七〕，有所謂『氣質之性』〔一一八〕，有所謂『理性』〔一一九〕。下一『性』字便〔一二〇〕是理。『人生而靜』，這『生』字自已〔一二一〕帶氣質了。『生而靜以上』便只是理，不容說；『纔說性時』便只說得氣質，不是理也。」淳。

「纔說性便已不是性也」，蓋纔說性時便是兼氣禀而言矣。「人生而靜以上不容說」，〔一二二〕蓋性須是個氣質方說得個「性」字，若「人生而靜以上」只說得個天道，下「性」字不得。所以子貢曰「夫子之言性與天道，不可得而聞也」，便是如此。所謂「天命之謂性」者，是就人身中指出這個是天命之性，不雜氣禀者而言爾。若純〔一二三〕說性時則便是夾氣禀而言，所以説時已〔一二四〕不是性也。濂溪説「性者，剛柔善惡中而已矣」，濂溪説性只是此五者，他又自有説仁義禮智底性時，若論氣禀之性則不出此五者。然氣禀底性便是那四端底性，非別有一種性也。然所謂「剛柔善惡中」者，天下之性固不出此五者。然細推之，極多般樣，千般百種，不可窮究，但不離此五者爾。僩。

問「人生而静以上」一段。曰：「程先生説性有本然之性，有氣質之性。人具此形體便是氣質之性。纔説性，此『性』字是雜氣質與本來性説，便已不是性。這『性』字却是本然性，纔説氣質底便不是本然底也。『人生而静』以下方有形體可説，以上是未有形體，如何説？」賀孫。

問：「近思録中説性似有兩種，何也？」曰：「此説往往人都錯看了，纔説性便有不是。人性本善而已，纔墮入氣質中便薰染得不好了。雖薰染得不好，然本性却依舊在此，全在學者着力。今人却言有本性又有氣質之性，此大害理。」謨。去僞録同。〔一二五〕

問：「『凡人説性只是説「繼之者善也」』，這『繼』者〔一二六〕莫是主於接續承受底意思否？」曰：「主於人之發用處言之。」道夫。

問：「明道言：『今人説性多是説「繼之者善」，如孟子言「性善」是也。』此莫是説性之本體不可言，凡言性者只是説性之流出處，如孟子言『乃若其情則可以爲善矣』之類否？」先生點頭。後江西一學者問此，先生答書云：「易大傳言『繼善』是指未生之前，孟子言『性善』是指已生之後。」是夕，復語文蔚曰：「今日答書覺得未是。」文蔚曰：「莫是易言『繼善』是說天道流行處，孟子言『性善』是說人性流出處。易與孟子就天人分上各以流出處言，明道則假彼以明此耳，非如先生『未生』、『已生』之云？」曰：「然。」文蔚。

問伊川云「萬物之生意最可觀」。先生曰：「物之初生，其本未遠，固好看。及幹成葉茂便不好看。如赤子入井時惻隱、怵惕之心只些子仁，見得時却好看。到得發政施仁，其仁固廣，便看不得〔一二七〕何處是仁。」賜。

道夫〔一二八〕問：「『萬物之生意最可觀』，此「元者善之長也」，斯所謂仁也』，此也〔一二九〕只是先生向所謂『初』之意否？」曰：「萬物之生，天命流行，自始至終，無非此理，但初生之際淳粹未散，尤易見爾。如只元亨利貞皆是善，而元則爲善之長，亨利貞皆是那裏來。仁義禮智亦皆善也，而仁則爲萬善之首，義禮智皆從這裏出爾。」道夫。

問：「『天地萬物之理無獨必有對』，對是物也，理安得有對？」曰：「如高下、小大、清濁之類皆是。」曰：「高下、小大、清濁只〔一三〇〕是物也，如何？」曰：「有高必有下，有大必有小，皆是理必當恁地〔一三一〕。如天之生物不能獨陰，必有陽；不能獨陽，必有陰。皆是對。這對處不是理對，其所以有對者是理合當恁地。」淳。

又問：「陰陽晝夜，善惡是非，君臣上下，此天地萬物無獨必有對之意否？」曰：「這也只如喜怒哀樂之中，便有個既發而中節之和在裏相似。」道夫。

道夫問「亭亭當當」之説。曰：「此俗語也，蓋不偏不倚、直上直下之意也。」問：「敬固非中，惟『敬而無失』乃所以爲中否？」曰：「只是常敬便是『喜怒哀樂未發之中』也。」道夫。

近思録首卷所論誠、中、仁三者，發明義理，固是有許多名，只是一理，但須隨事別之。如説誠便只是實然底道理，譬如天地之於萬物，陰便實然是陰，陽便實然是陽，初〔一三二〕無一毫不真實處。中只是喜怒哀樂未發之理。仁便如天地發育萬物，人無私意便與天地相似，但天地無一息間斷，「聖希天」處正在此。仁義禮智便如四柱，仁又包括四者。如易之「元亨利貞」必統於元，如時之春秋冬夏皆本於春。析而言之，各有所指而已。謨。

無妄自是我無妄，故誠；不欺者，對物而言之，故次之。祖道。

味道問「無妄之謂誠，不欺其次也」。曰：「非無妄故能誠，無妄便是誠。無妄是八方四面〔一三三〕都去得，不欺猶是兩個物事相對。」寓。

道夫〔一三四〕問：「無妄，誠之道。不欺則所以求誠否？」曰：「無妄者，聖人也。謂聖人爲無妄則可，謂聖人爲不欺則不可。」又問：「此正所謂『誠者天之道，思誠者人之道』否？」曰：「然。無妄是自然之誠，不欺是着力去做底。」道夫。

子升兄〔一三五〕問「沖漠無朕」一段。曰：「未有事物之時此理已具，少間應處只是此理。

所謂塗轍即是所由之路，如父之慈，子之孝，只是一條路從源頭下來。」木之。

問：「程先生云：『沖漠無朕，萬象森然已具，未應不是先，已應不是後。如百尺之木自根本至枝葉皆是一貫，不可道上面一段事無形無兆，却待人旋安排引入來教入塗轍。既是塗轍，却只是一個塗轍。』〔一三六〕他所謂塗轍者莫只是以人所當行者言之？凡所當行之事皆是先有此理，却不是臨行事時旋去尋討道理。」曰：「此言未有這個事先有這個〔一三七〕理。如未有君臣已先有君臣之理，未有父子已先有父子之理。不成元無此理，直待有君臣父子却旋將道理入在裏面。」又問：「『既是塗轍，却只是一個塗轍』，是如何？」曰：「是這一個事便只是這一個道理，精粗一貫，元無兩樣。今人只見前面一段事無形無兆，將謂是空蕩蕩，却不知道『沖漠無朕，萬象森然已具』。如釋氏便只是説『空』，老氏便只是説『無』，却不知道莫實於理。」曰：「『未應不是先，已應不是後』，『應』字是應務之『應』否？」曰：「未應是未應此事；已應是已應此事。未應固是先，却只是後來事；已應固是後，却只是未應時理。」文蔚。

或問近思録〔一三八〕「未應不是先」一條。曰：「未應如未有此物而此理已具，到有此物亦只是這個道理。塗轍是車行處，且如未有塗轍而車行必有塗轍之理。」賀孫。

「未應不是先，已應不是後」，如未有君臣已先有君臣之理在這裏，不是其先本無却待安排也。「既是塗轍，却只是一個塗轍」，如既有君君臣臣底塗轍，却是元有君臣之理也。升卿。

問「冲漠無眹」一段。曰：「此只是説『無極而太極』。」又問：「下文『既是塗轍，却只是一個塗轍』，此[一三九]是如何？」曰：「恐是記者欠了字，亦曉不得。」又曰：「某前日説，只從陰陽處看，則所謂太極者便只是在陰陽裏，所謂陰陽者便只是在太極裏。而今人説陰陽上面別有一個無形無影底物是太極，非也。」夔孫。[一四〇]

道夫[一四一]問：「『近取諸身，百理皆具』，且是言一人之身[一四二]與天地相爲流通，無一之不相似。至下面[一四三]言『屈伸往來之義只於鼻息之間見之』，却只是説上意一脚否？」曰：「然。」又問：「屈伸往來只是理自如此，亦猶一闔一闢，闔固爲闢之基，而闢亦爲闔之基否？」曰：「氣雖有屈伸，要之方伸之氣自非既屈之氣，雖[一四四]屈而物亦自一面生出，此所謂『生生之理』自然不息也。」道夫。

問：「屈伸往來，氣也。程子云『只是理』，何也？」曰：「其所以屈伸往來者是理必如此。『一陰一陽之謂道』，陰陽氣也，其所以一陰一陽循環而不已者乃道也。」淳。

問明道云[一四五]「天下只有個感應」。先生曰：「事事物物皆有感應，寤寐、語默、動靜亦然。譬如氣聚則風起，風止則氣復來[一四六]聚。」賜。

「心性以穀種論則包裹底是心；有秫種，有粳種，隨那種發出不同，這便是性。心是個發出底，[一四七]他只會生。譬[一四八]如服藥，喫了會治病，此是藥力；或溫或涼，便是藥性；至於喫了有温證，有涼證，這便是情。」問情、意之別。曰：「情便是做底意，自是百般計較去做底。因是有情而後用其意。」〔一四九〕夔孫。

伊川「性即理也」四字攧撲不破，實自己上見得出來。其後諸公只聽得便説將去，實不曾就己上見得，故多有差處。道夫。〔一五〇〕

伊川「性即理也」，自孔孟後無人見得到此，亦是從古無人敢如此道。道夫。〔一五一〕

春秋傳言「元者仁也，仁人心也」，固有此理，然不知仁如何却喚做「元」？如程〔一五二〕曰「天下之理原其所自未有不善」，易傳曰「成而後有敗，敗非先成者也；得而後有失，非得何以有失也」，便説得有根源。閎祖。〔一五三〕

履之問：「伊川云〔一五四〕『心本善，發於思慮則有善不善』章，如何？」曰：「疑此段微有未穩處。蓋凡事莫非心之所爲，雖放僻邪侈亦是心之爲也。善惡但如反覆手耳，翻一轉便是惡，止安頓不着也便是不善。如當惻隱而羞惡，當羞惡而惻隱，便不是。」又問：「心之用雖有不善，亦不可謂之非心否？」曰：「然。」伯羽。

問：「『心有善惡』，程先生曰〔一五五〕『既〔一五六〕發則可謂之情，不可謂之心』，如何？」曰：「心是貫徹上下，不可只於一處看。」〔一五七〕

程子曰〔一五八〕「既發則可謂之情，不可謂之心」，此句亦未穩。淳。

「『心，生道也。人有是心，斯具是形以生。惻隱之心，生道也』，如何？」曰：「天地生物之心是仁，人之稟賦接得此天地之心方能有生。故惻隱之心在人，亦爲生道也。」謨。

「心，生道也」，心乃生之道。「惻隱之心，人之生道也」，乃是得天之心以生。生物便是天之心。可學。

伊川文字多有句相倚處，如顔子好學論。可學。〔一五九〕

氣散則不生，惟能住便能〔一六〇〕生。消息，是消住了息便生。因説「天地儲精」及此。士毅。〔一六一〕

「『得五行之秀者爲人』，只説五行而不言陰陽者，蓋做這人須是五行方做得成。然陰陽便在五行中，所以周子云『五行一陰陽也』，舍五行無別討陰陽處。如甲乙屬木，甲便是陽，乙便是陰；丙丁屬火，丙便是陽，丁便是陰。不須更説陰陽而陰陽在其中矣。」或曰：「如言四時而不言寒暑耳。」曰：「然。」僩。〔一六二〕

「其本也真而静，其未發也五性具焉」，五性便是真，未發時便是静，只是疊説。僩。〔一六三〕

敬子解「不求諸心而求諸迹，以博聞强記巧文麗詞爲工」，以爲「人不知性，敬〔一六四〕怠於爲希聖之學，而樂於爲希名慕利之學」。曰：「不是他樂於爲希名慕利之學，是他不知聖之可學，别無可做了〔一六五〕，只得向那裏去。若知得有個道理可以學做聖人，他豈不願爲？緣他不知聖人之可學，『飽食終日，無所用心』，不成空過，須討個業次弄，或爲詩，或作文。是他没著這渾身處了[一六六]，只得向那裏去，俗語所謂『無圖之輩』是也。」因曰：「世上萬般皆下品，若見得這道理高，見世間萬般皆低。故這一段緊要處，只在『先明諸心』上。蓋『先明諸心』了方知得聖之可學，有下手處方就這裏做工夫。若不就此，如何地做？」僩。[一六七]

周舜弼名謨。[一六八]問：「定性書也難理會。」曰：「也不難。『定性』字説得也詫異，此『性』字是個『心』字意。明道言語甚圓轉，初讀未曉得，都没理會，子細看却成段相應。此書在扈[一六九]時作，年甚少。」淳。

「明道定性書自胸中瀉出，如有物在後面逼逐他相似，皆寫不辨。」直卿曰：「此正所謂『有造道之言』。」先生曰：「然。只是一篇之中都不見一個下手處。」蜚卿曰：「『擴然而大公，物來而順應』，這莫是下工處否？」曰：「這是説已成處。且如今人私欲萬端，紛紛擾擾，無可奈何，如何得他大公？所見與理皆是背馳，如何便得他順應？」道夫曰：「這便是先生前日所謂『也須存得這個在』。」曰：「也不由你存。此心紛擾，看着甚方法也不能得他住。這須是見得，須是知得天下之理，都着一毫私意不得方是，所謂『知止而後有定』也。不然，只見得他如生龍活虎相似，更把捉不得。」道夫。

問明道先生答横渠[一七〇]定性書云：「大率患在於自私而用智。自私則不能以有爲爲應迹，用智則不能以明覺爲自然。」曰：「此一書首尾只此兩項。伊川文字段數分明，明道先生多只恁地成片説將去，初看却[一七一]似無統，待[一七二]子細理會，中間自有路脈貫串將去。『君子之學莫若擴然而大公，物來而順應』，自後許多説話都只是此二句意。『艮其背，不獲其身；行其庭，不見其人』，此是説『擴然而大公』。孟子曰『所惡於智者，爲其鑿也』，此是説『物來而順應』。『第能於怒時遽忘其怒而觀理之是非』，『遽忘其怒』是應『廓然而大公』，『而觀理之是非』是應『物來而順應』。這須子細去看方始得。」賀孫。

問：「明道[一七三]定性書，此[一七四]是正心誠意功夫否？」曰：「正心誠意以後事。」寓。

問：「聖人『動亦定，靜亦定』，所謂定者是體否？」曰：「是。」曰：「此是惡物來感時定，善物來感時定？[一七五]」曰：「惡物來不[一七六]感，這裏自不接。」曰：「善物則如何？」曰：「當應便應，有許多分數來便有許多分數應，這裏自定。」曰：「『子哭之慟』時[一七七]何以見其爲定？」曰：「此是當應也。須用[一七八]『廓然而大公，物來而順應』。」再三誦此語。[一七九]淳。

問：「聖人定處未詳。」曰：「『知止而後有定』，只看此一句便了得萬物各有當止之所。知得則此心自不爲物動。」曰：「舜『號泣于旻天』，『象憂亦憂，象喜亦喜』，當此時何以見其爲定？」曰：「此是當應而應，當應而應便是定，若不當應而應便是亂了，當應而不應則又是死了。」淳。

道夫〔一八〇〕問：「『天地之常，以其心普萬物而無心；聖人之常，以其情順萬事而無情。故君子之學莫若擴然而大公，物來而順應』，學者卒未到此，奈何？」曰：「雖未到此，規模也是恁地。『擴然大公』只是除去〔一八一〕却私意，事物之來則〔一八二〕順他道理應之。且如有一事，自家見得道理是恁地，却有個偏曲底意思要爲那人，便是不公，便逆了這道理，便〔一八三〕不能順應。聖人自有聖人大公，賢人自有賢人大公，學者自有學者大公。」又問：「聖賢大公固未敢請，學者之心當如何？」曰：「也只要存得這個去〔一八四〕克去私意。這兩句是有頭有尾說話。大公是包說，順應是就裏面細說。公是忠，便是『維天之命，於穆不已』，順應便是『乾道變化，各正性命』。」〔一八五〕

「擴然而大公」是「寂然不動」，「物來而順應」是「感而遂通」。〔一八六〕

問：「昨日因說程子謂釋氏自私，味道舉明道答橫渠書中語，先生曰『此却是舉常人自私處言之』。若據自私而用智與後面治怒之說，則似乎說得淺。若看得說那『自私則不能以有爲爲應迹，用智則不能以明覺爲自然』，則所指亦大闊矣。」先生曰：「固然。但明道指〔一八七〕人之私意言耳。」味道又舉「反鑑索照」與夫「惡外物」之說。先生曰：「此亦是私意。蓋自常人之私意與佛之自私，皆一私也，但非是專指佛之自私言耳。」又曰：「此是程子因橫渠病處箴之。然有一般人其中空疏不能應物，又有一般人溺於空虛不肯應物，皆是自私。若能『豁然而大公』，則上不陷於空寂，下不累於物欲，自能『物來而順應』。」廣。按賀孫録少異，今附，云：［一八八］「漢卿問［一八九］：『前日說「佛氏自私」，味道舉明道「自私用智」之語亦是此意。先生答以此自私說較粗，是常人之自私。某細思之，如「自私則不能以有爲爲應迹，用智則不能以明覺爲自然」，亦是說得煞細，恐只是佛氏之自私。』先生曰：『此說得較闊，兼兩意。也是見横渠說得有這病，故如此說。』賀孫云：『「今以惡外物之心求照無物之地，猶反鑑而索照也」，亦是說絶外物而求定之意。』曰：『然。但所謂「自私而用智」，如世人一等嗜慾也是不能「以有爲爲應迹」，如異端絶滅外物也是不能「以有爲爲應迹」。若「廓然大公，物來順應」便都不如此，上不淪於空寂，下不累於物欲。』」

問：「定性書所論固是不可有意於除外誘，然此地位高者之事，在初學恐亦不得不然否？」曰：「初學也不解如此，外誘如何除得？有當應者亦只得順他，更［一九〇］看理如何，理當應便應，不當應便不應。此篇大綱只在『擴然而大公，物來而順應』兩句，其他引易、孟子皆是如此。末謂『第能於怒時遽忘其怒而觀理之是非』，一篇着力緊要只在此一句。『遽忘其怒』便是『擴然大公』，『觀理之是非』便是『物來順應』。明道言語渾淪，子細看，節節有條理。」曰：「『内外兩忘』是内不自私，外應不鑿否？」曰：「是。大抵不可以在内者爲是而在外者爲非，只得隨理順應。」淳。

人情易發而難制。明道云：「人能於怒時遽忘其怒，亦可見外誘之不足畏，而於道亦思過半矣。」此語可見。然有一說，若知其理之曲直，不必校却好，若見其直而又怒則愈甚。大抵理只是此理，不在外求。若於外復有一理時却難，爲只有此理〔一九二〕。可學。

「惟思爲能窒欲，如何？」曰：「思與觀同。如言『第能於怒時遽忘其怒而觀理之是非』。蓋是非既見，自然欲不能行。」升卿。〔一九二〕

問：「聖人恐無怒容否？」曰：「怎生無怒容？合當怒時必亦形於色。如要去治那人之罪，自爲笑容則不可。」曰：「如此則恐涉忿厲之氣否？」曰：「天之怒，雷霆亦震。舜誅四凶，當其時亦須怒。但當怒而怒便中節，事過便消了，更不積。」淳。

先生以伊川答方道輔書示學者，曰：「他只恁平鋪，無緊要説出來。只是要移易他一兩字也不得，要改動他一句也不得。」道夫。

問：「蘇季明以治經爲傳道居業之實，居常講習只是空言無益，質之兩先生。何如？」曰：「季明是橫渠門人，祖橫渠『修辭』之説，以立言傳後爲修辭，是爲居業。明道與説易上『修辭』不恁地。修辭只是如『非禮勿言』，若修其言辭正爲立己之誠意，乃是體當自家『敬以直内，義以方外』之實事，便是理會敬義之實事，便是表裏相應。『敬以直内，義以方外』便是立誠。道之浩浩，何處下手？惟立誠纔有可居之處，有可居之處則可以修業。業便是逐日底事業，恰似日課一般。『忠信所以進德』爲實下手處，如是心中實見得理之不妄，『如惡惡臭，如好好色』，常常恁地則德不期而進矣。誠便即是忠信，修省言辭便是要立得這忠信。若口不擇言，只管逢事便說，則忠信亦被汨没動蕩，立不住了。明道便只辨〔一九三〕他『修辭』二字，便只理會其大規模。伊川却與辨〔一九四〕治經，便理會細密，都無縫罅。」又曰：「伊川也辨他不盡。如講習不止只是治經，若平日所以講習父慈、子孝、兄友、弟恭與應事接物，有合講者，或更切於治經，亦不爲無益。此更是一個大病痛。」賀孫。

伊川曰：「孟子才高，學之無可依據。學者須學顏子入聖人爲近，有用力處。」又曰：「學者要學得不錯須是學顏子。〔一九五〕孟子說得粗，不甚子細，只是他才高，自至那地位。若學者學他或會錯認了他意思，若顏子說話便可下手做，孟子底更須解說方得。」賀孫。

蔡問：「『孟子無可依據，學者當學顏子』，如養氣處豈得謂無可依據？」曰：「孟子皆是要用。顏子曾就己做工夫，所以學顏子則不錯。」淳。

道夫〔一九六〕問：「『且省外事，但明乎善，唯進誠心』，這固〔一九七〕只是教人『鞭辟近裏』。然〔一九八〕切謂明善是致知，誠心即〔一九九〕是誠意否？」曰：「知至即便意誠，善纔明，誠心便進。」又問：「『其文章雖不中不遠矣』，便是應那『省外事』一句否？」曰：「然。外事所可省者即省之，所不可省者亦强省不得。善只是那每事之至理，文章是威儀制度。『所守不約，泛濫無功』，說得極切。這般處只管將來玩味，則道理自然都見。」又曰：「這般次第是與〔二〇〇〕呂與叔自關中來初見二程時說話。蓋橫渠多教人禮文制度之事，他學者只管用心，不近裏，故以此說教之。然只可施之與叔諸人，若與龜山言便不着地頭了。公今看了近思録，看別經書須將遺書兼看。蓋他一人是一個病痛，故程先生說得各各自有精采。」道夫。

「且省外事，但明乎善，惟進誠心」，是且理會自家切己處，明善了又更須看自家進誠心與未。心只是放寬平便大，不要先有一私意隔礙便大。心大則自然不急迫。如有禍患之來亦未須驚恐，或有所獲亦未要便歡喜在，少間亦未必禍更轉爲福，福更轉爲禍。荀子言「君子大心則天而道，小心則畏義而節」，蓋君子心大則是天心，心小則文王之翼翼，皆爲好也。小人心大則放肆，心小則是偏隘私吝，皆不好也。賀孫。〔二〇一〕

問：「近思録中〔二〇二〕明道說『學者識得仁體，實有諸己，只要義理栽培』一段，只緣他源頭是個不忍之心，生生不窮，故人得以生者，其流動發生之機亦未嘗息。故推其愛，則視夫天地萬物均受此氣，均得此理，則無所不當愛。」曰：「這道理只熟看，久之自見如此，硬樁定說不得。如云『從他源頭上便有個不忍之心，生生不窮』，此語有病。他源頭上未有物可不忍在，未說到不忍在。只有個陰陽五行，有闔闢，有動靜。自是用生，不是要生，到得說生物時又是流行已後。既是此氣流行不息，自是生物，自是愛。假使天地之間淨盡無一物，只留得這一個物事，他也自愛。如云『均受此氣，均得此理，所以須用愛』，也未說到這裏在，此又是說後來事。此理之愛如春之溫，天生自然如此。如火相似，炙着底自然熱，不是使他熱也。」因舉：「東見録中明道曰『學者須先識仁。仁者，渾然與物同體，義禮智信皆仁也』。云云。極好，當添入近思録中。」僩。

節〔二〇三〕問：「周子令程子尋顔子所樂何事，而周子程子終不言。不審先生以爲所樂何事？」曰：「人之所以不樂者，有私意耳。克己之私則樂矣。」節。〔二〇四〕

明道以上蔡記誦爲玩物喪志，蓋爲其意不是理會道理，只是誇多鬬美〔二〇五〕爲能。若明道看史不蹉一字，則意思自别，此正爲己爲人之分。賀孫。

問：「『禮樂只在進反之間，便得性情之正』，何謂也？」曰：「記謂『禮減而進，以進爲文；樂盈而反，以反爲文』。禮如凡事儉約，如收斂恭敬，便是減。須當着力向前去做便是進，故以進爲文。樂如歌詠和樂，便是盈。須當有個節制，和而不流便是反，故以反爲文。禮減而却進前去，樂盈而却反退來，便是得性情之正。」淳。

道夫〔二〇六〕問「禮樂進反」之説。曰：「『禮主其減，樂主其盈。禮減而進，以進爲文；樂盈而反，以反爲文』。禮以謙遜退貶爲尚，故主減。然非人之所樂，故須勉强做將去，方得。樂以發揚蹈厲爲尚，故主盈。然樂只管充滿而不反則又也無收殺，故須反方得。故云『禮減而不進則銷，樂盈而不反則放』，故禮有報而樂有反，所以程子謂『只在進反之間，便得性情之正』。」道夫。

「禮主其減」者，禮主於撙節、退遜、檢束。然其〔二〇七〕難行，故須勇猛力進始得，故以進爲文。「樂主其盈」者，樂主於舒暢發越。然一向如此必至於流蕩，故以反爲文。禮之進，樂之反，便得情性之正。又曰：「主減者當進，須力行將去；主盈者當反，須回顧身心。」賀孫。

「天分」即天理也。父安其父之分，子安其子之分，君安其君之分，臣安其臣之分，則安得私！故雖「行一不義，殺一不辜，而得天下」，有所不爲。賀孫。

問「論性不論氣，不備；論氣不論性，不明。〔二〇八〕二之則不是」。曰：「不可分作兩段說，性自是性，氣自是氣。如何不可分作兩段說？他所以說不備、不明，須是兩邊都說，理方明備，故云『二之則不是』。二之者，正指上兩句也。」〔二〇九〕或問：「明道說『生之謂性』，云『性即氣，氣即性，便是不可分兩段說』。」曰：「那個又是說性便在氣稟上。稟得此氣，理便搭附在上面，故云『性即氣，氣即性』。若只管說氣便是性，性便是氣，更没分曉矣。」僩。〔二一〇〕

道夫〔二一一〕問：「氣者性之所寄，故『論性不論氣則不備』；性者氣之所成，故『論氣不論性，則不明』。」曰：「如孟子說性善，是『論性不論氣』也。但只認說性善，雖說得好，終是欠了下面一截。自荀楊而下便祇『論氣不論性』了。」道夫曰：「子雲之說雖兼善惡，終只論得氣。」曰：「他不曾說着性。」道夫。〔二一二〕

「『論性不論氣，不備；論氣不論性，不明』，孟子終是未備，所以不能杜絶荀楊之口。」厚之問：「氣稟如何？」曰：「稟得木氣多則少剛强，稟得金氣多則少慈祥，推之皆然。」

可學。〔二一三〕

「論氣不論性」，荀子言性惡，楊子言善惡混是也。「論性不論氣」，孟子言性善是也。性只是善，氣有善不善。韓愈説生而便知其惡者，皆是合下禀得這惡氣。有氣便有性，有性便有氣。節。〔二一四〕

問：「程子『論性不論氣，不備；論氣不論性，不明。二之則不是』之説如孟子，是論性不論氣；荀楊等是論氣不論性。」答曰：「程子初無指孟子之意，然孟子却是論氣。」此句有誤字：非「孟」字，是「孔」字；則「却」字是「也」字。更思之。過。〔二一五〕

「『論學便要明理，論治便須識體』，這『體』字是事理合當做處。凡事皆有個體，皆有個當然處。」問：「是體段之『體』否？」曰：「也是如此。」又問：「如爲朝廷有朝廷之體，爲一國有一國之體，爲州縣有州縣之體否？」曰：「然。是個大體有格局當做處。如作州縣便合治告訐，除盜賊，勸農桑，抑末作；如朝廷，便須開言路，通下情，消朋黨；如爲大吏，便須求賢才，去贓吏，除暴斂，均力役。這個都是定底格局，合當如此做。」或問云云。曰：「不消如此説，只怕人傷了那大體。如大事不曾做得，却以小事爲當急，便害了那大體。如爲天子近臣合當謇諤正直，又却恬退寡默；及至處鄉里合當閉門自守，躬廉退之節，又却向前要做事。這個便都傷了那大體。如今人議論都是如此，合當舉賢才而不舉，而曰我遠權勢；合當去姦惡而不去，而曰不爲已甚。且如國家遭汴都之禍，國於東南，所謂大體者正在於復中原，雪讐耻，却曰休兵息民，兼愛南北。正使真個能如此猶不是，况爲此説者其實只是懶計而已。」僩。

「根本須是先培壅」，涵養持敬便是栽培。賀孫。

仲思問「敬義夾持直上，達天德自此」。曰：「最是他下得『夾持』兩字好。敬主乎中，義防於外，二者相夾持。要放下霎時也不得，只得直上去，故便達天德。」伯羽。

「『敬義夾持直上，達天德自此』，表裏夾持，更無東西走作去處，上面只更有個天德。『忠信所以進德，修辭立其誠所以居業』者，乾道也；『敬以直内，義以方外』者，坤道也，只是健順。」又曰：「『非禮勿視聽言動』者，乾道；『出門如見大賓，使民如承大祭』者，坤道。」又曰：「公但看進德、立誠是甚麽樣强健。」賀孫。

問：「『正其義不謀其利，明其道不計其功』，道、義如何分別？」曰：「道、義是個體、用。道是大綱説，義是就一事上説。義是道中之細分别，功是就道〔二一六〕做得功效出來。」寓。淳録同。〔二一七〕

問：「『正其義』者，凡處此一事但當處置使合宜，而不可有謀利占便宜之心；『明其道』則處此事使〔二一八〕合義，是乃所以爲明其道，而不可有計後日功效之心。『正義不謀利』在處事之先，『明道不計功』在處事之後。如此否？〔二一九〕」曰：「恁地説也得。他本是合掌説，看來

也須微有先後之序。」僩。〔二二〇〕

董仲舒曰〔二二一〕「正其義不謀其利，明其道不計其功」，或曰「事成之謂利，所以有義；功成則是道」，便不是。「惠迪吉，從逆凶」，然惠迪亦未必皆吉。可學。

楊問：「『膽欲大而心欲小』，如何？」曰：「膽大是『千萬人吾往』處，天下萬物『不足以動其心』，『貧賤不能移，威武不能屈』，皆是膽大。小心只〔二二二〕是畏敬之謂，如〔二二三〕文王『小心翼翼』、曾子『戰戰兢兢，臨深履薄』是也。」問：「橫渠言『心大則百物皆通，心小則百物皆病』，何如？」曰：「此心小是卑陋狹隘，事物來都没奈何，打不去，只管見礙，皆是病。如要敬則礙和，要仁則礙義，要剛則礙柔。這裏只着得一個，更着兩個不得。爲敬便一向拘拘，爲和便一向放肆，没理會。仁便煦煦姑息，義便粗暴決裂。心大便能容天下萬物，有這物則有這理，有那物即有那道理，『並行而不相悖，並育而不相害』。」寓。陳淳録同。〔二二四〕

「膽欲大而心欲小」，「戰戰兢兢，如臨深淵」，方能爲「赳赳武夫，公侯干城」之事。德明。

蜚卿云：「『智欲圓而行欲方，膽欲大而心欲小』，妄意四者缺一不可。」曰：「圓而不方則譎詐，方而不圓則執而不通。志不大則卑陋，心不小則狂妄。江西諸人便是志大而心不小者也。」道夫。

問程子曰〔二二五〕「學不言而自得者，乃自得也，終不足以入道〔二二六〕」。曰：「道理本自廣大，只是潛心積慮，緩緩養將去自然透熟。若急迫求之，則是起意去趕趁他，只是私意而已，安足以入道？」僩。

道夫〔二二七〕問：「視聽、思慮、動作皆天之所爲，及發而不中節則是妄，故學者須要識別之。」曰：「妄是私意，不是不中節。」道夫曰：「這正是顏子之所謂『非禮』者。」曰：「非禮處便是私意。」道夫。

至之問：「『學要鞭辟近裏』，『鞭辟』如何？」曰：「此是洛中語，一處說作『鞭約』，大抵是要鞭督向裏去。今人皆不是鞭督向裏，心都向外。明道〔二二八〕此段下云『切問近思』、『言忠信，行篤敬』云云，何嘗有一句說做外面去。學要博，志須要篤。志篤，問便切，思便近，只就身上理會。伊川言『「仁在其中」，即此是學』，元不曾在外，這個便是『近裏着己』。今人皆就外面做工夫，恰似一隻船覆在水中，須是去翻將轉來便好，便得使。吾輩須勇猛着力翻〔二二九〕將轉。」先生轉身而言曰：「須是翻將轉來始得。」寓。〔二三〇〕

楊問：「程子言〔二三一〕『學要鞭辟近裏』，何謂『鞭辟』？」曰：「辟如驅辟一般。」又問：「『質美者明得盡，查滓便渾化，與天地同體』，是如何？」曰：「明得透徹，查滓自然渾化。」又問：「查滓是甚麽？」曰：「查滓是私意人欲。天地同體處是義理之精英，查滓是私意人欲之未消者。人與天地本一體，只緣查滓未去所以有間隔，若無查滓便與天地同體。『克己復禮爲仁』，己是查滓，復禮便是天地同體處。『有不善未嘗不知』，不善處是查滓。顏子『三月不違仁』，既有限，此外便未可知。如曾子『爲人謀而不忠，與朋友交而不信，傳而不習』，是曾子查滓處。漆雕開言『吾斯之未能信』，皆是有些查滓處。只是質美者也見得透徹，那查滓處都盡化了。若未到此，須當莊敬持養，旋旋磨擦去教盡。」寓。〔二三二〕

文蔚〔二三三〕問：「明道嘗曰〔二三四〕『學要鞭辟近裏』至『莊敬持養』。文蔚〔二三五〕切謂如顏子『克己復禮』，天理人欲便截然兩斷，此所謂『明得盡，查滓便渾化』。如仲弓『出門如見大賓，使民如承大祭』，便是〔二三六〕『莊敬持養』。」答〔二三七〕曰：「然。顏子『克己復禮』不是盲然做，却是他先見得分曉了。便是聖人說話渾然，今『克己復禮』一句，近下人亦用得。不成自家未見得分曉便不克己，只得克將去。只是顏子事與此別。」又曰：「知得後只是一件事。如適間說『博學篤志，切問近思』，亦只是本體上事。又如『博我以文，約我以禮』，亦是本體上事。只緣其初未得，須用如此做功夫，及其既得，又只便是這個。」文蔚曰：「且如『博學於文』，人心自合要無所不知。只爲而今未能如此，須用博之以文。」曰：「人心固是無所不知，若未能如此，却只是想象。且如釋氏說心，亦自謂無所不知。他大故將做一個光明瑩徹底物事看，及其問他，他便有不知處。如程先生說窮理，却謂『不必盡窮天下之理，只是理會得多後自然貫通去』。某嘗因當官見兩家争產，各將文字出拖照。其間亦有失却一兩紙文字，只將他見在文字推究便自互換見得出。若是都無文字只臆度説，兩家所競須有一曲一直，便不得。元不曾窮理，想象説我這心也自無所不知，便是如此。」文蔚。〔二三八〕

程子曰〔二三九〕「學要鞭辟近裏」一〔二四〇〕段。明得盡者一見便都明了，更無查滓。其次惟是莊敬持養以消去其查滓而已。所謂持養亦非是作意去穿鑿以求其明，但只此心常敬則久久自明矣。廣。〔二四一〕

因歐兄問「質美者明得盡，查滓便渾化」，某〔二四二〕曰：「尹和靖以『查滓』二字不當有，如何？」先生曰：「和静議論每如此。所謂查滓者，私意也。質美者明得盡，所以查滓一齊渾化無了。」洽。〔二四三〕

役智力於農圃，内不足以成己，外不足以治人，是濟甚事！賀孫。

近思録云「仁之道，要之，只消道一『公』字。『公』只是仁之理，不可將『公』便喚做『仁』。公而以人體之，故爲仁」。〔二四四〕問：「公只是仁底道理，仁却是個流動發生底道理。故『公而以人體之』方謂之仁否？」曰：「此便是難説。『公而以人體之』，此一句本微有病。然若真個曉得，方知這一句説得好，所以程先生又曰『公近仁』。蓋這個仁在〔二四五〕這『人』字上。你元自有這個〔二四六〕仁，合下便帶得來。只爲不公，所以蔽塞了不出來；若能公，仁便流行。譬如溝中水被沙土罨靸壅塞了，故水不流；若能擔去了[二四七]沙土罨靸，那[二四八]水便流矣。又非是去外面別擔水來放溝中，是溝中元有此水，只是被物事壅遏了，去其壅塞，水便流行。如『克己復禮爲仁』。所謂『克己復禮』者，去其私而已矣。能去其私則天理便自流行，不是克己了又別討個天理來放在裏面也。故曰『公近仁』。」又問：「『公所以能恕，所以能愛。恕則仁之施，愛則仁之用』。愛是仁之發處，恕是推其愛之之心以及物否？」曰：「如公所言亦非不是。只是自是湊合不著，都無滋味。若道理只是如此看，又更做甚麼？所以只見不長進，正緣看那物事没滋味。」又問：「莫是帶那上文『公』字說否？」曰：「然。恕與愛本皆出於仁，然非公則安能恕，安能愛？」又問：「愛只是合下發處便愛，未有以及物在，恕則方能推己以及物否？」曰：「仁之發處自是愛，恕是推那愛底，愛是恕之所推者。若不是恕去推那愛[二四九]，那愛也不能及物，也不能親親仁民愛物，只是自愛而已。若裏面元無那愛，只[二五〇]推個甚麼？如開溝相似，是裏面元有這水，所以開著便有水來。若裏面元無此水，如何會開著便有水？若不是去開溝，縱有此水也如何得他流出來？愛，水也；開之者，恕也。」又問：「若不是推其愛以及物，縱有此愛也無可得及物否？」曰：「不是無可得及物，若不能推則不能及物。此等處容易曉，如何恁地難看！」僩。

問：「仁便是公做去否？[二五一]」曰：「非公便是仁，盡得公道所以爲仁耳。求仁處，聖人說了『克己復禮爲仁』，須是克盡己私以復乎禮方是公。公所以能仁。」問：「呂與叔〔二五二〕克己銘『痒痾疾痛，舉切吾身』，不知是這道理者〔二五三〕否？」曰：「某見前輩一項議論説忒高了，不只就身上理會，便説要與天地同其體，同其大，安有此理！克己銘〔二五四〕『初無吝驕，作我蟊賊』云云，只説得克己一邊，却不到〔二五五〕復禮處，須先克己私以復于禮則爲仁。且仁譬之水，公則譬之溝渠一般〔二五六〕，要流通此水須開浚溝渠，然後水方流行也。」寓。〔二五七〕

「公而以人體之爲仁」，仁是人心所固有之理，公則仁，私則不仁。未可便以公爲仁，須是體之以人方是仁。公、恕、愛皆所以言仁者也。公在仁之前，恕與愛在仁之後。公則能仁，仁則能愛、能恕故也。謨。

公所以爲仁，故伊川云「非是以公便爲仁，公而以人體之」。仁譬如水泉，私譬如沙石能壅却泉，公乃所以決去沙石者也。沙石去而水泉出，私出〔二五八〕而仁復也。德明。

林問：「『以「公」解「仁」』，如何？」曰：「『公』未能盡『仁』。」淳。〔二五九〕

公却是仁發處，無公則仁行不得。可學。〔二六〇〕

謂仁只是公固若未盡，謂公近仁耳又似太疏。伊川先生曰「只是一個『公』字」。學者問仁則常教他將「公」字思量。此是先生晚年語，平淡中有意味。顯道記憶語及入關語録亦有數段，更宜參之。鎬。升卿録同而略。今附，云：「伊川曰『仁只是一個「公」字』。學者問仁則常教他將『公』字思量。此是先生

晚年語，平淡中有意味。」〔二六一〕

李問：「仁，欲以公、愛、恕三者合而觀之，如何？」曰：「公在仁之先，愛、恕在仁之後。」又問「公而以人體之」一句。曰：「緊要在『人』字上。仁只是個人。」淳。

或問：「『力行』如何是『淺近語』？」曰：「不明道理，只是硬行。」又問：「何以爲『淺近』？」曰：「他只是見聖賢所爲，心下愛，硬依他行。這是私意，不是當行，若見得道理時皆是當恁地行。」又問：「『這一點意氣能得幾時子』，是如何？」曰：「久時，相〔二六二〕次只是恁地休了。」節。

「涵養須用敬，進學則在致知」。無事時且存養在這裏，提撕警覺，不要放肆。到講習應接時便當思量義理。淳。

楊子順問：「『涵養須用敬』，涵養甚難，心中一起一滅如何得主一？」曰：「人心如何教他不思？如『周公思兼三王，以施四事』，豈是無思？但不出於私則可。」曰：「某多被思慮紛擾，思這一事又牽去〔二六三〕那事去，雖知得亦自難止。」曰：「既知得不是，便當絕斷了。」淳。

涵養此心須用敬。譬之養赤子，方血氣未壯實之時，且須時其起居飲食，養之於屋室之中而謹顧守之，則有向成之期。纔方乳保却每日暴露於風日之中，偃然不顧，豈不致疾而害其生耶！大雅。

問：「伊川謂『敬是涵養一事』，敬不足以盡涵養否？」曰：「五色養其目，聲音養其耳，義理養其心，皆是養也。」賀孫。

用之問：「學者忌先立標準，如何？」曰：「如『必有事焉而勿正』之謂。而今雖道是要學聖人，亦且從下頭做將去。若日日恁地比較也不得，雖則是曰『舜何人也？予何人也』，若只管將來比較，不去做工夫，又何益！」賀孫。

問：「明道先生曰『學者忌先立標準，若循循不已自有所至矣』，[二六四]學者做工夫須以聖人爲標準，如何却說不得立標準？」曰：「學者固當以聖人爲師，然亦何消[二六五]得先立標準？纔立標準，心裏便計較思量幾時得到聖人處，聖人田地又如何。便有個先獲底心。顏淵曰『舜何人也？予何人也？有爲者亦若是』，也只是如此平說，教人須以聖賢自期，又何須先立標準？只恁[二六六]下著頭做，少間自有所至。」僩。

道夫[二六七]問：「『尹彥明見程子後，半年方得大學西銘看』，此意如何？」曰：「也是教他自就切己處思量，自看平時個是不是，未欲便把那書與之讀爾[二六八]。」道夫[二六九]曰：「如此則末後以此二書併授之，還是以尹子已得此意，還是以二書互相發故？」曰：「他好把西銘與學者看。他也是要教他知，天地間有個道理恁地開闊。」道夫。

「昨夜說『尹彥明見伊川後，半年方得大學西銘看』。此意思也好，也有病。蓋且養他氣質，淘濮去了那許多不好底意思。如學記所謂『未卜禘，不視學，游其志也』之意。此意思固好，然也有病者，蓋天下有多少書，若半年間都不教他看一字，幾時讀得天下許多書！所以尹彦明終竟後來工夫少了。易曰『盛德大業，至矣哉』，『富有之謂大業』，須是如此方得。天下事無所不當理會者，纔工夫不到，業無由得大，少間措諸事業便有欠缺，此便是病。」或曰：「想得當時大學亦未成倫緒，難看在。」曰：「然。尹彦明看得好，想見煞著日月看。臨了連格物也看錯了，所以深不信伊川『今日格一件，明日格一件』之説，是看個甚麽？」或曰：「和靖才力極短，當初做經筵不見得。若使〔二七〇〕當難劇，想見做不去。」曰：「只他做經筵也不奈何，説得話都不痛快，所以難。能解經而通世務者，無如胡文定公〔二七一〕。然教他做經筵官〔二七二〕又却不肯。一向辭去，要做春秋解，不知是甚意思。蓋他有退而著書立言以垂後世底意思在〔二七三〕，無那措諸事業底心。縱使你做得了將上去，知得人君是看不看？若朝夕在左右説，豈不大有益？是合下不合有這著書垂世底意思故也。人説話也難。有説得響感動得人者，如明道先生會説。所以上蔡説，纔到明道處聽得他説話，意思便不同。蓋他説得響，自是感發人。伊川便不似他。伊川説話方，終是難感動人。」或曰：「如與東坡門説話，固是他門不是，然終是伊川説話有不相乳入處。」曰：「便是説話難。只是這一樣説話，只經一人口説便自不同，有説得感動人者，有説得不愛聽者。近世所見會説話、説得響、令人感動者，無如陸子静。可惜如伯恭都不會説話，更不可曉，只通寒暄也聽不得。自是他聲音難曉，子約尤甚。」僩。

問：「謝氏說『何思何慮』處，程子道『恰好着工夫』，此是着何工夫？」曰：「人所患者不能見得大體〔二七四〕處，只是下學之功夫却欠。程子道『恰好着工夫』，便是〔二七五〕着下學底工夫。」淳。

晦庵先生朱文公語類卷第九十六

程子之書二同上〔一〕

伊川云「學者要自得。〔二〕六經浩渺，乍來〔三〕難盡曉。且見得路逕後各自立得一個門庭，歸而求之，可矣〔四〕」。問：「如何是門庭？」曰：「是讀書之法，如讀此一書便〔五〕須知此書當如何讀。如〔六〕伊川教人看易，以王輔嗣、胡翼之、王介父三人易解看，此便是讀書之門庭。緣當時諸經都未有成説，所以〔七〕學者乍難捉摸，故教人如此。」或問：「如詩是吟詠情性，讀詩者便當以此求之否？」曰：「然。」僩。以下第三卷。〔八〕

問：「春秋傳序引夫子答顏子爲邦之語，爲顏子嘗聞春秋大説〔九〕，何也？」曰：「此不是孔子將春秋大法向顏子説。蓋三代制作極備矣，孔子更不可復作，故告以四代禮樂，只是集百王不易之大法。其作春秋，善者則取之，惡者則誅之，意亦只是如此，故伊川引以爲據耳。」淳。〔一〇〕

明道先生曰〔一一〕「學者全體此心。學雖未盡，若事物之來不可不應，但隨其分限應之，雖不中不遠矣[一二]」。此亦只是言其大概。且存得此心在這裏,「若事物之來不可不應,且隨自家力量應之,雖不中不遠矣」,更須下工夫方到得細密的當,至於至善處。此亦且是爲初學言。如龜山却是恁地,初間只管道是且隨力量恁地,更不理會細密處,下梢都衰塌了。賀孫。以下第四卷。[一三]

「毋不敬」、「思無邪」二句[一四],「毋不敬」是渾然底,思是已萌,此處只争些。可學。[一五]

問:「『思無邪』、『毋不敬』是一意否?」曰:「『思無邪』有辨别,『毋不敬』却是渾然底[一六]意思。大凡持敬,程子所謂敬如有個宅舍,講學如遊騎,不可便相離遠去。須是於知處求行,行處求知,斯可矣。」謨。[一七]

「明道先生曰『雖則心「操之則存,捨之則亡」,然而持之太甚便是必有事焉而正之也,亦須且恁去』。其説蓋曰雖是『必有事焉而勿正』,亦須且恁地把捉操持,不可便放下了。『敬而勿失』即所以中也,『敬而無失』本不是中,只是『敬而無失』便是[一八]得中底象[一九]。此如公不是仁,然公而無私則仁。又曰『中是本來底,須是做工夫,此理方着。司馬子微坐忘論是所謂坐馳也』,他只是要得恁地虚静都無事,但只管要得忘,便不忘是馳也。明道先生説:『張天祺不思量事後,須强把他這心來制縛,亦須寄寓在一個形象,皆非自然。君實又只管念個「中」字,此又爲「中」所制縛。且「中」字亦何形象?』他是不思量事,又思量個不思量底,寄寓一個形象在這裏。如釋氏教人便有些是這個道理，如曰『如何是佛』云云，胡亂掉〔二〇〕一語，教人只管去思量。又不是道理，又別無可思量，心只管在這上行思坐想，久後忽然有悟。『中』字亦有何形象？又去那處討得個『中』？心本來是錯亂了，又添這一個物事在裏面，這頭討『中』又不得，那頭又討不得，如何會討得？天祺雖是硬捉，又且把定得一個物事在這裏。温公只管念個『中』字，又更生出頭緒多，他所以說終夜睡不得。」又曰：「天祺是硬截。温公是死守，旋旋去尋討個『中』。伊川即曰『持其志』，所以教人且就裏面理會。譬如人有個家，不自作主，却倩別人來作主。」賀孫。

「喜怒哀樂未發謂之中」。程子云：「敬不可謂之中，敬而無失即所以中也，未說到義理涵養處。」大抵未發、已發只是一項工夫，未發固要存養，已發亦要審察。遇事時時復提起，不可自怠，生放過底心。無時不存養，無事不省察。人傑。〔二一〕

問：「『聖人不記事，所以常記得；今人忘事，以其記事』，何也？」曰：「聖人之心虛明，便能如此。常人記事、忘事，只是着意之故。」淳。

李德之問：「明道因修橋尋長梁，後每見林木之佳者必起計度之心，因語學者『心不可有一事』。某切謂凡事須思而後通，安可謂『心不可有一事』？」曰：「事如何不思？但事過則不留於心可也。明道肚裏有一條梁，不知今人有幾條梁柱在肚裏。佛家有『流注想』。水本流將去，有些滲漏處便留滯。」蓋卿。

「心要在腔殼子裏」，心要有主宰。繼自今便截胸中膠擾，敬以窮理。德明。

問：「『心要在腔子裏』，若慮事應物時心當如何？」曰：「思慮應接亦不可廢，但身在此則心合在此。」曰：「然則方其應接時則心在事上，事去則此心亦合〔二二〕管着。」曰：「固是要如此。」德明。

或問「心要在腔子裏」。曰：「人一個心終日放在那裏去，得幾時在這裏？孟子所以只管教人『求放心』。今人終日放去，一個身恰似個無梢工底船流東流西，船上人皆不知。某嘗謂人未讀書，且先收斂得身心在這裏，然後可以讀書求得義理。而今只〔二三〕硬捉在這裏讀書，心飛揚那裏去，如何得會長進！」賀孫。

或問：「『心要在腔子裏』，如何得在腔子裏？」曰：「敬，便在腔子裏。」又問：「如何得會敬？」曰：「只管恁地衮做甚麽？纔說到敬便是更無可說。」賀孫。

問：「『人心要活則周流無窮而不滯於一隅』，如何是活？」曰：「心無私便可推行。活者，不死之謂。」可學。

李丈問：「程子曰〔二四〕『「天地設位而易行乎其中」，只是敬』，如何？」曰：「易是自然造化。聖人本意只說自然造化流行，程子是將來就人身上說。敬則這道理流行，〔二五〕不敬便間斷了。前輩引經文多是借來説己意。如『必有事焉而勿正，心勿忘，勿助長』，孟子意是説做工夫處，程子却引來『鳶飛魚躍』處説自然道理，若知得『鳶飛魚躍』便了此一語。又如『必有事焉』，程子謂有事於敬，此處那有敬意？亦是借來假〔二六〕自己說。孟子所謂『有事』只是集義，『勿正』是勿望〔二七〕氣之生，『義集』則氣自然生。我只是〔二八〕集義，不要等待氣之生，若等待便辛苦，便去助氣使他長了。氣未至於浩然便作起令張旺，謂己剛毅無所屈撓，便要發揮去做事，便是助長。」淳。

問：「遺書云〔二九〕『「天地設位而易行乎其中」，只是敬，敬則無間斷』。不知易何以言敬？」曰：「伊川門説得闊，使人難曉。」曰：「下面云『誠，敬而已矣』，恐是説天地間一個實理如此。」曰：「就天地之間言之是實理；就人身上言之，惟敬然後見得心之實處流行不息。敬纔間斷便不誠，不誠便無物，是息也。」德明。

問：「『「天地設位而易行乎其中」，只是敬也，敬則無間斷』。天地人只是一個道理，天地設位而變易之理不窮，所以天地生生不息。人亦全得此理，只是氣稟物欲所昏，故須持敬治之，則本然之理自無間斷。」曰：「也是如此。天地也似有個主宰，方始恁地變易，便是天地底敬。天理只是直上去，更無四邊滲漏，更無走作。」賀孫。

又〔三〇〕問：「程子曰『「敬以直內，義以方外」，仁也』，如何以此便謂之仁？」曰：「亦是仁也。若能到私欲浄盡、天理流行處，皆可謂之仁。如『博學篤志，切問近思』，能如是則仁亦在其中。「則仁」以下，徐作「便可爲仁」。〔三一〕如『克己復禮』亦是仁，『出門如見大賓，使民如承大祭』亦是仁，『居處恭，執事敬，與人忠』亦是仁。看從那路入，但從一路入，做到極處皆是仁。」淳。寓録〔三二〕同。

問「『不有躬，無攸利』。不立己後，雖向好事，猶爲化物。不得以天下萬物撓己，己立後自能了當得天下萬物」。曰：「下面是伊川解易上句。後二句又是覆解此意，在乎以立己爲先，應事爲後。而今人平日講究所以治國、平天下之道，而自家身己全未曾理會得。若能理會自家身己，雖與外事若茫然不相接，然明〔三三〕在這裏了，新民只見成推將去。」賀孫。

問：「『不立己後，雖向好事，猶爲化物』，何也？」曰：「己不立則在我無主宰矣，雖向好事，亦只是見那事物好，隨那事物去，此〔三四〕便是爲物所化。」淳。

蜚卿問：「『主一』如何用工？」曰：「不當恁地問。主一只是主一，不必更於主一上問道理。如人喫飯，喫了便飽，却問人如何是喫飯。先賢説得甚分明，也只得恁地説，在人自體認取。主一只是專一。」道夫。〔三五〕

節〔三六〕問「主一」。曰：「做這一事且做一事，做了這一事却做這〔三七〕一事。今人做這一事時〔三八〕未了，又要做那一事，心下千頭萬緒。」節。

厚之問：「或人專守主一。」曰：「主一亦是。然程子論主一却不然，又須〔三九〕要有用，豈是守塊然之主一？呂與叔問主一，程子云『只是專一』。今欲主一而於事乃處置不下，則與程子所言自不同。」可學。

「伊川云『主一之謂敬，無適之謂一』，又曰『人心常要活，則周流無窮而不滯於一隅』，或者疑主一則滯，滯則不能周流無窮矣。道夫切謂主一則此心便存，心存則物來順應，何有乎滯？」曰：「固是。然所謂主一者，何嘗滯於一事？不主一，則方理會此事而心留於彼，這却是滯於一隅。」又問：「以大綱言之，有一人焉，方應此事未畢而復有一事至，則常〔四〇〕何如？」曰：「也須是做一件了又理會一件，亦無雜然而應之理，但甚不得已，則權其輕重可也。」道夫。

「主一之謂敬，無適之謂一」，敬主於一，做這件事，更不做別事。無適是不走作。泳。

「無適之謂一」，無適是個不走作。且如在這裏坐只在這裏坐，莫思量出門前去；在門前立，莫思量別處去。聖人説「不有博弈者乎？爲之猶賢乎已」，博弈豈是好事？與其營營膠擾，不若但將此心殺在博弈上。道夫。〔四一〕

「『閑〔四二〕邪』、『主一』，如何？」曰：「主一似『持其志』，閑邪似『無暴其氣』。閑邪只是要邪氣不得入，主一則守之於内。二者不可有偏，此内外交相養之道也。」謨。去僞録同。〔四三〕

問「閑邪則固一矣，主一則更不消言閑邪」。曰：「只是覺見邪在這裏要去閑他，則這心便一了，所以説道『閑邪則固一矣』，既一則邪便自不能入，便更不消説又去閑邪。恰如知得外面有賊，今夜用須防他，則便惺了，不〔四四〕須更説防賊。」賀孫。

用之問「近思録一條〔四五〕有言『未感時，知何所寓』，曰『操則存，舍則亡，出入無時，莫知其鄉』。更怎生尋所寓？只是有操而已。」曰：「這處難説，只争一毫子。只是看來看去，待自見得。若未感時又更操這所寓，便是有兩個物事。所以道『只有操而已』，只操便是主宰在這裏。如『克己復禮』，不是『克己復禮』三四個字排在這裏。『克』、『復』二字只是拖帶下面二字，要挑撥出天理人欲。『非禮勿視聽言動』，不是『非禮』是一個物事，『禮』又是一個物事，『勿』又是一個物事。只是『勿』便是個主宰，若恁地持守勿令走作也由他，若不收斂一向放倒去也由他。釋氏這處便説得驚天動地，聖人只渾淪説在這裏教人自去看。」賀孫。

劉〔四六〕問：「伊川先生言〔四七〕『有主則實』，又曰『有主則虚』，於此二者〔四八〕如何分别？」曰：「這個〔四九〕只是有主於中，外邪不能入。自其有主於中言之則謂之『實』，自其外邪不入言之則謂之『虚』。」又曰：「若無主於中，則目之欲也從這裏入，耳之欲也從這裏入，鼻之欲也從這裏入。大凡有所欲皆入這裏，便滿了，如何得虚？」〔五〇〕先生〔五一〕因舉林擇之作主一銘云「『有主則虚』，神守其都；『無主則實』，鬼闞其室」。又曰：「『有主則實』，既言『有主』便已是實了，却似多了一『實』字，看來這個『實』字謂中有主，則外物不能入矣。」又曰：「程子既言『有主則實』，又言『有主則虛』，此不可泥看，須看大意各有不同始得。凡讀書且看他上下意思[五二]如何，不可泥着一字。如揚子言『其[五三]於仁也柔，於義也剛』，到易中言，剛却是仁，柔却是義。又論語『學不厭，知也；教不倦，仁也』，到中庸又謂『成己，仁也；成物，知也』。各隨本文意看，自不相礙。」寓。陳淳録止「鬼闞其室」而少異，今附，云：「劉履之問：『「有主則虛」，「有主則實」，何以別？』曰：『只是有主於中，外邪不能入。自其有主於中者言之則謂之「實」，自其外邪不能入者言之則謂之「虛」。』又曰：『若無主於中，則目之欲亦入這裏來，耳之欲亦入這裏來，口鼻四肢之欲亦入這裏來，凡百所欲皆入這裏來。這裏面便滿了。』以手指心。『如何虛得？』因舉林擇之主一銘曰『「有主則虛」，神守其都；「無主則實」，鬼闞其室』。」[五四]

問：「程子謂『有主則虛』，又謂『有主則實』。」曰：「有主於中，外邪不能入。外邪不入[五五]便是虛；有主於中，理義甚實，便是實。」淳。

「外患不能入是『有主則實』也，外邪不能入是『有主則虛』也。自家心裏只有這個爲主，別無物事，外邪從何處入？豈不謂之虛乎？然他說『有主則虛』者，『實』事[五六]便已在『有主』上了。」又曰：「『有主則實』者，自家心裏有主，外患所不能入，此非實而何？『無主則實』者，自家心裏既無以爲之主，則外邪却入來實其中，此又安得不謂之實乎！」道夫。

方次雲云：「『有主則虛』，神守其都；『無主則實』，鬼瞰其室。」[五七]

問：「伊川答蘇季明云『求中於喜怒哀樂，却是已發』，某觀延平先生亦謂『驗喜怒哀樂未發之前爲如何』，此説又似與季明同。」曰：「但欲見其如此耳。然亦有病，若不得其道則流於空，故程先生[五八]云『今只道敬』。」又問：「既發、未發不合分作兩處，故不許。如中庸説，固無害。」曰：「然。」可學。

問：「舊看程先生所答蘇季明喜怒哀樂未發、耳無聞目無見之説，亦不甚曉。昨見先生答吕子約書，以爲目之有見，耳之有聞，心之有知未發，與目之有視，耳之有聽，心之有思已發不同，方曉然無疑。不知足之履，手之持，亦可分未發、已發否？」曰：「便是書不如此讀。聖人只教你去喜怒哀樂上討未發、已發，却何嘗教你去手持、足履上分未發、已發？都不干事。且如眼見一個物事，心裏愛便是已發，便屬喜；見個物事惡之便屬怒。若見個物事心裏不喜不怒，有何干涉？」此四字又云[五九]「一似閑，如何謂之已發」。僩。

淳[六〇]問：「蘇季明問静坐時乃説未發之前，伊川以祭祀『前旒』、『黈纊』答之。據祭祀時恭敬之心向於神明，此是已略發，還只是未發？」曰：「只是如此恭敬，未有喜怒哀樂，亦未有思，唤做已發不得。然前旒、黈纊非謂全不見聞，若全不見聞則薦奠有時而不知，拜伏有時而不能起矣。」淳。義。[六一]

正淳問静中有知覺。曰：「此是坤中不能無陽，到動處却是復。只將十二卦排便見。」方子。

問：「未發之前當戒謹恐懼，提撕警覺，則亦是知覺矣[六二]。而伊川謂『既有知覺却是動』，何也？」曰：「未發之前須常惺地醒，不是瞑然不省，若瞑然不省則道理何在？成甚麼『大本』？」曰：「常醒便是知覺否？」曰：「固是知覺。」曰：「知覺便是動否？」曰：「固是動。」曰：「何以謂之未發？」曰：「未發之前不是瞑然不省，怎生說做靜得？然知覺雖是動，不害其爲未動。若喜怒哀樂則又別也。」曰：「恐這[六三]處知覺雖是動，而喜怒哀樂却未發不[六四]？」先生首肯，曰：「是。下面說『復見天地之心』說得好。復一陽生，豈不是動？」曰：「一陽雖動，然未發生萬物便是喜怒哀樂未發否？」曰：「是。」淳。

問：「前日論『既有知覺，却是動也』，某彼時一向泥言句了。及退而思，大抵心本是個活物，無間於已發未發，常惺地活。伊川所謂『動』字只似『活』字，其曰『怎生言靜』而以復說證之，只是明靜中不是寂然不省故爾。不審是否？」曰：「說得已是了，但『寂』字未是。『寂』含活意，感則便動，只可云[六五]『不是昏然不省也』。」淳。

問：「伊川言『喜怒哀樂未發之前，下「靜」字亦可，然靜中須有物始得[六六]』，此物云何？」曰：「只太極也。」洽。

問：「蘇季明問伊川[六七]：『喜怒哀樂未發之前，下「動」字，下「靜」字？』伊川答之[六八]曰：『謂之靜則可，靜[六九]須有物始得。』所謂『靜中有物』者，莫是喜怒哀樂雖未形而含喜怒哀樂之理否？」曰：「喜怒哀樂乃是感物而有，猶鏡中之影。鏡未照物，安得有影？」文蔚[七〇]

曰：「然則『静中有物』乃鏡中之光明？」曰：「此却説得近似，但只是比類。所謂『静中有物』者，只是知覺便是。」文蔚〔七一〕曰：「伊川却云『纔説知覺便是動』。」曰：「此恐伊川説得太過。若云知個甚底，覺個甚底，如知得寒、覺得暖便是知覺一個物事。今未曾知覺甚事，但有知覺在，何妨其爲静？不成静坐便只是瞌睡！」文蔚。

「『静中有物』如何？」曰：「有聞見之理在即是『静中有物』。」「敬莫是静否？」曰：「敬則自然静，不可將静來喚做敬。」謨。去僞録同。〔七二〕

用之問「蘇季明問伊川〔七三〕喜怒哀樂未發之前求中」一條。曰：「此條記得極好。只中間説『謂之無物則不可，然静中須有個覺處』，此二句似反説，『無物』字恐當作『有物』字。涵養於喜怒哀樂未發之前，只是『戒慎乎其所不睹，恐懼乎其所不聞』，全未有一個動綻，大綱且約住執持在這裏，到謹獨處便是發了。『莫見乎隱，莫顯乎微』，雖未大段發出，便已有一毫一分見了，便就這處分別從善去惡。『雖耳無聞，目無見，然見聞之理在始得』，雖是耳無聞，目無見，然須是常有個主宰執持底在這裏始得，不是一向放倒，又不是一向空寂了。」問：「『非禮勿視聽言動』是此意否？」曰：「此亦是有意了，便是已發。只是『敬而無失』，所以爲中。大綱且執持在這裏。下面説復卦便是説静中有動，不是如瞌睡底静，中間常自有個主宰執持。後又説艮卦，又是説動中要静。復卦便是一個大翻轉底艮卦，艮卦便是兩個翻轉底復卦。復是五陰下一陽，艮是二陰上一陽。陽是動底物事，陰是静底物事。凡陽在下便是震動意思；在中便是陷在二陰之中，如人陷在窟裏相似；在上則没去處了，只得止，故曰『艮其止』。陰是柔媚底物事，在下則巽順陰柔，不能自立，須附於陽；在中則是附麗之象；在上則説，蓋柔媚之物在上則歡悦。」賀孫。

「遺書中説[七四]蘇季明嘗患思慮不定，或思一事未了，他事如麻又生。伊川曰：『不可。此不誠之本也。須是習，習能專一時便好，不拘思慮與應事皆要專一。』而今學問只是要一個專一。若參禪修養，亦皆是專一方有功。修養家，無底物[七五]事他硬想成有；釋氏，有底硬想成無。只是專一，然他底却難。自家道理本來却是有，只是[七六]要人去理會得[七七]却甚易。」或問：「專一可以至誠敬否？」曰：「誠與敬不同。誠是實理，是人前背後都恁地。做一件事直是做到十分便是誠，若只做得兩三分，説道今且謾恁地做，恁地也得，不恁地也得，便是不誠。敬是戒謹恐懼意。」又問：「恭與敬如何？」曰：「恭是主容貌而言，「貌曰恭」，「手容恭」。敬是主事而言。」「執事敬」，「事思敬」。又問：「敬如何是主事而言？」曰：「而今做一件事，須是專心在上面方得。不道是不好事。而今若讀論語，心又在孟子上，如何理會得？若做這一件事，心又在那事，永做不得。」又曰：「敬是畏底意思。」又曰：「敬是就心上説，恭是對人而言。」又曰：「若有事時則此心便即專在這一事上，無事則此心湛然。」又曰：「恭是謹，敬是畏，莊是嚴。『嚴威儼恪，非所以事親』，是莊於這處使不得。若以臨下，則須是莊，『臨之以莊則敬』，『不莊以涖之則民不敬』。」賀孫。

安卿問：「伊川言『目畏尖物，此理須是〔七八〕去。室中率置尖物，必不刺人』。此是如何？」曰：「疑病每如此。尖物元不曾刺人，他眼病只管見尖物來刺人耳。伊川又一處説此稍詳。有人眼病，嘗見獅子。伊川教他見獅子則捉來。其人一面去捉，捉來捉去捉不着，遂不見獅子了。」寓。陳淳録同。以下第五卷。〔七九〕

或問：「程子有言『「舍己從人」，舜禹〔八〇〕難事。己者，我之所有，雖痛舍之，猶懼守己者固，而從人者輕也』，此説發明得好。」曰：「此程子爲學者言之。若聖人分上則不如此也，『無適也，無莫也，義之與比』。」曰『痛舍』則大段費力矣。」廣。

問：「『飢食渴飲，冬裘夏葛』，何以謂之『天職』？」曰：「這是天教我如此。飢便食，渴便飲，只得順他。窮口腹之欲便不是，蓋天只教我飢則食，渴則飲，何曾教我窮口腹之欲？」淳。

伊川曰：「人能克己，則仰不愧，俯不怍，心廣體胖，其樂可知。有息則餒矣。」此説極有味。閎祖。〔八一〕

程子曰：「人能克己，則仰不愧，俯不怍，心廣體胖，其樂可知。有息則餒矣。」如今見得直如此説得好。儒用。〔八二〕

或問：「伊川〔八三〕云正家之道在於『正倫理，篤恩義』，今欲正倫理則有傷恩義，若欲篤恩義又有乖於倫理。如何？」曰：「須是於正倫理處篤恩義，而〔八四〕不失於倫理方可。」柄。〔八五〕以下第六卷。〔八六〕

問：「取甥女歸嫁一段與前孤孀不可再嫁相反，何也？」曰：「大綱恁地，但人亦有不能盡者。」淳。〔八七〕

問：「程子曰『義安處便爲利』，只是當然而然便安否？」曰：「是。也只萬物各得其分便是利，君得其爲君，臣得其爲臣，父得其爲父，子得其爲子，何利如之！此『利』字即易所謂『利者義之和』處，〔八八〕然那句解得不似，此語却親切，正好去解那句。義初似不和而却和，截然不可犯似不和，分別後萬物各得其所便是和。不和生於不義，義則和而無不利矣。」淳。〔八九〕第七卷。

程子曰：「爲政須要有綱紀文章，謹權審量，讀法平價，皆不可闕。」所謂文章者，便是文飾那謹權審量、讀法平價之類耳。僩。以下〔九〇〕第八卷。

問：「『必有關雎麟趾之意，然後可以行周官之法度』，何也？〔九一〕只是要得誠意素孚否？」曰：「須是自閨門衽席之微積累到熏蒸洋溢，天下無一民一物不被其化，然後可以行周官之法度。不然則爲王莽矣！揚雄不〔九二〕說到此。後世論治皆欠這一意也。」淳。

「律是八分書」，言八分方是。方子。以下第九卷。〔九三〕

問：「『介甫言律』一條何意也？」曰：「伯恭以凡事皆具，惟律不説，偶有此條，遂謾載之。」淳。〔九四〕

厚之問：「『感慨殺身者易，從容就義爲難』，如何是從容就義？」曰：「從容謂徐徐，但義理不精則思之再三，或汩於利害却悔了，此所以爲難。」曰：〔九五〕「管仲自是不死，不問子糾正不正。」可學。以下第十卷。〔九六〕

厚之問：「伊川不答温公給事中事，如何？」曰：「自是不容預。如兩人有公事在官，爲守令者來問，自不當答。問者已是失。」曰：「此莫是避嫌否？」曰：「不然。本原已不是，與避嫌異。」可學。

近思録〔九七〕「不安今之法令」，謂在下位者。閎祖。〔九八〕

「遊定夫編明道語録〔九九〕，言釋氏『有「敬以直内」，無「義以方外」』。呂與叔編則曰『有「敬以直内」，無「義以方外」，則與直内底也不是』。」又曰：「『敬以直内』，所以『義以方外』也。」又曰：「遊定夫晚年亦學禪。」節。第十三卷。

問「顔子春生，孟子并秋殺盡見」。曰：「仲尼無不包。顔子方露出春生之意，如『無伐善，無施勞』是也，使此更不露便是孔子。孟子便如秋殺，都發出來，露其才。如所謂英氣，是發用處都見也。」又曰：「明道下二句便是解上三句，獨『時焉而已』難曉。」伯羽。以下〔一〇〇〕第十四卷。

問「孟子則露其才，蓋以時焉而已」。黃直卿云：「或曰非常如此，蓋時出之耳；或曰戰國之習俗如此；或曰世衰道微，孟子不得已焉耳。三者孰是？」曰：「恐只是習俗之說較穩。大抵自堯、舜以來至於本朝，一代各自是一樣，氣象不同。」伯羽。

問：「『孟子則露其才，蓋亦時然而已』，豈孟子亦有戰國之習否？」曰：「亦是戰國之習。如三代人物自是一般氣象，左傳所載春秋人物又是一般氣象，戰國人物又是一般氣象。」淳。

問：「『諸葛亮有儒者氣象』，如何？」曰：「孔明學不甚正，但資質好，有正大氣象。」問：「取劉璋一事如何？」曰：「此却不是。」又問：「孔明何故不能一天下？」曰：「人謂曹氏〔一〇一〕父子爲漢賊，以某觀之，孫權真漢賊耳。先主、孔明正做得好時，被孫權來戰兩陣，到這裏便難向前了。權又結托曹氏父子。權之爲人，正如偷去劉氏一物，如〔一〇二〕劉氏之興，必來取此物，不若結托曹氏，以賊托賊。使曹氏勝，我不害守得一隅；曹氏亡，則吾亦初無利害。」晦夫。

「遺書第一卷言韓愈近世豪傑，揚子雲豈得如愈？第六卷則曰『揚子之學實，韓子之學華，華則涉道淺』。二説取予似相牴牾。」先生曰：「只以言性論之，則揚子『善惡混』之説所見僅足以比告子爾。若退之見得到處却甚峻絶，性分三品正是説氣質之性。至程門説破『氣』字方有去着，此退之所以不易及，而第二説未得其實也。」謨。

自古罕有人説得端的，惟退之原道庶幾近之，却説見大體。程子謂「能作許大識見尋求」，真個如此。他資才甚高，然那時更無人制服他，便做大了，謂「世無孔子，不當在弟子之列」。文中子不曾有説見道體處，只就外面硬生許多話，硬將古今事變來壓衲[一〇三]説或笑，似太公家法[一〇四]。淳。

明道行狀説孝弟禮樂處，上兩句説心，下兩句説用。古不必驗，今因横渠欲置田驗井田，故云爾。横渠説話多有如此處。[一〇五]可學。

安卿問「周子不除窗前草」。曰：「難言。須是自家到那地位方看得，要須見得那草與自家意思一般處。」道夫。[一〇六]

問：「周子窗前草不除去，云『與自家意思一般』。此是取其生生自得之意邪，抑於生物中欲觀天理流行處邪？」曰：「此不要解。到那田地自理會得，須看自家意思與那草底意思如何是一般。」淳。[一〇七]

伯豐[一〇八]曰：「『子厚聞皇子生，喜甚；見餓殍，食便不美』。昔正淳嘗云『與人同休戚』，陸子壽曰『此主張題目耳』。」先生問：「曾致思否？」對曰：「皆是均氣同體，惟在我者至公無私，故能無間斷而與之同休戚也。」先生曰：「固是如此，然亦只説得一截。如此説得〔一〇九〕真是主張題目，實不曾識得。今土木何嘗有私？然與他物不相管。人則元有此心，故至公無私便都管攝之無間斷也。」伯豐。〔一一〇〕

晦庵先生朱文公語類卷第九十七

程子之書三 此卷係遺書中非入近思與四書等注者，以類而從，別爲一卷。文集附。

伊川見朱光庭所編語録，云「某在，何必讀此」。若伊川不在，則何可不讀。蓋卿。以下論語録。〔一〕

或問：「尹和靖言看語録，伊川云『某在，何必看此』。此語如何？」曰：「伊川在便不必看，伊川不在了，如何不看？」〔二〕只是門人所編各隨所見淺深，却要自家分別他是非。前輩有言，不必觀語録，只看易傳等書自好。天下亦無恁地道理，如此則只當讀六經，不當看論孟矣。天下事無高無下，無小無大，若切己下功夫，件件是自家底；若不下工夫，揀書來看亦無益。」先生又言：「語録是雜載。只如閑説一件話，偶然引上經史上便把來編了，明日人又隨上面去看。直是有學力方能分曉。」謙。〔三〕

問：「遺書中有十餘段説佛處，似皆云形上、直内與聖人同，却有一兩處云『要之，其直内者亦自不是』，此語見得甚分明。不知其他所載莫是傳録之差？」曰：「固是。纔經李端伯、吕與叔、劉質夫記便真，至游定夫便錯。可惜端伯、與叔、質夫早喪，使此三人者在，於程門之道必有發明。」某〔四〕謂：「此事所係非輕，先生盍作一段文字爲辨明之？」先生曰：「須待爲之。」因説芮國器嘗云「天下無二道，聖人無兩心，如何要排佛」。曰：「只爲無二道，故着不得他。佛法只是作一無頭話相欺誑，故且恁地過，若分明説出便窮。」可學。

記録言語難，故程子謂「若不得某之心，則是記得他底意思」。今遺書，某所以各存所記人之姓名者，蓋欲人辨識得耳」。今觀上蔡所記則十分中自有三分以上是上蔡意思了，故其所記多有激揚發越之意；游氏所説則有温純不決之意；李端伯所記則平正；質夫所記雖簡約，然甚明切。看得來劉質夫那人煞高，惜乎其〔五〕不壽。廣。

坐客有問侯先生語録異同者。曰：「侯氏之説多未通。胡先生嘗薦之羅先生〔六〕。後延平先生與相會，頗謂胡先生稱之過當，因言其人輕躁不定。羅先生雖以凜然嚴毅之容與相待，度其頗難之，但云其游程門之久，甚能言程門之事，然於道理未有所見，故其説前後相反没理會。有與龜山一書。」賀孫。

張思叔語録多作文，故有失其本意處，不若只録語録爲善。方子。

楊志仁問明道説話。曰：「最難看。須是輕輕地挨傍他，描摸他意思方得。若將來解，解不得。須是看得道理大段熟，方可看。」節。

明道説話渾淪，煞高，學者難看。淳。[七]

説：「明道言語儘寬平。伊川言語初難看，細讀有滋味。」又云：「某説大處自與伊川合，小處却時[八]有意見不同。」説：「南軒見處高，如架屋相似，大間架已就，只中間少裝折。」寓。[九]

先生問義剛[一〇]：「近來全無所問，是在此做甚工夫？」義剛對曰[一一]：「數日偶看遺書數版入心，遂乘興看數日。」先生曰：「遺書録明道語，多有只載古人全句不添一字底。如曰『思無邪』，如曰『聖人以此齊戒，以神明其德夫』，皆是。亦有重出者，是當時舉此句教人去思量。」先生語至此，整容而誦「聖人以此齊戒，以神明其德夫」，曰：「便是聖人也要神明。這個本是一個靈聖底物事，自家齊戒便會靈聖，不齊戒便不靈聖。古人所以七日戒，三日齊。」胡叔器曰：「齊戒只是敬。」先生曰：「固是敬，但齊較謹於戒。湛然純一之謂齊，肅然警惕之謂戒。到湛然純一時，那肅然警惕也無了。」義剛。按陳淳録同而略，今附，云：「遺書録明道語，多有只載古人全句不添一句。如曰『思無邪』，曰『齊戒以神明其德』之類。亦有重出者，是當時舉此數句教人思量。今觀『齊戒以神明其德』，這個本是一個靈聖底物。自家齊戒便會靈聖，不齊戒便不靈聖，古人所以七日戒，三日齊。湛然純一之謂齊，肅然警惕之謂戒。到齊時又不用那肅然警惕底意了。」[一二]

「改文字自是難。有時意或不好，便把來改，待得再看又反不如前底。是以此見皆在此心如何，纔昏便不得。或有所遷徙[一三]，或有所回避，或先有所主張，隨其意之所重，義理便差了。」器之問程子語可〔一四〕疑處。先生曰：「此語怕〔一五〕録得差，或恐是一時有個意思説出，或是未定之論。今最怕把人未定之論便唤做是，也是切害。如今言語最是難得一一恰好。或有一時意思見得是如此，他日所見或未必然。惟聖人説出句句字字都恰好，這只是這個心，只是聖人之心平一。」賀孫。

記録言語有不同處。如伊川江行事有二處載，一本云：「伊川自涪陵舟行遇風，舟人皆懼，惟伊川不動。岸上有負薪者，遥謂之曰：『達後如此，捨後如此。』伊川欲答之而舟去已遠矣。」一本謂：「既至岸，或問其故。伊川曰：『心存誠敬爾。』或曰：『心存誠敬，曷若無心？』伊川欲與之言，已忽不見矣。」某嘗謂前説不然。蓋風濤洶湧之際，負薪者何以見其不懼？而語〔一六〕又何以相聞邪？「孰若無心」之説，謂隱者言〔一七〕則趨而辟之可也，謂其忽然不見則若鬼物然，必不然矣。又况達之與捨只是一事，安得有分别邪？人傑。

問：「陰陽氣也，何以謂形而下者？」曰：「既曰氣便是有個物事，此謂形而下者。」又問：「『繼之者善，成之者性』，何以分繼善、成性爲四截？」曰：「繼、成屬氣，善、性屬理。性已兼理、氣，善則專指理。」又曰：「理受於太極，氣受於二氣、五行。」植。〔一八〕以下天地性理。〔一九〕

「論日之行，『到寅，寅上光；到卯，卯上光』，『電是陰陽相軋，如以石相磨而火生』，『長安西風而雨』，『因食韭，言天地間寒暖有先後』，『或傳京師少雷，恐是地有高下』，『霹靂震死是惡氣相擊搏』，凡此數條者果皆有此理否？」曰：「此皆一時談論所及，學者記録如此。要之，天地陰陽變化之機，日月星辰運行之度，各有成説而未可以立談判也。康節先生詩有『思入風雲變化中』之語。前輩窮理，何事不極其至？今所疑數條，其間必自有説。且『洊雷震，君子以恐懼修省』，聖人垂訓如此，則霹靂震死等事，理之所有，不可以爲無也。」謨。〔二〇〕

先生曰：〔二一〕「今〔二二〕程氏遺書一段説日月處，諸本皆云『不如三焦説周回而行』，竟〔二三〕不曉其義。又見一本云『不如舊説周回而行』，乃傳寫之誤。」雉。

「十五卷『必有無種之人生於海島』，十八卷『太昊〔二四〕之時人有牛首蛇身』、『金山得龍卵〔二五〕，龍湧水入寺取卵而去』、『涪州見村民化虎』，此數條皆記録者之誕。」先生曰：「以太極之旨而論氣化之事，則厥初生民何種之有？此言海島無人之處必有無種之人，不足多怪也。龍亦是天地間所有之物，有此物則有此理，取卵而去，容或有之。村民化虎，其説可疑，或恐此人氣惡如虎，他有所感召，未足深較也。」謨。

問：「遺書中有數段皆云人與物共有此理，只是氣昏推不得，此莫只是大綱言其本同出？若論其得此理莫已不同？」曰：「同。」曰：「既同，則所以分人物之性者却是於通塞上别。如人雖氣禀異而終可同，物則終不可同。然則謂之理同則可，謂之性同則不可。」曰：「固然，但隨其光明發見處可見。如螻蟻、君臣之類，但其禀形既别，則無復與人通之理。如獮猴形與人略似，則便有能解。野狐能人立，故能爲怪，如豬則極昏。如草木之類，荔枝、牡丹乃發出許多精英，此最難曉。」可學。

伊川說海漚一段，與橫渠冰水說不爭多。可學。

問：「程先生說性一條，云『學者須要識得仁體，若知見得便須立誠敬以存之』，是如何？」曰：「公看此段要緊是那句？」曰：「是『誠敬』二字上。」先生曰：「便是公不會看文字。他說要識仁，要知見得方說到誠敬。末云『吾之心即天地之心，吾之理即萬物之理，一日之運即一歲之運』，這幾句說得甚好。人也會解得，只是未必實見得。向編近思録，欲收此段，伯恭以爲怕人曉不得錯認了。程先生又說『性即理也』，更說得親切。」曰：「佛氏所以得罪於聖人，止緣他只知有一身而不知有天地萬物。」曰：「如今人又慝〔二六〕煞不就自身己理會。」又問：「『性即理』何如？」曰：「物物皆有性，便皆有其理。」曰：「枯槁之物亦有理乎？」曰：「不論枯槁，他本來都有道理。」因指案上花瓶云：「花瓶便有花瓶底道理，書燈便有書燈底道理。水之潤下，火之炎上，金之從革，木之曲直，土之稼穡，一一都有性，都有理。人若用之又着順他理始得，若把金來削做木用，把木來鎔做金用，便無此理。」曰：「『西銘之意，與物同體』，體莫是仁否？」曰：「固是如此。然怎生見得意思是如此？與『物同體』固是仁，只便把與『物同體』做仁不得，恁地只說得個仁之軀殼，須實見得方說得親切。如一椀燈，初不識之，只見人說如何是燈光，只恁地摶摸，只是不親切，只是便把光做燈不得。」賀孫。

明道言「學者須先識仁」一段説話極好，只是説得太廣，學者難入。人傑。

問：「一段説性命，下却云『見於事業之謂理』。『理』字不甚切。」曰：「意謂理有善有惡，但不甚安。」良久，又曰：「上兩句正是『天命之謂性』，下一句是『率性之謂道』。中庸是就天性上言，此是就事物上言，亦無害。」可學。

問：「吕與叔有養氣之説，伊川有數處皆不予之。養氣莫亦不妨。只便[二七]認此爲道却不是。」曰：「然。」又問：「一處説及平日思慮，如何？」「此[二八]處正是微涉於道，故正之。」可學。

「遺書論命處，注云『聖人非不知命，然於人事不得不盡』，如何？」曰：「人固有命，只是不可不『順受其正』，如『知命者不立乎巖墻之下』是也。若謂其有命却去巖墻之下立，萬一到覆壓處却是專言命不得。人事盡處便是命。」謨。去僞録同。[二九]

問：「『觀鷄雛，此可觀仁』，何也？」曰：「凡物皆可觀，此偶見鷄雛而言耳。」小小之物，生理具悉。伯豐。

道夫[三〇]問：「遺書謂切脈可以體仁，莫是心誠求之之意否？」曰：「還是切脈底是仁，那脈是仁？」曰：「切脈是仁。」曰：「若如此，則當切脈時又用着個意思去體仁。」復問蜚卿曰：

「仲思所説如何？」曰：「以伯羽觀之，恐是觀鷄鶵之意。」曰：「如何？」「鷄[三一]鶵是[三二]仁也。」曰：「切脈體仁又如何？」曰：「脈是那血氣周流，切脈則便可以見仁。」曰：「然。恐只是恁地。脈理貫通乎一身，仁之理亦是恁地。」又問：「鷄鶵如何是仁？」道夫曰：「先生嘗謂初與嫩底便是。」曰：「如此看較分明。蓋當是時飲啄自如，未有所謂爭鬬侵陵之患者，只此便是仁也。」道夫。

致道問：「『仁則一，不仁則二』，如何？」曰：「仁則公，公則通，天下只是一個道理。不仁則是私意，故變詐百出而不一也。」時舉。

問：「和靖語録中有兩段言仁。一云：『某謂仁者公而已。伊川曰：「何謂也？」曰：「能好人，能惡人。」伊川曰：「善涵養。」』又云：『某以仁，惟公可盡之。伊川曰：「思而至此，學者所難及也。天心所以至仁者惟公耳，人能至公便是仁。」』」先生曰：「『人能至公便是仁』，此句未安。然和靖言仁所見如此。」問：「伊川何不以一二語告之？」曰：「未知其如何。」可學。

伊川言「一心之謂誠，盡心之謂忠」，某看忠有些子是誠之用。「如惡惡臭，好[三三]好色」，十分真實，恁地便是誠。若有八九分恁地，有一分不恁地，便是夾雜些虛僞在內，便是不誠。忠便是盡心，盡心亦是恁地，便有些子是誠之用。賀孫。

曰：[三四]「誠然後能敬。未知誠，須敬然後誠。『敬小誠大』，如何説？」曰：「必有[三五]

此實理方能敬。只是此一『敬』字，聖人與學者深淺自異。」可學。

問：「程子曰『天下善惡皆天理』。」曰：「惻隱是善，於不當惻隱處惻隱即是惡；剛斷是善，於不當剛斷處剛斷即是惡。雖是惡，然原頭若無這物事却如何做得？本皆天理，只是被人欲反了，「反」字平聲。[三六]故用之不善而爲惡耳。」伯豐。

文蔚[三七]問：「程氏[三八]『善惡皆天理』如何？」曰：「此只是指其過處言。如『惻隱之心，仁之端』，本是善，纔過便至於姑息；『羞惡之心，義之端』，本是善，纔過便至於殘忍。故他下面亦自云『謂之惡者本非惡，但或過或不及便如此』。」文蔚。

問：「『天下善惡皆天理』。楊、墨之類只是過、不及。皆出於仁義謂之天理則可，如世之大惡謂之天理可乎？」先生曰：「本是天理，只是番了便如此。如人之殘忍便是番了惻隱。如放火殺人可謂至惡，若把那去炊飯，殺其人之所當殺，豈不是天理？只緣番了。道理有背有面，順之則是，背之則非。緣有此理方有此惡。如溝渠至濁，當初若無清泠底水何緣有此？」辛。[三九]

或問：「程子云『善惡皆天理也』是如何？[四〇]若是過與不及，些小惡事固可說天理，如世間大罪惡如何亦是天理？」曰：「初來本心都自好，少間多被利害遮蔽。如殘賊之事自反了惻隱之心，是自反其天理。」賀孫問：「既是反了天理，如何又說『皆天理』也？莫是殘賊底惡初從羞惡上發，淫溺貪欲底惡初從惻隱上發，後來多過差了，原其初發都是天理？」曰：「如此說亦好，但所謂反者亦是四端中自有相反處。如羞惡自與惻隱相反，是非自與辭遜相反。如公説也是好意思，因而看得舊一句不通處出。如『用人之智去其詐，用人之勇去其暴』，這兩句意分曉。惟是『用人之仁去其貪』一句没分曉，今公説貪是愛上發來也是。思之，是淳善底人易得含胡苟且，姑息貪戀。」賀孫。

問遺書首卷「體道」之説。曰：「『體』猶體當、體究之『體』，言以自家身己去體那道。蓋聖賢所説無非道者，只要自家以此身去體他，令此道爲我之有也。如克己便是體道工夫。」僩。以下爲學工夫。

蔡問程子曰「要息思慮便是不息思慮」。曰：「思慮息不得，只敬便都没了。」淳。

上床斷不可思慮事爲，思慮了，没頓放處。如思慮處事，思慮了又便做未得。如思量作文，思量了又寫未得，遂且作〔四一〕輾轉思量起來，便儘思量，不過如此。某舊來緣此不能寐，寧可呼燈來隨手寫了方睡得着。程子贈温公數珠，只是令他數數而已。如道家數息是也。砥。

「謝氏記明道語『既得後，須放開』，此處恐不然。當初必是説得〔四二〕後自然從容不迫，他記得意錯了。謝氏後來便是放開，周恭叔只〔四三〕是放倒。」因舉：「伊川謂『持之太甚便是助長』，亦須且恁去。助長固是不好，然一〔四四〕下未能到從容處，亦須且恁去，猶愈於不能執捉者。」淳。

論遺書中說「放開」二字。先生曰：「且理會收斂。」問：「昨日論橫渠言『得尺守尺，得寸守寸』，先生却云『須放寬地步』，如何？」曰：「只是且放寬看將去，不要守殺了他[四五]。橫渠說自好，但如今日所論，却是太局促了。」[四六]

先生問某[四七]：「遺書中『欲夾持這天理則在德』一段，看得如何？」某[四八]對曰：「中庸所謂『苟不至德，至道不凝焉』。」先生默然久之。某復問[四九]曰：「如何？」曰：「此亦說得，然只是引證。畢竟如何是德？」某[五〇]曰：「只是此道[五一]，因講習躬行後見得是我之所固有，故守而勿失耳。」曰：「尋常看『據於德』，如何說？」某[五二]以橫渠「得寸守寸，得尺守尺」對。曰：「須先得了方可守。如此說時，依舊認『德』字未着。今且說只是這道理，然須長長提撕令在己者决定是做得。如今如方獨處默坐，未曾事君親、接朋友，然在我者已渾全是一個孝弟忠信底人。以此做出事來，事親則必孝，事君則必忠，與朋友交則必信，不待旋安排。蓋存於中之謂德，見於事之謂行。易曰『君子以成德爲行』，正謂以此德而見諸事耳。德成於我者，若有一個人在内必定孝弟忠信，斷不肯爲不孝、不弟、不忠、不義[五三]底事，與道家所謂『養成個嬰兒在内』相似。凡人欲邊事，這個人斷定不肯教自家做，故曰『默而成之，不言而信，成乎德行』，謂雖不[五四]曾說出來時，成乎中者[五五]已斷是如此了，然後用得戒謹恐懼存養工夫。所以用必[五六]如此存養者，猶恐其或有時間斷故耳。程子曰[五七]所謂『須有不言而信者』，謂未言動時已渾全是個如此人，然却未有迹之可言，故曰『言難爲形狀』。又言『學者須學文，知道者進德而已，有德則「不習無不利」』，自初學者言之，既[五八]未知此道德，則教他認何爲德？故必先令其學文，既學文後知得此道理了，方可教其進德。聖人教人，既不令其躐等級做進德工夫，不令其止於學文而已。德既在此[五九]，則以此行之耳，不待外面勉强旋做，故曰『有德則不習無不利』。凡此工夫全在收斂近裏而已。中庸末章發明此章[六〇]至爲深切，自『衣錦尚絅』以下皆是，只暗暗地做工夫去。然此理自掩蔽不得，故曰『闇然而日章』。小人不曾做時已報得滿地人知，然實不曾做得，故曰『的然而日亡』。『淡而不厭，簡而文，温而理』，皆是收斂近裏。『知遠之近，知風之自，知微之顯』，一句緊一句。」先生再三誦此六言，方曰：「此工夫似淡而無味，然做時却自有可樂，故不厭；似乎簡略，然大小精粗秩然有序，則又不止於簡而已。謂[六一]『温而理』，温厚似不可曉，而條目不可亂，是於有序中更有分別。如此入細做工夫，故能『知遠之近，知風之自，知微之顯』。夫見於遠者皆本於吾心，可謂至近矣，然猶以己對物言之。『知風之自』，凡[六二]見於視聽舉動者，其是非得失必有所從來，此則皆本於一身而言矣。至於『知微之顯』則又説得愈密，夫一心至微也，然[六三]其極分明顯著。學者工夫能如此收斂來方可言德，然亦未可便謂之德，但如此則可以入德矣。其下方言『尚不愧於屋漏』，蓋已能如此做入細工夫，知得分明了方能以[六四]謹獨涵養。其曰『不動而敬，不言而信』，蓋不動不言時已是個敬信底人〔六五〕。又引詩『不顯維德』、『予懷明德』、『德輶如毛』言，云〔六六〕一章之中皆是發明個『德』字。然所謂德者實無形狀，故以『無聲臭』終之。」伯豐。

問：「『從善如登』是進向上底意，抑難底意？」曰：「從善積累之難，從惡淪胥之易。從善却好，然却難。從惡便陷〔六七〕易了。」淳。

問蘇季明「治經、傳道」一段。曰：「明道只在居業上説。忠信便是誠。」曰：「『誠』字説來大，如何執捉以進德？」曰：「由致知格物以至誠意處則誠矣。」曰：「此是聖人事，學者如何用功？」曰：「此非説聖人，乃是言聖人之學如此。若學者則又有説話。乾言聖人之學，故曰『忠信所以進德，修辭立其誠所以居業』。坤言賢人之學，故曰『敬以直内，義以方外』。忠信便是在内，修辭是在外。」問：「何不説事，却説辭？」曰：「事尚可欺人，辭不可揜，故曰『言顧行，行顧言』。」曰：「既分聖賢之學，其歸如何？」曰：「歸無異，但看〔六八〕乾所言便有自然底意思，坤所言只是作得持守，終無自然底氣象。正如孔子告顏淵以克己，而告仲弓以敬恕。」曰：「伊川云『敬則無己可克，則又與顏淵無異矣』。」曰：「不必如此看，且各就門户做。若到彼處自入得，尤好。只是其分界自如此。」可學。

問：「伊川語龜山『勿好著書，著書則多言，多言則害道』，如何？」曰：「怕分却心，自是於道有害。」大雅。

居甫問：「伊川云『隨時變易，乃能常久』，不知既變易，何以反能久？」曰：「一出一入乃能常，如春夏秋冬乃天道[六九]之常久。使寒而不暑，暑而不寒，安能常久？」可學。

楊尹叔問：「『嚴威儼恪，非所以事親也』，注『恪』爲『恭敬』，如何？」曰：「恭敬較寬，便都包許多，解『恪』字亦未盡。恪是恭敬中朴實緊切處，今且恁地解。若就恭敬説，則恭敬又別。恭主容，敬主事，如『居處恭，執事敬』之類。」安卿問：「恪非所以事親，只是有嚴意否？」曰：「太莊、太嚴厲了。」寓。[七〇]

吕舍人記伊川先生説「人有三不幸」，以爲有高才能文章亦謂之不幸。便是這事乖，少間盡被這些子能解擔閣了一生，更無暇子細理會義理。只從外面見得些皮膚便説我已會得，筆下便寫得去，自然無暇去講究那精微。被人扛得來大，又被人以先生長者目我，更不肯去下問，少間傳得滿鄉滿保都是這般種子。橫渠有一段説「人多爲人以前輩見處每事不肯下問壞了一生，我寧終是不知」，此段最好看。僩。

自家既有此身，必有主宰，理會得主宰，然後隨自家力量窮理格物，而合做底事不可放過些子。因引程子言「如行兵，當先做活計」。節。

問：「遺書云『堯舜幾千年，其心至今在』，何謂也？」曰：「是這[七一]心之理，今則分明昭昭，具在面前。」淳。以下堯舜。[七二]

銖〔七三〕問伊川言「『象憂亦憂，象喜亦喜』，與孔子『微服而過宋』相類」。曰：「舜知象之將殺己，而象憂則亦憂，象喜則亦喜。孔子知桓魋必不能害，而又微服過宋。此兩事若相拗，然皆是『道並行而不相悖』，故云相類。非謂舜與孔子事一一相類也。」銖。按甘節録同而略，今附於下，云：〔七四〕「舜知象欲殺己而不防，夫子知桓魋不能殺己而微服，此兩事甚相物〔七五〕，故伊川曰『相類』。」

問：「伊川曰『聖人與理爲一，無過不及，中而已』，敢問顏子擇乎中庸，未見其止，歎夫子瞻前忽後，則過不及雖不形〔七六〕於言行而亦嘗動乎〔七七〕心矣。此亦是失否？」答云：〔七八〕「此一段説得好。聖人只是一個忠底道理。」謨。人傑、去僞録同。〔七九〕

周茂叔納拜已受去，如何還？可學。以下周子、謝、尹。〔八〇〕

蓋卿〔八一〕問：「謝顯道初見明道先生，自負該博，史書盡卷不遺一字。明道曰：『賢却記得許多，可謂玩物喪志。』謝聞此言汗流浹背，面發赤。明道曰：『即此是「惻隱之心」。』夫爲師門〔八二〕所折難而愧形於顏色，與惻隱之心不〔八三〕相屬。明道乃云爾者，何也？」先生曰：「此問却要商量，且何不曰『羞惡之心』而謂之『惻隱之心』？諸公誠〔八四〕各以己意言之。」黎季成對曰：「此恐是識痛癢底道理。」先生未以爲然。蓋卿因復請曰：「先生高見如何？」曰：「待更思之，來日方説。」〔八五〕次日早〔八六〕，蓋卿同饒廷老、晏亞夫別先生，〔八七〕就復以此請問焉。〔八八〕先生曰：「只是謝顯道聞明道之言動一動，爲他聞言而動便是好處，却不可言學者必欲其動。且如惻隱、羞惡、辭遜、是非，不是四件物合下都有。『事［八九］言則一事，總言則包四者』，觸其一則心皆隨之，言『惻隱之心』，則羞惡、辭遜、是非在其中矣。」又曰：「此心之初發處乃是惻隱，如有春方有夏，有惻隱方有羞惡也，如根蔕相連。」蓋卿。

伊川問和靖：「近日看大學功夫如何？」和靖曰：「只看得『心廣體胖』處意思好。」伊川曰：「如何見得好？」尹但長吟「心廣體胖」一句而已。看他一似瞞人，然和靖不是瞞人底人。公等讀書都不見這般意思。僩。

問：「遺書中説孔孟一段，看見不甚有異，南軒好提出。」曰：「明道云『我自做天裏』，此句只是帶過，後來却説是以天自處，便錯了。要之，此句亦是明道一時之意思如此。今必欲執以爲定説，却向空去了。」可學。以下二程子，附年譜、行狀。［九〇］

問：「明道行狀謂未及著書，而今有了翁所跋中庸，何如？」曰：「了翁初得此書亦疑行狀所未嘗載，後乃謂非明道不能爲。此者時［九一］，了翁之姪幾叟，龜山之婿也，翁移書曰：『近得一異書，吾姪不可不見。』幾叟至，次日，翁冠帶出此書。幾叟心知其書非是，未敢言。翁問曰：『何疑？』曰：『以某聞之龜山，乃與叔初年本也。』翁始覺，遂不復出。近日陸子靜力主以爲真明道之書。某云：『却不要與某争。某所聞甚的，自有源流，非强談［九二］也。』兼了翁所舉知仁勇之類却是道得着，至子静所舉没意味也。」道夫。

又[九三]問：「伊川於陳乞封父祖[九四]之問，云『待別時說』。過謂此自出朝廷合行之禮，當令有司檢舉行下，亦不必俟陳乞也。」答云：「如此，名義却正。」過。

「伊川前後進講未嘗不齊戒，潛思存誠。如此則未進講已前還有間斷[九五]。」曰：「不然。尋常未嘗不誠，只是臨見君時又加意爾，如孔子沐浴而告哀公是也。」謨。去僞録同。[九六]

問「古不必驗」一段。曰：「此是說井田。伊川高明，必見得是無不可行。然不如橫渠更驗過，則行去[九七]無窒礙。」伯豐。

程先生幼年屢說須要井田封建，到晚年又說難行，見於暢潛道録。想是他經歷世故之多，見得事勢不可行。淳。

問：「伊川臨終時，或曰：『平生學底正要今日用。』伊川開目曰：『說要用便不是。』此是如何？」曰：「說要用便是兩心。」僩。

又舉程子之言，謂陳平「知宰相之體」，曰「上佐天子理陰陽，順四時，下遂萬物之宜，外鎮撫四夷，內親附百姓」。[九八]答曰：[九九]「如何是『理陰陽』？」過未對。答云：[一〇〇]「下面三語便是『理陰陽』。」過。以下雜類。

魯叔問：「温公薨背，程子以郊禮成，賀而不弔，[一〇一]而國家事體又重，則不弔似無可疑。」曰：「便是不恁地，所以東坡謂『子於是日哭則不歌』，即不聞歌則不哭。蓋由哀而樂則難，由樂而哀則甚易。且如早作樂而暮聞親屬緦麻之戚，不成道既歌則不哭。這個是一脚長，一脚短，不解得平。如所謂『三揖而進，一辭而退』，不成道辭亦當三。這所在以某觀之，也是伊川有些過處。」道夫問：「這事且看温公諱日與禮成日同則弔之可也，或已在先則更差一日，亦莫未有害否？」曰：「似乎在先，但勢不恁地，自是合如此。只如『進以禮，退以義』，『罪疑惟輕，功疑惟重』，天下事自是恁地秤停不得。」道夫。

問：「王祥孝感事，伊川説如何？」曰：「程先生多有此處，是要説物我一同。然孝是王祥，魚是水中物，不可不别。如説感應，亦只言己感，不須言物。」可學。

淳[一〇二]問：「伊川『奪嫡』之説不合禮經，是當時有遺命，抑後人爲之邪？」先生曰：「亦不見得如何，只侯師聖如此説。」問：「此[一〇三]是否？」曰：「亦不見得是如何。」淳。

「世間有鬼神馮依言語者，蓋屢見之，未可全不信。本卷何以曰『師巫降言無此理』？又好談鬼神者，假使實有聞見，亦未足信。或是心病，或是目病，外書却言『不信神怪不可，被猛撞出來後如何處置』。」先生曰：「神怪之説若猶未能自明，鮮有不惑者。學者惟當以正自守而窮其[一〇四]理之有無，久久當自見得。讀書講明義理，到此等處雖有不同，姑闕其疑以俟他日，未晚也。」謨。

「程先生謂『莊生形容道體之語儘有好處。老氏「谷神不死」一章最佳』，『莊子云「嗜慾深者天機淺」，此言最善』，又曰『謹禮不透者深看[一〇五]』」。莊[一〇六]老之學未可以爲異端而不講之耶？」曰：「『君子不以人廢言』，言有可取安得而不取之？如所謂『嗜慾深者天機淺』，此語甚的當，不可盡以爲虛無之論而妄訾之也。」某[一〇七]曰：「平時慮爲異教所汩，未嘗讀莊老等書，今欲讀之，如何？」曰：「有[一〇八]所主則讀之何害？要在識其意所以異於聖人者如何爾。」謨。以下異端。

遺書説「老子言雜，陰符經却不雜，然皆窺測天道而未盡者也」，程先生可謂言約而理盡，括盡二書曲折。[一〇九]

「持國曰『道家有三住：心住則氣住，氣住則神住。此所謂「存三[一一〇]守一」』」，伯淳曰：「『此三住者，人終食之頃未有不離者，其要只在收放心』，此則明道先生以持國之言爲然，而道家『三住』之説爲可取也。至第二卷，何以有曰『若言神住氣住則浮屠入定之法。雖言養氣，亦是第二節事』，若是則持國當日之論容有未盡者，或所記未詳，如何？」先生曰：「二程夫子之爲教，各因其人而隨事發明之，故言之抑揚亦或不同。學者於此等處必求其所以爲立言之意，儻自爲窒塞，則觸處有礙矣。與持國所言自是於持國分上當如此説，然猶卒歸於收放心。至闢之以爲浮屠入定之説者，是必嚴其辭以啓迪後進，使先入之初不惑乎異端之説云爾。」謨。

「外書録伊川語『今僧家讀一卷經便要一卷經中道理受用。儒者讀書却只閑了，都無用處』。又，明道先生嘗至禪房，方飯，見其趍進揖遜之盛，歎曰『三代威儀盡在是矣』。二説如何？」先生曰：「此皆歎辭也。前説歎後之學者不能着實做工夫，所以都無用處；後説歎吾儒禮儀反爲異端所竊取。但其間記録未精，故語意不圓，所以爲可疑耳。」謨。

「李端伯所記第一條，力闢釋氏説出山河大地等語，歷舉而言之。至論聖人之道，則以爲明如日星。及其終也，以爲會得此『便是會禪』。至與侯世興講孟子『浩然之氣』，則舉禪語爲況云『事則不無，擬心則差』。十五卷論中庸言『無聲無臭』勝如釋氏言『非黄非白』，似又以中庸之言，下與釋氏較勝負。至如所謂灑掃應對與佛家默然處合，與陳瑩中論『天在山中，大畜』是『芥子納須彌』，所引釋氏語不一而足。如其闢異端之嚴，而記者多録此，何耶？」先生曰：「韓持國本好佛學，明道與語而有『便是會禪』之説者，蓋就其素所講明者因以入之。今人多説闢異端，往往於其教中茫然不知其説，馮虚妄言，宜不足以服之。如明道諸先生實〔二二〕深究其説，盡得其所以爲虚誕怪僻之要領。故因言所及，各有其旨，未可以爲苟徇其説也。」謨。

問：「遺書首篇明道與韓持國論禪一段，看來韓持國只是曉得那低底禪。嘗見范蜀公與温公書，説韓持國爲禪作祟，要想得山河大地無寸土，不知還能無寸土否？可將大樂與喚醒歸這邊來。今觀明道答他『至如山河大地之説，是他山河大地，又干你何事』，想是持國曾發此問來，故明道如此説。不知當初韓持國合下被甚人教得個矮底禪如此。然范蜀公欲以大樂喚醒，不知怎生唤得他醒？他方欲盡掃世間之物歸于至静，而彼欲以鬧底物引之，亦拙矣。況范蜀公之樂也可可地。」用之問：「此等説如何是矮底禪？豈解更有一般高底禪？」曰：「不然。他説世間萬法皆是虚妄，然又都是真實。你攻得他前面一項破，他又有後面一項，攻他不破。如明道云『若説幻爲不好底性，則請别尋一個好底性來换了此不好底性』，此語也攻他不破。他元不曾説這個不是性，他也説『直指人心，見性成佛』，何嘗説這個不是性？你説『性外無道，道外無性』，他又何嘗説『性外有道，道外有性』來？他之説有十分與吾儒相似處，只終不是。若見得吾儒之説，則他之説不攻自破，所以孟子説『遁辭知其所窮』。它到説窮〔二二〕處便又有一樣説話，如云世間萬法都是虚妄，然又都是真實。此又是如何？今不須窮他，窮得他一邊，他又有一邊，都莫問他。只看得自家『天命之謂性，率性之謂道』分曉了，却略將他説看過，便見他底不是。所以明道引孔子『「予欲無言」，子貢曰：「子如不言，則小子何述焉？」子曰：「天何言哉？四時行焉，百物生焉，天何言哉。」』只看這數句，幾多分曉！也不待解説，只玩味久之便見。『天高地下，萬物散殊而禮制行矣；流而不息，合同而化而樂興焉』，『天有四時，春秋冬夏，風雨霜露，無非教也；地載神氣，神氣風霆，風霆流形，庶物露生，無非教也』，多少分曉！只是人自昏了，所以道理也要個聰明底人看，一看便見也是快活人。而今如此費人口頰，猶自不曉。」又曰：「釋迦佛初間入山修行，他也只是厭惡世諦爲一身之計。觀他修行大故用功，未有後來許多禪底説話。後來相傳，一向説開了。」僩。

問：「昨日先生説佛氏『但願空諸所有』，此固不是。然明道先生嘗説胸中不可有一事，如在試院推算康節數，明日問之便已忘了。此意恐亦是『空諸所有』底意。」曰：「此出上蔡語録中，只是録得他自意，無這般條貫。顏子『得一善則拳拳服膺而不失』，孟子『必有事焉而勿忘』，何嘗要人如此？若是個道理須着存取。只如易繫説『過此以往，未之或知』，亦只是『雖欲從之，末由也已』之意。在他門説，便如鬼神變怪，有許多不可知底事。」德明。以下論記録之差〔一一三〕。

伊川曰「實理者，實見得是，實見得非」，實理與實見不同，今合説必記録有誤。蓋有那實理，人須是實見得。見得恁地確定，便有實見得，又都閑了。淳。

問：「『不審〔一一四〕以體會爲非心』，是如何？」曰：「此句曉未得。他本是闢横渠『心小性大』之説。心性則一，豈有小大？横渠却自説『心統性〔一一五〕』，不知怎生却恁地説？」

問：「游定夫所記，如云『一息不存，非中也』，又曰『君子之道，無道〔一一六〕不中，故其心與中庸合』，此處必是記録時失正意。」曰：「不知所記如何，其語極難曉。」可學。

「物各付物，不役其知，便是致知，然最難」。此語未敢信，恐記者之誤。人傑。

問：「遺書有一段云『「致知在格物」，物來則知起。物各付物，不役其知，則意自誠』，比其他説不同，却不曾下格物工夫。」曰：「不知此一段如何。」又問：「『物來則知起』似無害，但以下不是。」曰：「亦須格方得。」可學。

問「用方知，不用則不知」。曰：「這說也是理會不得，怕只是如道家通得未來底事。某向見一術者，與對坐，即云：〔一一七〕『當有某姓人送簡至。』坐〔一一八〕久之，果然。扣之，則云：『某心先動了，故知。』所謂用與不用怕如此。恐伊川那時自因問答去，今不可曉。要附在『至誠之道可以前知』解中，只攙得鶻突，沒理會。」賀孫。

問：「遺書中云『聖人於易言「無思無爲」，此戒夫作爲』。此句須有錯。」曰：「疑當作『此非戒夫作爲』。」可學。

節〔一一九〕問「思入風雲變態中」。曰：「言窮理精深，雖風雲變態之理，思亦到。」節。以下文集。

明道詩云「旁人不識予心樂，將爲偷閑學少年」。此是後生時氣象眩露，無含蓄。正叔。〔一二〇〕

問：「呂與叔問中處，『中者道之所從出』，某看呂氏意如曰『性者，道之所從出云爾』，『中即性也』亦是此意。只是名義未善，大意却不在此。如程先生云『中即道也』，若不論其意，亦未安。」曰：「『中即道也』未安。謂道所從出，却是就人爲是〔一二一〕說，已陷了。」云：〔一二二〕「『中即道也』却亦不妨。」又問：〔一二三〕「程先生語似相矛盾。」曰：「大本達道，性道雖同出，要須於『中』識所以異。」又問：「『中之爲義，自過不及而立名』，此段説『中』與平日異。只爲呂氏形容『中』太過，故就其既發告之。」曰：「然。」又問「若只」以下至「近之」。〔一二四〕曰：「此語不可曉。當時解，意亦自窘束。〔一二五〕」又問：「『不倚之謂中，不雜之謂和』，如何？」曰：「有物方倚得，中未有物如何倚？」曰：「若是，當倒説，中則不倚。」曰：「亦未是。不如不偏好。」又問：「中發出則自不雜，是要見工夫處，故以爲未安。」曰：「不雜訓和不得，可以訓不純。游定夫云『不乖之謂和』却好。」又問：「『赤子之心』處，此是一篇大節目。程先生云『毫釐有異，得爲大本乎』，看呂氏此處不特毫釐差，乃大段差。然毫釐差亦不得。聖人之心如明鏡止水，赤子之心如何比得？」曰：「未論聖人，與叔之失却是認赤子之已發者皆爲未發。」曰：「固是如此。然若論未發時，衆人心亦不可與聖人同。」曰：「如何不同？若如此説，却是天理别在一處去了。」曰：「如此説即中庸所謂未發之中，如何？」曰：「此却是要存其心，又是一段事。今人未發時必〔一二六〕多擾擾，然亦有不擾擾時。當於此看。大抵此事〔一二七〕答辭亦有反爲所窘處。當初不若只與論聖人之心如此，赤子之心如彼，則自分明。」又問：「引孟子『心爲甚』如何？」曰：「孟子乃是論心自度，非是心度物。」又問：「引『允執厥中』如何？」曰：「他把做已發言，故如此説。」曰：「『聖人智周』以下終未深達。又云『言未有異』，又終未覺。又云『固未嘗以已發不同處指爲大本』，雖如此説，然所指又别。」曰：「然。」曰：「南軒云『心體昭昭』處分作兩段。」曰：「不是如此。此説極好。敬夫初唱道時好如此説話。」又問：「此一篇前項只是名義失，最失處在赤子之心。」曰：「然。」可學。以下論中書。[一二八]

鄭氏[一二九]問呂氏與伊川論中[一三〇]。先生曰：「只[一三一]説大概亦是，只不合將『赤子之心』句[一三二]插在那裏，便做病。赤子飢便啼，寒便哭，把做未發不得。如大人心千重百折，赤子之心無恁勞攘，只不過飢便啼、寒便哭而已，未有所謂喜，所謂怒，所謂哀，所謂樂，其與聖人不同者只些子。」問：「南軒辨『心體昭昭』爲已發如何？」曰：「不消如此。伊川只是攻[一三三]他赤子未發，南軒又要去討他病。」淳。

施問「赤子之心」。曰：「程子道是已發而未遠，如赤子飢則啼、渴則飲，便是已發。」寓。陳淳録同。[一三四]

今人呼墓地前爲「明堂」。嘗見伊川集中書爲「券臺」，不曉所以。南軒欲改之。某云不可，且留著。後見唐人文字中言某朝詔改爲「券臺」。僩。

晦庵先生朱文公語類卷第九十八

張子之書一 凡入近思者，依卷數次第別［一］爲此卷。

道夫［二］問「氣坱然太虛，升降飛揚，未嘗止息」。曰：「此張子所謂『虛空即氣』也。蓋天在四畔，地居其中，減得一尺地，遂有一尺氣，但人不見耳。此是未成形者。」問：「虛實以陰陽言否？」曰：「以有無言。及至『浮而上，降而下』則已成形者，若所謂『山川之融結，糟粕煨燼』，即是氣之查滓。要之，皆是示人以理。」道夫。以下［三］第一卷。

升降飛揚，所以生人物者未嘗止息，但人不見耳。如望氣者，凡氣之災祥皆能見之，如龍成五色之類。又如昔人有以五色綫令人暗中學辨，三年而後辨得。［四］德明。

問：「『游氣紛擾合而成質者，生人物之萬殊；其陰陽兩端循環不已者，立天地之大義』。舊聞履之記先生語云『游氣紛擾當橫看，陰陽兩端當直看，方見得』，是否？」曰：「也似如此。只是晝夜運而無息者便是陰陽之兩端，其四邊散出紛擾者便是游氣，以生人物之萬殊。某常言正如麪磨相似，其四邊只管層層撒出。正如天地之氣運轉無已，只管層層生出人物，其中有粗有細，故人物有偏有正，有精有粗。」又問：「橫渠云〔五〕『氣坱然太虛，升降飛揚，未嘗止息』，此是言一氣混沌之初，天地未判之時，爲復亘古今如此？」曰：「只是統説。只今便如此。」問：「『升降者是陰陽之兩端，飛揚者是游氣之紛擾否？』」曰：「此只是説陰陽之兩端。下文此『虛實動靜之機，陰陽剛柔之始』，此正是説陰陽之兩端。到得『其感遇聚結，爲雨露，爲霜雪，萬品之流形，山川之融結』以下，却正是説游氣之紛擾者也。」問：「『虛實動靜之機，陰陽剛柔之始』兩句，欲云『虛實動靜乘此氣以爲機，陰陽剛柔資此氣以爲始』，可否？」曰：「此兩句只一般。實與動便是陽，虛與靜便是陰，但虛實動靜是言其用，陰陽剛柔是言其體而已。」問：「『始』字之義如何？」曰：「只是説如個生物底母子相似，萬物都從這裏生出去。上文説『升降飛揚』便含這虛實動靜兩句在裏面了，所以虛實動靜陰陽剛柔者，便是這升降飛揚者爲之，非兩般也。至『浮而上者陽之清，降而下者陰之濁』，此兩句便是例。」疑是説生物底「則例」字。問：「『無非教也』都是道理在上面發見？」曰：「然。」因引禮記中「天道至教，聖人至德」一段與孔子「予欲無言」一段，「天地與聖人都一般，精底都從那粗底上發見，道理都從氣上流行。雖至粗底物，無非是道理發見，天地與聖人皆然。」僩。

問「游氣」、「陰陽」。曰：「游氣是出而成質。」曰：「只是陰陽氣？」曰：「然。使〔六〕當初不道『合而成質』，却似有兩般。」可學。

問「陰陽」、「游氣」之辨。先生曰：「游氣是生物底。陰陽譬如扇子，扇出風便是游氣。」[七]

「循環不已者」，「乾道變化」也；「合而成質者」，「各正性命」也。譬之樹木，其根本猶大義，散而生花結實，一向發生去，是人物之萬殊。賀孫。

陰陽循環如磨，游氣紛擾如磨中出者。易曰「陰陽相摩，八卦相盪，鼓之以雷霆，潤之以風雨，日月運行，一寒一暑」，此陰陽之循環也；「乾道成男，坤道成女」，此游氣之紛擾也。閎祖。

道夫[八]問「游氣」、「陰陽」。曰：「游是散殊，此[九]如一個水車一上一下，兩邊只管衮轉，這便是『循環不已，立天地之大義』底；一上一下只管衮轉，中間帶得水灌溉得所在，便是『生人物之萬殊』。天地之間二氣只管運轉，不知不覺生出一個人，不知不覺又生出一個物。即他這個斡轉，便是生物時節。」道夫。

「游氣」、「陰陽」。陰陽即氣也，豈陰陽之外又復有游氣耶？所謂游氣者，指其所以賦與萬物。一物各得一個性命，便有一個形質，皆此氣合而成之也。雖是如此，而所謂「陰陽兩端」成片段衮將出來者，固自若也。亦猶論太極，物物皆有之，而太極之體未嘗不存也。謨。

横渠謂「天體物而不遺，猶仁體事而無不在」，此數句是從赤心片片説出來，荀、楊豈能到？士毅。

道夫〔一〇〕問「仁體事而無不在」。曰：「只是未理會得『仁』字。若理會得這一字了，則到處都理會得。今未理會得時，只是於他處上下文有些相貫底便理會得，到別處上下文隔遠處便難理會。今且須記取做個話頭，葉本自「今且」以下至「話頭」，作「又曰：千萬記取此是個話頭。」〔一一〕久後自然曉得。或於字上見得，或看讀別文義自〔一二〕知得。」道夫。按葉賀孫録同而少異。〔一三〕

趙共父問「天體物而不遺，猶仁體事而無不在」。先生曰：「體物猶言爲物之體也，蓋物物有個天理；體事謂事事是仁做出來。如『禮儀三百，威儀三千』，須是仁做始得。凡言體便是做它那骨子。」時舉。

趙恭父〔一四〕問：「『天體物而不遺，猶仁體事而無不在也』，以見物物各有天理，事事皆有仁？」曰：「然。天體在物上，仁體在事上；猶言天體於物，仁體於事。本是言物以天爲體，事以仁爲體。緣須着從上説，故如此下語。」致道問：「與『體物而不可遺』一般否？」曰：「然。」曰：「先生易解將『幹事』説。」曰：「幹事〔一五〕猶言爲事之幹，體物猶言爲物之體。」恭甫〔一六〕問：「下文云『「禮儀三百，威儀三千」，無一物而非仁也』。」曰：「『禮儀三百，威儀三千』，然須得仁以爲骨子。」賀孫。

「『昊天曰明，及爾出王；昊天曰旦，及爾游衍』。這個豈是人自如此？皆有來處。既有來處，則纔有少肆意他便見。」又曰：「這裏若有些違他理，便恰似天知得一般。所以説『日監在茲』，又說『敬天之怒，毋敢戲豫。敬天之渝，無敢馳驅』。」仲思問：「『渝』是如何？」曰：「『渝』，變也。如『迅雷風烈必變』之『變』。『渝』未至於怒，亦大概相似。」賀孫。[一七]按楊道夫録同而少異，今附云：或録云「『昊天曰明，及爾出王；昊天曰旦，及爾游衍』，且與明祇一意。這個豈是人自如此？皆有來處。纔有些放肆則他便知，[一八]所以曰『日監在茲』，又曰『敬天之怒，無敢戲豫。敬天之渝，無敢馳驅』。」道夫[一九]問：「『渝』字如何？」曰：「變也。如『迅雷風烈必變』之『變』，但未至怒耳。」

道夫言：「昨來所論『昊天曰明，及爾出王；昊天曰旦，及爾游衍[二〇]』，此意莫祇是言人之所以爲人者，皆天之所爲，故雖起居動作之頃，而所謂天者未嘗不在也？」曰：「公說『天體物不遺』，既說得是，則所謂『仁體事而無不在』者亦不過如此。今所以理會不透，祇是以天與仁爲有二也。今須將聖賢言仁處就自家身上思量，久之自見。記曰：『兩君相見，揖讓而入門，入門而縣興；揖遜[二一]而升堂，升堂而樂闋。下管象武，夏籥序興，陳其薦俎，序其禮樂，備其百官，如此而後君子知仁焉。』又曰：『賓入大門而奏肆夏，示易以敬也。卒爵而樂闋，孔子屢歎之。』」道夫曰：「如此則是合正理而不紊其序，便是仁。」曰：「恁地猜終是血脈不貫，且反復熟看。」道夫。[二二]

問丘次孟云：「諸先生說話皆不及小程先生，雖大程亦不及。」先生曰：「不然。明道說話儘高，邵、張說得端的處儘好。且如伊川說『仁者天下之公，善之本也』，大段寬而不切。如橫渠説『心統性情』，這般所在説得的當。又如伊川謂『鬼神者造化之迹』，却不如横渠所謂『二氣之良能也』。」直卿曰：「如何？」曰：「程子之説固好，但只渾淪在這裏。張子之説分明便見有個陰陽在。」曰：「如所謂『功用則謂之鬼神』也與張子意同。」曰：「只爲他渾淪在那裏。」問丘曰：「明則有禮樂，幽則有鬼神。」曰：「只這數句便要理會。明便如何説禮樂？幽便如何説鬼神？須知樂便屬神，禮便屬鬼。他此語落着，主在鬼神。」因指甘蔗曰：「其香氣便喚做神，其漿汁便喚做鬼。」直卿曰：「向讀中庸所謂『誠之不可揜』處，切疑謂鬼神爲陰陽屈伸則是形而下者。若中庸之言，則是形而上者矣。」曰：「今也且只就形而下者説來，但只是他皆是實理處發見，故未有此氣便有此理，既有此理必有此氣。」道夫。[二二三]

問丘主簿進黄帝陰符經傳。先生説：「握奇經等文字恐非黄帝作，[二二四]唐李筌爲之。聖賢言語自平正，却無蹺欹如許[二二五]。」因舉：「遺書云『前輩説處或有未到，[二二六]不可一概定』，横渠尋常有太深言語，如言『鬼神二氣之良能』，説得好。伊川言『鬼神造化之迹』却未甚明白。」問「良能」之義。曰：「只是二氣之自然者耳。」因舉：「『明則有禮樂，幽則有鬼神』，鬼自是屬禮，從陰；神自是屬樂，從陽。[二二七]易言『精氣爲物，游魂爲變』，此却是知鬼神之情狀。『魂氣升於天，體魄歸於地』，是神氣上升，鬼魄在下[二二八]。不特人也，凡物之枯敗也，其香氣騰於上，其物腐於下，此可類推。」寓。[二二九]

道夫[三〇]問：「『物之初生，氣日至而滋息』，只[三一]是生息之『息』，非止息之『息』否？」曰：「然。嘗看孟子言『日夜之所息』，程子謂『息』字有二義。某後來看只是生息。」道夫。

用之問「性爲萬物之一源」。曰：「所謂性者，人物之所同得。非惟己有是，而人亦有是；非惟人有是，而物亦有是。」道夫。

橫渠云：「一故神。譬之人身，四體皆一物，故觸之而無不覺，不待心使至此而後覺也。此所謂『感而遂通，不行而至，不疾而速』也。」發於心，達於氣，天地與吾身共只是一團物事。所謂鬼神者只是自家氣，自家心下思慮纔動這氣即敷於外，自然有所感通。賀孫。

或問「一故神」。曰：「是[三二]一個道理，却有兩端處[三三]不同。譬如陰陽：陰中有陽，陽中有陰；陽極生陰，陰極生陽。所以神化無窮。」人傑。按周謨、金去僞録並同。[三四]

問：[三五]「『一故神，兩故化』，此理如何？」曰：「兩所以推行乎一也。張子言『一故神，兩在故不測；兩化故推行於一』，此兩在故一存也。『兩不立則一不可見，一不可見則兩之用或幾乎息矣』，亦此意也。如事有先後，纔有先則便有思量到末後一段，此便是兩。如寒則暑便在其中，便有一寓焉。」寓。

問「一故神」。曰：「橫渠説得極好，須當子細看，但近思録所載與本書不同。當時緣伯恭不肯全載，故後來不曾與他添得。『一故神』，橫渠却[三六]親注云『兩在故不測』，只是這一物，却周行乎事物之間。如所謂陰陽、屈伸、往來、上下，以至於行乎什伯千萬之中無非這一個物事，所以謂『兩在故不測』。『兩故化』，注云『推行乎一』。凡天下之事，一不能化，而〔三七〕惟兩而後能化，且如一陰一陽始能化生萬物。雖是兩個，要之亦是推行乎此一爾。此說得極精，須當與他子細看。」道夫。

伊川「性即理也」、橫渠「心統性情」二句，攧撲不破。砥。〔三八〕

「惟心無對」，「心統性情」。二程却無一句似此切。公謹。

「心統性情」，統猶兼也。升卿。

性對情言，心對性情言。合如此是性，動處是情，主宰是心。橫渠云「心統性情者也」，此語極佳。〔三九〕大抵心與性情〔四〇〕似一而二，似二而一，此處最當體認。可學。〔四一〕

「心統性情者也」，寂然不動而仁義禮智之理具焉，動處便是情。有言靜處便是性，動處是心，如此則是將一物分作兩處了。心與性不可以動靜言。凡物有心而其中必虛，如飲食中雞心、豬心之屬，切開可見。人心亦然。只這些虛處便包藏許多道理，彌綸天地，該括古今。推廣得來，蓋天蓋地莫不由此，此所以爲人心之妙歟。理在人心，是之謂性。性如心之田地，充此中虛莫非是理而已。心是神明之舍，爲一身之主宰。性便是許多道理，得之於天而具於心者。發於智識念慮處皆是情，故曰「心統性情」也。謨。

「性、情、心，惟孟子、横渠説得好。仁是性，惻隱是情，須從心上發出來。横渠曰〔四二〕『心統性情者也』，性只是合如此底。」又曰：〔四三〕「性〔四四〕只是理，非是有這個物事。〔四五〕若性〔四六〕是有底物事，則既有善亦必有惡。惟其無此物，只是理，故無不善。」蓋卿。〔四七〕

「心統性情」，性情皆因心而後見。心是體，發於外謂之用。孟子曰「仁，人心也」，又曰「惻隱之心」，性情上都下個「心」字。「仁，人心也」是説體，「惻隱之心」是説用，必有體而後有用，可見「心統性情」之義。僩。

問「心統性情」。先生云：「性者，理也。性是體，情是用。性情皆出於心，故心能統之。『統』如統兵之『統』，言有以主之也。且如仁義禮智是性也，孟子曰『仁義禮智根於心』。惻隱、羞惡、辭遜、是非，本是情也，孟子曰『惻隱之心，羞惡之心，辭遜之心，是非之心』。以此言之，則見得心可以統性情。一心之中自有動静，静者性也，動者情也。」卓。

問：「『心統性情』，『統』如何？」曰：「『統』是主宰，如統百萬軍。心是渾然底物，性是有此理，情是動處。」又曰：「人受天地之中，只有個心性安然不動，情則因物而感。性是理，情是用，性静而情動。且如仁義禮智信是性，然又有説『仁心』、『義心』，這是性亦與心通説；惻隱、羞惡、辭遜、是非是情，然又説道『惻隱之心，羞惡之心，是非之心』，這是情亦與心通説。這是情性皆主於心，故恁地通説。」問：「意者心之所發，與情性如何？」曰：「意也與情相近。」問：

「志如何？」曰：「志也與性[四八]相近。只是心寂然不動，方發出便喚做意。横渠云『志公而意私』，看這自説得好。志便清，意便濁；志便剛，意便柔；志便有立作意思，意便有潛竊意思。公自子細看，自見得。意多是説私意，志便説『匹夫不可奪志』。」賀孫。

横渠云「心統性情」，蓋好善而惡惡，情也；而其所以好善而惡惡，性之節也。且如見惡而怒，見善而喜，這便是情之所發。至於喜其所當喜而喜不過，謂如人有三分合喜底事，我却喜至七[四九]分，便不是。怒其所當怒而怒不遷，謂如人有一分合怒底事，我却怒至三四分，便不是。以至哀樂愛惡欲皆能中節而無過，這便是性。道夫。

先生取近思録，指横渠「心統性情」之語以示學者。力行問曰：「心之未發則屬乎性，既發則情也。」先生曰：「是此意。」因再指伊川之言曰：「心一也，有指體而言者，有指用而言者。」力行。

或問：「通蔽開塞，張横渠、吕芸閣説，孰爲親切？」先生曰：「與叔倒分明似横渠之説。看來塞中也有通處，如猿狙之性即靈，猪則全然蠢了，便是通蔽不同處。『本乎天者親上，本乎地者親下』，如人頭向上所以最靈，草木頭向下所以最無知，禽獸之頭横了所以無知。猿狙稍靈，爲他頭有時也似人，故稍向得上。」履孫。

横渠先生曰：「凡物莫不有是性，由通蔽開塞所以有人物之别，由蔽有厚薄故有智愚之别。

塞者牢不可開，厚者可以開而開之也難，薄者開之也易，開則達於天道與聖人一。」先生曰：「此段不如吕與叔分别得分曉。吕曰『蔽有淺深故爲昏明，蔽有開塞故爲人物』云云。程子曰『人生而静，以上不容説，纔説性時便已不是性也』。凡人説性只是説『繼之者善也』，孟子言『人性善』是也。〔五〇〕夫所謂『繼之者善也』者，猶水流而就下也。」云云。〔五一〕先生曰：〔五二〕「此『繼之者善也』指發處而言之也。性之在人猶水之在山，其清不可得而見也，流出而見其清然後知其本清也。所以孟子只就『見孺子入井皆有怵惕、惻隱之心』處指以示人，使知性之本善者也。易所謂『繼之者善也』在性之先，此所引『繼之者善也』在性之後。蓋易以天道之流行者言，此以人性之發見者言。唯天道流行如此，所以人性發見亦如此，如後段所謂『其體則謂之易，其理則謂之道，其用則謂之神』。某嘗謂易在人便是心，道在人便是性，神在人便是情。緣他本原如此，所以生出來個個亦如此，一本故也。」閎祖。〔五三〕

問横渠説〔五四〕「精義入神」一條。曰：「入神是入至於微妙處。此却似向内做工夫，非是作用於外，然乃所以致用於外也。故某〔五五〕嘗謂門人曰：『吾學既得於心，則修其辭；命辭無差，然後斷事；斷事無失，吾乃沛然。「精義入神」者，豫而已。』横渠可謂『精義入神』，横渠云『陰陽二氣推行以漸謂化，闔闢不測謂神』，伊川先生説『神』、『化』等却不似横渠較説得分明。」賀孫。以下第二卷。〔五六〕

敬子問：「橫渠［五七］『「精義入神」，事豫吾内，求利吾外也』；『求』字似有病，便有個先獲底心。『精義入神』自然是能利吾外，何待於求？」曰：「然。當云『所以利吾外也』。」李又曰：「繫辭此已上四節都是説咸卦。蓋咸只是自家感之它便應，非是有心於求人之應也。如上文『往來屈伸』皆是此意。」僩。［五八］

問：「橫渠言『氣質之性』，去僞終未曉。」曰：「性是天賦與人，只一同。氣質所稟却有厚薄。人只是一般人，厚於仁而薄於義，有餘於禮而不足於智，便自氣質上來。」去僞。［五九］

橫渠曰「形而後有氣質之性，善反之則天地之性存焉」，如稟得氣清明者，這道理只在裏面；稟得氣昏濁者，這道理亦只在裏面，只被這昏濁遮蔽了。譬之水，清底裏面纖微皆可見，渾底裏面便見不得。孟子説性善只見得大本處，未説到氣質之性細碎處。程子謂「論性不論氣，不備；論氣不論性，不明。二之則不是」。孟子只論性，不知論氣，便不全備。若三子雖論性却不論得性，都只論得氣，性之本領處又不透徹。荀子只見得不好人底性，便説做惡；楊子只見得半善半惡人底性，便説做善惡混；韓子見得天下有許多般人，故立爲三品，説得較近。其言曰「仁義禮智信，性也；喜怒哀樂愛惡欲，情也」，似又知得性善。荀、楊皆不及，只是過接處少一個「氣」字。淳。［六〇］

用之問：「『德不勝氣，性命於氣；德勝於氣，性命於德。窮理盡性則性天德，命天理［六一］』。前日見先生説，以『性命』之『命』爲聽命之『命』。適見先生舊答潘恭叔書，以『性命於德』、『性命於氣』之[六二]『命』與『性』字只一般，如言性與命也，所以後面分言『性天德，命天理』。不知如何？」曰：「也是如此，但『命』字較輕得些。」僩問：「若將『性命』作兩字看，則『於氣』、『於德』字如何地說得來？則當云『性命皆由於氣，由於德』始得。」曰：「橫渠文字自是如此。」僩。

道夫[六三]問「德不勝氣，性命於氣；德勝其氣，性命於德[六四]」一章。先生曰：「橫渠[六五]只是說性與氣皆從上面流下來，自家之德若不能有以勝其氣，則祇是承當得他那所賦之氣。若是德有以勝其氣，則我之所以受其賦予者皆是德，故窮理盡性則我之受[六六]皆天之德，其所以賦予我者皆天之理。氣之不可變者惟死生修夭而已，蓋死生修夭、富貴貧賤，這却還他氣。至『義之於君臣，仁之於父子』，所謂『命也[六七]』，這個却須由我，不由他了。」道夫。

問：「橫渠說[六八]『窮理盡性則性天德，命天理』，這處性、命如何分別？」曰：「性是以其定者而言，命是以其流行者而言。命便是水恁地流底，性便是將椀盛得來。大椀盛得多，小椀盛得少，淨潔椀盛得清，污漫椀盛得濁。」又曰：[六九]「近思録論[七〇]『生之謂性』一條難說，須子細看。此一條伊川說得亦未甚盡。『生之謂性』是生下來唤做性底，便有氣禀夾雜便不是理底性了。前輩說甚『性惡』、『善惡混』都是不曾識性，到伊川說『性即理也』，無人道得到這處。理便即[七一]是天理，又那得有惡？孟子說『性善』便都是說理善，雖是就發處說，然亦就理之發處說。如曰『乃若其情』，曰『非才之罪』，〔七二〕又曰『生之謂性』，如椀盛水後，人便以椀爲水，水却本清，椀却有净有不净。」問：「雖是氣稟，亦尚可變得否？」曰：「然最難，須是『人一能之，己百之；人十能之，己千之』方得。若只恁地待他自變，他也未與你卒乍變得在。這道理無他巧，只是熟，只是專一。」賀孫。〔七三〕

「横渠言『形而後有氣質之性〔七四〕』，又曰『德不勝氣，性命於氣；德勝其氣，性命於德』。『善反之則天地之性存焉』，〔七五〕又曰『性天德，命天理』。蓋人生氣稟自然不同，天非有殊，人自異稟。有學問之功則性命於德，不能學問然後此性〔七六〕惟其氣稟耳。」力行〔七七〕曰：「從前看『性命於德』一句，意謂此性由其德之所命。今如此云，則是『性命』二字皆是德也。」先生曰：「然。」力行。

横渠云「所不可變者惟壽夭耳」。要之，此亦可變，但大概如此。力行。

道夫〔七八〕問：「『莫非天也』是兼統善惡而言否？」曰：「然。正所謂『善固性也，然惡亦不可不謂之性』，二者皆出於天也。陽是善，陰是惡；陽是强，陰是弱；陽便清明，陰便昏濁。大抵陰陽有主對待而言之者，如陽是仁、陰是義之類。這又别是一樣，是專就善上説，未有那惡時底説話。」頃之，復曰：「程先生云『視聽思慮動作，皆天也。人但於其中要識得真與妄爾』。」道夫。

陽明勝則德性用，陰濁勝則物欲行。只將自家意思體驗便見得。人心虛静，自然清明。纔爲物欲所蔽便陰陰地黑暗了，此陰濁所以勝也。謨。

木之[七九]問：「横渠説[八〇]『物有未體則心爲有外』，『體』之義如何？」曰：「此是置心在物中究見此[八一]理，如格物、致知之意，與『體物[八二]』之『體』不同。」木之。

問：「『物有未體則心爲有外』，此『體』字是體察之『體』否？」曰：「須認得如何唤做體察。今官司文書行移，所謂體量、體究是這樣『體』字。」或曰：「是將自家這身入那事物裏面去體認否？」曰：「然。猶云『體群臣』也。伊川曰『「天理」二字却是自家體貼出來』，是這樣『體』字。」僩。

横渠云「物有未體則心爲有外」，又曰「有外之心不足以合天心」。蓋天大無外，物無不包，物理所在一有所遺則吾心爲有外，便與天心不相似。道夫。

「『大其心則能體天下之物』。世人之心止於見聞之狹，故不能體天下之物。唯聖人盡性，故不以所見所聞梏其心，故大而無外，其視天下無一物非我』，他只是説一個大與小。孟子謂『盡心則知性、知天』以此。蓋盡心則是[八三]極其大，則[八四]知性知天而無有外之心矣。」道夫問：「今未到聖人盡心處，則亦莫當推去否？」曰：「未到那裏，也須知説聞見之外猶有我不聞不見底道理在[八五]，若不知聞見之外[八六]猶有道理，則亦如何推得？要之，此亦是横渠意，然孟子之意則未必然。」道夫曰：「孟子本意當以大學、或問所引爲正。」曰：「然。孟子之意只是説，窮理之至則心自然極其全體而無餘，非是要大其心而後知性、知天也。」道夫曰：「只如横渠所説，亦自難下手。」曰：「便是横渠有時自要恁地説，似乎只是懸空想象而心自然大。這般處元只是格物多後自然豁然有個貫通處，這便是『下學而上達』也。孟子之意只是如此。」道夫。

或問：「如何是『有外之心』？」曰：「只是有私意便内外扞格，只見得自家身己，凡物皆不與己相關，便是『有外之心』。横渠此説固好，然只管如此説。如此説[八七]相將便無規矩，無歸着，入於邪遁之説。且如夫子爲萬世道德之宗，都説得語意平易，從得夫子之言便是無外之實。若便要説天大無外，則此心便瞥入虚空裏去了。」學蒙。

「『求之於喜、怒、哀、樂未發之前，而體之於意、必、固、我既亡之後』，如此説者[八八]便害義理。此二句不可相對説。喜、怒、哀、樂未發之前固無可求，及其既發，亦有中節、不中節之異，發若中節者有何不可？至如意、必、固、我則斷不可有，二者烏得而對語哉！横渠謂『意、必、固、我，自始學至成德，竭兩端之教』者，謂夫子教人絶此四者，故皆以『毋』字爲禁止之辭。」或謂「意、必、固、我既亡之後，必有事焉」。曰：「意、必、固、我既亡，便是天理流行，鳶飛魚躍，何必更任私意也！」謨。[八九]

問[九〇]德粹：「夜間在庵中作何工夫？」德粹云云。先生曰：「横渠云『言有教，動有法，晝有爲，宵有得，息有養，瞬有存』，此語極好。君子『終日乾乾』，不可食息閑，亦不必終日讀書，或静坐存養亦是。天地之生物以四時運動，春生夏長固是不息，及至秋冬彫落亦只藏於其中，故明年復生。若使至秋冬已絶，則來春無緣復有生意。學者常喚，令此心不死則日有進。」可學。〔九一〕

西銘説是形化底道理，此萬物一源之性。太極者，自外面推入去，到此極盡更没去處，所以謂之太極。謨。

問：「原道上數句如何？」曰：「首句極不是。『定名』、『虚位』却不妨。有仁之道，義之道，仁之德，義之德，故曰『虚位』。大要未説到頂上頭，故伊川云『西銘，原道之宗祖』。」可學。〔九二〕

節問：「西銘言理一而分殊。言理一處，節頗見之；言分殊處，節却未見。」〔九三〕先生曰：「有父，有母，有宗子，有家相，此即分殊也。」節。

問西銘。曰：「更須子細看他説理一而分殊。而今道天地不是父母，父母不是天地，不得，分明是一理。『乾道成男，坤道成女』，則凡天下之男皆乾之氣，凡天下之女皆坤之氣，從這裏便徹上徹下都即是一個氣，都透過了。」又曰：「『繼之者善』便是公共底，『成之者性』便是自家得底。只是一個道理，不道是這個是，那個不是。如水中魚，肚中水便只是外面水。」賀孫。

西銘要句句見「理一而分殊」。文蔚。

西銘大綱是理一而分自爾殊。然有二說：自天地言之，其中固自有分別；自萬殊觀之，其中又自有分別。不可認是一理了只衮做一看，這裏各自有等級差別，且如人之一家自有等級之別。所以乾則稱父，坤則稱母，不可棄了自家父母，却把乾坤做自家父母看。且如「民吾同胞」，與自家兄弟同胞又自別。龜山疑其兼愛，想亦未深曉西銘之意。西銘一篇正在「天地之塞吾其體，天地之帥吾其性」兩句〔九四〕。敬仲。

道夫言：「看西銘，覺得句句是『理一分殊』」。曰：「合下便有一個『理一分殊』，從頭至尾又有一個『理一分殊』，是逐句恁地。」又曰：「合下一個『理一分殊』，截作兩段，只是一個天人。」道夫曰：「他說『乾稱父，坤稱母，予茲藐焉，乃混然中處』，如此則是三個。」曰：「『混然中處』則便是一個。許多物事都在我身中，更那裏去討一個乾坤？」問「塞」之與「帥」二字。曰：「『塞』便是『充塞天地』之『塞』，『帥』便是『志者氣之帥』之『帥』。」問：「『物吾與也』，莫是黨與之『與』否？」曰：「然。」道夫。

西銘一篇，始末皆是「理一分殊」。以乾爲父，坤爲母，便是理一而分殊；「予茲藐焉，混然中處」，便是分殊而理一。「天地之塞吾其體，天地之帥吾其性」，分殊而理一；「民吾同胞，物吾與也」，理一而分殊。逐句推之，莫不皆然。某於篇末亦嘗發此意。乾父，坤母，皆是以天地之大喻一家之小。乾坤是天地之大，父母是一家之小；大君大臣是大，宗子家相是小。類皆如此推之。舊嘗看此，寫作旁通圖子，分爲二[九五]截，上下排布，亦甚分明。謨。

問：「西銘『理一而分殊』，『分殊』莫是『民吾同胞，物吾與也』之意否？」曰：「民物固是分殊，須是就民物中又知得分殊。不是伊川説破，也難理會，然看久自覺裏面有分則[九六]。」

一之問西銘「理一而分殊」。先生曰：「西銘自首至末皆是『理一而分殊』。乾父、坤母固是一理，分而言之便見乾坤自乾坤，父母自父母，惟『稱』字便見異也。」又問：「自『惡旨酒』至『勇於從而順令』，此六聖賢事可見理一分殊乎？」曰：「『惡旨酒』、『育英才』是事天，『顧養』及『錫類』則是事親，每一句皆存兩義，推類可見。」問：「『天地之塞』，如何是『塞』？」先生曰：「『塞』與『帥』字皆張子用字之妙處。『塞』乃孟子『塞天地之間』，『體』乃孟子『氣體之充』者，有一毫不滿不足之處則非塞矣。『帥』即『志，氣之帥』，而有主宰之意。此西銘借用孟子論『浩然之氣』處。若不是此二句爲之關紐，則下文言『同胞』、言『兄弟』等句，在他人中物皆與我初何干涉！其謂之『兄弟』、『同胞』，乃是此一理與我相爲貫通，故上説『父母』，下説『兄弟』，皆是其血脈過度處。西銘解二字只説大概，若要説盡，須因起疏注可也。」寓。

用之問：「西銘所以『理一分殊』，如民物則分『同胞』、『吾與』，大君家相，長幼殘疾，皆自有等差。又如所以事天，所以長長幼幼，皆是推事親從兄之心以及之，此皆是分殊處否？」曰：

「也是如此，但這有兩種看，這是一直看下，更須横截看。若只恁地看怕淺了。『民吾同胞』，同胞裏面便有理一分殊底意；『物吾與也』，吾與裏面便有理一分殊底意。『乾稱父，坤稱母』，道是父母固是天氣而地質，然與自家父母自是有個親疏，從這處便『理一分殊』了。看見伊川説這意較多。龜山便正是疑『同胞』、『吾與』爲近於墨氏，不知他『同胞』、『吾與』裏面便自分『理一分殊』了。如公所説恁地分別分殊，『殊』得也不大段。這處若不子細分別，直是與墨氏兼愛一般。」賀孫。按黄卓録同而少略，今附，云：〔九七〕「劉用之問：『西銘「理一而分殊」。若大君宗子、大臣家相與夫民物等，皆是「理一分殊」否？』先生云：『如此看亦是，但未深，當截看。如西銘劈頭來便是「理一而分殊」。且「乾稱父，坤稱母」，雖以乾、坤爲父母，然自家父母自有個親疏，這是「理一而分殊」。等而下之，以至爲大君，爲宗子，爲大臣家相，若理則一，其分未嘗不殊。民吾同胞，物吾黨與，皆是如此。楊龜山〔九八〕正疑此一，若〔九九〕便以「民吾同胞，物吾黨與」爲近于墨氏之兼愛，不知他「同胞」、「同與」裏面自有個「理一分殊」。若如公所説恁地分別，恐勝得他也不多。這處若不分別，直是與墨子兼愛一般。』」

問：「西銘句句是『理一分殊』，亦只就事天、事親處分否？」曰：「是。『乾稱父，坤稱母』，只下『稱』字便別。這個有直説底意思，有横説底意思。『理一而分殊』，龜山説得又別。他只以『民吾同胞，物吾與』及『長長幼幼』爲理一分殊。」曰：「龜山是直説底意思否？」曰：「是。然龜山只説得頭一小截。伊川意則闊大，統一篇言之。」曰：「何謂横説底意思？」曰：「『乾稱父，坤稱母』便是[一〇〇]。這個[一〇一]不是即那事親底，便是事天底。」曰：「橫渠只是借那事親底來形容那[一〇二]事天底做個樣子否？」曰：「是。」淳。

西銘有個劈下來底道理，有個橫截斷底道理。直卿疑之。竊意當時語意似謂每句直下而觀之，理皆在焉；全篇中斷而觀之，則上專是事天，下專是事親，各有攸屬。方子。

文蔚[一〇三]問：「向日曾以西銘仁孝之理請問，先生令截斷橫看。文蔚後來見得孝是發見之先，仁是天德之全。事親如事天即是孝，自此推之，事天如事親即仁矣。『老吾老，幼吾幼』，自老老幼幼之心推之，至於疲癃殘疾，皆如吾兄弟顛連而無告方始盡。故以敬親之心，不欺闇室，不愧屋漏，以敬其天；以愛親之心，樂天循理，無所不順，以安其天，方始盡性。竊意橫渠大意只是如此，不知是否？」曰：「他不是說孝，是將孝來形容這仁，事親底道理便是事天底樣子。人且逐日自把身心來體察一遍，便見得吾身便是天地之塞，吾性便是天地之帥。許多人物生於天地之間，同此一氣，同此一性，便是吾兄弟黨與；大小等級之不同，便是親疏遠近之分。故敬天當如敬親，[一〇四]無所不順。天之生我，安頓得好，令我富貴崇高，便如父母愛我，當喜而不忘；安頓得不好，令我貧賤憂戚，便如父母欲成就我，當勞而不怨。」徐子融曰：「先生謂事親是事天底樣子，只此一句，說盡西銘之意矣。」文蔚。

「乾稱父，坤稱母。」厲聲言「稱」字。又曰：「以主上爲我家裏兒子，得乎？」節。

問西銘之義。曰：「緊要血脈盡在『天地之塞吾其體，天地之帥吾其性』兩句上。上面『乾稱父』至『混然中處』是頭，下面『民吾同胞，物吾與也』便是個項。下面便撒開說，說許多。『大君者吾父母宗子』云云，盡是從『民吾同胞，物吾與也』說來。到得『知化則善述其事，窮神則善繼其志』，這志便只是那『天地之帥吾其性』底志。爲人子便要述得父之事，繼得父之志，如此方是事親如事天；便要述得天之事，繼得天之志，方是事天。若是違了此道理便是天之悖德之子，若害了這仁便是天之賊子，若是濟惡不悛便是天之不才之子，若能踐形便是天地克肖之子。這意思血脈都是從『天地之塞吾其體，天地之帥吾其性』說。緊要都是這兩句，若不是此兩句，則天自是天，我自是我，有何干涉！」或問：「此兩句便是理一處否？」曰：「然。」僩。

西銘大要在「天地之塞吾其體，天地之帥吾其性」兩句。塞是說氣，孟子所謂「以直養而無害則塞乎天地之間」，即用這個「塞」字。張子此篇大抵皆古人說話集來。要知道理只有一個，道理中間句句段段只說事親事天。自一家言之，父母是一家之父母；自天下言之，天地是天下之父母。通是一氣，初無間隔。「民吾同胞，物吾與也」，萬物雖皆天地所生，而人獨得天地之正氣，故人爲最靈，故民同胞，物則亦我之儕輩。孟子所謂「親親而仁民，仁民而愛物」，其等差自然如此，大抵即事親以明事天。賀孫。

西銘說[一〇五]「天地之塞吾其體，天地之帥吾其性」。「塞」如孟子說「塞乎天地之間」，塞只是氣。吾之體即天地之氣。帥是主宰，乃天地之常理也。吾之性即天地之理。賀孫。

西銘[一〇六]「吾其體，吾其性」，有我去承當之理[一〇七]。謨。

或問：「『天地之帥吾其性』，先生解以『乾健、坤順爲天地之志』。天地安得有志？」先生云：「『復其見天地之心』，『天地之情可見』，安得謂天地無心、情乎！」或曰：「福善禍淫，天之志否？」先生云：「程先生說『天地以生物爲心』最好，此乃是無心之心也。」人傑。

問：「西銘說『潁封人之錫類』，『申生其恭』。二子皆不能無失處，豈能盡得孝道？」先生曰：「西銘本不是說孝，只是說事天，但推事親之心以事天耳。二子就此處論之，誠是如此。蓋事親却未免有正有不正處，若天道純然則無正不正之處，只是推此心以奉事之耳。」寓。

問：「西銘『無所逃而待烹』，申生未盡子道，何故取之？」先生曰：「天不到得似獻公也。人有妄，天則無妄。若教自家死，便是理合如此，只得聽受之。」夔孫。

伯奇，尹吉甫之子。人傑。[一〇八]

林聞一問：「西銘只是言仁、孝、繼志、述事。」曰：「是以父母比乾坤。主意不是說孝，只是以人所易曉者明其所難曉者耳。」木之。

「謝艮齋說西銘『理一分殊』，在上之人當理會『理一』，在下之人當理會『分殊』。如此，是分西銘做兩節了。艮齋看得西銘錯。」先生以爲然。[一〇九]

問東銘。曰：「此正如今法書所謂『故失』兩字。」因令道夫寫作圖子看。今具於左：〔一一〇〕

戲言出於思也，發於聲；　戲動作於謀也，見乎四支。　謂非己心，不明也；　欲人無己疑，不能也。

過言非心也，失於聲；　過動非誠也，謬迷其四體。　謂己當然，自誣也；　欲他人己從，誣人也。

或者謂出于心者，歸咎爲己戲；　失于思者，自誣爲己誠。不知戒其出汝者，歸咎其不出汝者，長遂且傲非，不智孰甚焉！

蜚卿〔一一一〕問：「近思録〔一一二〕横渠語范巽之一段如何？」先生曰：「惟是今人不能『脱然如大寐之得醒』，只是捉道理説。要之，也説得去，只是不透徹。」又曰：「正要常存意使不忘，他釋氏只是如此，然他逼拶得又緊。」直卿曰：「張子語比釋氏更有窮理工夫在。」曰：「工夫固自在，也須用存意。」問直卿：「如何説『存意不忘』？」曰：「只是常存不及古人意。」曰：「設此語者，只不要放倒此意爾。」道夫。

道夫〔一一三〕問「未知立心，惡思多之致疑；　既知所立，惡講治之不精」一章。先生曰：「未知立心則或善或惡，故胡亂思量，惹得許多疑起；　既知所立，則是此心已立於善而無惡了〔一一四〕，便又惡講治之不精，又却用思。講治之思莫非在我這道理之内，如此則『雖勤而何厭』。『所以急於可欲者』，蓋急於可欲之善則便是無善惡之雜，便是『立吾心於不疑之地』。人之所以有疑而不果於爲善也〔一一五〕，以有善惡之雜，今既有善而無惡則『若決江河以利吾往』矣。『遜此志，務時敏』，須是低下着這心以順他道理，又却抖擻起那精神，敏速以求之，則『厥修乃來』矣。這下面云云，只是説一『敏』字。」道夫。

徐居甫〔一一六〕問：「横渠云〔一一七〕『心小則百物皆病』，如何是小？」曰：「此言狹隘則事有窒礙不行。如仁則流於姑息，義則入於殘暴，皆見此不見彼。」可學。

問：「横渠『物怪神姦』書，先生提出『守之不失』一句。」曰：「且要守那定底。如『精氣爲物，游魂爲變』，此是鬼神定説。又如孔子説『非其鬼而祭之諂也』、『敬鬼神而遠之』等語皆是定底，其他變處如未曉得，且當守此定底。如前晚説怪，便是變處。」淳。以下〔一一八〕第三卷。

横渠所謂「物怪神姦」不必辨，且只「守之不失」。如「精氣爲物，游魂爲變」，此是理之常也。「守之勿失」者以此爲正，且恁地去，他日當自見也。若「要之無窮，求之不可知」，此又溺於茫昧，不能以常理爲主者也。伯有爲厲别是一種道理，此言其變，如世之妖妄者也。謨。

問：「『顔子心粗之説恐太過否？』曰：『顔子比之衆人純粹，比之孔子便粗。如『有不善未嘗不知，知之未嘗復行』，是他細膩如此然猶有這不善，便是粗。伊川説『未能「不勉而中，不思而得」』，便是過』一段，説得好。」淳。

「博學於文」又要得「習坎心亨」，如應事接物之類皆是文，但以事理切磨講究自是心亨。且如讀書，每思索不通處則翻來覆去，倒横直竪，處處窒塞，然其間須有一路可通。只此便是許多艱難險阻，習之可以求通，通處便是亨也。謨。〔一一九〕

「横渠〔一二〇〕謂『「博學於文」只要得「習坎心亨」』，何也？」曰：「見得這事理透了，處斷了便無疑，〔一二一〕行之又果决，便是『習坎心亨』。凡事皆如此，且以看文字一節論之，如到那一處〔一二二〕見這説又〔一二三〕好，見那説又是〔一二四〕。如此方〔一二五〕有礙，如彼又不通，〔一二六〕便是險阻處。到這裏須討一路去方透，便是『習坎心亨』。」淳。〔一二七〕

「博學於文」者〔一二八〕，只是要得〔一二九〕「習坎心亨」，不特看〔一三〇〕文義。且如學這一件物事，未學時心裏不曉，既學得了心下便通曉得這一事。若這一事曉不得，於這一事上心便黑暗。僩。〔一三一〕

横渠云「讀書須是成誦」，今人所以不如古人處只争這些子。古人記得，故曉得；今人鹵莽，記不得，故曉不得。不論緊要處、慢處皆須成誦，少間不知不覺自然相觸發，曉得義理。蓋這一段文義横在心下，自是放不得，必曉得而後已。今所以記不得，説不去，心若存若亡，皆不精不熟之患也。僩。〔一三二〕

「横渠〔一三三〕説做工夫處更精切似二程。蓋程先生〔一三四〕資禀高，潔浄，不大段用工夫，只恁地後可到。〔一一三五〕若〔一一三六〕横渠資禀則〔一一三七〕有偏駁夾雜處，他大段用工夫來。觀其言曰『心清時少，亂時多。其清時視明聽聰，四體不待羈束而自然恭謹。其亂時反是』。説得大段精切。」人傑。以下第四卷。〔一一三八〕

問「横渠説『客慮多而常心少，習俗之心勝而實心未完』，所謂客慮與習俗之心，有分別否」？曰：「也有分別。客慮是泛泛底思慮，習俗之心便是從來習染偏勝底心，實心是義理底心。」僩。〔一一三九〕

問横渠説〔一一四〇〕「敦篤虚静者仁之本」。曰：「敦篤虚静是爲仁之本。」僩。

問「湛一氣之本，攻取氣之欲」。曰：「湛一是未感物之時湛然純一，此是氣之本。攻取如目之欲色，耳之欲聲，便是氣之欲。」曰：「攻取是攻取那物否？」曰：「是。」淳。第五卷。

問：「横渠謂：『井田〔一一四一〕之病難行者，以亟奪富人之田爲辭。然處之有術，期以數年，不刑一人而可復。』不審井議之行於今果如何？」曰：「講學時且恁講，若欲行之須有機會。經大亂之後，天下無人，田盡歸官，方可給與民。如唐口分世業，是從魏〔一一四二〕及北齊後周，乘此機方做得。荀悦漢紀一段正説此意，甚好。若平世則誠爲難行。」黄丈問：「東坡破此論，只行限田之法，如何？」曰：「都是胡説。作事初如雷霆霹靂，五年後猶放緩了。况限田之法雖舉於今，明年便淡得〔一四四〕今年，後年又淡得〔一四五〕明年，一年淡一年，便寢矣。若欲行之須是行井田，若不能行則且如今之俗。必欲舉限田之法，此之謂戲論。且役法猶行不得，往年貴賤通差，縣吏呈單子，首曰『第一都保正蔣芾』，因此不便，竟罷。況於田，如何限得？林勳本政書一生留意此事，後在廣中作守，畫作數井。然廣中無人煙，可以如此。」淳。〔一四六〕第九卷。

問橫渠云「言有無，諸子之陋也」。曰：「無者無物，却有此理，有此理則有矣。老氏乃云『物生於有，有生於無』，和理也無便錯了。」可學。第十三卷。

賓問：「橫渠觀驢鳴如何？」先生笑曰：「不知它抵死着許多氣力鳴做甚。」賓本學禪，故戲作此答。良久復云：「也只是天理流行，不能自已。」德明。〔一四七〕

晦庵先生朱文公語類卷第九十九

張子之書二一非類入近思者别爲此卷。

正蒙有差，分曉底看。節。

或問：「正蒙中説得有病處，還是他命辭不出有差，還是見得差？」曰：「他是見得差。如曰『繼之者善也，方是善惡混』云云。『成之者性，是到得聖人處方是成得性，所以説「知禮成性而道義出」』。似這處都見得差了。」賀孫。

問：「横渠〔一〕正蒙説道體處，如『太和』、『太虚』、『虚空』者〔二〕止是説氣。説聚散處，其流乃是個大輪迴，蓋其思慮考索所至非性分自然之知。若語道理，惟是周子説『無極而太極』最好。如『由太虚有天之名，由氣化有道之名，合虚與氣有性之名，合性與知覺有心之名』，亦説得有理。『由氣化有道之名』，如所謂『率性之謂道』是也。然使明道形容此理，必不如此説。伊川所謂『横渠之言誠有過者，乃在正蒙』，『以清虚一大爲萬物之原，有未安』等語，概可見矣。」人傑。

問：「横渠説『太和所謂道』一段考索許多亦好，其後乃云『不如野馬絪緼，不足謂之太和』，却説倒了。」先生云：「彼以太和狀道體，與發而中節之和何異！」人傑。

問太和篇[三]「太虛不能無氣」一段。曰：「此難理會。若看，又走作去裏。」[四]

問：「橫渠云『太虛即氣』，太虛何所指？」曰：「它亦指理，但説得不分曉。」曰：「太和如何？」曰：「亦指氣。」曰：「他又云『由昧者指虛空爲性而不本天道』，如何？」曰：「既曰道則不是無，釋氏便直指空了。大要渠當初説出此道理多誤。」可學。

問：「『氣聚則離明得施而有形，氣不聚則離明不得施而無形』，『離明』何謂也？」答[五]曰：「此説似難曉。有作日光説，有作目説。看來只是目有聚處，目則得而見，[六]不聚則不得而見，易所謂『離爲目』是也。」先生因舉：「正蒙[七]『方其形也，有以知幽之因；方其不形也，有以知明之故』，合當言『其形也，有以知明之故；其不形也，有以知幽之因』方是。如何[八]却反説，何也？蓋以形之時此幽之因已在此，不形之際其明也[九]之故已在此。聚者散之因，散者聚之故。」一之。按徐寓録同，而自「爲目是也」處分作一條。[一〇]

橫渠云「天左旋，處其中者順之，少遲則反右矣」，此説好。閎祖。

橫渠云「陽爲陰累，則相持爲雨而降」，陽氣正升，忽遇陰氣則相持而下爲雨。蓋陽氣輕，陰氣重，故陽氣爲陰氣壓墜而下也。「陰爲陽得，則飄揚爲雲而升」，陰氣正升，忽遇陽氣則助之飛騰而上爲雲也。「陰氣凝聚，陽在内者不得出，則奮擊而爲雷霆」，陽氣伏於陰氣之内不得出，故爆開而爲雷也。「陽在外者不得入，則周旋不舍而爲風」，陰氣凝結於内，陽氣欲入不得，故旋繞其外不已而爲風，至吹散陰氣盡乃已也。「和而散則爲霜雪雨露，不和而散則爲戾氣曀霾」，戾氣，飛雹之類；曀霾，黄霧之類；皆陰陽邪惡不正之氣，所以雹水穢濁，或青黑色。僩。按楊至録略，今附，云：「凡陰氣凝結，陽在内不得出，則奮擊而爲雷霆，陽在外不得入，則周旋不捨而爲風。和散則爲雨，不和散則爲雹。」〔一一〕

「天氣降而地氣不接則爲霧，地氣升而天氣不接則爲雺」，見禮運注。「聲者，氣形相軋而成。兩氣，風雷之類；兩形，桴鼓之類。氣軋形如笙簧之類，形軋氣如羽扇敲矢之類。是皆物感之良能，人習之而不察耳。」至。〔一二〕

問：〔一三〕「正蒙『形而上者，得辭斯得象矣』；〔一四〕神爲不測，故緩辭不足以盡神；化爲難知，故急辭不足以體化』，如何是緩辭、急辭？」答〔一五〕曰：「神自是急底物事，緩辭如何形容之？如『陰陽不測之謂神』，『神無方，易無體』，皆是急辭。化是漸漸而化，若急辭以形容之則不可。」一之。按徐寓録同。〔一六〕

問横渠言「帝天之命，主於民心」。曰：「皆此理也。民心之所向，即天心之所存也。」〔一七〕

「或者别立一天」，疑即是横渠。可學。

「清虚一大」，形容道體如此。道兼虚實言，虚只説得一邊。閎祖。

橫渠「清虛一大」却是偏。他後來又要兼清濁虛實言，然皆是形而下。蓋有此理則清濁、虛實皆在其中。可學。

陳後之問：「橫渠『清虛一大』恐入空去否？」曰：「也不是入空，他都向一邊了。這道理本平正，清也有是理，濁也有是理，虛也有是理，實也有是理，皆此〔一八〕之所爲也。他説成這一邊有，那一邊無，要將這一邊去管那一邊。」淳。

問：「橫渠有『清虛一大』之説，又要兼清濁虛實。」曰：「渠初云『清虛一大』，爲伊川詰難，乃云『清兼濁，虛兼實，一兼二，大兼小』。渠本要説形而上，反成形而下，最是於此處不分明。如叄兩云，以叄爲陽，兩爲陰，陽有太極，陰無太極。他要强索精思，必得於己，而其差如此。」又問：「『橫渠云『太虛即氣』乃是指理爲虛，似非形而下。』」曰：「縱指理爲虛，亦如何夾氣作一處？」問：「『西銘所見又的當，何故却於此差？』」曰：「『伊川云『譬如以管窺天，四旁雖不見，而其見處甚分明』。渠它處見錯，獨於西銘見得好。」可學。

先生云：〔一九〕「橫渠説道止於形器中揀個好底説耳。謂清爲道，則濁之中果非道乎？『客感客形』與『無感無形』，未免有兩截之病。聖人不如此説。如曰『形而上者謂之道』，又曰『一陰一陽之謂道』。」人傑。

問：「橫渠説『天性在人猶水性之在冰，凝釋雖異，爲理一也』，又言『未嘗無之謂體，體之謂性』，先生皆以其言爲近釋氏。冰水之喻有還元反本之病，云近釋氏則可。『未嘗無之謂體，體之謂性』，蓋謂性之爲體本虛，而理未嘗不實，若與釋氏不同。」先生曰：「他意不是如此，亦謂死而不亡耳。」文蔚。〔二〇〕

問：「張子冰水之説何謂近釋氏？」曰：「水性在冰只是凍，凝成個冰有甚造化？及其釋則這冰復歸於水，便有迹了，與天性在人自不同。」曰：「程子『器受日光』之説便是否？」曰：「是。除了器，日光便不見，却無形了。」淳。

問：「横渠謂『所不能無感者謂性』，性只是理，安能感？恐此言只可名『心』否？」曰：「横渠此言雖未親切，然亦有個模樣。蓋感固是心，然所以感者亦是這〔二一〕心中有這〔二二〕理方能感。理便是性，但將此句要來解性，便未端的。如伊川説仁曰〔二三〕『仁者，天下之正理』。又曰『仁者，天下之公，善之本也』。將這〔二四〕語來賛詠仁則可，要來正解仁則未親切。如義，豈不是天下之正理！」淳。

「心妙性情之德」，妙是主宰運用之意。升卿。〔二五〕

問「心包誠」一段。曰：「是横渠説話正如心小性大之意。」道夫。

横渠云「以誠包心，不若以心包誠」，是他看得忒重，故他有「心小性大」之説。道夫。

問：「『不當以體會爲非心，故有「心小性大」之説』，如何是體會？」曰：「此必是横渠有此語，今其書中失之矣。横渠云『心禦見聞，不弘於性』，却做兩般説。渠説『人能弘道，非道弘人』處，云『心能檢其性，人能弘道也；性不知檢其心，非道弘人也』，此意却好。又不知它當初把此心、性作如何分？横渠説話有差處多如此。」可學。〔二六〕

道夫問：「張子云『以心克己即是復性，復性便是行仁義』，切謂克己便是克去私心，却云『以心克己』，莫剩却『以心』兩字否？」曰：「克己便是此心克之。公但看『爲仁由己，而由人乎哉』，非心而何？『言忠信，行篤敬，立則見其參於前，在輿則見其倚於衡』，這不是心是甚麽？凡此等皆心所爲，但不必更着『心』字。所以夫子不言心，但只説在裏教人做。如喫飯須是口，寫字須是手，更不用説口喫手寫。」又問：「『復性便是行仁義』，復是方復得此性，如何便説行得？」曰：「既復得此性便恁地行，纔去得不仁不義則所行便是仁義，那得一個在不仁不義與仁義之中底物事？不是人欲便是天理，不是天理便是人欲，所以謂『欲知舜與蹠之分者，無他，利與善之間也』。所隔甚不多，但聖賢把得這界定爾。」道夫。

問横渠「耳目知，德性知」。曰：「便是差了。雖在聞見，亦同此理。不知它資質如此，何故如此差？」某云：「吕與叔難曉處似横渠，好處却多。」曰：「他又曾見伊川。」某云：「他更在得一二十年，須傳得伊川之學。」曰：「渠集中有與蘇季明一書可疑，恐曾學佛。」可學。

問横渠説「以道體身」等處。曰：「只是有義理，直把自家作無物看。伊川亦云『除却身只是理』，懸空只是個義理。」人傑。

横渠云「學者識得仁體後，如讀書講明義理，皆是培壅」，且只於仁體上求得一個真實，却儘有下功夫處也。謨。

横渠「修辭」一段未是。程子云子厚却如此不熟，安得許多樽節。可學。[二七]

魏問：「横渠言『十五年學「恭而安」不成』，明道曰『可知是學不成，有多少病在』，莫是如伊川説『若不知得，只是覷却堯，學他行事，無堯許多聰明睿知，怎生得似他動容周旋中禮』？」曰：「也是如此，更有多少病[二八]。」良久，曰：「人便是被一個[二九]氣質局定。變得些子了又更有些子，變得些子[三〇]又更有些子。」又云：「聖人『發憤忘食，樂以忘憂』[三一]，發憤便忘食，樂便忘憂，直是一刀兩段，千了百當。聖人固不在説，但顏子得聖人説一句，直是傾腸倒肚便都了，更無許多廉纖纏繞[三二]，絲來綫去。」問：「横渠只是硬把捉，故不安否？」曰：「他只是學個恭，自驗見不曾熟。不是學個恭，又學個安。」[三三]

問横渠説「遇」。曰：「他便説命，就理説。」曰：「此遇乃是命。」曰：「然。命有二：有理，有氣。」曰：「子思『天命之謂性』是理，孟子是帶氣[三四]。」曰：「然。」可學。[三五]「横渠言『遇』，命是天命，遇是人事，但説得亦不甚好，不如孟子。」某又問。曰：「但不知他説命如何。」可學。

賀孫再問前夜所説横渠「聖人不教人避凶處吉，亦以正信勝之」之語。伯謨云：「此可以破世俗利害之説。合理者無不吉，悖理者無不凶。然其間未免有相反者，未有久而不定也。」先生因云：「諸葛誠之却道呂不韋春秋好，道他措置得事好。却道董子『正其義不謀其利，明其道不計其功』説不是。他便説，若是利成則義自在其中，功成則道自在其中。」賀孫。〔三六〕

晦庵先生朱文公語類卷第一百

邵子之書

「周子看得這理熟，縱横妙用，只是這數個字都括盡了。周子從理處看，邵子從數處看，都只是這理。」砥曰：「畢竟理較精粹。」曰：「從理上看則看〔一〕處大，數自是細碎。」砥。〔二〕

「伊川之學於大體上瑩徹，於小小節目上猶有疏處。康節却〔三〕能盡得事物之變，却於大體上有未瑩處。」用之云：「康節善談易，〔四〕見得透徹。」曰：「然。伊川又輕之，嘗有簡與横渠云『堯夫説易好聽，今夜試來聽它説看』。某嘗説，此便是伊川不及孔子處，只觀孔子便不如此。」僩。〔五〕

邵堯夫「空中樓閣」，言看得四通八達。方子。〔六〕

或言：「康節心胸如此快活廣〔七〕大，安得如之？」〔八〕曰：「它是甚麽樣〔九〕工夫！」僩。

問：「近日學者有厭拘檢，樂舒放，惡精詳，喜簡便者，皆有〔一〇〕欲慕邵堯夫之爲人。」

答〔一一〕曰：「邵子這道理豈易及哉！他腹裏有這個學，能包括宇宙，終始古今，如何不做得大？放得下？今人却恃個甚後敢如此！」因誦其詩云：「『日月星辰高照耀，皇王帝伯大鋪舒』，可謂人豪矣！」大雅。

厚之問：「康節只推到數？」曰：「然。」某問：「渠〔一二〕須亦窺見理？」曰：「雖窺見理，却不介意了。」可學。

又言：〔一三〕「邵康節，看這人須極會處置事。被他神閑氣定，不動聲氣，須處置得精明。他氣質本來清明，又養得來純厚，又不曾枉用了心。他用那心時都在緊要上用，被他靜極了，看得天下之事理精明。嘗於百原深山中闢書齋獨處其中，王勝之常乘月訪之，必見其燈下正襟危坐，雖夜深亦如之。若不是養得至靜之極，如何見〔一四〕道理如此精明？只是他做得出來須差七亞反。〔一五〕異。季通嘗云『康節若做，定四□、八、十六、三十二、六十四大□，〔一六〕都是加倍法』，想得是如此。想見他看見天下之事，纔上手來便成四截了，其先後緩急莫不有定，動中機會，事到面前便處置得下矣。康節甚喜張子房，以爲子房善藏其用。以老子爲得易之體，以孟子爲得易之用，合二者而用之，想見善處事。」問：「不知真個用時如何？」曰：「先時說了，須差異，須有些機權術數也。」僩。

直卿問：「康節詩嘗有莊老之說，如何？」曰：「便是他有些子這個。」曰：「如此，莫於道理有異否？」曰：「他常說『老子得易之體，孟子得易之用』，體、用自分作兩截。」曰：「他又說經綸，如何？」曰：「看他只是以術去處得這事却[一七]好無過，如張子房相似，他所以極口稱贊子房也。二程謂其粹而不雜，以今觀之，亦不可謂之不雜。」曰：「他說風花雪月，莫是曾點意思否？」曰：「也是見得眼前這個好。」[一八]曰：「意其有『與自家意思一般』之意。」曰：「也是他有這些子。若不是，却淺陋了。」道夫。

問：「『堯夫之學似揚雄』，如何？」曰：「以數言。」可學。

某看了[一九]康節易了，都看別人底不得。他說那[二〇]「太極生兩儀，兩儀生四象」又都無甚[二一]玄妙，只是從來更無人識。揚子太玄一玄、三方、九州、二十七部、八十一家，亦只是這個，他却識，只是他以三爲數，皆無用了。他也只是見得一個粗底道理，後來便都無人識。老氏「道生一，一生二，二生三」，亦剩說了一個道，便如太極生陽，陽生陰，二[二二]生三，又更都無道理。後來五峰又說一個，云云。便是「太極函三爲一」意思。賀孫。

康節之學似揚子雲。太玄擬易，方、州、部、家皆自三數推之。元爲之首，一以生三爲三方，三生九爲九州，九生二十七爲二十七部，九九乘之，斯爲八十一家。首之以八十一，所以準六十四卦；贊之以七百二十有九，所以準八[二三]十四爻，無非三[二四]數推之。康節之數則是加倍之法。謨。

康節其初想只是看得「太極生兩儀，兩儀生四象」。心只管在那上面轉，久之理透，想得一舉眼便成四片。其法，四之外又有四焉。凡物纔過到二之半時便煩腦〔二五〕了，蓋已漸趨於衰也。謂如見花方蓓蕾則知其將盛，既開則知其將衰，其理不過如此。謂如今日戌時，從此推上去至未有天地之始，從此推下去至人消物盡之時。蓋理在數内，數又在理内。康節是他見得一個盛衰消長之理，故能知之。若只説他知得甚事，如歐陽叔弼定謚之類，此知康節之淺陋者也。程先生有一柬説先天圖甚有理，可試往聽他説看。觀其意，甚不把當事，然自有易以來只有康節説一個物事如此齊整。如揚子雲太玄，便令〔二六〕星補湊得可笑。若不補，又却欠四分之一，補得來又却多四分之三。如潛虛之數用五，只似如今算位一般。其直一畫則五也，下横一畫則爲六，横二畫則爲七，蓋亦補湊之書也。方子。

或問康節數學。曰：「且未須理會數，自是有此理。有生便有死，有盛必有衰。且如一朵花，含蘂時是將開，略放時是正盛，爛熳時是衰謝。又如看人，即其氣之盛衰便可以知其生死。蓋其學本於明理，故明道謂其『觀天地之運化，然後頽乎其順，浩然其歸』。若曰渠能知未來事，則與世間占覆之術何異？其去道遠矣！其知康節者末矣！蓋他玩得此理熟了，事物到面前便見，更不待思量。」又云：「康節以四起數，疊疊推去，自易以後無人做得一物如此整齊，包括得盡。想他每見一物便成四片了，但纔到二分以上便怕，乾卦方終便知有個姤卦來。蓋緣他於起處推將來，至交接處看得分曉。」廣云：「先生前日説康節之學與周子、程子少異處，莫正在此否？若是聖人，則處乾時自有個處乾底道理，處姤時自有個處姤底道理否？」先生曰：「然。」廣。

問：「前日見〔二七〕先生説邵堯夫看天下物皆成四片，如此則聖人看天下物皆成兩片也。」先生曰：「也是如此，只是陰陽而已。」廣。

康節只説六卦：乾、坤、坎、離四卦，震、巽含艮、兑了〔二八〕。説八卦：乾、坤、坎、離、大過、頤、中孚、小過。其餘反對者二十八卦。人傑。〔二九〕

皇極經世，以元經會，以會經運，以運經世。閎祖。〔三〇〕

論皇極經世：「乃一元統十二會，十二會統三十運，三十運統十二世，一世統三十年，一年統十二月，一月統三十日〔三一〕：是十二與三十迭爲用也。」因云：「蔡季通丈〔三二〕以十二萬九千六百之數爲日分。」植。

問「會元」之期。曰：徐有「語録云」三字。〔三三〕「元氣會則生聖賢，如曆家推朔旦徐無此三字。〔三四〕冬至徐作「惟言」。〔三五〕夜半甲子。所謂『元氣會』亦似此般模樣。」淳。按徐寓録同。〔三六〕

易是卜筮之書，皇極經世是推步之書。經世以十二辟卦管十二會，綳定時節却就中推吉凶消長。堯時正是乾卦九五，其書與易自不相干。只是加一倍推將去。方子。

㬊問與〔三七〕經世書同異。曰：「易是卜筮。經世是推步，是一分爲二，二分爲四，四分爲八，八分爲十六，十六分爲三十二，又從裏面細推去。」節。

又〔三八〕問：「伯温解經世書如何？」先生曰：「他也只是説將去，那裏面精微曲折〔三九〕也未必曉得。當時康節〔四〇〕只説與王某，不曾説與伯温。模樣也知得那伯温不是好人。」義剛。

胡叔器答問〔四一〕經世書〔四二〕。「水火土石，雨露風雷，〔四三〕皆是相配得在〔四四〕。」又問：「金生水如石中出水，是否？」先生曰：「那〔四五〕金是堅凝之物，到這裏堅實後，自拶得水出來。」義剛。〔四六〕

因論皇極經世。曰：「堯夫以數推亦是心静知之。如董五經之類皆然。」曰：「程先生云，須是用時知之。」曰：「用則推測。」因舉興化妙應知未來之事。曰：「如此又有術。」可學。

康節漁樵問對無名公序與一兩篇書，次第將來刊成一集。節。

舜弼問「天依地，地依氣」。曰：「恐人道下面有物。天行急，地閣在中。」可學。

「『天何依？』曰：『依乎地。』『地何附？』曰：『附乎天。』『天地何所依附？』曰：『自相依附。』天依形，地依氣。』所以重復而言不出此意者，唯恐人於天地之外別尋去處故也。天地無外，所謂『其形有涯而其氣無涯』也。爲其氣極緊，故能扛降〔四七〕得地住，不然則墜矣。外更〔四八〕須有軀殼，甚厚，所以固此氣也。今之地動只是一處動，動亦不至遠也。」謨。

問：「康節云『雨化物之走，風化物之飛，露化物之草，雷化物之木』，此説是否？」曰：「想且是以大小推排匹配去。」問伊川云「露是金之氣」。曰：「露自是有清肅底氣象。古語云『露結爲霜』，今觀之誠然。伊川云不然，不知何故。蓋露與霜之氣不同，露能滋物，霜能殺物也。又雪霜亦有異，霜則殺物，雪不能殺物也。雨與露亦不同，雨氣昏，露氣清。氣蒸而爲雨，如飯甑蓋之，其氣蒸鬱而汗下淋漓；氣蒸而爲霧，如飯甑不蓋，其氣散而不收。霧與露亦微有異，露氣肅而霧氣昏也。」僩。

人身是形耳，所具道理皆是形而上者，蓋「人者天地之心也」，康節所謂「一動一静之間，天地人之至妙」者歟。人傑。

「先天圖如何移出方圖在下？」先生云：「是某挑出。」泳。〔四九〕

無極之前陰含陽也，有象之後陽分陰也。陽占却陰分數。文蔚。

先生舉邵康節語〔五〇〕「性者道之形體，心者性之郛郭，身者心之區宇，物者身之舟車」，曰：〔五一〕「此語好〔五二〕。雖説得粗，畢竟大概好。」文蔚。按閎祖録同而略，今附，云：「擊壤集序云『性者至「身之舟車」』也説得好。」〔五三〕

先生舉邵子言「性者」至「舟車」，問：「性如何是『道之形體』？」陳曰：「道是性中之理。」先生曰：「『道統言性』是以己言之。」劉曰：「性，物我皆有。恐不可分别在己在物否？」曰：「須就己驗之。若不驗之己，如何知得有父子之親，有君臣之義。『天敘有典』，典是天底，須是自我驗之，方知得『五典五惇』。『天秩有禮』，這禮都是天底，自我驗之，方知得『五禮有庸』。」

又曰：「邵子說這處較之横渠『心統性情』說得又密，真不易之論。孟子之後並不見人說得依希似此，惟韓退之庶幾近之。伊川謂『能將許大見識尋求真個如此』。王文中硬將古今事變來壓捺，恁地說於道體元不曾見得。在漢只有個董仲舒，又說得多而不切。」問：「程子謂董仲舒見道不分明，如何」？曰：「也是鶻突。如云『性者生之質』、『性非教化不成』，似不識性善底性。」寓。[五四] 按陳淳録同而各有詳略，今附，云：「先生舉邵子曰『性者』至『舟車』問淳：[五五]『性如何是道之形體？』淳曰：『道是性中之理。』先生曰：『道是泛言，性是就自家身上說。道在事物之間，如何見得？只就這裏驗之，[五六]性之所在則道之所在也。道是在物之理，性是在己之理。然物之理都在我此理之中，道之骨子便是性。』劉問：『性，物我皆有，恐不可分在己在物否？』曰：『道雖無所不在，須是就己驗之而復[五七]見。如「父子有親，君臣有義」，若不就己驗之，如何知得是本有？「天叙有典」，是[五八]天底，自我驗之，方知得「五典五惇」哉[五九]。「天秩有禮」，禮是天底，自我驗之，方知得「五禮有庸」。』淳問：『心是郛郭，便包了性否？』先生首肯，曰：『是也。如横渠說[六〇]「心統性情」之[六一]一句，乃不易之論。孟子說心許多，皆未有似此語端的。子細看，便見其他諸子等書皆無依稀似此。』」[六二]

邵康節曰：「性者道之形體，其性傷則道亦從之矣；心者性之郛郭，其心傷則性亦從之矣；身者心之區宇，其身傷則心亦從之矣；物者身之舟車，其物傷則身亦從之矣。」至。[六三]

正卿問：「邵子所謂『道之形體』如何？」曰：「諸先生說這道理，却不似邵子說得最着實。這個道理纔說出，只是虛空，更無形影。惟是說『性者道之形體』却見得實有。不須談空說遠，只反諸吾身求之是實有這個道理，還是無這個道理？故嘗爲之説曰『欲知此道之實有者，當求之吾性分之内』。邵子忽地於擊壤集序裏[六四]自説出幾句，云『身者心之區宇也，心者性之郛郭也，性者道之形體也，物者身之舟車也』[六五]，最説得好。」賀孫。

或問：「『性者道之形體』，如何？」曰：「天之付與，其理本不可見，其總要却在此。蓋人得之於天，理元無欠闕。只是其理却無形象，不於性上體認如何知得？程子曰『其體謂之道，其用謂之神，而其理屬之人則謂之性，其體屬之人則謂之心，其用屬之人則謂之情』。」祖道。

「性者道之形體」。今人只泛泛説得道，不曾見得性。文壽。[六六]

問：「論心之理，[六七]邵子[六八]何以謂『道之形體』？」先生曰：「若只恁説，道則渺茫無據。如父子之仁、君臣之義，自是有個模樣，所以爲形體也。」謨。

「性者道之形體」，此語甚好。道只恁[六九]懸空説，統而言之謂道。節。

「性者道之形體」。性自是體，道是行出見於用處。庚。[七〇]

陳才卿[七一]問「性者道之形體」。先生曰：「道是發用處，見於行者方謂之道。性是那道骨子。性是體，道是用。如云『率性之謂道』亦此意。」僩。

器之問中庸首三句。先生因舉康節「性者道之形體」之語。器之云：「若説『道者性之形體』却分曉。」先生曰：「恁地看倒了。蓋道者事物常行之路，皆出於性，則性是道之原〔七二〕。」木之曰：「莫是性者道之體，道者性之用否？」曰：「模樣是如此。」木之。

方賓王以書問云：「『心者性之郛郭』，當是言存主統攝處。」某〔七三〕謂：「郛郭是包括，心具此理如郛郭中之有人。」先生曰：「方説句慢。」問：「以窮理爲用心於外，誰〔七四〕説？」曰：「是江西説。」又問：「『發見』説話未是。如此則全賴此些時節，如何倚靠？」曰：「湖南皆如此説。」曰：「孟子告齊王乃是欲因而成就之，若只執此便不是。」曰：「然。」又問：「『穀種之必生如人之必仁』，如此却是以生譬仁。穀種之生乃生之理，乃得此生理以爲仁。」曰：「『必』當爲『有』。」又解南軒「發是心體，無時而不發」，云「及其既發則當事而存，而爲之宰者也」。某謂：「心豈待發而爲之宰？」曰：「此一段强解。南軒説多差。」又曰：「論胡文定説輒事，極看得好。」〔七五〕可學。

或誦康節詩云「若論先天一事無，後天方要着工夫」。先生問：「如何是『一事無』？」對〔七六〕曰：「出於自然，不用安排。」先生默然。廣云：「『一事無』處是太極。」先生曰：「嘗謂太極是個藏頭底物事，重重推將去更無盡期。有時看得來頭痛。」廣云：「先生所謂『迎之而不見其首，隨之而不見其後』，是也。」廣。

問：「康節所謂『一陽初動後，萬物未生時』，這個時節莫是程子所謂『有善無惡，有是無非，有吉無凶』之時否？」先生良久曰：「也是如此。是那怵惕、惻隱方動而未發於外之時。」正淳云：「此正康節所謂『一動一靜之間』也。」曰：「然。某嘗謂康節之學與周子、程子所説小有不同。康節於那陰陽相接處看得分曉，故多舉此處爲説。不似周子説『無極而太極』與『五行一陰陽，陰陽一太極』，如此周遍。若如周子、程子之説，則康節所説在其中矣。康節是指貞、元之間言之，不似周子、程子説得活，『體用一源，顯微無間』。」廣。〔七七〕

池陽士人〔七八〕何巨源以書問：「邵子詩有曰〔七九〕『須探月窟方知物，未躡天根豈識人』，又先生贊邵子有曰〔八〇〕『手探月窟，足躡天根』，莫只是陰陽否？」先生答之云：「先天圖自復至乾，陽也；自姤至坤，陰也。陽主人，陰主物。『手探足躡』亦無甚意義，但姤在上，復在下。上，故言『手探』；下，故言『足躡』。」廣。

邵子「天地定位，否泰反類」一詩，正是發明先天方圖之義。先天圖傳自希夷，希夷又自有所傳。蓋方士技術用以修煉，參同契所言是也。方子。

「三十六宮都是春」，易中二十八卦翻覆成五十六卦，唯有乾、坤、坎、離、大過、頤、小過、中孚八卦，反覆只是本卦。以二十八卦湊此八卦，故言「三十六」也。寓。

「康節詩儘好看。」道夫問：「舊無垢引心贊云『廓然心境大無倫，盡此規模有幾人。我性即天天即性，莫於微處起經綸』，不知如何？」曰：「是殆非康節之詩也。林少穎云朱内翰作，次第是子發也。」問：「何以辨？」曰：「若是真實見得，必不恁地張皇。」道夫曰：「舊看此意，似與『性爲萬物之一原，而心不可以爲限量』同。」曰：「固是，但只是摸空説，無着實處也[八一]。如康節云『天向一中分造化，人從心上起經綸』，多少平易！實見得者自别。」又問「一中分造化」。曰：「本是一個，而消息盈虚便生陰陽。事事物物皆恁地有消便有息，有盈便有虚，有個面便有個背。」道夫[八二]曰：「這便是自然，非人力之所能爲者。」曰：「這便是生兩儀之理。」道夫。又葉賀孫[八三]録云：「『廓然心境大無倫』，此四句詩正如貧子説金，學佛者之論也。」

邵堯夫詩「雪月風花未品題」，此言事物皆有造化。可學。

康節曰「思慮未起，鬼神莫知，不由乎我，更由乎誰」。此間有術者，人來問事，心下默念則他説相應，不念則説不應。[八四]問姓幾畫，口中默數則他説便着，不數者説不着。淳。按黄義剛録同。[八五]

康節詩云「幽暗巖崖生鬼魅，清平郊野見鸞皇[八六]」。聖人道其常，也只是就那光明處理會説與人。那幽暗處知得是[八七]有多少怪異！僩。

先生誦康節詩曰「施爲欲似千鈞弩，磨礪當如百鍊金」。或問：「千鈞弩如何？」曰：「只是不妄發。如子房之在漢，謾説一句，當時承當者便須百碎。」道夫。

康節之學，其骨髓在皇極經世，其花草便是詩。直卿云：「其詩多説閑静樂底意思，太煞把做事了。」先生曰：「這個未説聖人，只顔子之樂亦不恁地。看他詩篇篇只管説樂，次第樂得來厭了。聖人得底如喫飯相似，只飽而已。他却如喫酒。」又曰：「他都是有個自私自利底意思，所以明道有『要之不可以治天下國家』之説。」道夫。

晦庵先生朱文公語類卷第一百一

程子門人

總論

問：「程門誰真得其傳？」曰：「也不盡見得。如劉質夫、朱公掞、張思叔輩，又不見他文字。看程門諸公力量見識，比之康節、横渠，皆趕不上。」淳。按：黄義剛録同。〔一〕

吕與叔文集煞有好處。他文字極是實，説得好處如千兵萬馬，飽滿伉壯。上蔡雖有過當處，亦自是説得透。龜山文字却怯弱，似是合下會得易。一本止此。〔二〕某嘗説，看文字須似法家深刻方窮究得盡。某直是挵得下工！閎祖。

問：「謝氏説多過，不如楊氏説最實。」答〔三〕曰：「尹氏語言最實，亦多是處，但看文字亦不可如此先懷權斷於胸中。且〔四〕如謝氏説，十分雖〔五〕有九分是〔六〕過處，其間亦有一分説得是〔七〕恰好處，豈可先立下〔八〕定説。今且須虚心玩理。」大雅問：「理如何玩則是〔九〕？」

答[一〇]曰：「今當以小說明之，如[一一]一人欲學相氣色，其師與五色綫一串，令入暗室中認之。云：『辨得此五色出，方能相氣色也[一二]。』看聖人意旨亦要如此精專方得之。到自得處，不從說來，雖人言亦不信。蓋開導雖假人言，得處須是自得，人則無如之何也。孔子言語簡，若欲得之，亦非用許多工夫不得。孟子之言多，若欲得之，亦合用許多工夫。孔子言簡，故意廣無失。孟子言多意長，前呼後喚，事理俱明，亦無失。若他人語多則有失。某今接士大夫答問多，轉覺辭多無益。」大雅。[一三]

謂思叔持守不及和靖，乃伊川語。非特爲品藻二人，蓋有深意。和靖舉以語人亦非自是，乃欲人識得先生意耳。若以其自是之嫌而不言則大不是，將無處不窒礙矣。鎬。按黃升卿録同而少異，今附，云：「伊川言：『思叔持守不及和靖』。此有深意，和靖舉以語人亦非自是，乃欲人識得先生意耳。若避自是之嫌而不言，則將無處不窒礙耳。」[一四]

問尹和靖立朝議論。曰：「和靖不觀他書，只是持守得好。它語録中說涵養持守處分外親切。有些朝廷文字多是呂稽中輩代作。」問：「龜山先生立朝却有許多議論？」曰：「龜山雜博，是讀多少文字。」德明。

問：「郭冲晦何如人？」曰：「西北人，氣質重厚淳固，但見識不及。如兼山易中庸義多不可曉，不知伊川晚年接人是如何。」問：「游楊諸公早見程子，後來語孟中庸說，先生猶或以爲疏略，何也？」曰：「游楊諸公皆才高，又博洽，略去二程先生[一五]參較所疑及病敗處，各能自去求。雖其説有疏略處，然皆通明，不似兼山輩，立論可駭也。」德明。

問：「程門諸公親見二先生，往往多差互。如游定夫之説多入於釋氏。龜山亦有分數。」曰：「定夫極不濟事。以某觀之，二先生衣鉢似無傳之者。」又問：「上蔡議論莫太過？」曰：「上蔡好於事上理會理，却有過處。」又問：「和靖專於主敬，集義處少。」曰：「和靖主敬把得定，亦多近傍理。龜山説話頗淺狹。范淳夫雖平正而亦淺。」又問：「嘗見震澤記善録，彼親見伊川，何故如此之差？」曰：「彼只見伊川面耳。」曰：「『中無倚著』之語莫亦有所自來？」曰：「却是伊川語。」可學。

「理學最難。可惜許多印行文字，其間無道理底甚多，雖伊洛門人亦不免如此。如解中庸正説得數句好，下面便有數句走作無道理了，不知是如何。舊嘗看欒城集，見他文勢甚好，近日看全無道理。如與劉原父書説藏巧若拙處，前面説得儘好，後面却説怕人來磨我，且恁地鶻突去，要他不來便不成説話。又如蘇東坡忠厚之至論説『舉而歸之於仁』，便是不奈他何，只恁地做個鶻突了。二蘇説話多是如此。此題目全在『疑』字上。謂如有人似有功又似無功，不分曉，只是從有[一六]功處重之。有人似有罪又似無罪，不分曉，只從無罪[一七]處輕之。若是功罪分明，定是行賞罰不可毫髮輕重。而今説『舉而歸之於仁』，更無理會。」或舉老蘇五經論，先生

曰：「説得聖人都是用術了。」明作。［一八］

「游楊謝諸公當時已與其師不相似，却似別立一家。謝氏發明得較精彩，然多不穩貼。和靖語却實，然意短，不似謝氏發越。龜山語録與自作文又不相似，其文大故照管不到，前面説如此，後面又都反了。緣他只依傍語句去，皆是不透。龜山年高。與叔年四十七，他文字大綱立得脚來健，多有處［一九］説得好，又切，若有壽必煞進。游定夫學無人傳，無語録。他晚年嗜佛，在江湖居，多有尼出入其門。他眼前分曉，信得及底儘踐履得到，其變化出入處看不出，便從釋去，亦是不透。和靖在虎丘，每旦起頂戴［二〇］佛。鄭曰：「亦念金剛經。」他因趙相入侍講［二一］，那時都説不出，都奈何不得。人責他事業，答曰：『每日只講兩行書，如何做得致君澤民事業？』高宗問：『程某道孟子如何？』答曰：『程某不敢疑孟子。』如此則是孟子亦有可疑處，只不敢疑爾。此處更當下兩語，却住了。他也因經［二二］患難後，心神耗了。龜山那時亦不應出。侯師聖太粗疏，李先生甚輕之。其［二三］來延平看親，羅仲素往見之，坐少時不得，只管要行。此亦可見其粗疏處。張思叔敏似和靖，伊川稱其朴茂，然亦狹，無展拓氣象。收得他雜文五六篇，其詩都似禪，緣他初是行者出身。郭冲晦有易文字，説易卦都從變上推，間一二卦推得，豈可却要如此？近多有文字出，無可觀。周恭叔、謝用休、趙彦道、鮑若雨，那時温州多有人，然都無立作。王信伯乖。」鄭問：「它説『中無倚著』，又不取龜山『不偏』説，何也？」先生曰：「他謂中無偏倚，故不取『不偏』說。」鄭曰：「胡文定只上蔡處講得些子來，議論全似上蔡。如「獲麟以天自處」等。曾漸又胡文定處講得些子。」先生曰：「文定愛將聖人道理張大說，都是勉强如此，不是自然流出。曾漸多是禪。」淳。

伊川之門，謝上蔡自禪門來，其說亦有差。張思叔最後進，然深惜其早世。使天予之年，殆不可量。其他門人多出仕宦四方，研磨亦少。楊龜山最老，其所得亦深。謙。

程門弟子親炙伊川，亦自多錯。蓋合下見得不盡，或後來放倒。蓋此理無形體，故易差，有百般滲漏。去僞。

蔡云：「不知伊川門人如此其衆，何故後來更無一人見得親切？」或云：「游楊亦不久親炙。」曰：「也是諸人無頭無尾，不曾盡心在[二四]上面也。各家去奔走仕宦，所以不能理會得透。如邵康節從頭到尾極終身之力而後得之，雖其不能無偏，然就他這道理，所謂『成而安』矣。如茂叔先生資禀便較高，他也去仕宦，只他這所學自是從合下直到後來，所以有成。某看來，這道理若不是拚生盡死去理會，終不解得。書曰『若藥不瞑眩，厥疾不瘳』，須是喫些苦極方始[二五]得。」蔡云：「上蔡也雜佛老。」曰：「只他見識又高。」蔡云：「上蔡老氏之學多，龜山佛氏之說多，游氏只雜佛，吕與叔高於諸公。」曰：「然。這大段有筋骨，惜其早死，若不早死，也須理會得到。」蔡又因說律管，云：「伊川何不理會？想亦不及理會，還無人相共理會。然康節所理會，伊川亦不理會。」曰：「便是伊川不肯理會這般所在。」賀孫。

游、楊、謝三君子初皆學禪。後來餘禪〔二六〕猶在，故學之者多流於禪。游先生大是禪學。德明。

看道理不可不子細。程門高弟如謝上蔡、游定夫、楊龜山輩，下梢皆入禪學去。必是程先生當初説得高了，他門只睥見上一截，少下面着實工夫，故流弊至此。淳。〔二七〕

一〔二八〕日論伊川門人，云：「多流入釋氏。」文蔚曰：「只是游定夫如此，恐龜山輩不如此。」曰：「只論語序便可見。」文蔚。

古之聖賢未嘗説無形影語，近世方有此等議〔二九〕。蓋見異端好説玄説妙，思有以勝之，故亦去玄妙上尋，不知此正是他病處。如孟子説「反身而誠」，本是平實，伊川亦説得分明，後〔三〇〕來人説時便如空人打個巾斗〔三一〕。然方記録伊川〔三二〕元不錯，及自説出來便如此，必是聞伊川説時實不得其意耳。伯豐。

今之學者往往多歸異教者，何故？蓋爲自家這裏工夫有欠缺處，他緣〔三三〕奈何這心不下，沒理會處。又見自家這裏説得來疏略，無個好藥方治得也沒奈何底心。而禪者之説則以爲有個悟門，一朝得入則前後際斷，説得恁地見成捷快，如何不隨他去？此是他實要心性上理會了如此，他却〔三四〕不知道自家這裏有個道理，不必外求而此心自然各止其所。非獨如今學者，便是程門高弟，看他説那做工夫處往往不精切。人心「操則存，舍則亡」，須是常存得，「造次顛沛必於是」，不可有一息間斷。於未發之前須是得這虚明之本體分曉，及至應事接物時只以此處之，自然有個界限節制，湊〔三五〕着那天然恰好處。廣。〔三六〕

吕與叔

先生曰：〔三七〕「吕與叔惜乎壽不永，如天假之年，必所見又别。程子稱其『深潛縝密』，可見他資質好，又能涵養。某若只如吕年，亦不見得到此田地矣。『五福』説壽爲先者，此也。」〔三八〕

吕與叔本是個剛底氣質，涵養得到如〔三九〕此。故聖人以剛之德爲君子，柔爲小人。若有其剛矣，須除去那剛之病，全其爲〔四〇〕剛之德，相次可以爲學。若不剛，終是不能成。〔四一〕卓。

吕與叔論顔子等處極好。龜山云云。未是。可學。

吕與叔云「未發之前，心體昭昭具在」，伊川不破此説。德明。〔四二〕

吕與叔〔四三〕克己銘不合以己與物對説。謨。〔四四〕

吕與叔集中有與張天驥書。是天驥得一書與他云：「我心廣大如天地，視其形體之身但如螻蟻。」此也不足辨，但偶然是有此書。張天驥便是東坡與他放鶴亭記者，即雲龍處士，徐州人。

心廣大後方能體萬物，蓋心廣大則包得那萬物過，故能體此。『體』乃〔四五〕『體群臣』之『體』。」義剛。

呂與叔有一段説輪回。可學。

謝顯道

上蔡高邁卓絶，言論宏肆，善開發人。若海。

上蔡語雖不能無過，然都是確實做工夫來。道夫。

道夫〔四六〕問：「上蔡謂『禮樂之道，異用而同體』，還是同出於情性之正，還是出〔四七〕於敬？」曰：「禮主於〔四八〕敬，敬則和，這便是他同體處。」道夫。〔四九〕

伯羽〔五〇〕問：「謝氏〔五一〕『禮樂之道，異用同體』，如何？」曰：「禮主於敬，樂主於和，此異用也；皆本之於一心，是同體也。然敬與和亦只一事。自「皆本」以下至此，劉砥作〔五二〕「却只是一事，都從這裏發出則其體同矣」。敬則和，和則自然敬。」仲思問：「敬固能和，和如何能敬？」曰：「和是碎底敬，敬是合聚底和。蓋發出來無不中節便是和處。〔五三〕敬與和猶『小德川流，大德敦化』。」伯羽。〔五四〕按劉砥録同而少異。〔五五〕又，陳淳問云〔五六〕：「先生常云『敬是合聚底和，和是碎底敬』，是以敬對和而言否？」曰：「然。敬只是一個敬，無二個敬，二便不敬矣。和便事都要和，這裏也恰好，那裏也恰好；這處也中節，那處也中節。若一處不和，便不是和矣。敬是『喜怒哀樂未發之中』，和是『發而皆中節之和』，纔敬便自然和。如敬，在這裏坐便自有個氤氳磅礴氣象。」〔五七〕

童問：「上蔡云『禮樂異用而同體』，是心爲體，敬和爲用。集注又云敬爲體，和爲用，其不同何也？」曰：「自心而言，則心爲體，敬和爲用；以敬對和而言，則敬爲體，和爲用。大抵體用無盡時，只管恁地移將去。如自南而視北，則北爲北，南爲南；移向北立，則北中又自有南北。體用無定，這處則〔五九〕體用在這裏，那處則〔六〇〕體用在那裏。這道理儘無窮，四方八面無不是，千頭萬緒相貫串。」以指旋，曰：「分明一層了又一層，横説也如此，竪説也如此，翻來覆去説都如此。如以兩儀言，則太極是太極，兩儀是用；以四象言，則兩儀是太極，四象是用；以八卦言，則四象又是太極，八卦又是用。」淳。〔六一〕

問：「禮樂同體，是敬與和同出於一理否？」曰：「敬與和同出於一心。」曰：「謂一理，如何？」曰：「理亦説得，然言心却親切。敬與和皆是心做。」「和〔六二〕在事是否？」曰：「和亦不是在事，在心而見於事。」方子。〔六三〕

上蔡曰「人不可無根」，便是難。所謂根者，只管看便是根，不是外面别討個根來。一貫讀書，須是知貫通處，東邊西邊都觸着這關捩子方得。〔六四〕

上蔡云「釋氏所謂性，猶吾儒所謂心，釋氏所謂心，猶吾儒所謂意」，此説好。閎祖。

問：「人之病痛不一，各隨所偏處去。上蔡才高，所以病痛盡在『矜』字？」答〔六五〕曰：「此說是。」人傑。

謝氏謂去得「矜」字。後來矜依舊在，說道理愛揚揚地。淳。

上蔡言「無窮者，要當會之以神」，是說得過當。只是於訓詁處尋繹踐履去，自然「下學上達」。賀孫。

上蔡云「誠是實理，不是專」〔六六〕。後人便只於理上說，不於心上說，未是。可學。

國秀問：「上蔡說橫渠以禮教人，其門人下梢頭低，只『溺於形名度數之間，行得來困，無所見處』，這〔六七〕如何？」曰：「觀上蔡說得又自偏了。這都看不得禮之大體，所以都易得偏。如上蔡說橫渠之非，以爲『欲得正容謹節』，這自是好，如何廢這個得？如專去理會形名度數固不得，又全廢了這個也不得。如上蔡說，便非曾子『籩豆則有司存』，本末並見之意。後世如有作者，必不專泥於形名度數，亦只整頓其大體。如孟子在戰國時已自見得許多瑣碎不可行，故說喪服、經界諸處只是理會大體，此便是後來要行古禮之法。」賀孫。

問：「上蔡說佛氏目視耳聽一段，比其它說佛處，此最當。」曰：「固是，但不知渠說本體是何？性若不指理却錯了。」可學。

問上蔡「學佛欲免輪回」一段。曰：「答辭似不甚切。」可學。

上蔡觀復齋記中説道理，皆是禪學底意思。淳。〔六八〕

因論上蔡語録中數處。「如云『見此消息，不下工夫』之類，乃是謂佛儒本同，而所以不同但是下截耳。龜山亦如此。」某謂明道云「以吾觀於佛，疑於無異，然而不同」。曰：「上蔡有觀復堂記，云莊列之徒云云，言如此則是聖人與莊列同，只是言有多寡耳。觀它説復又却與伊川異，似以静處爲復。湖州刻伊川易傳，後有謝跋，云非全書。伊川嘗約門人相聚共改，未及而没。使當初若經他改，豈不錯了？龜山又有一書，亦改删伊川易。遺書中謝記有一段，下注云『鄭轂親見』。轂嘗云：『曾見上蔡每説話，必覆巾掀髯攘臂。』」〔六九〕某曰：「若他與朱子發説論語，大抵是如此。」曰：「以此語學者，不知使之從何入頭。」可學。

如今人説道愛從高妙處説，便説入禪去，自謝顯道以來已然。向時有一陳司業，名可中，專一好如此説。如説如何是伊尹樂堯、舜之道，他便去下面下一語云「江上一犁春雨」。如此等類煞有，亦煞有人從它。只是不靠實，自是説他一般話。謙。

楊中立

龜山天資高，朴實簡易，然所見一定更不須窮究。某嘗謂這般人皆是天資出人，非假學力。如龜山極是簡易，衣服也只據見定。終日坐在門限上，人犯之亦不校。其簡易率皆如此。

道夫。〔七〇〕

喜怒哀樂未發，龜山〔七一〕「敬而無失」之説甚好。閎祖。〔七二〕

問：「龜山云『消息盈虚，天且不能暴爲之，去小人亦不可驟』，如何？」曰：「只看時如何，不可執。天亦有迅雷風烈之時。」德明。

又言：〔七三〕「龜山先生少年未見伊川時，先去看莊列等文字。後來雖見伊川，然而此念熟了，不覺時發出來。游定夫尤甚。羅仲素時復亦有此意。」恪。

「龜山往來太學，過廬山見常總。總亦南劍人也，與龜山論性，謂本然之善不與惡對。後胡文定得其説於龜山，至今諸胡謂本然之善不與惡對，與惡爲對者又别有一善。常總之言初未爲失，若論本然之性，只一味是善，安得惡來？人自去壞了便是惡，既有惡便與善爲對。今他却説有不與惡對底善，又有與惡對底善。如近年郭子和九圖便是如此見識，上面書一圈子寫『性善』字，從此牽下兩邊，有善有惡。」或云：「恐文定當來未甚有差，後來傳襲節次訛舛。」曰：「看他説『善者贊美之詞，不與惡對』，已自差異。」文蔚。

理不外物，若以物便爲道則不可。如龜山云「寒衣飢食，出作入息無非道。『伊尹耕於有莘之野，以樂堯舜之道』，夫堯舜之道豈有物可玩哉？即『耕於有莘之野』是已」，恁地説却有病。物只是物，所以爲物之理乃道也。閎祖。〔七四〕

龜山言『天命之謂性』，人欲非性也」。天命之善本是無人欲，不必如此立説。胡子〔七五〕知言云「天理人欲，同體而異用，同行而異情」，自是它全錯看了。德明。

問：「横浦語録載張子韶戒殺，不食蟹。高抑崇相對，故食之。龜山云：『子韶不殺，抑崇故殺，不可。』抑崇退，龜山問子韶：『周公何如人？』對曰：『仁人。』曰：『周公驅猛獸，兼夷狄，滅國者五十，何嘗不殺？亦去不仁以行其仁耳。』」先生云：「此特見其非不殺耳，猶有未盡。須知上古聖人制爲罔罟佃漁，食禽獸之肉，但『君子遠庖厨』，不暴殄天物。須如此説方切事情。」德明。

草堂先生及識元城、劉器之、〔七六〕楊龜山〔七七〕。龜山之出，時已七十歲，却是從蔡攸薦出。他那時却是〔七八〕覺得這邊扶持不得，事勢也極，故要附此邊人，所以薦龜山。初緣蔡攸與蔡子應説，令其薦舉人才，答云：「太師用人甚廣，又要討甚麽人？」曰：「緣都是勢利之徒，恐緩急不可用。公知〔七九〕有山林之人可見告便〔八〇〕。」他説：「某只知鄉人，鼓山下張觷，字柔直，其人甚好。」蔡攸曰：「家間子姪未有人教，可屈他來否？」此人即以告張，張即從之。及教其子弟，儼然正師、弟子之分，異於前人。得一日，忽開諭其子弟以奔走之事，其子弟駭愕，即告之曰：「若有賊來，先及汝等，汝等能走乎？」子弟益驚駭，謂先生失心，以告老蔡。老蔡因悟曰：「不然，他説得是。」蓋京父子此時要唤許多好人出，已知事變必至，即請張公。叩之，張言：「天下事勢至此已不可救，勢〔八一〕只得且收舉幾個賢人出，以爲緩急倚仗耳。」即令張公薦人，張公於是薦許多人，龜山在一人之數。今龜山墓誌云「會有人〔八二〕告大臣以天下將變，宜急舉賢以存國，於是公出」，正謂此。張後爲某州縣丞，到任，即知虜人入寇必有自海道至者，於是買木爲造船之備。踰時果然。虜自海入寇，科州縣造舟，倉卒擾擾，油灰木材莫不踊貴。獨張公素備，不勞而辦。以此見知於帥憲，即辟〔八三〕知南劍。會葉鐵入寇，民人〔八四〕大恐。他即告諭安存之，即率城中諸富家令出錢米，沽酒、買肉爲蒸糊之類。遂分民兵作三替，逐替燕犒酒食，授以兵器，先一替出城與賊接戰，即犒第二替出，先替未倦而後替即得助之。民大喜，遂射殺賊首。衆富民中有識葉鐵者即厚勞之，勿令執兵，只令執長鎗，上懸白旗，令見葉鐵即以白旗指向之。衆人上了弩，即其所指而發，遂中之。後都統任某欲争功，亦讓與之。其餘諸盜却得都統之力，放賊之叔父以成反間。賀孫。

按李儒用録同而各有詳略，今附，云：「問龜山出處之詳。曰：『蔡元長〔八五〕晚歲漸覺事勢狼狽，亦有隱憂。其從子應之〔八六〕自興化來，因訪問近日有甚人才。應之愕然，曰：「今天下人才盡在太師陶鑄中，某何人，敢當此問？」元長〔八七〕曰：「不然。覺得目前盡是面諛脱取官職去做〔八八〕底人，恐山林間有人材，欲得知。」應之曰：「太師之問及此，則某不敢不對。福州有張觷，字柔直者，抱負不苟。」觷平日與應之相好，時適赴吏部，應之因舉其人以告之〔八九〕。元長〔九〇〕遂賓致之爲塾客，然亦未暇與之相接。柔直以師道自尊，待諸子〔九一〕嚴厲異於他客，諸子已不能堪。一日，呼之來前，曰：「汝曹曾學走乎？」諸子曰：「某尋常聞先生長者之教，但令緩行。」柔直曰：「天下被汝翁作壞了。非晚賊發大〔九二〕起，首先到汝家。若學得走，緩急可以逃死。」諸子大驚，走告其父，曰：「先生忽心恙」云云如此〔九三〕。元長〔九四〕聞之，矍然曰：「此非汝之所得知〔九五〕也。」即入書院與柔直傾倒，因訪策焉。柔直曰：「今日救時已是遲了，只有收拾人才是第一義。」元長〔九六〕因叩其所知，遂以龜山爲對。龜山自是始有召命。今龜山墓誌中有「是時天下多故，或説當世貴人以爲事至此必敗，宜引耆德老成置諸左右開道上意」者云〔九七〕，蓋爲是也。柔直後守南劍，設方略以拒范汝爲，全活一城，甚得百姓心。其去行在所也，買冠梳雜碎之物不可勝數，從者莫測其所以。後過南劍，老稚迎拜者相屬於道。柔直一一拊勞之，具〔九八〕以所置物分遺。至今廟食郡中。』」〔九九〕

論及龜山先生曰：〔一〇〇〕「龜山彈蔡京，也〔一〇一〕是，只不迅速。」林擇之〔一〇二〕曰：「龜山晚出一節亦不是。」先生曰：「也不干晚出事，若出來做得事也無妨。他性慢，看道理也如此。平常處看得好，緊要處却放緩了。做事都涣散無倫理。將樂人性急粗率，龜山却恁寬平。此是間出〔一〇三〕，然其粗率處依舊有土風在。」義剛。按陳淳録同。〔一〇四〕

或問：「龜山晚年出處不可曉，其召也以蔡京，然在朝亦無大建明。」曰：「以今觀之，則可以追咎當時無大建明。若自家處之，不知當時所當建明者何事？」或云：「不過擇將相爲急。」曰：「也只好説不知當時事勢如何〔一〇五〕。擇將相固是急，然不知當時有甚人可做。當時將只説种師道，相只説李伯紀，然固皆嘗用之矣。又況自家言之，彼亦未便見聽。據當時勢〔一〇六〕亦無可爲者，不知有大聖賢之才如何爾。」僩。

問：「龜山晚年出得是否？」曰：「出如何不是？只看出得如何。當初若能有所建明而出，則勝於不出。」曰：「渠用蔡攸薦，〔一〇七〕亦未是。」曰：「亦不妨，但當時事急，且要速得一好人出來救之，只是出得來不濟事耳。觀渠爲諫官，將去猶惓惓於一對，已而不得對。及觀其所言，第一正心、誠意，意欲上推誠待宰執；第二理會東南綱運。當時宰執皆庸繆之流，待亦不可，不待亦不可。不告以窮理而告以正心、誠意。賊在城外，道途正梗，縱有東南綱運安能達？所謂『雖有粟，安得而食諸』。當危急之時，人所屬望，而著數乃如此。所以使世上一等人笑儒者以爲不足用，正坐此耳。」問：「圍城時李伯紀如何？」曰：「當時不使他更誰使〔一〇八〕？士氣至此消索無餘，它人皆不肯向前。惟有渠尚不顧死，且得倚仗之。」問：「姚平仲劫寨事是誰發？」曰：「人皆歸罪伯紀，此乃是平仲之謀。姚、种皆西方將家。師道已立功，平仲耻之，故欲以奇功取勝之〔一〇九〕。劫不勝，欽廟親批令伯紀策應。或云當時若再劫可勝，但無人敢主張。」問：「种師中河東之死，或者亦歸罪伯紀。」曰：「不然。嘗親見一將官説師中之敗乃是爲流矢所中，非戰敗，渠親見之，甚可怪。如种師道方爲樞密，朝廷倚重，遽死，此亦是氣數。伯紀初管御營，欽廟授以空名告身，自觀察使以下使之自補。師退，只用一二小使臣誥〔一一〇〕。御批云：『大臣作福作威，漸不可長。』及遣救河東，伯紀度勢不可，辭不行，御批云：『身爲大臣，遷延避事。』是時許崧老爲右丞，與伯紀善，書『杜郵』二字與之，伯紀悟，遂行。當危急時反爲姦臣所使，豈能做事？」問：「种師道果可倚仗否？」曰：「師道爲人口訥，語言不能出。上問和親，曰：『臣執干戈以衛社稷，不知其他。』遂去，不能反覆力執。大抵是時在上者無定説，朝變夕

改，縱有好人亦做不得事。」可學。〔一一一〕

道夫〔一一二〕問：「龜山晚歲一出，爲士詬罵，果有之否？」曰：「他當時一出，追奪荆公王爵，罷配享夫子，且欲毁劈三經板。士子不樂，遂相與聚，問三經有何不可，輒欲毁之？當時龜山亦謹避之。」問：「或者疑龜山此出爲無補於事，徒爾紛紛。或以爲大賢出處不可以此議，如何？」曰：「龜山此行固是有病，但只後人又何曾夢到他地位在。惟胡文定以柳下惠『援而止之而止』比之，極好。」道夫。

龜山之出，人多議之。惟胡文定公〔一一三〕之言曰「當時若能聽用，決須救得一半」，此語最公。蓋龜山當此時雖負重名，亦無殺活手段。若謂其懷蔡氏汲引之恩，力庇其子，至有「謹勿擊居安」之語，則誣矣。幸而此言出於孫覿，人自不信。儒用。

坐客問龜山先生立朝事。先生曰：「胡文定論得好：『朝廷若委吴元忠輩推行其説，決須救得一半，不至如後來狼狽。』然當時國勢已如此，虜初退後便須急急理會，如救焚拯溺。諸公今日論蔡京，明日論王黼，當時姦黨各已行遣了，只管理會不休，擔閣了日子。如吴元忠、李伯紀向來亦是蔡京引用，免不得略遮庇，只管喫議論。龜山亦被孫覿輩窘擾。」〔一一四〕

龜山銘誌不載高麗事。他引歐公作梅聖俞墓誌不載希文詩事，辨得甚好。「孰能識車中之狀，意欲施〔一一五〕事」，見韓詩外傳。道夫。

伯夷微似老子。胡文定作龜山先生墓誌，主張龜山似柳下惠，看來是如此。僩。

游定夫

游定夫有論語要旨。「天下歸仁」引龐居士，云云。黄簡肅親見其手筆。閎祖。〔一一六〕

胡氏記侯師聖語曰「仁如一元之氣，化育流行，無一息間斷」。此説好。閎祖。

尹彦明〔一一七〕

尹和靖〔一一八〕在程門直是十分鈍底，被他只就一個「敬」字上做工夫，終被他做得成。節。

按石餘慶録同。〔一一九〕

尹和靖〔一二〇〕守得緊，但不活。蓋卿。

尹和靖才短，説不出，只緊守伊川之説。去僞。

和靖持守有餘而格物未至，故所見不精明，無活法。升卿。

自其上者言之有明未盡處，自其下者言之有明得一半，便謂只是如此。尹氏亦只是明得一半，便謂二程之教止此，孔孟之道亦只是如此。惟是中人之性，常常要着力照管自家這心要常在，須是窮得透徹方是。敬仲。

尹和靖〔一二一〕守得謹，見得不甚透。如俗語説，他只是「抱得一個不哭底孩兒」。義剛。按陳淳録同。〔一二二〕

問：「和靖言先生教人只是專令用『敬以直内』一段，未盡。」曰：「和靖才力短，伊川就上成就它，它亦據其所聞而守之，便以爲是。」可學。

王德修相見。先生問德修：「和靖大概接引學者話頭如何？」德修曰：「先生只云『在力行』。」曰：「力行以前更有甚工夫？」德修曰：「尊其所聞，行其所知。」曰：「須是知得方始行得。」德修曰：「自『吾十有五而志於學』，以至『從心所欲不踰矩』，皆是説行。」曰：「便是先知了，然後志學。」文蔚。

「人之所畏，不得不畏」，此是和靖見未透處，亦是和靖不肯自欺屈强妄作處。鎬。

王德修云：「親聞和靖説『惟送死可以當大事』。」曰：「『親之生也，好惡取舍得以言焉。及其死也，好惡取舍無得而言。當是時，親之心即子之心，子之心即親之心，故曰「惟送死可以當大事」。』」先生云：「亦説得好。」閎祖。〔一二三〕

和靖與楊畏答問一段語殊無血脈，謂非本語，極是。龜山説得固佳，然亦出於程子「羈靮以御馬而不以制牛，胡不乘牛而服馬」之説。鎬。

問：「『天地設位，而易行乎其中矣』，和靖言行録云『易行乎其中，聖人純亦不已處』，莫説得太拘。文蔚所見〔一二四〕『天地設位，而易行乎其中矣』，如言『天高地下，萬物散殊』，而禮制行乎其中，無適而非也。今只言聖人『純亦不已』，莫太拘了？」曰：「亦不是拘，他説得不是。陰陽升降便是易。易者，陰陽是也。」文蔚。

王德修言，一日早起見和靖。使人傳語，令且坐，候看經了相見。少頃和靖出。某問曰：「先生看甚經？」曰：「看光明經。」某問：「先生何故看光明經？」曰：「老母臨終時令每日看此經一部，今不敢違老母之命。」先生曰：「此便是平日闕却那『諭父母於道』一節，便致得如此。」文蔚。

李先之〔一二五〕

李朴先之大概是能尊尚道學，但恐其氣剛，亦未能遜志於學問。道夫。

黄履邢恕〔一二六〕

問：「黄履、邢恕少居太學，邢固俊拔，黄亦謹厚力學，後來二人却如此狼狽。」曰：「它固會讀書，只是自做人不好。然黄却是個白直底人，只是昏愚無見識，又愛官職，故爲邢所誘壞。邢則有意於爲惡，又濟之以才，故罪過多。」僩。〔一二七〕

晦庵先生朱文公語類卷第一百二

羅胡門人[一]

羅氏門人[二]

李愿中

李先生終日危坐而神彩精明，略無隤墮之氣。升卿。

問延平先生言行。曰：「他却不曾著書，充養得極好。凡爲學也不過是恁地涵養將去，初無異義。只是先生粹[三]面盎背，自然不可及。」道夫。[四]

李延平初間也是豪邁底人，到後來也是磨琢之功。在鄉若不異於常人，鄉曲以上底人只道他是個善人。他也略不與人説，待問了方與説。賀孫。

或問：「近見廖子晦言，今年見先生，問延平先生『静坐』之説，先生頗不以爲然，不知如何？」曰：「這事難説。静坐理會道理自不妨，只是討要静坐則不可。只是[五]理會得道理明透自然是静。今人都是討静坐以省事，則不可。嘗見李先生説：『舊見羅先生説春秋，頗覺不甚好。不知到羅浮静極後又理會得如何。』是時羅已死。某心常疑之。以今觀之是如此。蓋心下熱鬧，如何看得道理出？須是静，方看得出。所謂静坐，只是打疊得心下無事則道理始出，道理既出則心下愈明静矣。」僩。

行夫問李先生謂「常存此心，勿爲事物所勝」。先生答之云云。頃之，復曰：「李先生涵養得自是别，真所謂不爲事物所勝者。古人云，終日無疾言遽色，他真個是如此。如尋常人去近處必徐行，出遠處行必稍急。先生出近處也如此，出遠處亦只如此。尋常人叫一人，叫之一二聲不至則聲必厲，先生叫之不至，聲不加於前也。又如坐處壁間有字，某每常亦須起頭一看。若先生則不然，方其坐時固不看也，若是欲看，則必起就壁下視之。其不爲事物所勝大率若此。常聞先生後生時極豪邁，一飲必數十盃。醉則好馳馬，一驟三二十里不回。後來却收[六]得恁地醇[七]粹，所以難及。」道夫。

問：「先生所作李先生行狀云『終日危坐以驗夫喜怒哀樂之前氣象爲如何，而求所謂中者』，與伊川之説若不相似？」曰：「這處是舊日下得語太重，今以伊川之語格之，則其下工夫處亦是有些子偏。只是被李先生静得極了，便自見得是有個覺處，不似别人。今終日危坐只是且收斂在此，勝如奔馳。若一向如此，又似坐禪入定。」賀孫。

淳[八]問：「延平欲於未發之前觀其氣象，此與楊氏體[九]於未發之前者異同如何？」曰：「這個亦有些病。那『體驗』字是有個思量了，便是已發。若觀時恁著意看便也是已發。」問：「此體驗是著意觀？只恁平常否？」曰：「此亦是以不觀觀之。」淳。

或問：「延平先生何故驗於喜怒哀樂未發之前而求所謂中？」曰：「只是要見氣象。」淳。[一〇]

後之[一一]曰：「持守良久亦可見未發氣象。」曰：「延平即是此意。若一向這裏又差從釋[一二]去。」升卿。[一三]

李先生說：「人心中大段惡念却易制伏。最是那不大段計利害、乍往乍來底念慮，相續不斷，難爲驅除。」今看得來是如此。廣。

李先生云：「看聖賢言語，但一踔看過便見道理者却是真意思。纔着心去[一四]便蹉過了多。」升卿。

胡氏門人[一五]

張敬夫

敬夫高明，他將謂人都似他，纔一説時便更不問人曉會與否，且要説盡他個。做[一六]他門人敏底祇學得他説話，若資質不逮，依舊無着摸。某則性鈍，讀書極是辛勤[一七]，故尋常與人言多不敢爲高遠之論。蓋爲一[一八]身曾親經歷過，故不敢以是責人爾。學記曰「進而不顧其安，使人不由其誠」，今教者之病多是如此。道夫。

欽夫見識極高却不耐事，伯恭學耐事却有病。升卿。

南軒伯恭之學皆疏略，南軒疏略從高處去，伯恭疏略從卑處去。伯恭説道理與作爲自是兩件事，如云「仁義道德與度數刑政介然爲兩塗，不可相通」。他在時不曾見與某説，他死後諸門人弟子此等議論方漸漸説出來，乃云皆原於伯恭也。僩。

因説南軒做[一九]文序，曰：「欽夫無文字不做序。」淳。

南軒説「端倪」兩字極好。此兩字却自人欲中生出來，人若無這些個秉彝，如何思量得要做好人！晦夫。

或問：「南軒云『行之至則知益明，知既明則行益進[二〇]』，此意如何？」先生曰：「道理固是如此。學者工夫當並進，不可推泥牽連，下梢成兩下擔閣。然二者都要用功，則成就時二者自相資益矣。」銖。

問：「南軒謂『動中見静方識此心』，如何是『動中見静』？」曰：「『動中見静』便是程子所説『艮止』之意，釋氏便言『定』，聖人只言『止』。[二一]敬夫却要將這個爲『見天地之心』。復是静中見動，他又要動中見静，却倒説了。」淳。按徐寓同。[二二]

問：「南軒與先生書，説『性善』者歎美之辭，如何？」曰：「不必如此説。善只是自然純粹之理，今人多以善與惡對説便不是。大凡人何嘗不願爲好人而怕爲[二三]惡人！」晦夫。

問：「南軒解『子謂子産，有君子之道四焉』，將孟子『惠而不知爲政』立兩壁辨論，非特於本旨爲贅，且使學者又生出一事。」答[二四]曰：「欽夫最不可得，聽人説話便肯改。如論語舊説，某與議論修來，多是此類。且如他向解顔淵『克己復禮』處，須説要先格物然後克己。某與説，克己一事自始學至成德，若未至『從心所欲，不踰矩』、『從容中道』時皆要克，豈可與如此説定？因作一戲語云：『譬如對先生長者聽其格言至論，却嫌他説得未盡，云我更與他添些令盡。』彼當時聞此語即相從，除却先要格物一段，不意今又添出『自始學至成德皆要克』一段。此是某攻他病底藥，病去則藥自不用可也，今又更留取藥在，却是去得一病又留取一病在。又如

『述而不作』一〔二五〕處，他元説且〔二六〕先云：『彼老彭者何人哉，而反使吾夫子想象慕用？』某與説，此譬如吾夫子前面致恭盡禮於人，而吾輩乃奮怒攘臂於其後。他聞説即改，此類甚衆。若孟子則未經修，爲人傳去印了，彼亦自悔。出仕後不曾看得文字，未及修孟子而卒。蓋其間有大段害事者，如論性善處却着一片説入太極來，此類頗多。」大雅云：「此書却好把與一般頽闒者看，以作其喜學之意。」答〔二七〕曰：「此亦吕伯恭教人看上蔡語録之意，但既與他看了，候他稍知趨嚮，便與醫了則得。」大雅。

先生〔二八〕問：「曾看南軒論語否？」對〔二九〕曰：「雖嘗略看，未之熟也。」曰：「南軒後來只修得此書。如孟子，竟無工夫改。」伯豐。

王壬問：「南軒類聚言仁處，先生何故不欲其如此？」先生曰：「便是工夫不可恁地。如此則氣象促迫，不好。聖人説仁處固是緊要，不成不説仁處皆無用，亦須是從近看將去，優柔玩味，久之自有一個會處方是工夫。如『博學、審問、謹思、明辨、篤行』，聖人須説『博學』，如何不教人便從謹獨處做？須是説『禮儀三百，威儀三千』始得。」雉。

問：「先生舊與南軒反覆論仁，後來畢竟合否？」曰：「亦有二二〔三〇〕處未合。敬夫説本出胡氏。胡氏之説惟敬夫獨得之，其餘門人皆不曉，但云當守師之説。向來往長沙，正與敬夫辨此。」可學。

問：〔三一〕「希顔録曾子書，亦要如此下工否？〔三二〕」曰：「曾子事雜見他書，只〔三三〕要聚做一處看。顔子事亦只要在眼前，也不須恁地起模畫樣。〔三四〕」淳。〔三五〕

議南軒祭禮，曰：「欽夫信忒猛，又學胡氏云云，有一般没人情底學問。嘗謂欽夫曰：『改過不吝，從善如流，固好。然於事上也略審覆行亦何害？』」南軒只以魏公繼室配，又以時祭廢俗祭，予〔三六〕屢言之。伯羽。

晦庵先生朱文公語類卷第一百二　羅胡門人

晦庵先生朱文公語類卷第一百三

楊尹門人〔一〕

楊氏門人〔二〕

羅仲素

羅仲素先生〔三〕嚴毅清苦，殊可畏。道夫。

蕭子莊

先生問：「浦城有蕭先生顗，字子莊，〔四〕受業於龜山之門，不知所得如何？」道夫遂以蕭先生所答范公三書呈。先生曰：「元來是個天資自好朴實頭底人，初非學問之力。且如所謂『人能弘道』、『君子泰而不驕』、『君子坦蕩蕩』三者，那人舉得本自不倫，他又却從而贊美之。也須思量道如何而能弘、如何而能泰與坦蕩蕩，却只恁説教人從何處下手？況『人能弘道』本非此意。如他所説却是『士不可以不弘毅』、『執德不弘』。今却以『人能弘道』言之，自不干事。又如第二書言：『士之所志，舍仁義而何爲哉？惟仁必欲熟，義必欲精。仁熟則造次顛沛有所不違，義精則利用安身而德崇矣。』此數句説得儘好，但仁固欲熟，義固欲精，也須道如何而能精，如何而能熟。却只隨他在後面説，不知前面畢竟是如何。又如舉孟子『不動心』、『養氣』之説，皆是泛説。惟其如此，故人亦謂伊川也只恁地，所以豪傑之士皆傲睨不服。」又曰：「據公所見，若有人問自家『仁必欲熟，義必欲精』兩句，如何地答？這便是格物致知。」道夫曰：「莫是克去己私以明天理，則仁自然熟，義自然精？」先生曰：「此正程先生所謂『涵養必以敬，進學在致知』之意也。」道夫。

廖用中

或問爲善爲利處。因舉龜山答廖用中書，名剛，南劍人。[五]云：「龜山説得鶻突，用中認得不子細，後來於利害便不能分別。紹興間秦老當國，方主和議。廖有召命，自無所見，却去扣其平日所友善之人鄭邦達。邦達初不經意，但言『和亦是好事』。廖到闕，即助和議，遂爲中丞，幸而不肯爲秦鷹犬。秦嘗諷其論趙丞相，不從。遷工部尚書，迄以此去。」儒用。

龜山與廖尚書説義利事。廖云：「義利却〔六〕是天理人欲。」龜山曰：「只怕賢錯認，以利爲義也。」後來被召主和議，果如龜山説。廖初舉鄭厚與某人，可見其賢此二人。二人皆要上恐脱「不」字。主和議。及廖被召，却不問此二人，却去與葉孝先商量。〔七〕及爲中丞，又薦鄭轂。然廖終與秦不合而出，但初不能別義、利之分，亦是平時講之不熟也。鄭博士，某舊見之，年七十餘，云嘗見上蔡先生。先人甚敬之。賀孫。

胡德輝

因説胡珵德輝所著文字，問德輝何如人。曰：「先友也。晉陵人。曾從龜山游，故所記多龜山説話。能詩文，墨隸皆精好。嘗見先人館中唱和一卷，唯胡詩特佳。趙忠簡公當國，與張巉巨山同爲史官。及趙公去位，張魏公獨相，以爲元祐未必全是，熙豐未必全非，遂擢何掄仲、李似表二人爲史官。胡、張所修史皆標出，欲改之。胡、張遂求去。及忠簡再入相，遂去何、李，依舊用胡、張爲史官，成書奏上，弄得都成私意。」僩用。

又云：〔八〕「初，〔九〕李伯紀丞相爲宣撫使時，幕下賓客盡一時之秀。胡德輝、何晉之、翁士特諸人皆有文名，德輝尤蒙特顧。諸將每有禀議正紛拏辨説之際，諸公必厲聲曰：『且聽大丞相處分！』諸將遂無語。看來文士也是誤人，蓋真個能者未必能言。文士雖未必能，却又口中

説得，筆下寫得，真足以動人聞聽。多至敗事者，此也。」儒用。〔一〇〕

胡康侯〔一一〕雖非門人，而嘗見龜山，當附五峰之前。〔一二〕

或問：「胡文定公〔一三〕之學與董仲舒如何？」曰：「文定却信『得於己者可以施於人，學於古者可以行於今』。其他人皆謂『得於己者不可施於人，學於古者不可行於今』，所以淺陋。然文定比似仲舒較淺，仲舒比似古人又淺。」又曰：「仲舒識得本源，如云『正心修身可以治國平天下』，如説『仁義禮樂皆其具』，此等説話皆好。若陸宣公之論事却精密，第恐本原處不如仲舒。然仲舒施之臨事，又却恐不如宣公也。」學蒙。

胡文定説孟子〔一四〕「知言，知至也；養氣，誠意也」，亦自説得好。木之。〔一五〕

胡文定「一尊菩薩」乃戲言，此語不莊。義剛。按陳淳録同。〔一六〕

胡仁仲又從侯師聖。〔一七〕

五峰善思，然思過處亦有之。道夫。

東萊云：「知言勝似正蒙。」先生曰：「蓋後出者巧也。」方子。〔一八〕

做出那事便是這裏有那理，凡天地生出那物，便都是那裏有那理。五峰謂「性立天下之有」，説得好。「情效天下之動」，「效」如效死、效力之「效」，是自力形出也。淳。

五峰説「心妙性情之德」，不是他曾去研窮深體，如何直見得恁地！夔孫。

仲思問：「五峰中、誠、仁如何？」曰：「『中者性之道』言未發也，『誠者命之道』言實理也，『仁者心之道』言發動之端也。」又疑「道」字可改爲「德」字。答[一九]曰：「亦可。『德』字較緊，然他是特地下此寬字。伊川答與叔書中亦云『中者性之德，近之』。伯恭云『知言勝正蒙』，似此等處誠然，但不能純如此處爾。」又疑中、誠、仁，一而已，何必別言？曰：「理固未嘗不同，但他[二〇]聖賢説那[二一]一個物事時，且隨處説他那一個意思，自是他一個字中便有個正意義如此，不可混説。聖賢書初便不用許多了，學者亦宜各隨他説處看之，方見得他所説字本相。如誠，如中，如仁。若便只混看，則下梢都看不出。」伯羽。[二二]

仲思問：「五峰云『誠者命之道也，中者性之道也，仁者心之道也』。[二三]竊謂[二四]天之所以命乎人者，實理是已，故言『誠者命之道』。若[二五]『中者性之道』，如何？」曰：「未發時便是性。」仲思[二六]曰：「如此，則是[二七]喜怒哀樂未發便是性，既發便是情。」曰：「然。此三句道得極密。呂伯恭[二八]道『知言勝似正蒙』，如這處也是密，但不純恁地。」「但[二九]『道』字不如『德』字？」曰：「所以程子云『中者性之德爲近之』，但言其自然則謂之道，言其實體則謂之德。『德』字較緊，『道』字較寬，但他故下這寬字，不要挨摋着他。」又問：「言『中』則誠與仁亦在其内否？」曰：「不可如此看。若可混併則聖賢已自混併了，須逐句看他，言誠時便主在實理發育流行處，言性時便主在寂然不動處，言心時便主在生發處。」砥。按與上條皆銖、仲思問而語意亦同，但有詳略，故並存之。［三〇］

李堯卿［三一］問：「『誠者性之德』，此語如何？」先生曰：「何者不是性之德？如仁義禮智皆性之德，恁地做［三二］較不切。不如胡氏『誠者命之道乎』說得較近傍。」義剛。

李維申說：「合於心者爲仁。」先生曰：「却是從義上去，不如前日說『存得此心便是仁』却是。」因舉五峰胡氏［三三］語云：「『人有不仁，心無不仁』，說得極好。」雉。

又曰：［三四］「胡五峰云『人有不仁，心無不仁』，此說極好！人有私欲遮障了，不見這仁，然心中仁依舊只在。如日月本自光明，雖被雲遮，光明依舊在裏。又如水被泥土塞了，所以不流，然水性之流依舊只在。所以『克己復禮爲仁』，只是克了私欲，仁依舊只在［三五］那裏。譬如一個鏡本自光明，只緣塵，都昏了。若磨去塵，光明只在。」明作。

「五峰曰『人有不仁，心無不仁』，既心無不仁，則『巧言令色』者是心不是？如『巧言令色』則不成說道『巧言令色』底不是心，别有一人『巧言令色』？如心無不仁，則孔子何以說『回也其心三月不違仁』？」蕭佐曰：「『我欲仁，斯仁至矣』，這個便是心無不仁。」答［三六］曰：「回心三月不違仁，如何說？」問者默然久之。先生曰：「既說回心三月不違仁，則心有違仁［三七］。違仁底是心不是？說『我欲仁』便有不欲仁底，是心不是？」節。

胡氏云：「格物則能知言，誠意則能養氣。」閎祖。〔三八〕

問：「知言有云『佛家窺見天機，有不器於物者』，此語莫已作兩截？」曰：「亦無甚病。〔三九〕此蓋指妙萬物者而不知萬物皆在其中。聖人見道體正如對面見人，其耳目口鼻髮眉無不見。佛家如遠望人，只見髣象，初不知其人作何形狀。」問：「佛家既如此說，而其說性乃指氣，却是兩般。」曰：「渠初不離此說，但既差了，則自然錯入別處去。」可學。

「道二，仁與不仁而已矣。猶今人言好底道理、不好底道理相似。若論正當道理，只有一個，更無第二個，所謂夫道一而已矣者也。」〔四〇〕因舉〔四一〕：「久不得胡季隨諸人書。胡季隨〔四二〕主其家學〔四三〕，說性不可以善言。本然之善本自無對，纔說善時便與那惡對矣，纔說善惡便非本然之性矣。本然之性是上面一個，其尊無比。〔四四〕善是下面者〔四五〕，纔說善時便與惡對，非本然之性也〔四六〕。故〔四七〕『孟子道性善』非是說性之善，只是贊歎之辭，說『好個性』。如佛氏云〔四八〕『善哉』，贊嘆之辭也。〔四九〕此胡文定〔五〇〕之說。某嘗辨〔五一〕云，本然之性固渾然至善，不與惡對，〔五二〕此天之賦〔五三〕我者然也。然行之在人則有善有惡，做得是者爲善，做得不是者爲惡，豈可謂善者非本然之性？只是行於人者有二者之異，然行得善者便是那本然之性也。若如其言，有本然之善，〔五四〕又有善惡相對之善，〔五五〕則是有二性矣。方其得於天者，此性也；及其行得善者，亦此性也。只是纔有個善者[五六]便有個不善底，所以善惡須着對言[五七]。不是元有個惡在那裏，等待你來與你爲對，[五八]只是行得錯底便流入於惡矣。此胡文定[五九]之説，故其子孫皆主其説，而致堂、五峰以來其説並[六〇]差，遂成有兩性：本然者是一性，善惡相對者又[六一]一性。他只説本然者是性，善惡相對者不是性，豈有此理！然胡文定[六二]又得於龜山，龜山得之東林總老。名常總。[六三]總老[六四]，龜山鄉人，龜山鄉里[六五]與之往來，後來總[六六]住廬山東林。龜山赴省又往見之。總老[六七]聰明，深通佛書，有道行。龜山問：『「孟子道性善」説得是否？』總老[六八]曰：『是。』又問：『性豈可以善惡言？』總曰：『本然之性，不與惡對。』此語流傳自他，然總老[六九]之言本亦未有病，蓋本然之性是無惡。及至胡文定[七〇]以[七一]『性善』爲贊歎之辭，到得胡致堂[七二]、五峰輩遂分成兩截，説善底不是性。若善底非本然之性，那[七三]處得這善來？既曰贊歎性好之辭，便是性矣。[七四]若非性善，何贊歎之有？如佛氏曰[七五]『善哉，善哉』爲贊美之辭，亦是[七六]這個道理好，所以贊歎之也。蘇[七七]論性亦是如此，嘗言孟子之[七八]『道性善』猶如[七九]火之能熟物也，荀卿言『性惡』猶如[八〇]火之能焚物也。龜山反其説而辨之曰：『火之所以能熟物者，以其能焚故耳。若火不能焚，物何從熟？』東坡[八一]論性説『自上古聖人以來，至孔子不得已而説中説一[八二]，未嘗分善惡言也。故[八三]自孟子「道性善」而一與中支矣』，盡是胡説！他更不看道理，只認我説得行底便是。諸胡之說亦然，季隨至今守其家說。」因問：「文定却是卓然有立，所謂『非文王猶興』者。」先生曰：「固是。他資質好，然[八四]在太學中也多聞先生師友之訓，所以能然。嘗得潁昌一士人，忘其姓名，問學多得此人警發。後來爲荆門軍[八五]教授，龜山與之爲代，因此識龜山，因龜山方識游、謝，不及識伊川。自荆門軍教授[八六]入爲國子博士，出來便爲湖北提舉。是時上蔡宰本路一邑，文定却從龜山求書見上蔡。既到湖北，遂遣人送書與上蔡。上蔡既受書，文定乃往見之。入境，人皆訝知縣不接監司。論理，上蔡既受他書，也是難爲出來接他。既入縣，遂先修後進禮見之。畢竟文定之學後來得於上蔡者爲多，他所以尊上蔡而不甚滿於游、楊二公。看來游定夫後來也是郎當，誠有不滿人意處。頃嘗見游定夫集[八七]，極說得醜差，盡背其師說。他[八八]更說伊川之學不如他之所得，所以五峰臨終謂彪德美曰：『聖門工夫要處只在個「敬」字。游定夫所以卒爲程門之罪人者，以其不仁、不敬故也。』誠如其言。」卓。[八九]

問：「性無善惡之說，從何而始？」曰：「此出於常總。總，南劍人，[九〇]住廬山，龜山入京嘗[九一]枉道見之，留數日。因問：『孟子識性否？』曰：『識。』曰：『何以言之？』曰：『善不與惡對言。』某觀[九二]他之意，乃是謂其初只有善未有惡。其後文定得之龜山，遂差了。今湖南學者信重知言。又嘗爲敬夫辨析，甚諱之。渠當初唱道湖南，偶無人能與辨論者，可惜！可惜！」又讀至於彪居正問心一段，先生曰：「如何？」某[九三]謂：「不於原本處理會，却待些子發見。」曰：「孟子此事乃是一時間爲齊王耳。今乃欲引之以上他人之身，便不是了。」良久，又云：「以放心求心便不是。纔知求，心便已回矣，安得謂之放？」可學。

因論湖湘學者崇尚胡子[九四]知言，曰：「知言固有好處，然亦大有差失。如論性却曰『不可以善惡辨，不可以是非分』，既無善惡又無是非，則是告子『湍水』之説爾。如曰『好惡性也，君子好惡以道，小人好惡以己』，則是以好惡説性而道在性外矣，不知此理却從何而出。」問：「所謂『探視聽言動無息之際可以會情』，此猶告子『生之謂性』之意否？」曰：「此語亦有病。下文謂『道義明著，孰知其爲此心。物欲引誘，孰知其爲人欲』，便以道義對物欲，却是性中本無道義，逐旋於此處攙入兩端，則是性亦可以不善言矣。如曰『性也者，天地鬼神之奥也，善不足以名之，況惡乎？孟子説「性善」云者，歎美之辭，不與惡對』，其所謂『天地鬼神之奥』，言語亦大故誇逞。某嘗謂聖賢言語自是平易，如孟子尚自有些險處，孔子則直是平實。『不與惡對』之説，本是楊龜山[九五]與總老相遇，因論孟子説性，曾有此言。胡文定公[九六]往往得之龜山，故有是言。然總老當時之語，猶曰『渾然至善，不與惡對』，猶未甚失性善之意。今去其『渾然至善』之語，而獨以『不與惡對』爲歎美之辭，則其失遠矣。如論齊王愛牛，此良心之苗裔因私欲而見者，以答求放心之問。然雞犬之放，則固有去而不可收取[九七]之理；人之放心，只知求之則良心在此矣，何必等待天理發見於物欲之間然後求之？如此則中間空缺多少去處，正如屋下失物，直待去城外求也。愛牛之事，孟子只就齊王身上說，若施之他人則不可。況操存涵養皆是平日工夫，豈有等待發見然後操存之理。今胡氏子弟議論每每好高，要不在人下。纔說心便不說用心，以爲心不可用，至如易傳中有連使『用心』字處皆塗去『用』字。某以爲孟子所謂『堯舜之治天下，豈無所用其心哉』，何獨不可以『用』言也？季隨不以爲然。胡大時，字季隨。〔九八〕遂檢文定春秋中有連使『用心』字處質之，方無語。大率議論文字須要親切尋究〔九九〕，如伊川說顏子樂道爲不識顏子者，蓋因問者元不曾親切尋究，故就其人而答，欲其深思而自得之爾。後人多因程子之言愈見說得高遠，如是則又不若樂道之爲有據。伊尹『樂堯舜之道』亦果非樂道乎？湖湘此等氣象乃其素習，無怪今日之尤甚也！」謨。

知言云「凡人之生，粹然天地之心，道義全具，無適無莫。不可以善惡辨，不可以是非分，無過也，無不及也，此中之所以名也」，即告子「性無善無不善」之論也。惟伊川「性即理也」一句甚切至。閎祖。

直卿言：「五峰說性云『好惡，性也』，本是要說得高，不知却反說得低了。」先生曰：「依舊是氣質上說。某常要與他改云『所以好惡者，性也』。」寓。

問：「知言『萬事萬物，性之質也』，如何？」曰：「此句亦未有害，最是『好惡，性也』大錯。既以好惡爲性，下文却云『君子好惡以道』，則是道乃旋安排入〔一〇〇〕。推此，其餘皆可見。」問：「與告子説話莫同否？」曰：「便是『湍水』之説。」又問：「粹然完具云云却説得好。又云不可以善惡言，不可以是非判。」曰：「渠説有二錯：一是把性作無頭面物事，二是云云。」失記。可學。

問「『誠者物之終始』而命之曰〔一〇一〕道」。曰：「誠是實理，徹上徹下只是這個。生物都從那上做來，萬物流形乎〔一〇二〕天地之間，都是那底做。五峰云『誠者命之道，中者性之道，仁者心之道』數〔一〇三〕句説得密，如何大本處却含糊了！以性爲無善惡，天理人欲都混了，故把作同體。」或問：「『同行』語如何？」曰：「此却是乃就事言之。」黄直卿〔一〇四〕曰：「他既以性無善惡，何故云『中者性之道』？」曰：「他也把中做無善惡。」淳。〔一〇五〕

五峰言「天命不囿於善，不可以人欲對」。先生曰：「天理固無對，然有人欲則天理便不得不與人欲對爲消長。善亦本無對，然既有惡，則善便不得不與惡對爲盛衰。且謂天命不囿於物，可也，謂其〔一〇六〕『不囿於善』則不知天之所以爲天矣。謂惡不足以言性，可也，謂善不足以言性，則不知善之所從來矣。」升卿。

「好善而惡惡，人之性也。爲有善惡，故有好惡。『善惡』字重，『好惡』字輕。君子順其性，小人拂其性。五峰言『好惡，性也。君子好惡以道，小人好惡以欲』，是『好人之所惡，惡人之所好』，亦是性也。而可乎？」或問：「『天理人欲，同體而〔一〇七〕異用』之説如何？」先生曰：「當然之理，人合恁地底便是體，故仁義禮智爲體。如五峰之説，則仁與不仁，義與不義，禮與無禮，智與無智，皆是性。如此則性乃一個大人欲窠子。其説乃與東坡、子由相似，是大釁脱，非小失也。『同行異情』一句却説得去。」方子。

或問胡氏曰〔一〇八〕「天理人欲，同體而異用，同行而異情」。曰：「胡氏之病在於説性無善惡。體中只有天理，無人欲，謂之同體則非也。同行異情蓋亦有之，如『口之於味，目之於色，耳之於聲，鼻之於臭，四肢之於安佚』，聖人與常人皆如此，是同行也。然聖人之情不溺於此，所以與常人異耳。」人傑謂：「聖賢不視惡色，不聽惡聲，此則非同行者。」先生云：「彼亦就其同行處説耳。某謂聖賢立言，處處皆通，必不若胡氏之偏也。龜山云『「天命之謂性」，人欲非性也』，胡氏不取其説，是以人欲爲性矣。此其甚差者也。」人傑。

問：「五峰言〔一〇九〕『天理人欲，同體而異用，同行而異情』，如何？」答〔一一〇〕曰：「下句尚可，上句有病。蓋行處容或可同，而其情則本不同也。至於體、用，豈可言異？觀天理人欲所以不同者，其本元自不同，何待用也！胡氏之學大率於大本處看不分曉，故鋭於闢異端而不免自入一脚也。如説性便説『性本無善惡，發然後方有善惡』，『孟子説性善自是歎美之辭，不與惡爲對』。大本處不分曉，故所發皆差。蓋其説始因龜山問總老，而答曰『善則本然，不與惡對』，言『本然』猶可，今曰『歎美之辭』則大故差了。又一學者問以放心、求放心如何，他當時問得極緊，他一向鶻突應將去。大抵心只操則存，捨則放了，俄頃之間更不喫力，他却説得如此周遮。」大雅。

問：「『天理人欲，同行而異情』，胡氏此語精。若所謂『同體而異用』，則失之混而無別否？」曰：「胡氏論性無善惡，此句便是從這裏來。本原處無分別，都把做一般，所以便謂之『同體』。他看道理儘精微，不知如何，只一個大本却無別了。」淳。

五峰「天理人欲，同行異情」之説好。閎祖。〔一一一〕

問：「五峰言〔一一二〕『天理人欲，同體而異用，同行而異情〔一一三〕』，先生以爲『同體而異用』説〔一一四〕未穩，是否？」先生曰：「亦須是實見此句，可疑始得。」先生又曰：「今人於義利處皆無辨，直恁鶻突去。是須還他是，不是還他不是。若都做得是，猶自有個淺深，自如此説必有一個不是處，今則都無理會矣。」寓。

或問五峰云〔一一五〕「天理人欲，同體異用」。先生云：「如何天理人欲同體得！如此却是性可以爲善，亦可以爲惡，却是一團人欲窠子，將甚麽做體？却是韓愈説性自好，言人之爲性有五，仁義禮智信是也。指此五者爲性却説得是。性只有〔一一六〕一個至善道理，萬善總天地人物，萬善至好底表德。〔一一七〕」謙。

胡五峰〔一一八〕作皇王大紀，説北極如帝星、〔一一九〕紫微等皆不動。説宮聲屬仁，不知宮聲却屬信。又宮無定體，十二律旋相爲宮。帝星等如果不動，則天必擘破。不知何故讀書如此不子細。人傑。

五峰説宫之用極大，殊不知十二律皆有宫。又言宫猶五常之仁。宫自屬土，亦不屬仁也。僩。〔一二〇〕

五峰説得宫之用極大，殊不知十二律皆有宫。又宫在五行屬土。他説得其用如此大，猶五常之仁。宫自屬土，亦不爲仁也。又其云天有五帝座星，皆不動。今天之不動者只有紫微垣、北極、五帝座不動，其他帝座如天市垣、太微垣、大火中星帝座與大角星帝座，皆隨天動，安得謂不動？卓。

先生言：〔一二一〕「致堂謂『學所以求仁也』。仁是無頭面底，若將實字來解求仁則可，若以求仁解『學』字，又没理會了。」黄直卿〔一二二〕云：「若如此説，一部論語只將『求仁』二字説便了也。」先生曰〔一二三〕：「南軒只説〔一二四〕五峰説底是，致堂説底皆不是，安可如此！致堂多有説得好處，或有文定、五峰説不到處。」蓋卿。〔一二五〕

尹氏門人〔一二六〕

王德修

先生云：「嚮日鄉間一親戚虞氏，見僊里王德修見教云『學者要識一「愧」字與「耻」字』，此言却極好。」大雅。

一日侍坐，學者問難紛然。王德修曰：「不必多問，但去行取。且如人理會『惟精惟一，允執厥中』，只管説如此是精，如此是一，臨了中却不見。」先生曰：「精一則中矣。」文蔚。

郭立之[一二七]

子和立之子。[一二八]

「郭子和傳其父學，又兼象數。其學已雜，又被謝昌國拈掇得愈不是了。且如九圖中性善之説，性豈有兩個？善又安有内外？故凡惡者皆氣質使然，若去其惡，則見吾性中當來之善矣[一二九]。」又問：「郭以兼山學自名，是其學只一艮卦。」曰：「易之道，一個艮卦可盡則不消更有六十三卦。」又曰：「謝昌國論西銘『理一而分殊』尤錯了[一三〇]。」去僞。

晦庵先生朱文公語類卷第一百四

朱子一

自論爲學工夫

先生曰某少時讀四書甚辛苦，諸公今讀時却[一]又較易做工夫了。敬仲。[二]

「後生家好着些工夫子細看文字。某向來看大學猶病於未子細，如今愈看方見得精切。」因說：「前輩諸先生長者說話於大體處固無可議，若看其他細碎處，大有工夫未到。」木之。

某於大學用工甚多[三]。温公作通鑑言「臣平生精力盡在此書」。某於大學亦然。論、孟、中庸却不費力。友仁。[四]

某[五]舊時看文字甚費心[六]力。如論、孟，諸家解有一箱，每看一段必[七]各就諸說上推尋意脈，各見得着落，然後斷其是非。是底都抄出，一兩字好亦抄出。雖未如今集注簡静[八]，然大綱已定。今集注只是就那上刪來，但人不着心，守見成說，只草草看了。今試將精義來參

看一兩段所以去取底是如何，便自見得。〔九〕淳。〔一〇〕

某自丱角讀論、孟，自後欲一本文字高似論、孟者，竟無之。友仁。

先生因與朋友言及易，曰：「易非學者之急務也。某平生也費了些精神理會易與詩，然其得力則未若語、孟之多也。易與詩中所得似雞肋焉。」處謙。

謂器之看詩病於草率。器之云：「如今將先生數書循環看去。」曰：「都讀得了方可循環再看。如今讀一件書須是真個理會得這一件了，方可讀第二件；讀這一段須是理會得這一段了，方可讀第二段。少間漸漸節次看去，自解通透。只五年間可以讀得經了〔一一〕，諸書迤邐透〔一二〕去，看史傳無不貫通。韓退之所謂『沈潛乎訓義，反復乎句讀』，須有沈潛反復之功方得。所謂『審問之』，須是表裏內外無一毫之不盡方謂之審。恁地竭盡心力猶有見未到處，却不奈何。如今人不曾竭盡心力，只見得三兩分了便草草揭過，少間只是鶻突無理會，枉着日月，依舊似不曾讀相似。只如韓退之、老蘇作文章，本自沒要緊物〔一三〕事，然看〔一四〕他大段用功，少間方會漸漸掃去那許多鄙俗底言語，換了個心胸，説這許多言語出來。如今讀書也〔一五〕須是加沈潛之功，將義理去澆灌胸腹，漸漸盪滌去那許多淺近鄙陋之見，方會見識高明。」因說：「讀詩惟是諷誦之功。上蔡亦云『詩須是謳吟諷誦以得之』，某舊時讀詩也只先去看許多注解，少間却被惑亂。後來讀至半了却只將詩來諷誦，至四五十過，已漸漸得詩之意，却去看注解，便覺減了五分以上工夫，更從而諷誦四五十過，則胸中判然矣。」因說：「如今讀書多是不曾理會得一處通透了，少間却多牽引前面疑難來說，此最學者大病。譬如一個官司，本自是鶻突了，少間又取得許多鶻突底證見來證對，却成一場無理會去。又有取後面未曾理會底來說，却似如今只來建陽縣，猶自未見得分曉，却又將建寧府與南劍州事來說，如何說得行！少間弄來弄去只是胡說瞞人。有人說話如此者，某最怕之。說甲未了又纏向乙上去，說乙未了又纏向丙上去，無一句着實。正如斜風雨相似，只管吹將去，無一點着地。敢[一六]有終日與他說，不曾判斷得一件分曉，徒費氣力耳。」木之。

舊嘗以論心、論性處皆類聚看。看熟，久則自見。淳。[一七]

讀書須純一。如看一般未了，又要般涉，都不濟事。某向時讀書，方其讀上句則不知有下句，方其[一八]讀上章則不知有下章。讀中庸則祇讀中庸，讀論語則祇讀論語。一日之間[一九]祇看一二章，將諸家說看合與不合。凡讀書到冷淡無味處尤當着力推考。道夫。

讀書須讀到不忍捨處方是見得真味。若讀之數過，略曉其義即厭之，欲別求書看，則是於此一卷書猶未得趣也。蓋人心之靈，天理所在，用之則愈明。只提惺[二〇]精神，終日著意，看得多少文字！窮得多少義理！徒爲懶倦則精神自是憒憒，只恁昏塞不通，可惜！某舊日讀書，方其讀論語時不知有孟子，方讀學而第一不知有爲政第二。今日看此一段，明日且更看此一段，看來看去，直待無可看方換一段看。如此看久自然洞貫，方爲浹洽。時下雖是鈍滯，便一件了得一件，將來却有盡理會得時。若撩東劄西，徒然看多，事事不了。日暮途遠，將來荒忙不濟事。舊見李先生說「理會文字，須令一件融釋了後方更理會一件」，「融釋」二字下得極好。此亦伊川所謂「今日格一件，明日又格一件，格得多後自脱然有貫通處」，此亦是他真曾經歷來便說得如此分明。今若一件未能融釋而又欲理會一件，則第二件又不了。推之萬事，事事不了，何益！大雅。

陳仲濟所録一段云：[二二]「先生曰：[二三]『頃年見汪端明說：「沈元用問尹和靖[二三]：『伊川易傳何處是切要？』尹云：『「體用一源，顯微無間」，此是最[二四]切要處。』」後舉似李先生，李先生[二五]曰：「尹說固好。然須是看得六十四卦、三百八十四爻都有下落，方始說得此話。若學者未曾子細理會，便與他如此說，豈不誤他！」』某聞之惻[二六]然。始知前日空言無實，全[二七]不濟事，自此讀書益加詳細云。」閎祖。[二八]

讀書貪多最是大病，下梢都理會不得。若到閑時、無書讀時得一件書看，更子細。某向爲同安簿滿，到泉州候批書，在客邸借文字，只借得一册孟子，將來子細讀方尋得本意見。看他初間如此問，又如此答，待再問又恁地答。其文雖若不同，自有意脈都相貫通，句句語意都有下落。賀孫。

某舊時讀書專要揀好處看，到平平泛泛處多闊略，後多記不得，自覺得[二九]也是一個病。今有一般人，看文字却只摸得些查滓，到有深意好處却全不識。此因有獻易說，多失伊川精意而言。賀孫。

凡看文字，諸家說異同處最可觀。某舊日看文字專看異同處。如謝上蔡之說如彼，楊龜山之說如此，何者爲得？何者爲失？所以爲得者是如何？所以爲失者是如何？學蒙。

某嘗說看文字須似法家深刻，方窮究得盡。某直是下得工夫。義剛。

看道理若只恁地說過一遍便了，則都不濟事。須是常常把來思量始得。看過了後，無時無候又把起來思量一遍。十分思量不透又且放下，待意思好時又把起來看，恁地將久自然解透徹。延平先生嘗言：「道理須是日中理會，夜裏却去静處坐地思量，方始有得。」某依此說去做，真個是不同。義剛。[三〇]

某所以讀書自覺得力者，只是不先立論，且尋句内意隨文解義。[三一]方子。

問孟子[三二]「必有事焉，而勿正，心勿忘，勿助長」。答[三三]曰：「此亦只是爲公孫丑不識『浩然之氣』，故教之養氣工夫緩急爾[三四]，云不必太急，不要忘了，亦非教人於無着摸處用工也。某舊日理會道理亦有此病，後來李先生說令去聖經中求義。某後刻意經學，推見實理，始信前日諸人之誤也。」大雅。

「某尋常莫説前輩，只是長上及朋友稍稍説道理底，某便不敢説他説得不是，且將他説去研究。及自家曉得，却見得他底不是。某尋常最居人後。」又曰：「尋常某最得此力。」節。

專一做舉業工夫，不待不得後枉了氣力，便使能竭力去做，又得到狀元時，亦自輸却這邊工夫了。人於此事從來只是强勉，不能捨命去做，正似今人强勉來學義理。然某平生窮理，惟不敢自以爲是。伯羽。〔三五〕

這道理須是見得是如此了，驗之於物又如此，驗之於〔三六〕吾身又如此，以至見天下道理皆端的如此了方得。如某所見所言，又非自會説出來，亦是當初於聖賢與二程所説推之，而又驗之於己，見得真實如此。道夫。

問：「嘗聞先生爲學者言『讀書，須有個悦處方進』，先生又自言『某雖如此，屢覺有所悦』。因稟白〔三七〕，此先生進德日新工夫，不知學者如何到得悦處？」曰：「亦是〔三八〕時習，時習故悦。」德明。

器之問：「嘗讀孟子『求放心』章，今每覺心中有三病：籠統不專一，看義理每覺有一重似簾幕遮蔽，又多有苦心不舒快之意。」曰：「若論求此心放失，有千般萬樣病，何止於三！然亦別無道理醫治，只在專一。果能專一則静，静則明，明則自無遮蔽，既無遮蔽須自有舒泰寬展處。這也未會如此，且收斂此心專一，漸漸自會熟，熟了自有此意。看來百事只在熟。且如百工技藝也只要熟，熟則精，精則巧。」器之又問：「先生往時初學，亦覺心有不專一否？」曰：「某初爲學，初無見成規模，這邊也去理會尋討，那邊也去理會尋討。向時諸前輩每人各是一般説話，後來見李先生[三九]較説得有下落，説得較縝密。若看如今，自是有見成下工夫處。看來須是先理會個安着處，譬如人治生，也須先理會個屋子安着身己，方始如何經營，如何積累，漸漸須做成家計。若先未有安着身己處，雖然經營，畢竟不濟事。爲學者不先存此心，雖説要去理會，東東西西，都自無安着處。孟子所以云收放心，亦不是説只收放心便了。收放心，且收斂得個根基方可以做工夫。若但知收放心，不做工夫，則如近日江西所説，則是守個死物事。故大學之書，須教人格物、致知以至於誠意、正心、修身、齊家、治國、平天下，節節有工夫。器之看文字見得快，叔蒙亦看得好，與前不同。[四〇]」賀孫。

某不敢自昧，實以銖累寸積而得之。公謹。

已前看得心只是虛蕩蕩地，而今看得來湛然空明時[四一]，那[四二]萬理便在裏面。向前看得似[四三]一張白紙，今看得那[四四]紙上都是字。廖子晦見得也[四五]是一張紙。義剛。[四六]

陸子壽自撫來信，訪先生於鉛山觀音寺。子壽每談事必以論語爲證。如曰「聖人教人『居處恭，執事敬』」，又曰『子所雅言，詩、書、執禮皆雅言也』，『弟子入則孝，出則弟，謹而信，泛愛衆而親仁』，此等皆教人就實處行，何嘗高也？」先生曰：「某舊間持論亦好高，近來漸漸移近下，漸漸覺實也。如孟子，却是將他已到底教人。如言『存心養性，知性知天』，有其説矣，是他自知得。餘人未到他田地，如何知得他滋味？卒欲行之，亦未有入頭處。若論語，却是聖人教人『存心養性，知性知天』實涵養處，便見得，便行得也。」大雅。〔四七〕

「今日學者不長進，只是心不在焉。嘗記少年時在同安，夜聞鍾鼓聲，聽其一聲未絶而此心已自走作，因此警懼，乃知爲學須是專心致志。」又言：「人有一正念自是分曉。又從旁別生一小念漸漸放闊去，不可不察。」德明。

延平先生〔四八〕嘗云：「人之念慮，若是於顯然過惡萌動，此却易見易除。却怕於匹似閑底事爆起來，纏繞思念將去，不能除，此尤害事。」某向來亦是如此。賀孫。〔四九〕

嘗論科舉云：「非是科舉累人，自是人累科舉。若高見遠識之士，讀聖賢之書，據吾所見而爲文以應之，得失利害置之度外，雖日日應舉亦不累也。居今之世，使孔子復生也不免應舉，然豈能累孔子邪！自有天資不累於物，不須多用力以治之者。某於科舉自小便見得輕，初亦非有所見而輕之也。正如人天資有不好啖酒者，見酒自惡，非知酒之爲害如何也。又人有天資不好色者，亦非是有見如何，自是他天資上看見那物事無緊要，若此者省得工夫去治此一項。今或未能如是者〔五〇〕，須力勝治方可。」伯羽。〔五一〕

人之血氣固有强弱，然而〔五二〕志氣則無時而衰。苟常持得這志，縱血氣衰極也不由他。

如某而今如此老病衰極，非不知每日且放晚起以養病，但自是心裏不穩，只交到五更初便自睡不着了。雖欲勉强睡，然此心已自是個起來底人，不肯就枕了。以此知人若能持得這個志氣定，不會被血氣奪。凡爲血氣所移者，皆是自棄自暴之人耳。僩。[五三]

先生患氣痛、脚弱、泄瀉。或勸晚起。曰：「某自是不能晚起，雖甚病，纔見光亦便要起尋思文字，纔稍晚起，便覺似宴安鴆毒，便似個懶墜[五四]底人，心裏便不安。須是早起了，却覺得心下鬆爽。」僩。

某氣質有病，多在忿懥。閎祖。

因語某人好作文，曰：「平生最不喜作文，不得已爲人所託乃爲之。自有一等人樂於作詩，不知移以講學，多少有益！」符舜功曰：「趙昌父前日在此，好作詩。與之語道理，如水投石。」可學。

初師屏山、籍溪。籍溪學於文定，又好佛老。以文定之學爲論治道則可，而道未至，然於佛老亦未有見。屏山少年能爲舉業，官莆田，接塔下一僧，能入定數日。後乃見了老，歸家讀誦[五五]儒書，以爲與佛合，故作聖傳論。其後屏山先亡，籍溪在。某自見於此道未有所得，乃見延平。辛亥四月初四日臨漳設廳，後夜侍坐，因問傳授之由，親見説。是時祭風師散齋。清源陳易厚之、南康周謨舜弼、九江蔡念誠元思共聞之。[五六]可學。[五七]

或説：「象山先生説『克己復禮』不但只是欲克去那利欲忿懥之私，只是有一念要做聖賢便不可。」曰：「此等議論恰如小兒則劇一般，只管要高去，聖門何嘗有這般説話？人要去學聖賢，此是好底念慮，有何不可？若以爲不得，則堯舜之『兢兢業業』、周公之『思兼三王』、孔子之『好古敏求』、顔子之『有爲若是』、孟子之『願學孔子』之念，皆當克去矣。看他意思只是禪。誌公云『不起纖毫修學心，無相光中常自在』，他只是便[五八]要如此。然豈有此理？只如孔子答顔子『克己復禮爲仁』，據他説時，只這一句已多了，又況有下頭一落索。只是顔子纔問仁便與打出方是。及至恁地説他，他又却諱。某嘗謂人要學禪時，不如分明去學他禪和一棒一喝便了，今乃以聖賢之言夾雜了説，都不成個物事。道是龍，又無角；道是蛇，又有足。子静舊年也不如此，後來弄得直恁地差異！如今都教壞了後生，個個不肯去讀書，一味顛蹷没理會處。可惜！可惜！正如荀子不睹[五九]是，逞快胡罵亂罵教得個李斯出來，遂至焚書坑儒。若使荀卿不死，見斯所爲如此，必須自悔。使子静今猶在，見後生輩如此顛蹷，亦須自悔其前日之非。」又曰：「子静説話常是兩頭明、中間暗。」或問：「暗是如何？」曰：「是他那不説破處。他所以不説破便是禪。『鴛[六〇]鴦繡出從君看，莫把金針度與人』，他禪家自愛如此。某年十五六時亦嘗留心於此。一日在劉病翁[六一]所會一僧，與之語。其僧只相應和了説，也不説是不是。却與劉説，某也理會得個昭昭靈靈底禪。劉後説與某，某遂疑此僧更有要妙處在，遂去扣問他，見他說得也煞好，及去赴試時便用他意思去胡說。是時文字不似而今細密，由人粗說。試官爲某說動了，遂得舉。時年十九。後赴同安任，時年二十四五矣，始見李先生。與他說，李先生只說不是。某却倒疑李先生理會此未得，再三質問。李先生爲人簡重，却不甚會說，只教看聖賢言語。某遂將那禪來權倚閣起。意中道，禪亦自在，且將聖人書來讀。讀來讀去，一日復一日，覺得聖賢言語漸漸有味。却回頭看釋氏之說，漸漸破綻，罅漏百出。」廣。

問擇之云：「先生作延平李先生行狀[六二]，言『默坐澄心，觀四者未發已前氣象』，此語如何？」曰：「先生亦自說有病。」後復以問。先生云：「學者不須如此。某少時未有知，亦曾學禪，只李先生極言其不是。後來考竟[六三]却是這邊味長。纔這邊長得一寸，那邊便縮了一寸，到今銷鑠無餘矣。畢竟佛學無是處。」某辛亥年夏時，先生自漳州歸，到惠安泗州，夜侍坐，論儒釋，其答亦如此云。[六四]德明。

「温公省試作民受天地之中以生論，以生爲活。其說以爲民能受天地之中則能活也。温公集中自有一段如此說，也說得好。却說他人以生爲生育之生者不然，拗論如此。某舊時，這般文字及了齋集之類盡用子細看過，其有論此等去處盡拈出看。少年被病翁監看，他不許人看，要人讀。其有議論好處却[六五]被他監讀，煞喫工夫。」又云：「了翁集被他[六六]後面說禪，更沒討頭處。病翁笑曰：『這老子後來說話如此，想是病心風。』」僩。[六七]

這道理易晦而難明。某少年過莆田，見林謙之、方次榮説一種道理説得精神，極好聽，爲之踊躍鼓動。退而思之，忘寢與食者數時。好之，念念而不忘。及至後來再過，則二公已死，更無一人能繼其學者，也無一個理〔六八〕會説了。僩。〔六九〕

問説太極。先生曰：「某五六歲便煩惱説是天地四邊之外是什麼物，縱説無邊也須有個盡處。如這壁相似，壁後也須有物事，直到而今也未知那四邊是何物。」或舉邵康節天地相依之説。先生曰：「亦是古如此説了。素問中説：『黃帝曰：「地有憑乎？」岐伯曰：「大氣憑之。」』謂地浮在氣上也。」夔孫。〔七〇〕

某自十四五歲時便覺得這物事是好底物事，心便愛了。

某是自十六七時下工夫讀書，彼時四畔皆無津涯，只自恁地硬着力去做。至今日雖不足道，但當時也是喫了多少辛苦讀了書。今人卒乍便要讀到某田地也是難，要須積累着力方可。某今老而將死，所望者但願朋友勉力學問而已。道夫。

某自十五六時至二十歲，史書都不要看，但覺得閑是閑非没要緊，不難理會。大率纔看得此等文字有味，畢竟粗心了。呂伯恭教人看左傳，不知何謂。履孫。

問：「近看胡氏春秋，初無定例，止説歸忠孝處便爲經義，不知果得孔子意否？」答〔七一〕曰：「某嘗説詩、書是隔一重兩重説，易、春秋是隔三重四重説。春秋義例、易爻象雖是聖人立下，今說者用之，各信己見，然於人倫大綱皆通，但未知曾得聖人當初本意否。且不如讓渠如此說，且存取大意得三綱五常不至廢墜足矣。今欲直得聖人本意不差，未須理會他經，先須於論語、孟子中專意看他。切不可忙，虛心觀之，不須先自立見識，徐徐以俟之，莫立課程。某二十年前得上蔡語録觀之，初用銀朱畫出合處；及再觀，則不罔[七二]矣，乃用粉筆；三觀則又用墨筆。數過之後，則全與元看時不同矣。大抵老兄好去難處用工，不肯向平易處用工，故見如此難進，今當於平易處用工。」大雅。

器之問「野有死麕」。曰：「讀書之法須識得大義，得他滋味。没要緊處縱理會得也無益。大凡讀書多在諷誦中見義理，況詩又全在諷誦之功，所謂『清廟之瑟，一倡而三歎』，一人唱之，三人和之，方有意思。又如[七三]如今詩曲，若只讀過也無意思，須是歌唱[七四]起來，方見好處。」因說：「讀書須是有自得處，到自得處說與人也不得。如某舊讀『仲氏任只，其心塞淵，終温且惠，淑慎其身。先君之思，以勗寡人』，『既破我斧，又缺我斨。周公東征，四國是皇。哀我人斯，亦孔之將』，伊尹曰『先王肇修人紀，從諫弗咈，先民時若，居上克明，爲下克忠，與人不求備，檢身若不及，以至於有萬邦，茲惟艱哉』，如此等處直爲之廢卷，慨想而不能已。覺得朋友間看文字難得這般意思。某二十歲前後已看得書大意如此，如今但較精密。日月易得，匆匆過了五十來年。」木之。

某今且勸諸公屏去外務，趲工夫專一去看這道理。某年二十餘已做這工夫，將謂下梢理會多少道理。今忽然有許多年紀，不知老之至此，也只理會得這些子。歲月易得蹉跎，可畏如此！賀孫。

與范直閣說「忠恕」是三十歲時書。大概也是，然說得不似，而今看得又較別。淳。

三十年前長進，三十年後長進得不多。僩。

區兄問「有性焉，有命焉」一段。先生甚喜，以謂：「某四十歲方看透此段意思。上云『性也』是氣禀之性；『有命焉』是斷制人心，欲其不敢過也。下云『命也』，蓋其所受氣禀亦有厚薄之不齊；『有性焉』是限則道心，欲其無不及也。」蓋卿。[七五]

因言讀書用功之難：「諸公覺得大故淺近，不曾着心。某舊時用心甚苦。思量這道理如過危木橋子，相去只在毫髮之間，纔失脚便跌落下去，用心極苦。五十歲已後覺得心力短，看見道理只爭絲髮之間，只是心力巴[七六]不上。所以大學、中庸、語、孟諸文字皆是五十歲已前做了，五十歲[七七]已後長進得甚不多。而今人看文字全然心粗。未論說道理，只是前輩一樣文士亦是用幾多工夫方做得成？他工夫更多。若以他這心力移在道理上，那裏得來！如韓文公答李翊一書與老蘇上歐陽文忠公書，他直如此用工夫，未有苟然而成者。歐陽公則就作文上改換，只管揩磨，逐旋捱將去，久之漸漸揩磨得光。老蘇則直是心中都透熟了方出之於書。看他門用工夫更難，可惜！若移之於此，大段可畏。看來前輩以至敏之才而做至鈍底工夫，今人以至鈍之才而欲爲至敏之工夫，涉獵看過，所以不及古人也。故孔子曰『參也魯』，須是如此做工夫始得。」僩。

大抵[七八]讀書須是虚心方得。他聖人説一字是一字，自家只平著心去秤停他，都不使得一毫杜撰，只順他去。某向時也杜撰説得終不濟事，如今方見得分明，方見得聖人一言一字不吾欺。只今六十一歲方理會得恁地，若或去年死也則枉了。自今夏來覺見得纔是，聖人説話也不少一個字，也不多一個字，恰恰地好，都不用一些穿鑿。莊子云「吾與之虚而委蛇」，既虚了，又要隨他曲折恁地去。今且與公説個樣子，久之自見。今人大抵偪塞滿胸，有許多伎倆，如何便得他虚？亦大是難。分明道「知至而後意誠」，蓋知未至，雖見人説終是信不過。今説格物且知[七九]得一件兩件格將去，及久多後自然貫通信得。道夫。

某覺得今年方無疑。伯羽。

理會得時，今老而死矣，能受用得幾年！然十數年前理會不得，死又却可惜！士毅。按丙辰冬語。[八〇]

先生多有不可爲之歎。漢卿曰：「前年侍坐，聞先生云『天下無不可爲之事，兵隨將轉，將逐符行』，今乃謂不可爲。」曰：「便是這符不在自家手裏。」或謂漢卿多禪語。賀孫因云：「前承漢卿教訓，似主静坐澄清之語。漢卿云味道煞篤實，但言只於日用間體察。曾説擔脚攫人，物色人來告，特擔脚行過，又不能與究治，取還之。此心終不自安。某遂告以因何放他過去。若是養得心體虛明，自無放過處。〔八一〕」先生曰：「静坐自是好。近得子約書云『須是識得喜怒哀樂未發之本體』，此語儘好。」漢卿又問：「前年侍坐所聞似與今別。前年云『近方看得這道理透，若以前死却亦是枉死了』，今先生忽發嘆，以爲只如此不覺老了？還當以前是就道理說，今就勳業上説？」先生曰：「不如此。自是覺得無甚長進，於上面猶覺得隔一膜。」又云：「於上面但覺透得一半。」廣。〔八二〕

某當初講學也豈意到這裏？幸而天假之年，許多道理在這裏，今年頗覺勝似去年，去年勝似前年。夔孫。

又曰：〔八三〕「某老矣，無氣力得説。時，先生病，當夜説話氣力比常時甚微。看也看不得了，行也行不盡了，説也説不辦了。諸公勉之！」僩。

敬子舉先生所謂「傳命之脈」，及佛氏「傳心」、「傳髓」之説。曰：「便是要自家意思與他爲一。若心不在上面，書自是書，人自是人，如何看得出！孔子曰『吾十有五而志於學』，只十五歲時便斷斷然以聖人爲志矣。」二程自十五六時便脱然欲學聖人。僩。

周敬王四十一年壬戌，孔子卒。至宋慶元三年丁巳，一千六百七十六年。先生是年正旦，書於藏書閣下東楹。人傑。按輔廣録同。〔八四〕

晦庵先生朱文公語類卷第一百五

朱子二

論自注書

總論

傅至叔言：「伊洛諸公文字説得不恁分曉，至先生而後大明。」先生曰：「他一時間都是英才，故撥著便轉，便只須恁地説。然某於文字却只是依本分解注。大抵前聖説話，雖後面便生一個聖人，有未必盡曉他説者。蓋他那前聖是一時間或因事而言，或主一見而立此説。後來人却未見他當時之事，故不解得一一與之合。且如伊川解經是據他一時所見道理恁地説，未必便是聖經本旨。要之，他那個説却亦是好説。且如易之『元亨利貞』本來只是大亨而利於正，雖有亨，若不正則那亨亦使不得了。當時文王之意祇是爲卜筮設，故祇有『元亨』，更無有不元亨；

祇有『利貞』，更無不利貞。後來夫子於彖既以『元亨利貞』爲四德，又於文言復以爲言，故後人祇以爲四德，更不做『大亨利貞』説了。易只是爲卜筮而作，故周禮分明言太卜掌三易：連山、歸藏、周易。古人於卜筮之官立之，凡數人。秦去古未遠，故周易亦以卜筮得不焚。今人纔説易是卜筮之書，便以爲辱累了易；見夫子説許多道理，便以爲易只是説道理。殊不知其言『吉凶悔吝』皆文〔二〕理，而其教人之意無不在也。夫子見文王所謂『元亨利貞』者把來作四個説，道理亦自好，故恁地説，但文王當時未有此意。今若以『元者善之長，亨者嘉之會，利者義之和，貞者事之幹』與來卜筮者言，豈不大糊塗了他！要之，文王者自不妨孔子之説，孔子者自不害文王之説。然孔子却不是曉文王意不得，但他又自要説一樣道理也。道夫。

某釋經，每下一字，直是稱等輕重，方敢寫出。方子。

某解書，如訓詁一二字等處多有不必解處，只是解書之法如此。亦要教人知得，看文字不可忽略。賀孫。

讀書是格物一事。今且須逐段子細玩味，反來覆去，或一日或兩日只看一段，則這一段便是我底。脚踏這一段了又看第二段，如此逐旋崖去，崖得多後却見頭頭道理都到。這工夫須用行思坐想，或將已曉得者再三思省，却自有一個曉悟處出，不容安排也。書之句法義理雖只是如此解説，但一次看有一次見識。所以某書，一番看有一番改也。亦有已説定，一番看一番見

得穩當，愈加分曉。故某説讀書不貴多，只貴熟爾。然用工亦須是勇做近前去，莫思退轉始得。大雅。〔二〕

某所改經文字者必有意，不是輕改，當觀所以改之之意。節。

每常解文字，諸先生有多少好説話有時不敢載者，蓋他本文未有這般意思在。道夫。

問：「先生解經有異於程子説者，如何？」答〔三〕曰：「程子説，或一句自有兩三説，其間必有一説是，兩説不是。理一而已，安有兩三説皆是之理？蓋其説或後嘗改之，今所以與之異者安知不曾經他改來？蓋一章而衆説叢然，若不平心明目，自有主張斷入一説，則必無衆説皆是之理。」大雅。

小學〔四〕

問：「『疑事毋質』，經文只説『疑事』，而小學注云『毋得成言之』，何也？」曰：「『質，成也』，『成言之』，皆古注文。謂彼此俱疑，不要將己意斷了。」問：「『直而勿有』亦只是上意否？」曰：「是從上文來，都是教人謙退遜讓。」賀孫。

葉兄問小學君、師、父三節。先生云：「劉表遣韓嵩至京師。嵩曰：『嵩至京師，天子假嵩一職則成天子之臣、將軍之故吏耳。在君爲君，〔五〕不復爲將軍死也。』便是此意。」卓。

李問：「人倫之不及師，何也？〔六〕」曰：「師與朋友同類而勢分等於君父，唯其所在而致死焉。」曾云：「如在君旁則爲君死，在父旁則爲父死。」曰：「也是如此。如在君，雖父有罪不能爲父死。」賀孫。〔七〕

問：「人倫言朋友而〔八〕不及師，何也？」先生云：「師之義即朋友，而分則與君父等。朋友多而師少，以其多者言之。」又問：「服中乃不及師，何也？」曰：「正是難處。若論其服，則當與君父等，故禮謂『若喪父而無服』，又曰『平居則絰』。」卓。〔九〕

安卿問：「曲禮『外言不入於閫，内言不出於閫』一段甚切，何故不編入小學？」曰：「此樣處漏落也多。」又曰：「小學多説那恭敬處，少説那禁防〔一〇〕處。」義剛。

近思録

修身大法，小學備矣；義理精微，近思録詳之。閎祖。

近思録好看。四子，六經之階梯；近思録，四子之階梯。淳。

鄭言：「近思録中語甚有切身處。」曰：「聖賢説得語言平，如中庸、大學、論語、孟子皆平易。近思録是近人説〔一一〕，便較切。」賀孫。卓録〔一二〕同。

或問近思録。曰：「且熟看大學了，即讀語、孟。近思録又難看。」賀孫。

近思録首卷難看。某所以與伯恭商量教他做數語以載於後，正謂此也。若只讀此則道理孤單，如頓兵堅城之下。却不如語、孟只是平鋪説去，可以心游[一三]。道夫。

問蜚卿：「近思録看得如何？」曰：「所疑甚多。」曰：「今猝乍看這文字也是難。有時前面恁地説，後面又不是恁地；這裏説得如此，那裏又却不如此。子細看來看去，却自中間有個路陌，推尋通得四五十條後又却只是一個道理。伊川云『窮理豈是一日窮得盡？窮得多後道理自通徹』。」道夫。[一四]

康節煞有好説話，近思録不曾收入在。[一五]近看文鑑編康節詩，不知怎生地那[一六]「天向一中分造化，人於心上起經綸」底詩却不編入。義剛。[一七]

道夫問伊川云[一八]「『四德之元猶五常之仁，偏言則一事，專言則包四者』。」曰：「須先識得元與仁是個甚物事，更就自家身上看甚麽是仁，甚麽是義、禮、智，既識得這個，便見得這個[一九]能包得那數個。若有人問自家：『如何一個便包得數個？』只答云：『只爲是一個。』」

問黄直卿[二〇]曰：「公於此處見得分明否？」曰：「向來看康節詩見得這意思。如謂『天根月窟閑來往，三十六宫都是春』，正與程子所謂『静後見萬物皆有春意』同。且如這個棹子，安頓得恰好時便是仁，蓋無乖戾便是生意。窮天地、亘古今只是一個生意，故曰『仁者與物無對』，以其無往非仁，此所以仁包四德也。」曰：「如此體仁便不是[二一]生底意思。棹子安頓得恰好只可言中，不可謂之仁。元只是初底便如木之萌，如草之芽。其在人如惻然有隱，初來底意思便是。〔二二〕所以程子謂『看雞雛可以觀仁』，爲是那嫩小底便有〔二三〕仁底意思在。」〔二四〕

「如〔二五〕所謂『初來底意思便是』，不知思慮之萌不得其正時如何？」曰：「這便是地頭着賊，便是那『元』字上着賊了。如合施爲而不曾施爲時便是亨底地頭着賊了，如合收斂而不曾收斂時便是利底地頭着賊了，如合貞靜而不能貞靜時便是貞底地頭着賊了。〔二六〕以一身觀之，元如頭，亨便是手足，利便是胸腹，貞便是那元氣所歸宿處，所以人頭亦謂之『元首』。穆姜亦曰『元者，體之長也』。今若能知得所謂『元之元，元之亨，元之利，利之貞』，上面一個『元』字便是包那四個，下面『元』字則是『偏言則一事』者。恁地說則大煞分明了。須要知得所謂『元之元，亨之元，利之元，貞之元』者，蓋見得此則知得所謂只是一個也。若以一歲之體言之，則春便是元之元，所謂『首夏清和』者便是亨之元，孟秋之月便是利之元，到那初冬十月便是貞之元也，只是初底意思便是。」〔二七〕道夫曰：「如先生之言，正是程子說『復其見天地之心』。復之初爻便是天地生物之心也。」曰：「今只將公所見看所謂『心譬如穀種，生之性便是仁，陽氣發處乃情也』，觀之便見。」久之，復曰：「正如天官冢宰，以分職言之特六卿之一耳，而曰建邦之六典則又統六卿也。」本條「仁包四者」。〔二八〕道夫。〔二九〕

論語或問

張仁叟問論語或問。曰：「是十五年前文字，與今説不類。當時欲修，後來精力衰，那個工夫大，後掉了。」節。

先生説論語或問不須看。請問，曰：「支離。」泳。

孟子要指

敬之問要指不取「杞柳」一章。曰：「此章自分曉，更無可玩索，不用入亦可。却是『生之謂性』一段難曉，説得來反恐鶻突，故不編入。」賀孫。

因整要略，謂：「孟子發明許多道理都盡，自此外更無别法。思爲〔三〇〕這個先從性看，看得這個物事破了然後看入裏面去，終不甚費力。要知雖有此數十條，是古人已説過，不得不與他理會。到得做工夫時却不用得許多，難得勇猛底人直截便做去。」賀孫。

敬之問：「看要略，見先生所説孟子皆歸之仁義。如説『性』及以後諸處皆然。」曰：「是他見得這道理通透，見得裏面本來都無别物事，只有個仁義。到得説將出，都離這個不得，不是要安排如此。道也是離這仁義不得，舍仁義不足以見道。如造化只是個陰陽，捨陰陽不足以明造化。」問：「古人似各有所主：如曾子只守個忠恕，子思只守個誠，孟子只守個仁義。其實皆一理也。」曰：「也不是他安排要如此，是他見得道理做出都是這個，説出也只是這個，只各就地頭説，不是把定這個將來做。如堯舜是多少道理，到得後來衣鉢之傳只説『人心惟危，道心惟微，惟精惟一，允執厥中』。緊要在上三句，説會如此方得個中，方得個恰好。這也到這地頭當説中便説個中，聖賢言語初不是着意安排，只遇着這字便説出這字。」賀孫。

先生因編孟子要旨云：「孟子若讀得無統，也是費力。某從十七八歲讀至二十歲，只逐句去理會更不通透，二十歲已後方知不可恁地讀。元來許多長段都自首尾相照管，脈絡相貫串，只恁地熟讀自見得意思。從此看孟子覺得意思極通快，亦因悟作文之法。如孟子當時固不是要作文，只言語説出來首尾相應，脈絡相貫，自是合着如此。」又曰：「某當初讀『自暴自棄』章，只恁地鶻突讀去。伊川易傳云『拒之以不信，絶之以不爲』，當初也匹似閑看過。後因在舟中偶思量此，將孟子上下文看乃始通串，方始説得是如此，亦温故知新之意。」又曰：「看文字不可恁地看過便道了，須是時復玩味，庶幾忽然感悟，到得義理與踐履處融會方是自得。這個意思與尋常思索而得意思不同。」賀孫。

時舉[三一]問：「孟子首章是先剖判個天理人欲令人曉得，其托始之意甚明。若先生所編要略却是要從源頭説來，所以不同。」先生云：「某向時編此書，今看來亦不必。只孟子便直恁分曉示人，自是好了。」時舉曰：「孟子前面多是分明說與時君。且如首章說『上下交征利』，其害便至於『不奪不饜』；說仁義便云未有遺其親、後其君者〔三二〕；次章說賢者便有此樂，不賢者便不能有此樂。都是一反一正，言其效驗如此，亦欲人君少知恐懼之意耳。」先生曰：「也不是要人君知恐懼，但其效自必至此。孟子之書明白親切，無甚可疑者。只要日日熟讀，須教他在吾肚中轉作千百回，便自然純熟。某當初看時要逐句去看他，便但覺得意思促迫，到後來放寬看，却有條理。然此書不特是義理精明，又且是甚次第底文章。某因熟讀後便見，自此也知作文之法。」時舉。

中庸集略

大凡文字，上古聖賢說底便不差。到得周、程、張、邵門說得亦不差，其他門人便多病。某初要節一本中庸集略，更下手不得。其間或有一節說得好，第二節便差底，又有說得似好而又說從別處去底，然而看得他門說多却覺煞得力。夔孫。〔三三〕

太極圖說〔三四〕

「某許多說話是太極中說已盡。太極便是性，動靜陰陽是心，金木水火土是仁義禮智信，化

生萬物是萬事。」又云：「『無極之真，二五之精，妙合而凝』，此數句甚妙，是氣與理合而成性也。」賀孫。〔三五〕

仁説

仁説只説得前一截好。閎祖。

問：「先生向作仁説，大率以心具愛之理，故謂之仁。今集注中説〔三六〕『仁，人心也』只爲〔三七〕『酬酢萬變之主』，如何？」先生曰：「不要如此看，且理會個『仁，人心也』，須見得是個『酬酢萬變之主』。若只管以彼較此，失了本意。看書且逐段看，如喫物相似，只咀嚼看如何。向者〔三八〕爲人不理會得仁，故做出此等文字，今却反爲學者争論。」寳云：「先生之文似藥方，服食却在學者。」先生云：「治病不治病却在藥方，服食見效不見效却在人。」寳問：「心中湛然清明，與天地相流通，此是仁否？」曰：「湛然清明時，此固是仁義禮智統會處。今人説仁多是把做空洞底物看，却不得。當此之時，仁義禮智之苗脈已在裏許，只是未發動。及有個合親愛底事來便發出惻隱之心，有個可厭惡底事來便發出羞惡之心。禮本是文明之理，其發便知有辭遜；智本是明辨之理，其發便知有是非。」又曰：「仁是惻隱之母，惻隱是仁之子。又仁包義、禮、智三者，仁似長兄，管屬得義、禮、智，故曰『仁者善之長』。」德明。〔三九〕

節[四〇]問："先生仁說，說『存此』者也，『不失此』者也。如說『行此』則仁在其中，非仁也。"曰："謂之仁固不可，謂之非仁則只得恁地說。如孟子便去解這『仁』字，孔子却不恁地。"節。

陳[四一]問："程門以知覺言仁，克齋記乃不取，何也？"曰："仁離愛不得。伊川[四二]言『博愛非仁也，仁是性，愛是情。』伊川也不是說[四三]道愛不是仁。若當初有人會問，必說道『愛是仁之情，仁是愛之性』，如此方分曉。惜門人只領那意，便專以知覺言之，於愛之說若將浼焉，遂蹉過仁地位去說，將仁更無安頓處。『見孺子匍匐將入井，皆有怵惕惻隱之心』，這處見得親切。聖賢言仁皆從這處說。"又問："知覺亦有生意。"曰："固是。將知覺說來冷了。覺在知上却多，只些小搭在仁邊。仁是和底意，然添一句又成一重，須自看得便都理會得。"淳。[四四]寓同。

敬齋箴

問"持敬"與"克己"工夫。先生曰："敬是涵養操持不走作，克己則和根打併了教他盡淨。"問敬齋箴。曰："此是敬之目，說有許多地頭去處。"僩。[四五]

"守口如瓶"是言語不亂出，"防意如城"是恐爲外所誘。道夫。

「守口如瓶」，不妄出也；「防意如城」，閑邪之入也。「蟻封」乃小巷屈曲之地，是「折旋中矩」，不妄動也。道夫。〔四六〕

節問「折旋蟻封」。答曰：「折旋，蟻封之間。」節。〔四七〕

「『周旋中規，折旋中矩』，周旋是直去却回來，其回轉處欲其圓如中規也；折旋是直去了復橫去，如曲尺相似，其橫轉處欲其方如中矩也。」又問敬齋箴云〔四八〕：「『折旋蟻封』，如何是『蟻封』？〔四九〕」曰：「『蟻封』，〔五〇〕蟻垤也。北方謂之『蟻樓』，如小山子，乃蟻穴地。其泥墳起如丘垤，中間屈曲如小巷道。古語云『乘馬折旋於蟻封之間』，言蟻封之間巷路屈曲狹小，而能乘馬折旋於其間不失其馳驟之節，所以爲難也。『鸛鳴於垤』，垤即蟻封也。天陰雨下則蟻出，故鸛鳴於垤，以俟蟻之出而啄食之也。王荆公解〔五一〕垤爲自然之丘，不信蟻封之説，後見人説有之，介甫過北方親見之，方信其實而改其説焉。〔五二〕」卓。僩録同。〔五三〕

又問「主一」銘。〔五四〕曰：「心只要主一，不可存〔五五〕兩事。一件事了更加一件便是貳，一件事了更加兩件便是叁。『勿貳以二，勿叁以三』，是不要二三；『不東以西，不南以北』，是不要走作。」淳。

寓〔五六〕問：「『勿貳以二，勿叁以三；不東以西，不南以北』，如何分别？」曰：「都只是形容個敬，敬須主一。初來有一個事又添一個，便是來貳他成兩個；元有一個又添兩個，便是來叅他成三個。『不東以西，不南以北』，只一心，做東去又要做西去，做南去又要做北去，皆是不主一。上面説個心不二三，下面説個心不走作。」寓。

或問：「敬齋箴後面少些從容不迫之意，欲先生添數語。」曰：「如何解迫切？今未曾下手在便要從容不迫切〔五七〕。如人相殺，未曾交鋒便要引退。今未曾做工夫在便要開後門，然亦不解迫切，只是不曾做，做着時不患其迫切。某但常覺得寬緩底意思多耳。」李曰：「先生猶如此説，學者當如何也。」僩。

六君子贊

「勇撤皋比」説講易事。閎祖。

通鑑綱目

説編通鑑綱目尚未成文字。因言：「伯恭大事記忒藏頭亢腦，如摶謎相似。又解題之類亦太多。」寓。〔五八〕

問綱目主意。曰：「主在正統。」問：「何以主在正統？」曰：「三國當以蜀漢爲正，而温公乃云某年某月『諸葛亮入寇』，是冠履倒置，何以示訓？緣此遂欲起意成書。推此意，修正處極多。若成書，當亦不下通鑑許多文字，但恐精力不逮，未必能成耳。若度不能成，則須焚之。」大雅。

問：「宋齊梁陳正統如何書？」曰：「自古亦有無統時。如周亡之後，秦未帝之前，自是無所統屬底道理。南北亦只是並書。」又問：「東晉如何書？」曰：「宋齊如何比得東晉。」又問：「三國如何書？」曰：「以蜀爲正。蜀亡之後無多年便是西晉。中國亦權以魏爲正。」又問：「後唐亦可以繼唐否？」曰：「如何繼得！」賜。

綱目於無正統處並書之，不相主客。通鑑於無正[五九]統處須立一個爲主。某又參取史法之善者，如權臣擅命多書以某人爲某王某公。范曄却書「曹操自立爲『魏公』」。綱目亦用此例。方子。

或問武后之禍。曰：「前輩云當廢武后所出，別立太宗子孫。」曰：「此論固善，但當時爲[六〇]武氏殺盡，存者皆愚暗，豈可恃？」因說：「通鑑提綱例，凡逆臣之死皆書曰『死』。至狄仁傑則甚疑之，李氏之復雖出於仁傑，然畢竟是死於周之大臣。不奈何，也教相隨入死例，書云：某年月日狄仁傑死也。」大雅。

家禮[六一]

祭儀[六二]

問：「舊嘗收得先生一本祭儀，時祭皆是卜日。今聞却用二至、二分祭，是[六三]如何？」曰：「卜日無定，慮有不虔。温公亦云只用分、至亦可。」問：「如此則冬至祭始祖，立春祭先祖，季秋祭禰，此三祭如何？」曰：「覺得此個禮數太遠，似有僭上之意。」又問：「禰祭如何？」曰：「此却不妨。」廣。[六四]

韓文考異[六五]

先生考定韓文與大顛書，曰：「真個有崇信底意，外面皮上都見得安排位次是恁地。如原道中所謂『寒然後爲之衣，飢然後爲之食，爲宮室，爲城郭』等，皆説得好。只是不曾向裏面省察，不曾就身上細密做工夫。只從粗處做去，不見得原頭來處。把道别做一個物可以行於世，我今只恁地去行。故立朝議論風采亦有可觀，却不是從裏面流出。平日只以做文、吟詩、飲酒、博戲爲事，及貶潮州，寂寥，無人共吟詩、飲酒、博戲，見一個僧説道理便爲之動。如曰『所示廣

大深迥，非造次可喻』，不知大顛所説甚底，得恁地傾心信向。韓公所説底大顛未必曉得，大顛所説底韓公亦見不破。」淳。〔六六〕

警世圖〔六七〕

警世競辰二圖僞。道夫。〔六八〕

晦庵先生朱文公語類卷第一百六

朱子三

外任

同安主簿

主簿就職内大有事，縣中許多簿書皆當管。某向爲同安簿，許多賦税出入之簿，某[一]逐日點對僉押，以免吏人作弊。時某人爲泉倅，簿書皆過其目。後歸鄉某與説及此[二]，亦懵不知。他是極子細官人，是時亦只恁地[三]呈過。賀孫。

因説「慢令致期謂之賊」，云：「昔在同安作簿時，每點追税必先期曉示。只以一幅紙截作三片作小榜遍貼，云本廳取幾日點追甚鄉分税，仰人户鄉司主人頭知委。只如此，到限日近時納者紛紛。然此只是一個信而已，如或違限遭點，定斷不恕，所以人怕。」時舉。植録同。[四]

問：「奏狀還借用縣印否？」曰：「豈惟縣印，縣尉印亦可借。蓋是專達與給納官司及有兵刑處，朝廷皆給印。今之官司合用印處，緣兵火散失，多用舊印。要去朝廷請印又須要錢，所以官司且只苟簡過了。某在同安作簿，去州請印。當時有個指揮使并一道家印，緣胥吏得錢方給。某戲謂要做個軍員與道士亦不能〔五〕。又見崇安縣丞廳〔六〕用淮西漕使印。」人傑。

知〔七〕南康

問：「今之神祠無義理者極多。若當官處於無〔八〕義理之神祠，雖係勑額，凡祈禱之類不往，可否？」曰：「某當官所至須理會一番。如儀案所具合祈禱神示，有無義理者，使人可也。」人傑。

與陳尉說治盜事，因曰：「凡事須子細體察，思量到人所思量不到處，防備到人所防備不到處，方得無事。」又曰：「凡事須是小心寅畏，若恁地粗心駕去，不得。」又曰：「某嘗作郡來，每見有賊發則惕然皇恐，便思自家是長民之官，所以致此是何由。遂百鍾〔九〕爲收捉，捉得便自歡喜，不捉得則終夜皇恐。」賀孫。

馬子嚴莊甫見先生言：「近有人作假書請託公事者。」先生云：「收假書而不見下書之人，非善處事者。舊見吴提刑逵公路當官，凡下書者須令當廳投下，却將書於背處觀之，觀畢方發付其人，令等回書。前輩處事詳密如此。又某當官時有人將書來者，亦有法以待之，須是留其人喫湯，當面拆書，若無他，方令其去。」人傑。

因説鄭惠叔愛惜官錢，云：「某見人將官錢胡使，爲之痛心。兩爲守，皆承弊政之後，其所用官錢並無分明，凡所送遺並無定例，但隨意所向爲厚薄。閭胥輩皆云：『有時這般官員過往或十千、或五千。後番或是這樣又全不送，白休了。』某遂云：『如此不得。朝廷有個公庫在這裏，若過往官員，當隨其高下多少與之，乃是公道，豈可把爲自家私恩。』於是立爲定例，看是［一〇］甚麽官員過此，便用甚麽例送與之，却得公溥。後來至於凡入廣諸小官，如簿、尉之屬，個個有五千之助，覺得意思儘好。」賀孫。

因論常平倉，曰：「某自典二州知常平之弊如此，更不敢理會。看南康自有五六萬石［一一］，漳州亦六七萬石，盡是浮埃空殼，如何敢挑動！這一件事不知做甚麽合殺。某在浙東嘗奏云，常平倉與省倉不可相連，須是東西置立，令兩倉相去遠方可。每常官吏檢點省倉，則掛省倉某號牌子，檢點常平倉，則掛常平倉牌子，只是一個倉，互相遮瞞。今所在常平倉都教司法管，此最不是。少間太守要侵支，使一［一二］司法如何敢拗他？通判雖管常平，而其職實管於司法。又所在通判大率避嫌，不敢與知州争事，韓文公所謂『例以嫌不可否事者也』。且如經、總制錢、牙契錢、倍契錢之類，盡被知州瞞朝廷奪去，更不敢争。」僩。

郭兄言本朝之守令極善。〔一三〕先生曰：「却無前代尾大不掉之患。即是州縣無權〔一四〕，卒有變故更支撑不住。」僩因舉：「祖宗官制沿革中説，祖宗時州郡禁兵額極多，又有諸名色錢可以贍養。及至王介甫作相，凡州郡之〔一五〕兵財盡刮刷〔一六〕歸朝廷，而州郡益虚。所以後來大亂〔一七〕，天下瓦解，由州郡無兵無財而然也〔一八〕。」先生曰：「只祖宗時州郡已自輕了。如仁宗朝京西群盗横行，破州屠縣，更無如之何。有某賊圍京西，某州太守無力拒之，太守姓晁，忘其名。〔一九〕遂斂金帛賂之〔二〇〕使去。後來朝廷聞之，富鄭公大怒，〔二一〕欲誅太守〔二二〕，云：『豈有任千里之寄，不能拒賊而反賂之者〔二三〕！』范文正公争之曰：『不可。〔二四〕州郡無兵無財，他〔二五〕將何捍拒？今他〔二六〕能權宜應變，姑可〔二七〕以全一城之生靈則亦可矣，豈可反罪之也〔二八〕？』然則彼時州郡已如此虚弱了，如何盡推〔二九〕得介甫？〔三〇〕介甫只是刮刷太甚，凡州郡禁兵闕額盡令勿補填。且如一州有千人禁軍額，闕五百人則本郡不得招填，每歲樁留五百名之衣糧并二季衣賜之物，令轉運使掌之而盡歸於朝廷，如此煞得錢不可勝計。」陳文云：「記得先生説，教提刑掌之，歸朝廷，名曰『封樁缺額禁軍錢』。」又云：「也怪不得州郡，欲添兵，誠無糧食給之，其勢多招不得。某守南康，舊有千人禁軍額，某到之〔三一〕時纔有二百人而已，然歲已自闕供給。本軍每年有租〔三二〕米四萬六千石，以三萬九千來上供，所餘者止七千石，僅能贍得三月之糧。三月之外便用別擘畫措置，如斛面、加糧之屬。又盡則預於民間借支。方借之時早穀方熟，不得已出榜令民先將早米來納，亦謂之利米。俟冬則折除其租米亦當大米之數，如此猶贍不給。壽皇數數有旨揮下來，必欲招滿千人之額。某申去云：『不難於招，只是無討糧食處。』又行下云：『便不及千人，亦須招填五百人。』雖聖旨如此，然終無得錢糧處，只得如此挨過日子而已。想得自初千人之額，自來不曾及數。蓋州郡只有許多米，他無來處，何以贍給之？然上供外所餘七千石，州郡亦不得用。轉運使每歲行文字下來約束，只教樁留在本州，不得侵支顆粒。那裏有？年年侵使了，每監司使公吏下來檢視，州郡又厚賂遺之使之[三三]去。全無顆粒，怪不得。若更不得支此米，何從得贍軍？然亦只贍得兩三月，何況都無！非天雨鬼輸，何從得來？某在彼時，顏魯子、王齊賢屢行文字下來令不得動。某報去云：『累任[三四]即無顆粒見在。雖上司約束分明，又奈歲用支使何？今來上司，不若爲之豁除其數。若守此虛名而無實，徒爲胥吏輩賂賄之地。又況州郡每歲靠此米支遣，決不能如約束，何似罷之？』更不聽，督責愈急。顏魯子又推王齊賢，王齊賢又推顏魯子。及王齊賢去，顏依舊行下約束，却被某不能管得，只認他[三五]支使了。若以爲罪則前後之爲守者皆一樣，又何從根究？其勢不奈何，只得如此處。」卓。[三六]

道夫言：「察院黃公鎪，字用和。剛正，人素畏憚。其族有縱惡馬踏人者，公治之急。其人避之惟謹，公則斬其馬足以謝所傷。」先生曰：「某南康臨罷，有躍馬於市者踏了一小兒，將死。某時在學中，令送軍院，次日以屬知録。晚過廨舍，知録云：『早上所喻已栲治如法。』某既而不能無疑於其說〔三七〕，回至軍院，則其人冠屨儼然，初未嘗經栲掠也。遂將吏人并犯者訊。次日，吏人杖脊勒罷。偶一相識云：『此是人家子弟，何苦辱之？』某曰：『人命所係，豈可寬弛？若云子弟得躍馬踏人，則後日將有甚於此者矣。况州郡乃朝廷行法之地，保佑善良，抑挫豪横乃其職也。縱而不問，其可得耶！』後某罷，諸公相餞於白鹿，某爲極口說西銘『民吾同胞，物吾與也』一段。今人爲秀才者便主張秀才，爲武官者便主張武官，爲子弟者便主張子弟，其所陷溺一至於此。」〔三八〕道夫。人傑録同而略，今附，云：〔三九〕「因說劉子澄好言家世。曰：『某在南康時，有一子弟騎馬踏損人家小兒，某訊而禁之，子澄以爲不然。某因講西銘「凡天下疲癃殘疾，惸獨鰥寡，吾兄弟顛連而無告者也」，君子之爲政，且要主張這一等人。遂痛責之。大概人不可有偏倚處。』」

某在南康軍〔四〇〕時，民有訟坐家逃移者，是身只在家而託言逃移不納稅。又有訟望鄉復業者，是身不回鄉而寄狀管業也。淳。

浙東提舉〔四一〕

「建陽簿權縣。有婦人，夫無以贍，父母欲取以歸事。到官，簿斷聽離。致道深以爲不然，謂夫婦之義豈可以貧而相棄？官司又豈可遂從其請？」先生曰：「這般事都就一邊看不得。若是夫不才，不能育其妻，妻無以自給，又奈何？這似不可拘以大義。只怕妻之欲離其夫別有曲折，不可不根究。」直卿云：「其兄任某處，有繼母與父不恤其[四二]前妻之子。其子數人貧窶不能自活，哀鳴於有司。有司以名分不便，只得安慰而遣之，竟無如之何。」先生曰：「不然。這般所在當以官法治之。也須追出後母責戒勵，若更離間前妻之子，不存活他，定須痛治。」因云：「程先生謂『舜不告而娶』，舜雖不告，堯嘗告之矣。堯之告之也，以王法治之而已。」因云：「昔爲浙東倉時，紹興有繼母與夫之表弟通，遂爲接脚夫，擅用其家業，恣意破蕩。其子不甘，來訴。初以其名分不便却之，後趕至數十里外，其情甚切，遂與受理，委楊敬仲。敬仲深以爲子訴母不便。某告之曰：『曾與其父思量否？其父身死，其妻輒棄背與人私通而敗其家業。其罪至此，官司若不與根治，則其父得不銜寃於地下乎？今官司只得且把他兒子頓在一邊。』渠當時亦以爲然。某後去官，想成休了。初追之急，其接脚夫即赴井，其有罪蓋不可掩。」賀孫。

因論監司巡歷受折送，曰：「近法，自上任許一次受。」直卿曰：「看亦只可量受。」先生曰：「某在浙東都不曾受。」道夫。

「而今救荒甚可笑。自古救荒只有兩說：第一是感召和氣以致豐穰，其次只有儲蓄之計。若待他饑時理會，更有何策？東邊遣使去賑濟，西邊遣使去賑濟，只討得逐州幾個紫綾册子來，某處已如何措置，某處已如何經畫，元無實惠及民。」或問：「先生向來救荒如何？」云：「亦只是討得紫綾册子，更有何策！」自修。

賑濟無奇策，不如講水利。到賑濟時成甚事？向在浙東，疑山陰、會稽二縣刷飢餓人少，通判鄭南再三云數實。及子細，刷起三倍。可學。

先生語次，問浙東旱。可學云：「浙東民户歌先生之德。」先生曰：「向時到部，州縣有措置，亦賴朝廷應副得以效力，已自有名無實者多。」因曰：「向時浙東先措置，分户高下出米，不知有米無米不同。有徐木者獻策，須是逐鄉使相推排有米者。時以事逼不曾行。今若行之一縣，甚易。大抵今時做事在州郡已難，在監司尤難，以地闊遠，動成文具。惟縣令於民親，行之爲易。計米之有無而委鄉之聰明誠信者處之，聰明者人不能欺，誠信者人不忍欺。若昏懦之人爲人所給，譎詐之士則務欲容私，此大不可。」可學。

某向在浙東，吏人押安撫司牒，既僉名押字。至紹興府牒，吏亦請僉名，某當時只押字去。聞王仲行有言〔四三〕語，此伊川所謂「只第一件便做不得」者。如南康軍〔四四〕舊來有文字到建康府〔四五〕，皆用申狀，某以爲不然。是時，陳福公作留守只牒建康僉廳，若非前宰執，只當直牒也。如南康有文字到鄰路監司，亦只合備牒，其諸縣於鄰州用牒却有著令。德明。

漳州

郡中元自出公牒，延郡士黄知録樵、施允壽、石洪慶、李唐咨、林易簡、楊士訓及淳與永嘉徐寓八人入學，而張教授與舊職事沮格。至是先生下學，僚屬又有乞留舊有官學正，有司只得守法，言者不止。先生變色厲詞曰：「郡守以承流宣化爲職，不以簿書、財計、獄訟爲事。某初到此，未知人物賢否，風俗厚薄。今已九月矣，方知得學校底裏，便欲注意[四六]學校。所以採訪鄉評物論，延請黄知録，以其有恬退之節，欲得表率諸生。又延請前輩士人同爲之表率，欲使邦人士子識些向背，稍知爲善之方，與一邦之人共趨士君子之域，以體朝廷教養作成之意。不謂作之無應，弄得來遂[四七]没合殺。教授受朝廷之命分教一邦，其責任不爲不重，合當自行規矩。而今却容許多無行之人、争訟職事人在學，枉請官錢，都不成學校。士人先要識個廉退之節。禮義廉耻是謂四維，若寡廉鮮耻，雖能文，要何用？某雖不肖，深爲諸君耻之。」淳。寓同而少異。[四八]

秋補牒請黄樵牧仲考校其詞，曰：「文學德行爲衆所推，今宜禮請同行考校。」復致書曰：「郡庠秋補，諸生欲請賢者臨之，非惟仰藉藻鑑之公，亦欲使後生少知尊賢尚德之意。」道夫。[四九]

謨曰：[五〇]「先生禁漳民禮佛朝嶽，皆所以正人心也。」先生曰：「未説到如此。只是男女混淆，便當禁約爾。」侍坐諸公各言諸處淫巫蠱[五一]惑等事，先生蹙頞嗟歎而已。因舉：「江西有玉隆萬壽宮、太平興國宮，每歲兩處朝拜，不憚遠近奔趨，失其本心，一至於此。」曰：「某嘗見其如此，深哀其愚。上昇一事斷無此理，豈有許多人一日同登天，自後又却不見一個登天之人？如汀民事定、光二佛，其惑亦甚。其佛肉身，嘗留公廳禱祈徼福，果有知道理人爲汀州，合先投畀水火以袪民惑。愚民施財崇修佛宇，所在皆然，此弊滋蔓尤甚。」陳後之言：「泉州妖巫惑民，新立廟貌，海船運土石及遠來施財，遭風覆舟，相繼而不悟。」先生云：「亦嘗望見廟宇壯麗，但尋常不喜入神廟，不及往觀。凡此皆是愚而無知者之所爲爾。」謨。

鄭湜補之問戢盗。曰：「只是嚴保伍之法。」鄭云：「保伍之中，其弊自難關防。如保頭等易得挾勢爲擾。」曰：「當令逐處鄉村舉衆所推服底人爲保頭。又不然，則行某漳州教軍之法以戢盗心。這是已試之效。」因與説：「某在漳州，初到時教習諸軍弓射等事，皆無一人能之。後分許多軍作三番，每月輪番入教場挽弓，及等者有賞；其不及者留在，只管挽射，及等則止；終不及則罷之。兩月之間，翕然都會射，及上等者亦多，後多留刺以填闕額。其有老弱不能者並退罷之。他若會射了，有盗賊他是不怕他。」劉叔通問：「韓范當初教兵甚善。」先生因云：「公道韓公兵法如何？」又云：「刺陵西[五二]義勇事何如[五三]？這個人恁地不曉事。儂智高反亦是輕可底事，何故恁地費力。」劉云：「聞廣中都無城郭，某處種竻木爲城，枝節生刺，刀火不能破。」賀孫。

本朝立法，以知州爲不足恃，又置通判分掌財賦之屬。然而知州所用之財，下面更有許多幕職官通管，尚可稽考。惟通判使用更無稽考者［五四］。通判廳財賦極多。某在漳州，凡胥吏輩窠坐，有優輕處、重難處，盡與他擺換一次，優者移之重處，重者移之優處。惟通判廳人吏不願移換。某曰：「你若不肯，盡與你斷罷。」於是皆一例擺換。蓋通判廳財賦多，恣意侵漁，無所稽考也。僩。

陳安卿［五五］問：「『二十而一，十一，十二，二十而三，二十而五』，如何？」先生曰：「近處役重，遠處役輕。且如六鄉自是家家爲兵，至如稍、縣、都鄙［五六］却是七家只出一兵。」黄直卿［五七］曰：「鄉遂用貢法，都鄙用助法，則是都鄙却成九一。但鄭注『二十而一』等及九賦之類，皆云是計口出泉，如此又近於太重。」先生曰：「便是難曉，這個今且理會得大概。若要盡依他行時也難，似而今時節去那［五八］封建井田尚煞争。［五九］却［六〇］如某病後要思量白日上昇，如何得！今且醫得無事時已是好了。據某看來，［六一］而今只是如江浙間，［六二］除了那［六三］和買丁錢，重處減些子［六四］，使一家但納百十錢，只依而今税賦後［六五］放教寛着［六六］，無大故害民處，［六七］如此時便是小太平了。前輩云，本朝税輕於什一，此説［六八］也只是向時可恁地説，似而［六九］今何啻數倍也！緣是上面自要許多用，你而今好看教縣中省解些月椿，［七〇］看州府不來打駡麽？在［七一］漳州解發銀子，折了星兩，後來運司發文字下來取，［七二］被某不能管得，判一個『可付一笑』字，聽他門自去理會。似恁時節却要行井田，如何行得！伊川先生嘗言要必復井田封建，及晚年又却言不必封建井田，便也是看破了。[七三]今[七四]且如封建，自柳子厚之屬論得來也是太過，但也是行不得。[七五]如漢當初嘗[七六]要封建，後來便恁地狼狽。若便[七七]如主父偃之説，『天子使吏治其國而但[七八]納其貢税』，如此便不必封建也得。[七九]今且做把一百里地封一個親戚或功臣，教他去做，其初一個未必便不好，但子孫決不能皆賢。若有一個在那裏無稽時，你[八〇]不成教百姓論罷了一個國君！若只坐視他恁地[八一]害民又不得，那裏[八二]如何區處？[八三]更是人也自不肯去。今且做[八四]教一個錢塘縣尉封他作靜江國王、鬱林國王，[八五]他定是不肯去，[八六]它[八七]寧肯作錢塘縣尉。唐時理會一番襲封刺史，人都不肯去。[八八]符秦也曾如此來。人皆是戀那京師快活後[八九]都不肯去，却要遣人押起，[九〇]這個決是不可行。若是以大概論之，聖人封建都是正理；但以利害言之，則利少而害多。而今如[九一]子由古史論得也忒煩，前後都不相照。[九二]想是子由老後昏眩，説得恁地。某嘗作説辨之，得四五段，不曾終了。若東坡時便不如此，他每每兩籠羅[九三]説，他若是主這一邊説時，那一邊害處都藏着不敢説破。如子由便是只管説，後説得更無理會。」因曰：「蘇氏之學喜於縱恣疏蕩。東坡嘗作某州學記，言井田封建皆非古，但有學校尚有古意。其間言『舜遠矣，不可及矣。但有子産尚有[九四]稱』，他便是敢恁地説。千古萬古後你如何知得無一個人似舜。」義剛。[九五]

敬之問：「淳熙事類，本朝累聖删定刑書，不知尚有未是處否？」曰：「正緣是删改太多，遂失當初立法之意。如父母在堂不許分異，此法意極好。到後來因有人親在，私自分析用盡了，到親亡却據法負賴，遂著令許私分。又某往在臨漳，豐憲送一項公事，有人情願不分，人皆以爲美。乃是有寡嫂孤子，後來以計嫁其嫂而又以己子添立，併其産業。後委鄭丞看驗，逐項剖析子細，乃知其情。」賀孫。

楊通老問：「趙守斷人立後事錯了，人無所訴。」曰：「理却是心之骨，這骨子不端正，少間萬事一齊都差。人〔九六〕如一個印，刊得不端正，看印在甚麽所在千個萬個都喎斜。不知人心如何恁地暗昧！這項事其義甚明，這般所在都是要自用，不肯分委屬官，所以事叢雜，處置不暇，胡亂斷去。在法，屬官自合每日到官長處共理會事，如有不至者自有罪。今則屬官雖要來，長官自不要他來，他也只得休。這般法意是多少好。某嘗說，或是作縣，看是狀牒如何煩多都自有個措置。每聽詞狀，集屬官都來列位於廳上，看有多少，均分之各自判去。到着到時亦復如此，若是眼前易事，各自處斷；若有可疑等事，便留在集衆較量斷去，無有不當，則獄訟如何會壅？此非獨爲長官者省事，而屬官亦各欲自效。兼是如簿尉等初官，使之決獄聽訟得熟，是亦教誨之也。某在漳州，豐憲送下狀如雨，初亦爲隨手斷幾件。後覺多了，恐被他壓倒了，於是措置幾隻厨子在廳上分了頭項。送下訟來，即與上簿，合索案底自入一厨，人案已足底自入一廚。一日集諸同官，各分幾件去定奪。只於廳兩邊設幕位，令逐項敍來歷，末後擬判。俟食時，即就郡廚辦數味，飲食同坐，食訖即逐人以所定事較量。初間定得幾個來自去做文章，都不説着事情。某不免先爲畫一[九七]樣子，云某官今承受提刑司判下狀係某事。（一）甲家於某年某月某日有甚干照，計幾項；乙家於某年某月某日有甚干照，計幾項。逐項次第寫令分明。（一）甲家如何因甚麽事争起到官，乙家又[九八]如何來解釋互論，甲家又如何供對已前事分明了。（一）某年某月某日如何斷。（一）某年某月某日某家於某官番訴，某官又如何斷。以後幾經番訴並畫一寫出，後面却點對以前所斷當否，或有未盡情節擬斷在後。如此了却把來看，中間有擬得是底並依其所擬斷決，合追人便追人，若不消追人，便只依其所擬回申提刑司去。有擬得未是底或大事可疑，却合衆商量。如此事都了，並無壅滯。」楊通老云：「天下事體固是説道當從原頭理會來，也須是從下面細處理會將上始得。」曰：「固是。如做監司，只管怕訟多措置不下，然要省狀也不得。若不受詞訟，何以知得守令政事之當否？全在這裏見得。只如入建陽受建陽民户訟，這個知縣之善惡便見得。如今做守令，其弊百端，豈能盡防！如胥吏沈滯公事，邀求於人，人皆知可惡，無術以防之。要好，在嚴立程限。他限日到自要苦苦邀索不得。若是做守令，有可以白干沈滯底事便是無頭腦，須逐事上簿，逐事要了始得。某爲守，一日詞訟一日着到，合是第九日亦詞訟，某却罷了此日詞訟。明日是休日，今日便刷起，一旬之内有未了事一齊都要了。大抵做官須是令自家常閑，吏胥常忙方得。若自家被文字來叢了，討頭不見，吏胥便來作弊。做官須是立綱紀，綱紀既立都自無事。如諸縣發簿曆到州，在法，本州點對自有限日。如初間是本州磨算司，便自有十日限，却交過通判審計司，亦有五日限。今到處並不管着限日，或遲延一月，或遲延兩三月，以邀索縣道，直待計囑滿其所欲方與呈州。初過磨算司使一番錢了，到審計司又使一番錢，到倅廳發回呈州呈覆，吏人又要錢。某曾作簿，知其弊，於南康及漳州皆用限日。他這般法意甚好，後來一向埋没了。某每到，即以法曉諭定要如此，亦使磨底磨得子細，審底審得子細，有新簿、舊簿不同處，便批出理會。初間吏輩以爲無甚緊要，在漳州押下縣簿，付磨算司及審計司，限到滿日却不見到，根究出乃是交點司未將上，即時决兩吏。後來却每每及限，雖欲邀索也不敢遷延，縣道知得限嚴也不被他邀索。如此等事整頓得幾件，自是省事。此是大綱紀。如某爲守，凡遇支給官員俸給，預先示以期日，到此日只要一日支盡，更不留未支，這亦防邀索之弊。看百弊之多只得嚴限以促之，使他大段邀索不得。」又曰：「某人世爲良宰，云要緊處有八字『開除民丁，劃割户税』，世世傳之。」又曰：「法初立時有多少好意思，後來節次臣僚胡亂申請，皆變壞了。如父母在堂不許異財，法意最好。今爲人父母在不異財，却背地去典賣，後來却昏賴人。以一時之弊變萬世之良法，只是因某人私意申請。法儘有好處。今非獨下之人不畏法，把法做文具事，上自朝廷也只把做文具行了，皆不期於必行。

前夜説上下視法令皆爲閑事。如不許州郡監司饋送，幾番行下而州郡監司亦復如前，但變換名目，多是做忌日去寺中焚香，於是皆有折送，其數不薄。間有甚無廉耻者，本無忌日，乃設爲忌日焚香以圖饋送者。朝廷詔令事事都如此無紀綱，人人玩弛，可慮可慮。」又曰：「只如省部有時行下文字儘有好處，只是後來付之胥吏之手都没收殺。某在漳州，忽行下文字，應諸州用鑄印處或有缺損磨滅底並許申上，重行改造。此亦有當申者，如合有鑄印處乃是兵刑錢穀處，如尉有鑄印，亦有管部弓兵司理主郡刑獄乃無鑄印。後來申去又如掉在水中一般，過得幾時又行文字來，又申去，又休了。如今事事如此，省部文字一付之吏手，一味邀索，百端阻節。如某在紹興，有納助米人從縣保明到州，州保明到監司，方與申部，忽然部中又行下一文字來再令保明。某遂與逐一詳細申去，云：『已從下一一保明訖，未委今來因何再作行移？』如此申去休了，後來忽又行下來云：『助米人稱進士，未委是何處幾時請到文解，還是鄉貢？如何，仰一一牒問上來。』這是叵耐不叵耐！他事事敢如此邀求取索。當初朝廷只許進士助米，所謂進士只是科舉終場人，如何敢恁地説！某當時若便得這省吏在前，即時便與刺兩行字配將去。然申省去，將謂省官須治此吏，那裏治他！又如奏罷一縣令，即申請一面差人待闕，候救荒事訖交割下替。便[九九]來争，上去部裏論，部裏便判罷權官。後來與申去，云元初差這人乃是奉聖旨令救荒，盡與備許多在前。及後部中行下，乃前列聖旨了，後乃仍舊自云『合還下替，交割職事』。直是恁地胡亂行移，略不知有聖旨！那個權官見代者來得恁地急，不能與争，自去了。」賀孫。

頃常欲因奏對言一事而忘之，諸州軍兵衣絹或非所有，則以上供錢對易於出産州軍，最爲煩擾。如漳州舊與信、處二州對易。每歲本州爲兩州抱認上供錢若干，盡數解納而兩州絹絶不來，太守歲遣書饋懇請，恬不爲意，或得三分之一，間發到一半極矣。然絹紕薄而價高，常致軍人怨詈。傅景仁初解漳州，以支散衣絹不好爲軍人喊噪，不得已以錢貼支姑得無事，歲以爲苦。興化取之台州更是回遠。此事最不難理會而無一人肯言之者，不知何故。既知漳不出絹，信州、處州有之，何不令兩州以所合發納上供錢輸絹左藏，只令漳州以錢散軍人，豈不兩便？軍人皆願得錢，不願得絹，蓋今絹價每疋三千省而請錢則得五千省故也。此亦當初立法委曲勞複之過，改之何妨。僩。

本州鬻鹽最爲毒民之横賦，往前［一〇〇］屢經旨罷而復屢起。自［一〇一］先生至，石丈屢言其利害曲折。先生即散榜，先罷其［一〇二］瀕海十一鋪，其餘諸鋪擬俟經界正賦既定然後悉除之。至是諸鋪解到［一〇三］鹽錢，諸庫皆充塞。先生曰：「某而今方見得鹽錢底裏［一〇四］與郡中歲計無預。前後官都被某見過，無不巧作名色支破者。古者山澤之利與民共之，今都占了，是何理也，合盡行除罷而行迫無及矣！」淳。

李椿年行經界，先從他家田上量起。今之輔弼能有此心否？人傑。〔一〇五〕

某在臨漳欲行經界，只尋得善熟者數人任之。大抵立事須要人才，若人才難得，不成便休，須着做去。人傑。〔一〇六〕

某保甲草中所説縣郭四門外置隅官四人，此最緊要，蓋所以防衛縣郭以制變。縣有官府、獄訟、倉庫之屬，須是四面有個防衛始得。一個隅官須各管得十來里方可，諸鄉則只置彈壓之類而不復置隅官，默寓個大小相維之意於其間。又後面「子弟」一段須是着意理會。這個子弟真個要他用，非其他泛泛之比，須是别有個拔擢旌賞以激勸之乃可。此等事難處，須是理會教他整密，無些罅縫方可。僩。〔一〇七〕

吴英茂實云：「政治當明其號令，不必嚴刑以爲威也。」先生曰：「號令既明，刑罰亦不可弛，苟惟不明〔一〇八〕刑罰，則所謂號令者〔一〇九〕徒掛墻壁爾。與其不遵以梗吾治，曷若懲其一以戒百？與其覆實檢察於其終，曷若嚴其始而使之無犯？做大事豈可以小不忍爲心。」〔一一〇〕道夫。〔一一一〕

問欲行經界本末。曰：「本一官員姓唐，上殿論及此，尋行下漳、泉二州相度。本州申以爲可行，而泉州顔尚書操兩可之説，致廟堂疑貳。却是因黄伯耆輪對再論，其劄子未極好。如云：『今日以天下之大，公卿百官之衆，商量一經界三年而不成。使更有大於此者，將若之何？』上如其請，即時付出。三省宰執奏請，又止且行於漳州。且事當論是非，若經界果可行當行於三州，若不可行則皆當止。漳與泉、汀接壤，今獨〔一一二〕於漳州，果何謂？」某云：「今農務已興乃差官措置，豈是行經界之時？去冬好行乃不行，廟堂何不略思？」曰：「今日諸公正是如此衮纏過，故做到公卿。如少有所思則必至觸礙，安得身如此之安？若放此心於天地間公平處置，則何事不可爲？去年上朝廷文字及後來抗祠請，皆有後時之慮。今日却非避事。」可學。

「經界，料半年便都了。以半年之勞而革數百年之弊，後去〔一一三〕且未説到久，亦須四五十年未便卒壞。茲著〔一一四〕若行則令四縣特作四樓以貯簿籍，州特作一樓以貯四縣之圖帳，不與他文書混。闔郡皆曰不可者，只是一樣人田多税少便造説嗥嚇，以爲必有害無利；一樣人是憚勞，懶做事，却被那人〔一一五〕説所誑，遂合辭以爲不可。其下者因翕然從之。」或曰：「亦是民間多無契，故恐耳。」曰：「十分做一分無契，此只一端耳。況其〔一一六〕亦許無契者來自陳。」或曰：「只據民户見在田，不必索契，如何？」曰：「如此則起無限争訟，必索契則無限争訟遏矣。今之爲縣，真有愛民之心者十人則十人以經界爲利，無意於民者十人則十人以經界爲害。今之民只教貧者納税，富者自在收田置田不要納税，如此則人便道好，更無些事不順他，便稱頌爲賢守。」淳。

因論經界。曰：「只著一『私』字，便生無限枝節。」或問：「程子『與五十里采地』之説如

何？」曰：「人之心無窮，只恐與五十里他又要一百里，與一百里他又要三〔一一七〕百里。」淳。〔一一八〕

先生於州治射堂之後圃，畫爲井字九區，中區〔一一九〕石甃爲高壇，中之後區爲茅庵。庵三窗，左窗櫺爲泰卦，右爲否卦，後爲復卦，前扇爲剥卦。庵前接爲小屋。前區爲小茅亭。左右三區各列植桃李而間以梅，九區之外圍繞植竹。是日遊其間，笑謂諸生曰：「上有九疇八卦之象，下有九丘八陣之法。」淳。

先生除江東漕，辭免。文蔚問：「萬一不容辭免，則當如何？」曰：「事便是如此安排不得。此已辭了，而今事却在他這裏，如何預先安排得？」文蔚。

知〔一二〇〕潭州

先生至嶽麓書院抽籤子，請兩士人講大學，語意皆不分明。先生遽止之，乃諭諸生曰：「前人建書院，本以待四方士友相與講學，非止爲科舉計。某自到官，甚欲與諸公相與講明，一江之隔又多不暇。意謂諸公必皆留意，今日所説反不如州學，又安用此贅疣。明日煩教授諸職事共商量一規程，將來參定，發下兩學共講磨此事。若只如此不留心，聽其所之。學校本是來者不拒，去者不追，豈有固而留之之理？且學問自是人合理會底事，只如『明明德』一句，若理會得自提省人多少。明德不是外面將來安在身上，自是本來固有底物事，只把此切己做工夫有甚限量。此是聖賢緊要警策人處，如何不去理會？不理會學問，與蚩蚩橫目之氓何異？」謙。

「而今官員不論大小盡不見客，敢立定某日見客、某日不見客，甚至月十日不出。不知甚麼條貫上〔一二一〕如此，是禮乎？法乎？可怪！不知出來與人相應接少頃有甚辛苦處。使人之欲見者等候不能得見，或有急幹欲去，有甚心情等待？欲吞不可，欲吐不得，其苦不可言。此等人所謂不仁之人，心都頑然無知，抓着不痒，搯着不痛矣。小官下位〔一二二〕嘗被上位如此而非之矣，及至他榮顯，又不自知矣。」因言：「夏漕每日先見過往人客了，然後請職事官相見，蓋恐幕職官禀事多時過客不能久候故也。某在潭州見前後〔一二三〕初一、十五例不見客，諸司皆然，某遂破例令皆相見。」先生在潭州每間日一詣學，士人見於齋中，官員則於府署。僩。

客說社倉訟事。曰：「如今官司鶻突，都無理會，不如莫辨。」因說：「如今委送事，不知屬官能否，胡亂送去，更無分曉了絕時節。某在潭州時，州中僚屬朝夕相見，却自知得分曉，只縣官無由得知。後來區處每月版帳錢，令縣官逐人輪番押來，當日留住，試以公事。又怕他鶻突寫來，却與立了格式，云：今蒙使府委送某事如何。（一）某人於某年月日於某處理某事，某官如何斷。（一）又於某時處〔一二四〕再理，某官如何斷。（一）某今看詳此事理如此，於條合如何結絶。如此，人之能否皆不得而隱。」木之。

問：「先生須更被大任用在。」曰：「某何人，安得有此！然亦做不得，出來便敗。且如在長沙城，周圍甚廣而兵甚少。當時事未定，江上洶洶，萬一兵潰，必趨長沙。守臣不可去，只是浪戰而死。此等事須是有素定家計。魏公初在五路，治兵積粟爲五年計，然後大舉。因虜人攻犯淮甸，不得已爲牽制之師。事既多違，魏公久廢，晚年出來便做不得。欲爲家計，年老等不得了，只是逐急去，所以無成。某今日亦等不得了，規摹素不立，纔出便敗。」德明。

或問修城事。云：「修城一事，費亦浩瀚。恐事大〔一二五〕力小，兼不得人，亦難做。如今只靠兩寨兵固是費力，又無馭衆之將可用。」張倅云：「向來靖康之變，虜至長沙，城不可守，雖守臣之罪，亦是闊遠難守。」先生曰：「向見某州修城亦以闊遠之故，稍縮令狹却易修。」周伯壽云：「前此陳君舉說，長沙米倉酒庫自在城外。萬一修得城完，財物盡在城外，不便。只當移倉庫，不當修城。」先生云：「此是秀才家應科舉議論。倉庫自當移，城自當修。」先生又云：「向見張安國帥長沙，壁間掛一修城圖，計料甚子細。有人云：『如何料得如此？恐可觀不可用。』張帥自後便卷了圖子，更不說着。周益公自是怕事底人，不知誰便說得他動。初，益公任内只料用錢七萬，今甎瓦之費已使了六萬，所餘止一萬，初料得少，如今朝廷亦不肯添了。」謙。

晦庵先生朱文公語類卷第一百七

朱子四

孝宗朝内任，丙辰後，雜言行。

六月四日，周揆令人諭意云：「上問：『朱某到已數日，何不請對？』」遂詣閤門，通進榜子。有旨：「初七日後殿班引。」及對，上慰勞甚渥。自陳昨任浙東提舉日荷聖恩保全。上曰：「浙東救荒煞究心。」又言：「蒙除江西提刑，衰朽多疾，不任使令。」上曰：「知卿剛正，只留卿在這裏，待與清要差遣。」再三辭謝，方出奏劄。上曰：「正所欲聞。」口奏第一劄意，言犯惡逆者近來多奏裁減死。上曰：「似如此人，只貸命有傷風教，不可不理會。」第四劄言科罰。上曰：「聞多是羅織富民。」第五劄讀至「置將之權，旁出閹寺」，上曰：「這個事却不然，盡是採之公論，如何由他。」對曰：「彼雖不敢公薦，然皆託於士大夫之公論而實出於此曹之私意。且如監司守臣薦屬吏，蓋有受宰相、臺諫風旨者。況此曹奸僞百出，何所不可！臣往蒙賜對，亦嘗以此爲説，聖諭謂爲不然。臣恐疏遠，所聞不審，退而得之，士大夫與夫防夫、走卒莫不謂然，獨陛下未之知耳。至去者未遠而復還。」謂甘昇。問上曰：「陛下知此人否？」上曰：「固是，但漏洩文書乃是他子弟之罪。」對曰：「豈有子弟有過而父〔一〕無罪。然此特一事耳。此人挾勢爲奸，所以爲盛德之累者多矣。」上曰：「高宗以其有才，薦過來。」對曰：「小人無才尚可，小人有才，鮮不爲惡。」上因舉馬蘇論才德之辯云云。至「當言責者，懷其私以緘默」。奏曰：「陛下以曾任知縣人爲六院察官，闕則取以充之。雖曰親擢，然其途〔二〕轍一定，宰相得以先布私恩於合入之人。及當言責，往往懷其私恩，豈肯言其過失。」上曰：「然。近日之事可見矣。」至「知其爲賢而用之，則用之唯恐其不當〔三〕，聚之唯恐其不多。知其爲不肖而退之，則退之唯恐其不早，去之唯恐其不盡」。奏曰：「豈有慮君子太多，須留幾個小人在裏？人之治身亦然，豈有慮善太多，須留些惡在裏？」至「軍政不修，士卒愁怨」。奏〔四〕曰：「主將刻剥士卒以爲苞苴，升轉階級皆有成價。」上云：「却不聞此，果有時，豈可不理會？卿可子細採探却來説。」末後辭云：「照對江西係是盜賊刑獄浩繁去處，久闕正官。臣今迤邐前去之任，不知有何處分？」上曰：「卿自詳練，不在多囑。」閎祖。

「今之兵官有副都總管、路鈐、路分、都監、統領將官、州鈐轄、州都監，而路鈐、路分、統領之類多以貴游子弟處之。至如副都總管，事體極重，向以節使爲之，後有以修武郎爲之者。如州統領，至有以下班祇應爲之者，此士夫所親見。只今天下無虞，邊境不聳，故無害。萬一略有所〔五〕警，便難承當。兵政病敗未有如今日之甚者。某屢言於壽皇。壽皇謂某曰：『命將，國之大事，非朝廷之公選，即諸公之公薦，决無他也。』某奏云：『陛下但見列薦於朝廷之上，以爲是皆公選，而不知皆結托來爾。且如今之文臣列薦者，陛下以爲果〔六〕出於公乎？不過有勢力者一書便可得。』壽皇曰：『果爾，誠所當察。卿其爲朕察之。』」道夫。

壽皇晚來極爲和易。某嘗因奏對言檢旱事〔七〕，天語云：「檢放之弊惟在於後時而失實。」只這四字盡得其要領。又言經、總制錢，則曰：「聞之〔八〕巧爲名色以取之於〔九〕民。」其於天下事極爲諳悉。道夫。〔一〇〕

問：「或言孝宗於内殿置御屏，書天下監司、帥臣、郡守姓名，作揭貼子其上，果否？」曰：「有之。孝宗是甚次第英武！劉共甫奏事便殿，嘗見一馬在殿庭間不動，疑之。一日，問王公明。公明曰：『此刻木爲之者，上萬機之暇即御之，以習據鞍騎射故也。』」又曰：「某嘗以浙西當平事〔一一〕入見，奏及賑荒。上曰：『其弊只在後時失實。』此四字劇〔一二〕切荒政之病。」儒用。〔一三〕

光宗朝〔一四〕

或問：「陳源之罪當殺否？」曰：「新君即位，不可開其殺人之端。」學蒙。〔一五〕

向改慶元年號時，先擬「隆平」。某云：「向來改『隆興』時有人議破，以爲『隆』字近『降』字。今既説破，則不可用。」又曰：「『淳熙』年〔一六〕本作『純』字，時有人言〔一七〕此字必改，言未既而改〔一八〕。蓋『純』字有『屯』字在旁。」又曰：「真宗時楊大年擬進『豐亨』字，上曰：『爲子不了。』不用。」義剛。〔一九〕

今上寧宗〔二〇〕

初見先生，即拜問云：「先生難進易退之風，天下所共知。今新天子嗣位乃幡然一來，必將大有論建。」先生笑云：「只爲當時不合出長沙，在官所有召命，又不敢固辭。」又問：「今既受了侍從職名，却不容便去。」先生云：「正爲如此。」又笑云：「若病得狼狽時，也只得去。」自修。

講筵亦云：「意象怱怱，常若有所迫逐。」又記，曾言：「讀書者，譬如觀此屋。若在外面望，便謂見了則無緣識得。須是入去裏面，逐一看過是幾多間架，幾多窗櫺。看一遍了又重重看過，一齊記得方是。」方子。〔二一〕

經筵劄子所言：「大可懼者四：其一，未可直遷南内，且宜於重華宫草創屋宇一二十間權以自處。又於外創一二十間以處宿衛之衆使無暴露，不可厚自奉養，以失中外之望。其二，宜盡孝以感上皇之心。先宜關白太后，且選親屬之尊者委曲方便，使上入宫進見，流涕伏地，抱膝吮乳，負罪引慝。又令親屬與左右扶掖解説，告以不得已之故。則上皇必將驩然，雪消霧解其平日之怒矣。其三，宜振紀綱。諭近習以不得與政。凡有政事必與大臣商議，給舍繳駁，揚於王庭而行之。議或未定，當稱制臨決以示至公。貼黄稱：人主當求聰明之實，不可求聰明之名。與大臣、給舍議政是求聰明之實也；與左右、近習參議，從中批出，是求聰明之名也。求聰明之實者，始雖未明，久久自能明見事理；求聰明之名者，雖一時足以驚駭衆聽，然近習弄權，日生昏暗。此二者毫釐之差，得失有大相遠者。其四，今之葺宫宜且緩七月之期。召四方草澤術人別議所向，以爲宗社無窮之休。」其言切直明白，洞見事幾。今之所記，略得大綱如此。其末又云：「臣之孤蹤，不能自保。此言一入，必不能久侍，請間之。燕矣！」人傑。〔二二〕

在講筵時論嫡孫承重之服，當時不曾帶得文字行。旋借得儀禮看，又不能得分曉，不免以禮律爲證。後來歸家檢注疏看，分明説「嗣若有廢疾不任國事者，嫡孫承重」。當時若寫此文字出去，誰人敢争？此亦講學不熟之咎。人傑。

先生檢熙寧祧廟議示諸生云：「荆公數語是甚次第，若韓維、孫固、張師顔等所説，如何及得他。最亂道是張師顔説。當時新法之議也如此，是多少人説都説不倒。東坡是甚麽樣會辯也説得不甚切，荆公可知是動得人主。前日所論欲祧者，其説不出三項：一欲祧僖祖於夾室，以順翼宣祖所祧之主祔焉。但夾室乃偏側之處，若藏列祖於偏側之處，而太祖以孫居中尊，是不可也。一是欲祔景靈宮。景靈宮,元符所建,貌象西畔六人東向,其四皆依道家冠服是四祖,二人通天冠、絳紗袍乃是太祖太宗,暗地設在裏,不敢明言。某書中有一句説云云。今既無頓處,况元初奉祀景靈宮聖祖是用簠簋籩豆,又是蔬食。今若祔列祖,主祭時須用葷腥,須用牙盤食,這也不可行。又一項是欲立別廟。某説若立別廟須大似太廟乃可。又不知祫祭時如何,終不成四人令在那一邊,幾人自在這一廟,也只是不可。不知何苦如此。其説不過但欲太祖正東向之位,別更無説。他所謂東向又那曾考得古時是如何,東向都不曾識,只從少時讀書時文[二三]見奏議中有説甚『東向』,依希聽得。如今廟室甚狹,外面又接簷,似乎闊三丈,深二[二四]丈。祭時各捧主出祭,東向位便在楹南簷北之間,後自坐空;昭在室外,後却靠實;穆却在簷下一帶,亦坐空。如此則東向不足爲尊,昭一列却有面南居尊之意。古者室中之事,東向乃在西南隅所謂奥,故爲尊。合祭時太祖位不動,以群主入就尊者,左右致饗,此所以有取於東向也。今堂上之位既不足以爲尊,何苦要如此?乃使太祖無所自出。」祝禹圭云:「宣祖[二五]以上皆不可考。」曰:「是不可考,要知定是有祖所自出。不然,宣祖[二六]却從平地爆出來,是甚説話!」問:「郊則如何?」曰:「郊則自以太祖配天。這般事最是宰相没主張。這奏議是趙子直編,是他當初已不把荆公做是了,所以將那不可祧之説皆附於注脚下,又甚率略。那許多要祧底話却作大字寫,不知那許多是説個甚麽。只看荆公云:『反屈列祖之主,下祔子孫之廟，非所以順祖宗之孝心。』如何不説得人主動！當時上云：『朕聞之矍然，敢不祗允！』這許多只閑説，只是好勝，都不平心看道理。」又云：「某嘗在上前説此，上亦以爲不可，云：『高宗既不祧，壽皇既不祧，朕又安可爲！』奈何都無一人將順這好意思。某所議，趙丞相白乾地不付出，可怪！」賀孫。

問：「本朝廟制，韓維請遷僖祖，孫固欲爲僖祖立別廟，王安石欲以僖祖東向，其議如何？」曰：「韓説固未是。孫欲立別廟如姜嫄，則姜嫄是婦人，尤無義理。介甫之説却好。僖祖雖無功德，乃是太祖嘗以爲高祖。今居東向，所謂『祖以孫尊，孫以祖屈』者也。近者孝宗祔廟，趙丞相主其事，因祧宣祖，乃併僖祖祧之，令人毁拆僖祖之廟。當時集議某不曾預，只於上前〔二七〕説此事。末云：『臣亦不敢自以爲是，更乞下禮官與群臣集議。』趙丞相遂不付出。當時曾無玷、陳君舉之徒全然不曉，但謝子肅、章茂獻却頗主某説。又孫從之云：『僖祖無功德。』某云：『且如秀才起家，貴顯是自能力學致位，何預祖宗？而朝廷贈官必及三代。如公之説，則不必贈三代矣。又如〔二八〕僖祖有廟，則其下子孫當祧者置於東西夾室，於理爲順。若以太祖爲尊，而自僖祖至宣祖反置於其側，則太祖之心安乎？』」又問：「趙丞相平日信先生，何故如此？」曰：「某後來到家檢渠所編本朝諸臣奏議，正主韓維等説，而作小字附注王安石之説於其下，此惡王氏之僻也。」又問廟門堂室之制。曰：「古之士廟如今之五架屋，以四分之一爲室，其制甚狹。

近因在朝見太廟之堂亦淺，祫祭時太祖東向，乃在虛處。群穆背簷而坐，臨祭皆以帟幕圍之。古人惟朝踐在堂，它祭皆在室中。序[二九]近東則太祖與昭穆之位背處皆實。又其祭逐廟以東向爲尊，配位南向。若朝踐以南向爲尊，則配位西向矣。」又問：「今之州縣學，先聖有殿，只是一虛敞處，則堂室之制不備？」曰：「古禮無塑像，只云先聖位向東。」又問：「若一一理會，則更無是處？」曰：「固是。」人傑。

「太廟向有十二室：僖祖今祧，宣祖今祧，太祖、太宗今一世，真宗今二世，仁宗今三世，英宗今四世，神宗今五世，哲宗、徽宗今六世，欽宗、高宗今七世，孝宗今八世。[三〇]今祔孝宗，却除了僖祖、宣祖兩室，止有十一室，止有八世，進不及祖宗時之九，退不得如古之七，豈有祔一宗而除兩祖之理！況太祖而上又豈可不存一始祖？今太祖在廟堂而四祖並列西夾室，亦甚不便。某謂止祧宣祖，合存僖祖。既有一祖在上，以下諸祖列於西夾室猶可。或言：『周祖后稷，以其有功德；今僖祖無功，不可與后稷並論。』某遂言：『今士大夫白屋起家以至榮顯，皆說道功名是我自致，何關於乃祖乃父。則朝廷封贈三代而[三一]諸公能辭而不受乎？況太祖初來自尊僖祖爲始祖，諸公必忍去之乎？』某聞一日集議，遂辭不赴。某若去時必與諸公合炒去。乃是陳君舉與趙子直自如此做，曾三復、孫逢吉亦主他說。中間若謝子肅、章茂獻、張春卿、樓大防皆以爲不安，云：『且待朱丈來商量。』曾三復乃云：『乘此機會祧了。』這是甚麼事，乘機投會恁地急。某先有一奏議投了。樓、張諸公上劄乞降出朱某議，若其言近理，臣等敢不遵從。趙子直又不付出，至於乘夜撤去僖祖室，兼古時遷廟又豈應如此？偶一日接奉使，兩府侍從皆出，以官驛狹，侍郎幕次在茶坊中而隔幕次説及此，某遂辨説一番，諸公皆順聽。陳君舉謂：『今各立一廟。周時后稷亦各立廟。』某説：『周制與今不同。周時豈特后稷各立廟，雖赧王也自是一廟。今立廟若大於太廟，始是尊祖。今地步狹窄，若别立廟，必做得小小廟宇，名曰尊祖，實貶之也。』君舉説幾句話皆是臨時去檢注脚來説。某告之云：『某所説底都是大字印在那裏底，却不是注脚細字。』向時太廟一帶十二間，前堂後室，每一廟各占一間，祧廟之主却在西夾室。今立一小廟在廟前，不知中間如何安排。後來章茂獻、謝深甫諸公皆云：『悔不用朱丈之説。』想也且恁地説。」正淳欲借奏草看，先生曰：「今事過了，不須看。」賀孫。

集議欲祧僖祖廟〔三二〕，正太祖東面〔三三〕之位。先生以爲僖祖廟〔三四〕不可祧，惟存此則宣、順、翼〔三五〕祧主可以祔入。劉知夫云：「諸公議欲立僖祖廟爲别廟。陳君舉舍人引閟宫爲故事。」先生曰：「閟宫詩，而今人都説錯了。」又因論：「周禮『祀先王以衮冕，祀先公以鷩冕』，此乃不敢以天子之服加先公，故降一等。」直卿云：「恐不是『祭以大夫』之義。」先生曰：「祭自用天子禮，只服略降耳。」時舉。寓録同。〔三六〕

祧僖祖之議始於禮官許及之、曾三復。永嘉諸公合爲一辭。先生獨建不可祧之議，陳君舉力以爲不然，趙揆亦右陳説。文字既上，有旨，次日引見。上出所進文字，云：「高宗不敢祧，壽皇不敢祧，朕安敢祧？」再三以不祧爲是。既退，而政府持之甚堅，竟不行。唯謝中丞入文字右先生之説，乞且依禮官初議，爲樓大防所繳，卒祧僖祖云。實録院略無統紀。修撰官三員、檢討官四員各欲著撰，不相統攝，所修前後往往不相應。先生嘗與衆議，欲以事目分之。譬之六部，吏部專編差除，禮部專編典禮，刑部專編刑法。須依次序編排，各具首末，然後類聚爲書，方有條理。又如一事而記載不同者，須置簿抄出與衆會議，然後去取庶幾存得桉柢[三七]在。唯葉正則不從。先生時爲修撰，[三八]葉爲檢討，正修高宗實録。閎祖。[三九]

今日偶見韓持國廟議，都不成文字。元祐諸賢文字大率如此，只是胡亂討得一二浮辭引證，便將來立議論抵當他人。似此樣議論，如何當得王介父！所以當時只被介父出便揮動一世，更無人敢當其鋒。只看王介父廟議是甚麽樣文字，他只是數句便説盡，更移動不得，是甚麽樣精神！這幾個如何當得他！伊川最説得公道，云：「介父所見，終是高於世俗之論[四〇]。」又曰：「朱公掞排禪學劄子，其所以排之者甚正。只是這般樣議[四一]論，如何排得他？也是胡亂討幾句引證便要斷倒他，可笑之甚。」時呂正獻公作相，好佛，士大夫競往參禪，寺院中入室陞堂者皆滿。當時號爲「禪鑽」(去聲)，故公掞上疏乞禁止之。僩。

今之史官全無相統攝，每人各分一年去做。或有一件事，頭在第一年，末梢又在第二三年者，史官只認分年去做，及至把來，全鬬湊不着。某在朝時，建議説不要分年，只分事去做。且天下大事無出吏、禮、兵、刑、工、户六件事，如除拜注授是吏部事，只教分得吏事底人，從建炎元年逐一編排至紹興三十二年。他皆倣此，却各將來編年逐月類入。衆人不從。某又云，若要逐年做，須是實置三簿：一簿關報上下年事首末，首當附前某年月〔四二〕，末當附後年某月；一簿承受所關報本年合入事件；一簿考異。向後各人收拾得也存得個本，又别置一簿列具合立傳者若干人。某人傳，當行下某處收索行狀、墓誌等文字，專牒轉運司疾速報應。已到者勾銷簿，未到者據數再催，庶幾易集。後來去國，聞此説又不行。賜。

而今史官不相統總，只是各自去書，書得不是，人亦不敢改。更是他書了亦不將出來，據他書放那裏，知他是不是。今雖有那日曆，然皆是兼官，無暇來修得，而今須是别差六人鎖放那裏教他專工夫修方得。如近時作高宗實録却是教人管一年，這也不得。且如這一事，頭在去年，尾在今年，那書頭底不知尾，書尾底不知頭，都不成文字。且如而今〔四三〕爲臣下作傳，某將來看時，記〔四四〕得詳底又都只是寫那〔四五〕行狀，其略底又恰如春秋樣更無本末可考。又有差除後去了底時〔四六〕這一截又只休了，如何地稽考！據某看來合分作六項，人管一事。謂如刑事便去關那刑部文字看，他那用刑皆有年月，恁地把來編類便成次序。那五者皆然。俟編一年成了却合斂來。如今年〔四七〕五月一日有某事，這一月内事先後便皆可見。且如立傳，他那曆〔四八〕上薨卒皆有年月在，這便當印板行下諸州索那〔四九〕行實、墓誌之屬，却令運司專差一人督促，史院却在〔五〇〕督促運司。有未到底又刷下去催來，便恁地便好得成個好文字。而今實録，他門也是將日曆做骨，然却皆不曾實用心。有時考不得後，來〔五一〕牒下州縣去討，那州郡不應也不管。恁地如何解理會得。義剛。

近世修史之弊極甚。史官各自分年去做，既不相關，又不相示。亦有事起在第一年而合殺處在二年，前所書者不知其尾，後所書者不知其頭。有做一年未終，而忽遷他官，遂空三四月日而復修成者〔五二〕。有立某人傳，移文州郡索本人之〔五三〕事實而竟無至者。嘗觀徽宗實録，有傳極詳似只寫行狀、墓誌，有傳極略如春秋樣不可曉。其首末雜手所作，不成倫理。然則如之何？本朝史以日録爲骨而參之以他書，今當於史院置六房吏，各專掌本房之事。如周禮官屬下所謂史幾人者即是此類。如吏房有某注差，刑房有某刑獄，户房有某財賦，皆各有册系月日而書。其吏房有事涉刑獄則關過刑房，刑房有事涉財賦則關過户房，逐月接續爲書，史官一閲則條目具列，可以依據。又以合立傳之人列其姓名於轉運司，令下諸州索逐人之行狀、事實、墓誌等文字，專委一官掌之，逐月送付史院。如此然後有可下筆處。及異日史成之後，五房書亦各存之，以備漏落。淳。

君舉謂不合與諸公争辨，這事難説。嘗記得林少穎見人好説話都記寫了。嘗舉一項云，國家當理會山陵要委諭民間遷去祖墳事，後區處未得，特差某官前往定奪果當如何。這個官人看了，乃云只消着中做。林説這話説得不是。當時只要理會當遷與不當遷。當遷去，雖盡去亦得；若不當遷，雖一毫不可動。當與不當，這便是中，如何於二者之間酌中做？此正是今來[五四]人之大病。所以大學格物窮理，正要理會這些。須要理會教是非端的是[五五]分明，不如此定不得。如初間看善惡如隔一墻，只管看來，漸漸見得善惡如隔一壁。看得隔一壁底已自勝似初看隔一墻底了，然更看得又如隔一幅紙。這善惡只是争些子，這裏看得直是透。善底端的是善，惡底端的是惡，略無些小疑似。大學只要論個知與不知，知得切與知得[五六]不切。賀孫。[五七]

先生看天雨，憂形於色，云：「第一且是欑宮掘個窟在那裏，如何保得無水出。梓宮甚大，欑宮今闊四丈，自成池塘。奈何！奈何！這雨浸淫已多日。奈何！」賀孫。三十。[五八]

是夜雨甚，先生屢惻然憂歎，謂：「明日掩欑，雨勢如此，奈何！」再三憂之。賀孫問：「紹興山陵土甚卑，不知如何？」先生曰：「固是可慮。只這事前日託[五九]在那裏都説來，只滿朝無一人可恃，卒爲下面許多陰陽官占住了。」問：「聞趙丞相前亦入文字，説得甚好。」先生曰：「是説得煞好，後來一不從，也只住了。自高宗欑宮時，在蜀中入文字説此。今又舉此，不知如何又只如此住了。某初到亦入一文字，後來却差孫從之相視。只孫從之是朝中煞好人，他初間晝三項利害，云：『展發引之期別卜殯宮，上策也；只依舊在紹興，下策也。』説得煞力。到得相視歸來，更説得没理會，到後來又令集議。初已告報日子，待到那一日四更時，忽扣門報云：『不須集議。』待問其故，云：『已再差官相視。』時鄭惠叔在吏書，乃六部之長，關集都是他。當時但聽得説差官，便止了衆人集議，當時若得集議一番，須説得事理分明。初，孫從之去，那曾得看子細。纔到那裏，便被守把老閹促將去，云：『這裏不是久立處。』某時在景靈宮行香，聞此甚叵耐，即與同坐諸公説：『如此亦不可不説。』遂回，聚於鄭惠叔處。待到那裏，更無一人下手作文字，只管教某。某云：『若作之，何辭？止緣某前日已入文字，今作出又止此意思。』得諸公更作庶説得更透切。』都只説過，更無人下手，其遂推劉德修作。劉遂下手，鄭惠叔又只管説不消説如何。某説：『這是甚麽様大事！如何恁地住？』遂顧左右，即取紙筆令劉作，衆人合湊遂成。待去到待漏院要進，都署銜位，各了。黄伯耆者，他已差做相視官，定了不簽他。他又來，須要簽，又換文字將上。待得他去相視歸來，却説道：『自好。』這事遂定。滿朝士大夫都靠不得，便如此。這般事，爲臣子須做一家事盡心竭誠乃可。明知有不穩當，事大體重如此，如何住得？他説須要山是如何，水須從某方位盤轉，經過某方位，從某方位環抱方可用。不知天地如何恰生這般山，依得你這般様子，更莫管他也。依他説，爲臣子也須盡心尋求，那知不有如此様？驀忽更有也未可知，如何便住得？聞亦自有人來説幾處可用，都被那邊計較阻抑了。」又云：「許多侍從也不學，宰相也不學，將這般大事只恁地做。且如祧廟集議，某時已[六〇]怕去爭炒，遂不去，只入文字。後來説諸公在那裏群起譁然，甚可畏，宰相都自怕了。君舉所主廟議是把禮記『祖文王，宗武王』爲據，上面又説『祖契而宗湯』。又引詩小序『禘太祖』。詩序有甚牢固？又引『烝祭歲，文王騂牛一，武王騂牛一』，那時自是卜洛之始，未定之時一時禮數如此。又用國語，亦是難憑。」器之問：「濮議如何？」先生曰：「歐公説固是不是，辯之者亦説得偏。既是所生，亦不可不略示殊異，若止封皇伯與其他皇伯等亦不可，須封號爲『大王』之類乃可。伊川先生有説，但後來已自措置得好，凡祭享禮數，一付其下面子孫，朝廷無所預。」賀孫。

林丈説：「彭子壽彈韓侂冑只任氣性，不顧國體，致韓侂冑[六一]大憾於趙相，激成後日之事。」先生曰：「他純不曉事情，率爾而妄舉。」淳。

丙辰後

正卿問：「今江陵之命將止於三辭？」曰：「今番死亦不出，纔出便只是死。」賀孫。

直卿云：「先生去官[六二]，其他人不足責，如吳德夫、項平父、楊子直，合乞出。」先生曰：「諸人怕做黨錮，看得定是不解恁地。且如楊子直，前日纔見某入文字便來勸止，且攢着眉做許多模樣。某對他云：『公且説來[六三]，何消得恁地？』如今都是這一串説話，若一向絶了，又都無好人去。」賀孫。

季通被罪，臺評〔六四〕及先生。先生飯罷，樓下起西序行數回，即中位打坐。賀孫退歸精舍告諸友。漢卿筮之，得小過「公弋取彼在穴」，曰：「先生無虞，蔡所遭必傷。」即同輔萬季弟至樓下。先生坐睡甚酣，因諸生偶語而覺，即揖諸生。諸生問所聞蔡丈事如何。曰：「州縣捕索甚急，不曉何以得罪。」因與正淳說早上所問孟子未通處甚詳。繼聞蔡已遵路，防衛頗嚴。諸友急往中途見別，先生舟往不及。聞蔡留邑中，皆詹元善調護之。先生初亦欲與經營，包顯道因言：「禍福已定，徒爾勞擾。」先生嘉之，且云：「顯道說得自好，未知當局如何。」是夜，諸生坐樓下圍爐講問而退。聞蔡編管道州乃沈繼祖文字，主意詆先生也。賀孫。

或有謂先生曰：「沈繼祖乃正淳之連袂也。」先生笑曰：「『彌子之妻與子路之妻，兄弟也』，何傷哉！」人傑。

先生往淨安寺候蔡。蔡自府乘舟就貶，過淨安，先生出寺門接之。坐僧〔六五〕方丈，寒暄外無嗟勞語，以連日所讀參同契所疑扣蔡，蔡應答灑然。少遲，諸人醵酒至，飲皆醉。先生間行，列坐寺前橋上飲，回寺又飲。先生醉睡。方坐飲橋上，詹元善即退去。先生曰：「此人富貴氣。」賀孫。

今爲辟禍之說者固出於相愛，然得某壁立萬仞，豈不益爲吾道之光？〔六六〕

「其默足以容」，只是不去擊鼓訟冤，便是默，不成屋下合說底話亦不敢說也。〔六七〕

有一朋友微諷先生云：「先生有『天生德於予』底意思，却無『微服過宋』之意。」先生曰：「某又不曾上書自辯，又不曾作詩謗訕，只是與朋友講習古書，説這道理。更不教做，却做何事！」因曰：「論語首章言『人不知而不愠，不亦君子乎』，斷章言『不知命，無以爲君子』。〔六八〕今人開口亦解説一飲一啄自有定分，及遇小小利害便生趨避計較之心。古人刀鋸在前，鼎鑊在後，視之如無物者，〔六九〕蓋緣只見得這道理，都不見那刀鋸、鼎鑊。」又曰：「『死生有命』，如合在水裏死須是溺殺，此猶不是深奥底事、難曉底話。如今朋友都信不及，覺見此道日孤，令人意思不佳。」人傑。

因説鄉里諸賢文字，以爲皆不免有藏頭亢腦底意思。「有學者來問便當直説與道〔七〇〕，在我不可不説。若其人半間不界，與其人本無求益之意，故意來磨難，則不宜説。外此，説儘無害。我畢竟説從古聖賢已行底道理，不是爲姦爲盜怕説與人。不知我説出便有甚罪過？諸賢所見皆如此。祇緣怕人譏笑，遂以此爲戒便藏頭不説。某與林黄中爭辨一事，至今亦只是説不以爲悔。『夫道若大路然』，何掩蔽之有？」打空〔七一〕説及某人，鄉里皆推其有所見。其與朋友書，言學不至於「不識不知，順帝之則」處則學爲無用。先生曰：「近來人自要向高説一等話。要知初學及此是爲躐等。詩人這句自是形容文王聖德不可及處，聖人教人何嘗不由知由識入來！」寓。〔七二〕

或有人勸某當此之時宜略從時。某答之云：「但恐如草藥，煅煉得無性了，救不得病耳。」僩。

有客遊二廣多年，知其山川人物風俗，因言廉州山川極好。先生笑曰：「被賢說得好，下梢不免去行一番。」此時黨事方起，又因問舉業。先生笑曰：「某少年時只做得十五六篇義，後來只是如此發舉及第。人但不可不會作文字，及其得也只是如此。今人却要求爲必得，豈有此理？」祖道。

雜記言行

某嘗言吾儕講學正欲上不得罪於聖賢，中不誤於一己，下不爲來者之害，如此而已，外此非所敢與。道夫。

「人言好善嫉惡，而今在閑處只見嫉惡之心愈至。」伯謨曰：「唯其好善，所以嫉惡。」道夫。

因言科舉之學，問：「若有大賢居今之時，不知當如何？」曰：「若是第一等人，它定不肯就。」又問：「先生少年省試，報罷時如何？」曰：「某是時已自斷定，若那番不過省，定不復應舉矣。」僩。

擇之勞先生人事之繁。答曰：「大凡事只得耐煩做將去，纔起厭心便不得。」道夫。

長孺問：「先生須得邵堯夫先知之術？」先生久之答[七三]曰：「吾之所知者，『惠迪吉，從逆凶』，『滿招損，謙受益』。若是明日晴，後日雨，吾又安能知耶！」。懋。

黄直卿請[七四]先生且謝賓客數月將息疾[七五]。先生曰：「天生一個人便須着管天下事。若要不管，須是如楊氏爲我方得。某却不曾去學得這般學。」義剛。

義剛[七六]問衣裳制度。曰：「也無制度，但畫像多如此，故效之。」又問：「有尺寸否？」曰：「也無稽考處。那禮上雖略説，然也説得没理會處。」義剛。按此條問先生服。[七七]

或[七八]曰：「今之朋友大率多爲作時文妨了工夫。」曰：「不曾見得那好底[七九]時文，只是剽竊亂道之文而已。若要真個做時文底，也須深資廣取以自輔益，以之爲時文莫更好在[八〇]。只是讀得那亂道底時文，求合那亂道底試官，爲苟簡滅裂[八一]工夫。它亦不曾子細讀那好底時文，和時文也有時不子細讀得。某記少年應舉時，常下視那試官，説：『他如何曉得我底意思？』今人盡要去求合試官，[八二]越做得那物事低了。嘗見已前相識問做賦者甚麽樣讀書？無書不讀。而今只是令那亂道底考試，[八三]有甚見識？若見識稍高，讀書稍富[八四]，議論高人，豈不更做得好文字出來[八五]？它見得底只是如此，遂互相倣傚，專爲苟簡滅裂工夫。」歎息[八六]久之。卓。[八七]

先生熟聞知録趙師虙之爲人，試之政事又得其實，遂首舉之。其詞曰：「履行深醇，持心明

恕。」聞者莫不心服。道夫。〔八八〕

有爲其兄求薦書。先生曰：「没奈何爲公發書。某只云，某人爲某官亦老成諳事，亦可備任使。更須求之公議如何，某不敢必。辛弃疾是朝廷起廢爲監司，初到任，也須采公議薦舉，他要使一路官員。他所薦舉須要教一路官員知所激勸是如何人。他若把應副人情，有書來便取去，這一任便倒了。某兩爲太守，嘗備員監司，非獨不曾以此事懇人，而人亦不曾敢以此事懇某。自謂平日修行得這些力。他明知以私意來懇祝必被某責。然某看，公議舉人是個好人，人人都知。若是舉錯了也是自家錯了。本不相〔八九〕應副人情，又不是交結權勢，又不是被〔九〇〕獻諛，這是多少明白。人皆不來私懇，其間有當薦之人自公舉之。待其書來説，某已自舉薦他了，更無私懇者。」賀孫。

有親戚託人求舉。先生曰：「親戚固是親戚，然薦人於人亦須是薦賢始得。今鄉里平平等人無可稱之實，某都不與發書懇人。况某人事父〔九一〕母如此，臨財如此，居鄉曲事長上如此，教自家薦舉他甚麽得。」因問所託之人：「公且與撰幾句可薦之迹將來，是説得説不得？假使説道向來所爲不善，從今日自新，要求舉狀，是便有此心，何可保！」賀孫。

劉共父創第規模宏麗，先生勸止之曰：「匈奴未滅，何以家爲！」忠肅意不樂也。道夫。〔九二〕

先生書所居之桃符云：「愛君希道泰，憂國願年豐。」書竹林精舍桃符云：「道迷前聖統，朋誤遠方來。」[九三]若海。

先生於父母墳墓所託之鄉人必加禮。或曰：「敵己以上，拜之。」賀孫。

梅雨，溪流漲盛，先生扶病往觀。曰：「君子於大水必觀焉。」僩。

先生嘗立北橋，忽市井游手數人悍然突過，先生斂衽橋側避之。每閑行道間，左右者或辟人，先生即厲聲止之曰：「你管他作甚！」先生每徒行報謁，步速而意專，不左右顧。及無事領諸生遊賞，則徘徊顧瞻，緩步微吟。先生有疾，及諸生省問，必正冠坐揖，各盡其情，略無倦接之意。諸生有未及壯年者，待之亦周詳。先生病少愈，既出寢室，客至必見，見必降階肅之，去必送至階下。諸生夜聽講退則不送，或在坐有外客則自降階送之。先生於客退，必立視其車行，不復顧然後退而解衣及應酬他事。或客方登車，猶相面或以他事禀者，不須[九四]之。或前客纔登車而尚留之客輒有所禀議，亦令少待。先生對客語及本路監司守將，必稱其官。賀孫。

先生於世俗未嘗立異。有歲迫欲入新居而外門未立者，曰：「若入後有禁忌，何以動作？」門欲横從巷出。曰：「直出是公道，横則與世俗相拗。」淳。

某人立説：「不須作同異，見人作事皆入一分。」先生曰：「不曾參得此無礙禪。天下事安可必同？安可必異？且如爲子須孝，爲臣須忠，我又如何異於人？若是不好事，又安可必同？只是有理在。」可學。[九五]

晦庵先生朱文公語類卷第一百八

朱子五

論治道

治道別無説。若使人主恭儉好善，「有言逆於心必求諸道，有言孫於志必求諸非道」，這如何會不治。這別無説，從古來都有見成樣子直是如此。賀孫。

古者修身與取才、卹民與養兵皆是一事，今遂分爲四。升卿。

自古有「道術爲天下裂」之説，今親見其弊矣。自修。

爲學是自博而反諸約，爲治是自約而致其博。自修。

「井田之法要行須是封建，令逐國各自去理會。如王畿之内亦各有都鄙、家鄙。漢人嘗言郡邑在諸國之外，而遠役於中都非便。」問：「漢以王國雜見於郡縣間，如何？」曰：「漢本無法度。」德明。

因論封建井田，曰：「這般大概是如此，今只看個大意。若要行時，須別立法制使簡易明白，取於民者足以供上之用，上[一]不至於乏而下[二]不至於苦，則可矣。今世取封建井田大段遠，相似病人望白日上昇一般，今且醫得他病無事便好。如江浙間，除了和買丁錢，如重處減少，使一年只納百十錢；如漳之鹽錢罷了。此便是小太平了。」淳。[三]

封建以大體言之，却是聖人共[四]爲民底意思，是乃[五]爲正理。以利害計之：第一世所封之功臣猶做得好在，第二世繼而立者個個定是不曉事，則害民[六]靡所不爲。百姓被苦來訴國君，因而罷了亦[七]不是，不罷亦不是。未論别處如何，只這一處利少而害[八]多，便自行不得。淳。[九]

封建實是不可行。若論三代之世，則封建好處便是君民之情相親可以久安而無患，不似後世郡縣一二年輒易，雖有賢者善政，亦做不成。淳。

因言：「封建只是歷代循襲，勢不容已，柳子厚亦説得是。賈生謂『樹國必相疑之勢』，甚然。封建後來自然有尾大不掉之勢。觀[一〇]成周盛時能得幾多[一一]時？到春秋列國强盛，周之勢亦浸微矣。後來到戰國，東西周分治，赧王但寄於西周公耳。雖是聖人法，豈有無弊者！」大率先生之意，以爲封建井田皆易得致弊。廣。

封建，柳子厚説得世變也是，但他不見得後來不好處，不見得古人封建底好意。子由論封建，引證又都不著。唐太宗當時襲封刺史，一時功臣皆樂於在京而不肯行。苻堅封功臣於數國，不肯去，迫之使去。且如有人爲仁和縣尉，一日，封之靖江府爲桂國之君，他定以其荒僻不樂於行，只願在京作仁和縣尉。〔一二〕

因論封建，曰：「此亦難行。使膏粱之子弟不學而居民〔一三〕上，其爲害豈有涯哉！且以漢諸王觀之，其荒縱淫虐如此，豈可以治民？故主父偃勸武帝分王子弟而使吏治其國，故禍不及民。所以後來諸王也都善弱，蓋漸染使然。積而至於魏之諸王，遂使人監守，雖飲食亦皆禁制，更存活不得。及至晉懲其弊，諸王各使之典大藩，總强兵，相屠相戮，馴致大亂。」僩云：「監防太密則有魏之傷恩，若寬去繩勒又有晉之禍亂，恐皆是無古人教養人之法故爾。」曰：「那個雖教，無人奈得他何。」或言：「今之守令亦善。」〔一四〕曰：「却無前代尾大不掉之患。只是州縣之權太輕，〔一五〕卒有變故，更支撑不住。」僩因舉：「祖宗官制沿革中，說祖宗時州郡禁兵之額極多，又有諸般名色錢可以贍養。及王介甫作相，凡州郡兵財皆括歸朝廷，而州縣益虛。所以後來之變，天下瓦解，由州郡無兵無財故也。」曰：「只祖宗時州郡已自輕了。如仁宗朝京西群盜橫行，破州屠縣，無如之何。淮南盜王倫破高郵，郡守晁仲約以郡無兵財，遂開門犒之〔一六〕使去。富鄭公聞之大怒，欲誅守臣，曰：『豈有任千里之寄，不能拒賊而反賂之！』范文正公爭之曰：『州郡無兵無財，俾之將何捍拒？今守臣能權宜應變以全一城之生靈亦可矣，豈可反以爲罪耶？』然則彼時州郡已如此虛弱了，如何盡責得介甫！」僩。按「或言守令」以下已見第三卷黃卓録，但首尾不同而文略詳，故不敢節略而並存。〔一七〕

周自東遷之後王室益弱，畿内疆土皆爲世臣據襲，莫可誰何。而畿外土地亦皆爲諸侯爭據，天子雖欲分封而不可得。如封鄭桓公都是先用計，指射鄶地，罔而取之，亦是無討土地處。此後王室子孫豈復有疆土分封？某常以爲郡縣之事已萌於此矣。至秦時，是事勢窮極去不得了，必須如此做也。僩。〔一八〕

今據〔一九〕欲處世事於陵夷之後，乃一向討論典故，亦果何益？孟子於滕文公乃云「諸侯之禮吾未之聞〔二〇〕」，便説與「齊疏之服，饘粥之食」，哭泣之〔二一〕哀，大綱先正了。可學。〔二二〕

立一個簡易之法與民由之，甚好。夏商井田之法所以難廢者，固自〔二三〕有聖賢之君繼作，然實是〔二四〕法簡，不似周法繁碎。然周公是其時不得不恁地。惟繁故易廢，使孔子繼周必能通變使簡易，不至如是繁碎。今法極繁，人不能變通，只管築塞在這裏。道夫。

今日之法，君子欲爲其事，以拘於法而不得騁；小人却徇其私，敢越於法而不之顧。人傑。

吴伯英與黄直卿議溝洫。先生徐曰：「今則且理會當世事尚未盡。如刑罰，則殺人者不死，有罪者不刑；稅賦，則有産者無稅，有稅者無産。何暇議古？」蓋卿。

今日之事，若向上尋求須用孟子方法，其次則孔明之治蜀、曹操之屯田許下也。〔二五〕

今人只認前日所行之事而行之，便謂之循典，故也須揀個是底始得。學蒙。又事體重大，阻格處居今之世，若欲盡除今法行古之政，則未見其利而徒有煩擾之弊。又事體重大，阻格處今〔二六〕决然難行。要之，因祖宗之法而精擇其人亦足以治，只是要擇人。范淳夫唐鑑，其論亦如此，以爲因今郡縣足以爲治。某少時常鄙之，以爲苟簡因循之論。以今觀之，信然。僩。〔二七〕

問：「先生所謂『古禮繁文不可考究，欲取方〔二八〕今見行禮儀增損用之，庶其合於人情方爲有益』。如何？」先生云：〔二九〕「固是。」曰：「若是，則禮中所載冠、昏、喪、祭等儀有可行者否？」先生云：〔三〇〕「如冠、昏禮豈不可行，但喪、祭有煩雜耳。」問曰〔三一〕：「是則自非〔三二〕理明義精者不足以與此矣。」先生云：〔三三〕「固是。」曰：「井田封建如何？」先生云：〔三四〕「亦有可行者。如有功之臣，封之一鄉，如漢之鄉亭侯。田税亦須要均，則經界不可以不行，大綱在先正溝洫〔三五〕。又如孝弟忠信、人倫日用間事，播爲樂章使人歌之，倣周禮讀法遍示鄉村聚落，亦可代今粉壁所書條禁。」人傑。

問：「歐公本論謂今冠、昏、喪、祭之禮只行於朝廷，宜令禮官講明頒行於郡縣。此説如何？」曰：「向來亦曾頒行，後來起告訐之訟遂罷。然亦難得人教他。」問：「三代規模未能遽復，且講究一個粗法管領天下，如社倉、舉子之類。」先生曰：「譬如補鍋，謂之小補可也。若要做，須是一切重鑄。今上自朝廷，下至百司、庶府，外而州縣，其法無一不弊，如學校科舉之法尤甚。」又云：「今之禮尚有見於威儀辭遜之際，若樂則全是失了。」問：「朝廷合頒降禮樂之制令人講習。」曰：「以前日浙東之事觀之，州縣直是視民如禽獸，豐年猶多饑死者，雖百后夔，亦將〔三六〕呼召他和氣不來。」德明。

今衣服無章，上下混淆。某嘗謂縱未能大定經制，且隨時略加整頓猶愈於不爲。如小衫令各從公衫之色，服紫者小衫亦紫，服緋緑者小衫亦緋緑，服白則小衫亦白，胥吏則皆烏衣。餘皆於〔三七〕此，庶有辨別也。閎祖。〔三八〕

而今衣服未得復古，且要辨得華夷。今上領衫與靴皆胡服，本朝因唐，唐因隋，隋因周，周因元魏爾。隋煬帝有游幸，遂令臣下服戎服，五品以上適着紫袍，六品以下兼用緋緑，〔三九〕皆戎服也。至唐有三等服，有朝服又有公服，治事時着便是法服，有衣裳、佩玉。案，〔四〇〕又有常時服，便是今時公服，則無時不服。唐初年服袖甚窄，全是胡服。中年會〔四一〕寬，末年又寬，但看人家畫古賢可見。唐初頭上裹四脚〔四二〕，至朝恩〔四三〕以桐木爲冠，如山形安於髻上，方裹巾，後人漸學他。至本朝漸變爲幞頭方用漆紗做。本來唐時四脚軟巾只人主，後面二帶用物事穿得横，臣下不敢用。後藩鎮之徒僭竊用，今則朝廷一例如此。庚。〔四四〕

平易近民，爲政之本。僩。

先生病起，不敢峻補，只得平補。且笑曰：「不能興衰撥亂，只得扶衰補敝。」淳。〔四五〕

近日百事都如此，醫者用藥也只用平平穩穩底藥，亦不能爲害，亦不能治病。也只[四六]是他初不曾識得病，故且如此酌中。試看[四七]世上事都如此。扁鵲視疾察見肺肝，豈是看見裏面如何？也只是看得證候極精，纔見外面便知五臟六腑事無少差[四八]。賀孫。[四九]

吾輩今經歷如此，異時若有尺寸之柄而不能爲斯民除害去惡，豈不誠可罪耶！某嘗謂今之世姑息不得，却[五〇]直須共他理會，庶幾善弱可得存立。道夫。

或問：「爲政者當以寬爲本而以嚴濟[五一]？」先生曰：「某謂當以嚴爲本而以寬濟之。曲禮謂『涖官行法，非禮，威嚴不行』，須是令行禁止。若曰令不行、禁不止而以是爲寬，則非也。」人傑。

古人爲政一本於寬，竊謂[五二]今必須反之以嚴，蓋必須[五三]如是矯之而後有以得其當。今人爲寬至於事無統紀，緩急予奪之權皆不在我，下梢若[五四]是奸豪得志，而[五五]平民既不蒙其惠，又反受其殃矣。若海。

今人說寬，故多是事事不管，某謂壞了這「寬」字。人傑。

或問古今治亂者。先生言：「古今禍亂必有病根。漢宦官后戚，唐藩鎮，皆病根也。今之病根在歸正人，忽然放教他來，州縣如何奈得他何！所幸老者已死，少者無彼中人氣象，似此間人一般無能[五六]。」

爲政如無大利害不必議更張，議更張［五七］則所更一事未成必閧然成紛擾，卒未已也。至於大家，且假借之，故子産引鄭書，曰「安定國家，必大爲［五八］先」。人傑。

問：「爲政更張之初，莫亦須稍嚴以整齊之否？」曰：「此事難斷定説，在人如何處置，然亦何消要過於嚴？今所難者是難得曉事底人。若曉事底人，它［五九］歷練多，事纔至面前它都曉得依那事分寸而施以應之，人自然畏服。今人往往過嚴者多半是自家不曉，又慮人欺己，又怕人慢己，遂將大拍頭去拍他，要他畏服。若自見得，何消過嚴？便是這事難。」又曰：「難！」［六〇］僩。

因言：「處［六一］置天下事直是難，救得這一弊，少間就這救之之心又生那一弊。如人病寒，下熱藥，少間又變成燥熱。及至病熱，下寒藥，少間又變得寒。到得這家計壞了，更支捂不住。」僩。

問：「今日之治，當以何爲先？」曰：「只是要得人。」德明。［六二］

天生一世人才自足一世之用，自古及今只是這一般人。但是有聖賢之君在上，氣焰大，薰蒸陶冶得別，這個自争八九分。只如時節雖是［六三］不好，但上面意思略轉，則［六四］下面便轉。況乎聖賢，是甚力量！少間無狀底人自銷鑠改變不敢做出來，以其平日爲己之心爲公家辦事，自然修舉，蓋小人多是有才底。儒用。[六五]夔孫。

荀悦曰「教化之行挽中人而進於君子之域，教化之廢推中人而墮於小人之域[六六]」。若是舉皆[六七]恁地各舉其職，有不能者亦[六八]勉强去做。不然也怕公議，既無公議更舉無忌憚了。後世只是無個人樣。德明。

今日人材須是得個有見識又有度量人，便容受得今日人材，將來截長補短使。升卿。

泛言人才，曰：「今人只是兩種：謹密者多退避，俊快者多粗疏。」道夫。

貪污者必以廉介者爲不是，趨競者必以恬退[六九]爲不是。由此類推之，常人莫不皆然。人傑。

賀孫問先生出處，因云：「氣數衰削，區區愚見，以爲稍稍爲善正直之人多就摧折困頓，似皆佞諛得志之時。」先生曰：「亦不可一向如此説，只是無人。一人出來須得許多人大家合力做，若是做不得方可歸之天，方可喚做氣數。今若有兩三人要做，其他都不管他，直教那兩三人摧折了便休。」賀孫。

有言：「世界無人管，久將脱去。凡事未到手則姑晦之，俟到手然後爲。」有詰之者曰：「若不幸未及爲而死，吾志不白則如之何？」曰：「此亦不奈何，吾輩蓋是折本做也。」先生曰：「如此則是一部孟子無一句可用也。嘗愛孟子答淳于髡之言曰『嫂溺援之以手，天下溺援之以道。子欲以[七〇]手援天下乎』，吾人所以救世者，以其有道也。既自放倒矣，天下豈一手可援哉？觀其説，緣飾得來不好。安得似陸子静，堂堂自在説成一個物事乎！」方子。

直卿云：「嘗與先生言，如有一等才能了事底人，若不識義理終是難保。先生不以爲然，以爲若如此説却只是自家這下人使得，不是自家這下人都不是人才。」賀孫。

「苟或歎無智謀之士，看今來把誰做智謀之士？」伯謨云：「今時所推只永嘉人。江西人又粗，福建人[七一]又無甚人。」先生不應，因云：「南軒見義必爲，他便是没安排周遮，要做便做。人説道他勇，便是勇，這便是不可及。」歎息數聲。賀孫。

今世士大夫惟以苟且逐旋挨去爲事，挨得過時且過。上下相咻以勿生事，不要十分分明理會事，且恁相[七二]鶻突，纔理會得分明便做官不得。有人少負能聲，反[七三]少經挫抑却悔其太惺惺了[七四]。一切刓方爲圓，且恁隨俗苟且，自道是年高見識長進。當官者，大小上下以不見吏民、不治事爲得策，曲直在前只恁[七五]不理會，庶幾民自不來，以此爲止訟之道。民有冤抑無處伸訴，只得忍遏。便有訟者半年周歲不見消息，不得予決，民亦只得休和耳[七六]。居官者遂以爲無訟之可聽，風俗如此。可畏！可畏！僩。

今日人才之壞皆由於詆排道學。治道必本於正心、修身，實見得恁地，然後從這裏做出。

如今士大夫，但説據我逐時恁地做也做得事業，説道〔七七〕正心、修身都是閑説話，我自不消得用此。若是一人叉手並脚便道是矯激，便道是邀名，便道是做崖岸？須是如市井底人拖泥帶水方始是通儒實才？賀孫。

器遠問：「文中子『安我者所以寧天下也，存我者所以厚蒼生也』，看聖人恁地維持紀綱，却與有是非、無利害之説有不相似者。」曰：「只爲人把利害之心去看聖人。若聖人爲治，終不成掃蕩紀綱使天下自恁地頽壞廢弛，方唤做公天下之心？聖人只見得道理合着〔七八〕恁地做，有個天下在這裏須着去保守，須着有許多維持紀綱，這是决定着如此，不如此便不得，這依前只是〔七九〕睹是。」又問：「若如此説，則陳丈就事物上理會也是合如此。」曰：「雖是合如此，只是無自家身己做本領便不得。」又問：「事求可，功求成，亦是當如此？」曰：「只要去求可求成便不是。聖人做事那曾不要可、不要成？只是先從這裏理會〔八〇〕，不〔八一〕恁地計較成敗利害。如公所説只是要去理會許多汩董了，方牽入這心來却不曾有從這裏流出在事物上底意思。」賀孫。

蔡季通因浙中主張史記，常説道邵康節所推世數，自古以降，去後是不解會甚好，只得就後世做規模。以某看來則不然。孔子修六經要爲萬世標準。若就那時商量别作個道理，孔子也不解修六經得。如司馬遷亦是個英雄，文字中間自有好處。只是他説經世事業只是第二三着，如何守他議論！如某退居老死無用之物，如諸公都出仕宦，這國家許多命脈汩自有所屬，不直截以聖人爲標準，却要理會第二三着。這事煞利害，千萬細思之！賀孫。

用之解「鼎顛趾，利出否，無咎」。或曰：「據此爻，是凡事須用與他翻轉了却能致利[八二]。」先生曰：「不然，只是偶然如此。此本不好底爻，却因禍致福，所謂不幸中之幸。蓋『鼎顛趾』本是不好，却因顛傾[八三]出鼎中惡穢之物，所以反得利而無咎，非是故意欲翻轉鼎趾而求利也。」或言：「某人議論專是如此，[八四]每[八五]云凡事須是與他轉一轉了，却因轉處與他做教好。」先生曰：「便是浙中近來有一般議論如此。若只管如此存心，未必真有益，先和自家心術壞了。聖賢做事只説[八六]『正其義不謀其利，明其道不計其功』，凡事只是[八七]如此做，何嘗先要如此[八八]安排紐捏，須要着些權變機械方喚做作事？又況自家一布衣，天下事那裏便教自家做？不知得[八九]臨事做出時是[九〇]如何，却無故平日將此心去紐捏揣摩，先弄壞了。聖人所説底話光明正大，須是先理會個正大[九一]底綱領條法[九二]，將[九三]自家心先正了，然後天下事[九四]先後緩急自有次第，逐旋理會[九五]。今於『在明明德』不[九六]曾理會得，便要[九七]理會『新民』工夫。及至『新民』又有[九八]那『親其親，長其長』底事，却便先萌個計功計獲底心要如何濟他，如何有益，少間盡落入功利窠窟裏去。固是此理無外，然亦自有個[九九]緩急之序，[一〇〇]今未曾理會自身己上事[一〇一]便先要『開物成務』，都倒了。孔子曰

『可與立，未可與權』，亦是甚不得已方説此話，然須是聖人方可與權，若以顔子之賢，恐也不敢議此。聖人〔一〇二〕『磨而不磷，涅而不緇』，而人〔一〇三〕纔磨便磷，纔涅便緇，如何別〔一〇四〕説權變功利？所謂『未學行，先學走』也。而今諸公只管講財貨源流〔一〇五〕，兵是〔一〇六〕如何，民又如何，陳法又如何。此等事固當理會，只是須識個先後〔一〇七〕之序，先其大者急者，而後其小者緩者，今都倒了這工夫。『子路問君子。子曰：「修己以敬」〔一〇八〕』，『顔淵問仁。子曰：「克己復禮」』，『仲弓問仁。子曰：「出門如見大賓，使民如承大祭。己所不欲，勿施於人。」』曾子將死，宜有要切之言。及孟敬子問之，惟在於辭氣言語〔一〇九〕之間。此數子者，皆聖門之高弟，及夫子告之與其所以告人者，乃皆在於此。是何〔一一〇〕遺其遠者大者而徒告之〔一一一〕以近者小者耶？是必有在矣。某今病得十生九死，已前數〔一一二〕見浙中一般議論如此，亦嘗竭其區區之力，欲障其末流而徒勤無益。不知瞑目以後，又做甚〔一一三〕麽生。可畏！可歎！」僩。〔一一四〕

杜斿問：「濂溪言道至貴者不一而定〔一一五〕。」答〔一一六〕曰：「周先生言道至貴者不一而足〔一一七〕，蓋〔一一八〕是見世間愚輩爲外物所摇動，如墮在火坑中，不忍見他，故如是説不一。世人心不在殼子裏面〔一一九〕，如發狂相似，只是自不覺。浙間只是權譎功利之淵藪，三二十年後其風必熾，爲害不小。某六七十歲，居此世不久，旦夕便死。只與諸君子在此同説，後來

必驗。」〔一二〇〕

問：「州縣間寬嚴事既已聞命矣。若經世一事向使先生見用，其將何先？」曰：「亦只是隨時。如壽皇之初是一樣，中間又是一樣，只合隨時理會。」問：「今日之治奉行祖宗成憲。然是太祖皇帝以來至今，其法亦有弊而當更者。」曰：「亦只是就其中整理，如何便超出做得？如薦舉，如科場，如銓試，就其中從長整理。」問：「向説諸州廂禁軍與屯戍大軍更互教閲，如何？」曰：「亦只是就其法整理。」既而歎曰：「法度尚可移，如何得人心變易，各人將他心去行法？且如薦舉一事，雖多方措置提防，然其心只是要去私他親舊，應副權勢，如何得心變！」説了，德明起禀云：「數日聽尊誨，敬當銘佩，請出整衣拜辭。」遂出，再入，拜於床下。三哥扶掖。先生俯身蹙眉，動色言曰：「後會未期，朋友間多中道而畫者，老兄却能拳拳於切己之學，更勉力廣充，以慰衰老之望。」德明後〔一二一〕致詞拜謝而出，不勝悵然。前一日，先生云：「朋友赴官來相别，某病如此，時事又如此。〔一二二〕」道中追念斯言，不覺涕下。伯魯追〔一二三〕求一言之誨。先生云：「歸去且與廖丈商量。昨日説得已詳，大抵只是如此。」稱「丈」者，爲女夫〔一二四〕。伯魯言也。德明。

問治亂之機。曰：「今看前古治亂那裏是一時做得。少是四五十年，多是一二百年醞釀，方得如此。」遂俛首太息。賀孫。

晦庵先生朱文公語類卷第一百九

朱子六

論取士

古人學校、教養、德行、道藝、選舉、爵禄、宿衛、征伐、師旅、田獵皆只是一項事，皆一理也。召穆公始諫厲王不聽而退居于郊。及厲王出奔，國人欲殺其子，召公匿之。國人圍召公之第，召公乃以己子代厲王之子而宣王以立。因歎曰：「便是這話難説。古者公卿世及，君臣恩意交結素深，與國家共休戚，故患難相爲如此。後世相遇如塗人，及有患難，則涣然離散而已。然今之公卿子孫有〔一〕不可用者，只是不曾教得，故公卿之子孫莫不驕奢淫佚。不得已而用草茅新進之士，舉而加之公卿之位，以爲苟勝於彼而已。然所恃者以其知義理，故勝之耳。若更不知義理，何所不至！古之教國子，其法至詳密，故其才者既足以有立，而不才者亦得以薰陶漸染而不失爲寡過之人，豈若今之驕騃淫奢也哉！陳同父課藳中有一段論此稍佳。」僩。

賓問：「人才須教養。明道章疏須先擇學官，如何？」先生曰：「便是未有善擇底人。某嘗謂天下事不是從中做起，須得結子頭是當，然後從上梳理下來，方見次序。」德明問：「似〔二〕聞先生嘗言州縣學且依舊課試，太學當專養行義之士。」曰：「却如此不得。士自四方來，遠至太學，〔三〕無緣盡知其來歷，須是從鄉舉。」德明。

因論學校，曰：「凡事須有規模。且如今〔四〕太學亦當用一好人，使之自立繩墨，遲之十年，日與之磨練方可。今日學官只是爲之〔五〕計資考遷用，又學識短淺，學者亦不尊向。」某〔六〕云：「神宗未立三舍前，太學亦盛。」曰：「呂氏家塾記云，未立三舍前太學只是一大書會，當時有孫明復、胡安定之流，人如何不趨慕？」可學。

林擇之曰：「今之〔七〕士人所聚多處，風俗便不好。故太學不如州學，州學不如縣學，縣學不如鄉學。」先生曰：「太學真個無益，於國家教化之意何在？向見魏公〔八〕陳作「陳魏公」。〔九〕說亦以爲可罷。」義剛。淳録同。〔一〇〕

三舍人做乾元統天義，說乾元處云「如目之有視，耳之有聽，體之有氣，心之有神」云云。如今也無這般時文。僩。

今人作經義正是醉人說話。只是許多說話改頭換面說了又說，不成文字。僩。

今人爲經義者全不顧經文，務自立說，心粗膽大，敢爲新奇詭異之語〔一一〕。方試官命此題，固〔一二〕已欲其立奇説矣。又其所〔一三〕出題目定不肯依經文成片段，都是斷章牽合，是甚麽義理！三十年前人猶不敢如此，只因一番省試出「上天之載，無聲無臭，儀刑文王」三句，後遂成例。當時人甚駭之，今遂以爲常矣。遂使後生輩違背經旨，争爲新奇，迎合主司之意，長浮競薄，終將若何。可慮！可慮！王介甫之〔一四〕經義固非聖人意，然猶使學者知所統一。不過專念本經及看注解，而以其本注之説爲文辭，主司考其工拙而定去留耳。豈若今之違經背義，恣爲奇説而無所底止哉！當時神宗令介甫造三經義，意思本好。只是介甫之學不正，不足以發明聖意，爲可惜耳。今之〔一五〕爲經義者又不若爲詞賦，詞賦不過工於對偶，不敢如治經者之亂説也。聞虜中科舉罷，即曉示云後舉於某經、某史命題，仰士子各習此業，使人心有所定止，專心看一經一史，不過數舉則經史皆通。此法甚好。今人〔一六〕爲主司者，務出隱僻題目以乘人之所不知，使人弊精神於檢閲，茫然無所向方，是果何法也？僩。

時有報行遣試官牽合破碎出題目者。或曰：「如此行遣一番也好。」曰：「某常説不當就題目上理會，這個都是道術不一，所以如此。所以王介甫行三經字説，説是一道德、同風俗。是他真個使得天下學者盡只是念這個物事〔一七〕，更不敢别走作胡説，上下都有個據守。若是有才者自是〔一八〕就他這腔子裏説得好，依舊是好文字。而今人却務出暗僻難曉底題目以乘人之所不知，却如何教他不杜撰、不胡説得哉〔一九〕！」曰：「若不出難題，恐盡被人先牢籠做了。」曰：

「也[二〇]莫管他，自家依舊是取得好底[二一]文字，不誤遠方觀聽。在[二二]而今却都是杜撰胡説，破壞後生心術，這個乖。某常説今日學校科舉不成法。上之人分明以盜賊遇士，士亦分明以盜賊自處，動不動便鼓譟作鬧以相迫脅，非盜賊而何？這個治之無他，只是嚴挾書傳義之禁，不許繼燭，少間自沙汰了一半。不是秀才底人他亦自不敢來，雖無沙汰之名而有其實。既不許繼燭他自要奔，去聲。無緣更代得人筆。」或曰：「恐難止遏。今只省試及太學補試，自有[二三]禁遏不住。」曰：「也只是無人理會。若捉得一兩個真個痛治，人誰敢犯！這個須從保伍中做起，却從保正社首中討保明狀，五家爲保，互相保委，若不是秀才定不得與保明。若捉出詭名納兩副三副卷底人來，定將保明人痛治，人誰敢犯！某嘗説天下無難理會底事，這般事只是黑地裏脚指縫也夾[二四]得出來，不知如何得恁地無人理會！」又曰：「今日科舉考試也無法不通看。」或曰：「解額當均否？」曰：「固是當均。」或曰：「看來不必立爲定額，但[二五]幾名終場卷子取一名足矣。」曰：「不得，少間便長詭名納卷之弊。依舊與他立定額，只是從今起照前三舉内終場人數計之，就這數内立定額數。三舉之後又將來均一番，如此則多少不至相懸絶矣。」因説混補，曰：「頃在朝時，趙丞相欲行三舍法。陳君舉欲行混補，趙丞相不肯，曰：『今此天寒粟貴，若復混補，須添萬餘人，米價愈騰踊矣！』某曰：『爲混補之説者固大謬，爲三舍之説亦未爲得也。未論其他，只州郡那裏得許多錢穀養他。蓋入學者既有舍法之利，又有科舉之利，不入學者止有科舉一塗，這裏便是不均。利之所在，人誰不趨？看來只均太學解額於諸路便無事。如今太學解額，七人取兩人。便一〔二六〕人取一人也由我，十人取一人也由我，二十人、三十人、四十人取一人也只由我。而今自立個不平放這裏，如何責得人趨。』」或問：「恩榜無益於國家，可去否？」曰：「此又去不得。去之則傷仁恩，人必怨怒〔二七〕。看來只好作文學助教闕，立定某州文學幾員，助教幾員，隨其人士之多少以定員數，如宗室宮觀例，令自指射占闕，相與受代，莫要教他出來做官，既不傷仁恩，又無老耄昏濁貪猥不事事之病矣。」杜佑通典中説釋奠處有文學助教官。因説禄令，曰：「今日禄令更莫説，更是不均。且如宮觀祠禄，少間人〔二八〕盡指占某州某州。蓋州郡財賦各自不同，或元初立額有厚薄，或後來有增減，少間人盡占多處去。雖曰州郡富厚，被人炒多了也供當不去。少間本州本郡底不曾給得，只得去應副他州〔二九〕他處人矣。」因又説經界。或曰：「初做也須擾人。」曰：「若處之有法，何擾之有？而今只是人人不曉，所以被人瞞説難行。間有一兩個曉得底，終不足以勝不曉者之多。若人人都教他算，教他法量，他便使瞞不得矣。打量極多法，推法算量極易，自紹興間秦丞相舉行一番以至今，看來是蘇綽以後到紹興方得行一番，今又多弊了，看來須是三十年又量一番，庶常無弊。蓋人家田産只五六年間便自不同，富者貧，貧者富，少間病敗便多，飛産匿名無所不有。須是三十年再與打量一番，則乘其弊少而易爲力，人習見之亦無所容其奸矣。要之，既行也，安得盡無弊？只是得大綱是〔三〇〕好，其間寧無少弊處？只如秦丞相紹興間行也，安得盡無弊？只是十分弊也須革去得九分半，所餘者一分半分而已。今人却情願受這十分重弊壓在頭上都不管，及至纔有一人理會起，便去搜剔他〔三一〕那半分一分底弊來瑕疵之，以爲決不可行。如被人少却百貫千貫却不管，及至〔三二〕被人少却百錢千錢，便反倒要與你〔三三〕理會。今人都是這般見識。而今分明是有個天下國家，無一人肯把做自家物事看，不可説著。某常説，天下事所以終做不成者，只是壞於懶與私而已，懶則士大夫不肯任事。有一樣底説，我只認做三年官了去，誰能閑理會得閑事，討煩惱，我不理會也得好好做官去。次則豪家上户群起遮攔，恐法行則奪其利，盡用納税。惟此二者爲梗而已。」又曰：「事無有處置不得者，事事自有個恰好處，只是不會思量，不得其法。只如舊時科舉無定日，少間人來這州試了又過那州試，州裏試了又去漕司試，無討〔三四〕理會處。不知誰恁地〔三五〕聰明，會思量定作八月十五日，積年之弊一朝而革，這個方喚做處置事。聖人所以做事動中幾會，便是都〔三六〕如此。」又曰：「凡事須看透背後去。」因舉掌云：「且如這一事見得這一面是如此，便須看透那手背後去方得。如國手下棋，一着便見得數十着以後之着。若只看這一面，如何見得那事幾？更説甚治道！」僩。

包〔三七〕言科舉之弊。先生曰：「如他經尚是就他〔三八〕文義上説，最是春秋不成説話，多是去求言外之意後〔三九〕説得不成模樣。某説道，此皆是『侮聖人之言』，却不如王介甫樣，索性廢了較强。」又笑云：「嘗有一人作隨時變通論，皆說要復古。至論科舉要復鄉舉里選，却說須是歇三[四〇]十年却行，要待那種子盡了方行得。說得來也是。」義剛。

器遠問：「今士人習爲時文應舉，如此須當有個轉處否？」曰：「某舊時看，只見天下如何有許多道理恁地多！如今看來只有一個道理，只有一個學。在下者也着如此學，在上者也着如此學。在上若好學自見道理，許多弊政亦自見得須要整頓。若上好學便於學舍選舉賢儒，如胡安定、孫明復這般人爲教導之官。又須將科目盡變了，全理會經學，這須會好。今未說士子，且看朝廷許多奏表支離蔓衍，是說甚麽！如誥宰相，只須說數語戒諭，如此做足矣。」敬之云：「先生嘗說：『表奏之文，下之[四一]諛其上也；誥敕之文，上之[四二]諛其下也。』」賀孫。

問：「今日科舉之弊，使有可爲之時，此法何如？」曰：「也廢他不得，然亦須有個道理。」又曰：「更須兼他科目取人。」庚。[四三]

「『今時文賦却無害理，經義大不便』分明是『侮聖人之言』。如今年三知舉所上劄子論舉人使字，理會這個濟得甚？今日亦未論變科舉法。只是上之人主張分別善惡，擢用正人，使士子少知趨向，則人心自變，亦有可觀。」可學問：「歐陽公當時變文體亦自[四四]是上之人主張？」先生云：「渠是變其詭怪，但此等事亦須平日先有服人方可。」舜功問：「歐陽公本論亦好，但末結末盡。」先生云：「本論精密却過於原道，言[四五]語皆自然。原道[四六]却生受，觀其意思乃是聖人許多憂慮做出，却無自然氣象。下篇不可曉。」德粹云：「以拜佛知人之性善。」先生曰：「亦有説話。佛亦教人爲善，顧[四七]渠以此觀之也。」可學。

今科舉之弊極矣。如[四八]鄉舉里選之法，此[四九]是第一義，今不能行。只是就科舉法中與之區處，且變着如今經義格子，使天下士子各通五經大義。一舉試春秋，一舉試三禮，一舉試易、詩、書，禁懷挾。出題目，便寫出注疏與諸家之説而斷以己意。策論則試以時務，如禮、樂、政、[五〇]刑之屬，如此亦不爲無益。欲格奔競之弊，則均諸州之[五一]解額，補[五二]損太學之額。太學則罷月書季考之法，皆限之以省試，獨取經明行修之人。如此亦庶幾矣。木之。

臨别，先生留飯。坐間出示理會科舉文字，大要欲均諸州解額，仍乞罷詩賦，專經學論策，條目井井。云：「且得士人讀些書，三十年後恐有人出。」泳。

舉人治經義，各令治一家注疏。伯豐。[五三]

先生云：「禮書已定，中間無所不包。某常欲作一科舉法。今之詩賦實爲無用，經義則未離於説經，但變其虚浮之格，如近古義直述大意。遂[五四]立科取人，以易、詩、書爲一類，三禮爲一類，春秋三傳爲一類。如子年以易、詩、書取人，則以前三年舉天下皆理會此三經；卯年以三禮取人，則以前三年舉天下皆理會此三禮；午年以春秋三傳取人，則以前三年舉天下皆理會此春秋三傳。如易、詩、書稍易理會，故先用此一類取人。如是周而復始，其每舉所出策論皆有定所。如某書出論，某書出策，如天文、地理、樂律之類，皆指定令學者習而用以爲題。」賀孫云：「此法若行，但恐卒未有考官。」曰：「須先令考官習之。」賀孫。

「呂與叔欲奏立四科取士：曰德行，曰明經，曰政事，曰文學。德行則待州縣舉薦，下三科却許人投牒自試。明經裏面分許多項目：如春秋則兼通三傳，禮則通三禮，樂則盡通諸經所説樂處。某看來樂處説也未盡。政事，則如試法律等，及行移決判事又定爲試辟，未試則以事授之，一年看其如何，辟則令所屬長官舉辟。」器遠云：「這也只是法。」曰：「固是法也待人而行，然這却法意詳盡。如今科舉法[五五]直是法先不是了。且如[五六]今來欲教吏部與二三郎官盡識得天下官之賢否，定是了不得這事。」[五七]

説修身應舉重輕之序，因謂：「今有恣爲不忠不孝，冒廉耻犯條貫，非獨他自身不把作咤異[五八]事，有司也不把作咤異事，到得鄉曲鄰里也不把作咤異事。不知風俗如何壞到這裏。可畏！某都爲之寒心！」賀孫。[五九]

因説科舉所取文字多是輕浮，不明白着實。因歎息云：「最可憂者不是説秀才做文字不好，這事大關世變。東晉之末，其文一切含胡，是非都没理會。」賀孫。

有少年試教官。先生云：「公如何須要去試教官？如今最没道理是教人懷牒來試討教官。某嘗經歷諸州，教官都是許多小兒子，猶自[六〇]未生髭鬚。入學底多是老大底人，都[六一]如何服得他。某思量須是立個定制，非是[六二]四十歲以上，不得任教官。」又云：「須是罷了堂除及注授教官，却請本州鄉先生爲之。如福州便教林少穎這般人做，士子也歸心，他教也必不苟。」又云：「只見泉州教官却老成，意思却好。然他教人也未是，如教人編抄甚長編文字。」又曰：「今教授之職只教人做科舉時文。若科舉時文，他心心念念要爭功名。若不教他，你道他自做不做，何待設官置吏，費廩祿教他做。也須是當職底人怕道人不曉義理，須是要人教[六三]識些。如今全然無此意，如何恁地！」賀孫。

坐中有説赴賢良科。曰：「向來作時文應舉，雖是角虛無實，然猶是白直[六四]，却不甚害事。今來最是號喚[六五]賢良者，有[六六]所作策論更讀不得。緣世上只有許多時事已前一齊話了，自無可得説。如笮酒相似，第一番淋了，第二番又淋了，第三番又淋了。如今只管又去許多糟粕裏面[六七]只管淋，有甚麼得話！既無可得話，又只管要新。最切害處是輕德行，毀名節，崇智術，尚變詐，讀之使人痛心疾首。不知是甚世變到這裏。這[六八]可畏！這[六九]可畏！這都是不祥之兆，隆興以來不恁地。自隆興以後有恢復之説都要求[七〇]説功名，初不曾濟得些事，今看來反把許多元氣都耗却。管子、孔門所不道，而其言猶曰『禮義廉恥，是謂四維』，如今將禮義廉恥一切掃除了，却來説事功。」賀孫。

葉正則、彭大老欲放混補，廟堂亦可之，但慮艱食，故不果行。二人之意大率爲其鄉人地耳。廟堂云「今日太學文字不好」，却不知所以不好之因，便使時文做得十分好後，濟得甚事？某有一策：諸州解額取見三舉終場最多人數，以寬處爲準，皆與添上。省試取數却不增，其補試却用科舉年八月十五日引試，若要就補，須舍了解試始得。如此，庶幾人有固志，免得如此奔競喧鬨。閎祖。

說趙丞相欲放混補，歎息云：「方今大倫恁地不成模樣。身爲宰相，合是以何爲急？却要急去理會這般事，如何恁地不識輕重。此皆是衰亂之態。只看宣和末年虜人將至，宰相說甚事，只看實録頭一版便見。且說太學裏［七一］秀才做時文不好，你道是識世界否？且如［七二］如今待補取士有甚不得？如何道恁地便取得人才，如彼便取不得人才。只是亂說。待補之立也恰似擲骰子一般？且試采，擲得便得試，擲不得便不得試，且以爲節制？那裏得底便是，不得底便不是？這般做事都是枉費氣力。某嘗說均解額，只將逐州三舉終場人數，用其最多爲額，每百人取幾人，太學許多濫恩一齊省了。元在學者聽依舊恩例。諸路牒試皆罷了，士人如何也只安鄉舉，如何自家却立個物事引誘人來奔趨！下面又恁地促窄無入身處，如何又只就微末處理會！若均解額取人數多，或恐下梢恩科數多，則更將分數立一長限，以前得舉人却只依舊限，有甚不得處？他只說近日學中緣有行［七三］補不得廣取，以致學中無好文字。不知時文之弊已極，雖鄉舉又何嘗有好文字膾炙人口舌［七四］。若是要取人才，那裏將這幾句冒頭見得。

只是胡説！今時文日趨於弱，日趨於巧小，將士人這些志氣都消削得盡。莫説以前，只是宣和末年三舍法纔罷，學舍中無限好人才，如胡邦衡之類是甚麽樣有氣魄，做出那文字是甚豪壯。當時亦自煞有人。及紹興渡江之初亦自有人才，那時士人所做文字極粗，更無委曲柔弱之態，所以亦養得氣宇。只看如今秤斤注兩作兩句破頭如此，是多少衰氣。」賀孫。

或問：「趙子直行〔七五〕三舍法：補入縣學，自縣學比試入於州學，貢〔七六〕至行在補試方入太學。如何？」先生曰：「這是顯然不可行底事。某嘗作書與之〔七七〕説，他自謂行之有次第，這下梢須大乖。今只州縣學裏小小補試，動不動便只是請囑之私，若便把這個爲補試〔七八〕之地，下梢須至於興大獄。趙子直〔七九〕這般所在都不詢訪前輩。如向者三舍之弊，某嘗及見老成人説，劉聘君云縣學嘗得一番分肉，肉有内舍、外舍多寡之差。偶齋僕下錯了一分，學生便以界方打齋僕，高聲大怒云：『我是内舍生，如何却只得外舍生肉？』如此等無廉耻事無限，只是蔡京法度如此。嘗見胡珵德輝有言曰：『學校之設，所以教天下之人爲忠爲孝也。國家之學法始於熙寧，成於崇觀。熙寧之法李定爲之，崇觀之法蔡京爲之也。李定者天下之至不孝者也，蔡京者天下之至不忠者也。豈有不忠、不孝之人而其所立之法可行於天下乎！』今欲行三舍之法亦本無他説，只爲所取待補多滅裂，真正老成士人多不得太學就試，太學緣此多不得人。然初間所以立待補之意，只爲四方士人都來就試，行在壅隘，故爲此法。又〔八〇〕須思量所以致得四方士人苦死都要來赴這個〔八一〕太學試爲個〔八二〕甚麽，這是個弊端，須從這根頭理會去。某與子直書曾云，若怕人都來赴太學試，須思量士人所以都要來做甚麽。皆是秀才，皆非有古人教養之實而仕進之途如此其易。正試既優，又有舍選而恩慶數厚，〔八三〕較之諸州或五六百人解送一人，何其不平至於此也〔八四〕！此〔八五〕自是做得病痛如此，不就這處醫治却只去理會其末。今要好，且明降指揮，自今太學並不許以恩例爲免，若在學人援執舊例，則以自今新補入爲始，他未入者幸得入而已，未暇計此恩命〔八六〕。太學既無非望之恩，又於鄉舉額窄處增之，則又〔八七〕自安鄉里，何苦都要入太學？所以要入太學只緣是如此，〔八八〕不就此整理更説甚？高抑崇渡江初〔八九〕，秦相舉之爲司業，抑崇乃龜山門人。龜山於學校之弊煞有説話，渠爲門人〔九〇〕非不習聞講論，到好做處却略不施爲。秦本惡程學，後見其用此人，人莫不相慶，以爲庶幾善類得相汲引。後乃大不然，却一向苟合取媚而已。學校以前整頓固難。當那時兵興之後，若從頭依自家好規模整頓一番，豈不可爲？他當時於秦相前亦不敢説及此。」賀孫。

晦庵先生朱文公語類卷第一百十

朱子七

論兵

今郡[一]無兵無權。先王之制，内有六鄉、六遂、都鄙之兵，外有方伯、連帥之兵，内外相維，緩急相制。賀孫。

本强則精神折衝，不强則招殃致凶。僩。

或言：「古人之兵，當如子弟之衛父兄。而孫吳之徒必曰與士卒同甘苦而後可，是子弟必待父兄施恩而後報稱[二]也。」先生曰：「巡而拊之，『三軍之士皆如挾纊』，此意也少不得。」賀孫。木之同。

凡爲守帥者，止教閲將兵足矣。程其年力，汰斥癃老衰弱，招補壯健，足可爲用，何必更添寨置軍？其間衣糧或厚或薄，遂致偏廢。如此間將兵，則皆差出接送矣。方子。按寶從周録略同，附於

下。云：「近世守帥不於見有軍兵程其年力，汰斥衰弱，招補壯健，乃添寒創額。其間衣糧或厚或薄，遂至偏廢。」〔三〕

「辛棄疾頗諳曉兵事。云：『兵老弱不汰可慮。向在湖南收茶寇，令統領揀人皆要一可當十者，待押得人來〔四〕更看不得，盡是老弱。問之〔五〕何故如此，對〔六〕云：「只揀得如此。」間有稍壯者，諸處借事去。州郡既〔七〕弱，皆以大軍可恃，又如此！爲今之計，大段着揀汰，但所汰者又未有安〔八〕頓處。』某向見張魏公，説以分兵殺虜之勢。只緣虜人調發極難，元顏要犯江南，整整兩三〔九〕年方調發得聚。彼中雖是號令簡，無此〔一〇〕許多周遮，但彼中人纔逼迫得太急亦易變，所以要調發甚難。只是〔一一〕沿淮有許多捍禦之兵。爲吾之計，莫若分幾軍趨關陝，他必擁兵於關陝；又分幾軍向西京，他必擁兵於西京；又分幾軍望淮北，他必擁兵於淮北，其他去處必空弱。又使海道兵擣海上，他又着擁兵捍海上。吾密揀精鋭幾萬在此，度其勢力既分，於是乘其稍弱處，一直收山東。虜人首尾相應不及，再調發來添助，又卒未聚，而吾已據山東。纔據山東，中原及燕京自不消得大段用力，盡〔一二〕精鋭萃於山東而虜勢已截成兩段去。又先下明詔，使中原豪傑自爲響應計〔一三〕。是時魏公答以『某只受一方之命，此事恐不能主之』。」蔡云：「今兵政如此，終當如何？」曰：「須有道理。」蔡曰：「莫着改更法制？」先生曰：「這如何得？如同父云『將今法制重新洗換一番方好』。某看來，若便使改換得井牧其田，民皆爲兵，若無人統率之，其爲亂道一也。」「然則如之何？」曰：「只就這腔裏自有道理，這極易。只呼吸之間，便可以弱爲强，變怯爲勇，振柔爲剛，易敗爲勝，直如反掌耳。」賀孫。

今日兵不濟事。兵官不得人，專務刻削兵，且驕弱安養，不知勞苦，一旦將如何用得！[一四] 某嘗言，宜散京師之兵，却練諸郡之兵。依太祖法，每年更戍趲去淮上衛邊。謂如福建之兵趲去饒州，饒州之兵趲去衢信，衢信趲去行在，迤邐趲去淮上。今年如此，明年又趲去，如此，[一五] 則京師全無養兵之費，豈不大好！僩。

言今兵政之弊，曰：「唐制節度、兵。觀察、財。處置等使，即節鎮也；使持節某州諸軍事、兵。某州刺史，民。即支郡也。支郡隸於節鎮，而[一六] 支郡各有衙前左右押衙，管軍都頭，並掌兵事，又皆是士人爲之。其久則根勢深固，反視節度有客主之勢。有[一七] 誅逐其上，而更代爲之。凡陸梁跋扈之事，因兹而有。其間[一八] 惟是節度得人，方能率服人心，歸命朝廷。若論唐初兵力最盛，斥地最廣，乃在於統兵者簡約而無牽制之患。然自唐末，大抵節鎮之患深，如人之病，外强中乾，其勢必有以通其變而後可。故太祖皇帝知其病而疏理之，於是削其支郡以斷其臂指之勢，當時至有某州某縣直隸京師而不屬節度者。置通判以奪其政，命都監監押以奪其兵，立倉場庫務之官以奪其財。向之所患，今皆無憂矣。其後又有路分、鈐轄、總管等員，神宗時又增置三十七將，亂離之後又有都統、統領、統制之名。大抵今日之患又却在於主兵之員多，朝廷雖知其無所[一九] 用，姑存其名目。費國家之財不可勝計。又有[二〇] 刻剥士卒，使士卒困怨於下。若更不變而通之，則其害未艾也。要之，此事但可責之郡守。他自亦〔二一〕分明謂之郡將，若使之練習士卒，修治器甲，築固城壘，以爲一方之守，豈不隱然有備而可畏！古人謂『生之者衆，食之者寡，爲之者疾，用之者舒』，今一切反之。」道夫。

問：「後世雖養長征兵，然有緩急，依舊徵發於民，終是離民兵不得。兼長征兵終不足靠，如杜子美石壕吏詩可見。」曰：「自秦漢以下至六國皆未有長征兵，都是徵發於民。及唐府衛法壞，然後方有長征兵。」良久，〔二二〕因又〔二三〕論荆襄義勇，州縣官吏反擾之。當時朝廷免徵科，與〔二四〕官吏不得役使指揮〔二五〕。今徵科既不得免，民反倍有費〔二六〕，又官吏役使如故。曰：「某當初見劉共父説，他制得義勇極好，且是不屬官吏，官不得擾之。某應之曰：『無緣有不屬州縣之理。』固疑其末流如此。」僩。

今朝廷盡力養兵，而兵常有不足之患。自兵農既分之後，計其所費，却是無日不用兵也。時舉。

論財賦，曰：「財用不足皆起於養兵。十分、八分是養兵，其他用度止在二分之中。古者刻剥之法，本朝皆備，所以有靖康之亂。已前未有池陽〔二七〕江鄂之兵，止謂張宣撫兵、某人兵。今增添許多兵。合當精練禁兵，汰其老弱，以爲廂兵。」節。

今天下財用費於養兵者十之八九，一百萬貫養一萬人。此以一成〔二八〕計。僩。

范伯達有文字，說淮上屯田須與畫成一井，中爲公田以給軍。令軍中子弟分耕，取公田所入以給軍。德明。

因言：「淮上屯田，前此朝廷嘗差官理會。其人到彼都不曾敢起人所與者，却只令人築起沿江閑地以爲屯，此亦太不立。大抵世事須是出來擔當，不可如此放倒。人是天地中最靈之物。天能覆而不能載，地能載而不能覆。恁地大事，聖人猶能裁成輔相之，況於其他。」因舉齊景[二九]答夫子「君君臣臣」之語，又與晏子言「美哉室」之語，皆放倒說話。且如五代時兵驕甚矣。周世宗高平一戰既敗却矣，忽然誅戮[三〇]不用命者七十餘人，三軍大振，遂復合戰而克之。凡事都要人有志。處謙。

屯田須是分而屯之，統帥田[三一]屯甚州，總司屯甚州，漕司屯甚州。上面即[三二]以户部尚書爲屯田使，使各考其所屯之多少以爲殿最，則無不可行者。今則不然，每欲行一文字，則經由數司僉押相牽制，事何由成！道夫。

論刑

天下事最大而不可輕者，無過於兵刑。臨陣時是胡亂錯殺了幾人。所以老子云：「夫佳兵者，不祥之器，聖人不得已而用之。」獄訟，面前分曉事易看，其情僞難通。或旁無佐證，各執兩說繫人性命〔三三〕，須喫緊思量，猶恐有誤也。」僩。

論刑云：「今人說輕刑者，只見所犯之人爲可憐〔三四〕憫，而不知被傷之人尤可念也。且如劫盜殺人者，人多爲之求生，殊不念死者之爲無辜。如此則〔三五〕是知爲盜賊計，而不爲良民地也。若如酒稅僞會子，及飢荒竊盜之類，猶可以情原其輕重小大〔三六〕而處之。」時舉。

今之法家惑於罪福報應之說，多喜出人罪以求福報。夫使無罪者不得直，而有罪者得倖免，是乃所以爲惡爾，何福報之有？書曰：「欽哉！欽哉！惟刑之恤哉！」所謂欽恤者，欲其詳審曲直，令有罪者不得免而無罪者不得濫刑也。今之法官惑於欽恤之說，以爲當寬人之罪而出其死。故凡罪之當殺者必多爲可出之塗，以俟奏裁，則率多減等：當斬者配，當配者徒，當徒者杖，當杖者笞。是乃賣弄條貫，舞法而受賕者耳！何欽恤之有？罪之疑者從輕，功之疑者從重。所謂疑者，非法令之所能決。則罪從輕而功從重，惟此一條爲然耳。非謂凡罪皆可以從輕，而凡功皆可以從重也。今之律令亦有此條，謂法所不能決者則俟奏裁。今乃明知其罪之當死，亦莫不爲可生之塗以上之。惟壽皇不然，其情理重者皆殺之。僩。

晦庵先生朱文公語類卷第一百十一

朱子八

論民

因説建寧府四月八日社火之盛，云：「民有舉債入社終歲不能償者，有自遠處來燒香而溺死者。孟子言『我亦欲正人心』。今民間眼前利害猶曉不得，况責其曉禮義乎？」人傑。〔一〕

今欲行古制，欲法三代，煞隔霄壤。今説爲民減放，幾時減〔二〕放得到他元脱净〔三〕處。且如今〔四〕轉運使每年發十萬貫，若大段輕減，減至五萬貫，可謂大恩。然減放那五萬貫内只是無名額外錢，〔五〕須一切從民正賦，凡所增名色一齊除盡，民方始得脱净，這裏方可以議行古制。若如〔六〕如今民生日困，頭只管重，更起不得。爲人君，爲人臣，又不以爲急，又不相知，如何得好！這須是上之人一切掃除妄費，卧薪嘗膽，合天下之智力日夜圖求，一起而更新之方始得。某在行在不久，若在彼稍久，須更見得事體可畏處。不知名園麗圃其費幾何，日費幾何，下面頭

會箕斂以供上之求。又有上不至天子，下不在民，只在中間白乾消没者何限。〔七〕賀孫。〔八〕

程正思言當今守令取民之弊。渠能言其弊，畢竟無策，就使臺官果用其言而陳於上前，雖戒敕州縣，不過虚文而已。先生云：「今天下事只礙個失人情便都使不得，蓋事理只有一個是非。今朝廷之上不敢辨别這〔九〕是非，如宰相固不欲逆上意，上亦不欲忤宰相意。今聚天下之不敢言是非者在朝廷，又擇其不敢言之甚者爲臺諫，習以成風，如何做得事。」人傑。

今之賦，輕處更不可重。只重處減似那輕處可矣。淳。

今世産賦百弊極甚〔一〇〕。砧基簿只是人户私本。在官中本，天下更無一處有。税賦本末更無可稽尋處。義剛。淳録同。〔一一〕

福建賦税猶易辨。浙中全是白撰，横斂無數，民甚不聊生，丁錢至有人〔一二〕千五百者。人便由此多去計會中使，作宫中名字以免税。向見辛幼安説，糞船亦插德壽宫旗子。其〔一三〕初不信，後提舉浙東，親見果是〔一四〕如此。嘗見〔一五〕人充保正來論某人〔一六〕當催秋税，某人當催夏税。某初以爲催税只一般，何争秋、夏。從而〔一七〕問之，乃知秋税苗産有定色，易催；夏税是和買絹，最爲重苦。蓋始者一疋，官先支得六百錢。後來變得令人先納絹，後請錢，已自費力了。後又無錢可請，只得白納絹。今又不納絹，只令納價錢，錢數又重〔一八〕。催不到者保正出之，一番當役則爲之困矣。故福建不如江西，江西不如江東，江東不如浙東，浙東不如浙

西。[一九]越近都處越不好。義剛。陳淳録同。[二〇]

浙東之病，如和買之害，酒坊之害，置酒坊者，做不起破家，做得起害民。如鹽倉之害，如温州有數處鹽倉，置官吏甚多，而一歲所買不過數十[二一]斤，自可省罷。更欲白之朝。出鹽之地納白户鹽，却令過私鹽。升卿。[二二]

今賑濟之事利七而害三，則當冒三分之害而全七分之利。不然，必欲求全，恐併與所謂利者失之矣。人傑。

直卿言：「辛幼安帥湖南，賑濟榜文祇用八字，曰：『劫禾者斬，閉糴者配。』」先生曰：「這便見得他有才。此八字，若做兩榜便亂道。」又曰：「要之，只是粗法。」道夫。

「余正甫説時煞説得好，雖有智者爲之計亦不出於此。然所説救荒賑濟之意固善，而上面取出之數不節不可。」直卿云：「制度雖只是這個制度，用之亦在其人。如糴米賑饑，此固是，但非其人，則做這事亦將有不及事之患。」先生曰：「然。」賀孫。

檢放之弊，只在後時失實。敬仲。[二三]

嘗謂爲政者當順五行、修五事以安百姓。若曰賑濟於凶荒之餘，縱饒措置得善，所惠者淺，終不濟事。道夫。[二四]

李丈問：「保正可罷得[二五]否？」曰：「這個如何罷得？但處之無擾可矣。」曰：「此自王荆公始否？」曰：「保正自古有，但所管人户數有限。今只論都則人數不等，然亦不干人數多寡。若無擾，雖所管千百家亦不爲勞苦；若重困之，雖二十家亦不勝矣。」淳。

因論保伍法，或曰：「此誠急務。」曰：「固是。先王比閭保伍之法便是此法，都是從這裏做起，所謂『分數』是也。兵書云『御衆有多寡，分數是也』，看是統馭幾人，只是分數明，所以不亂。王介甫鋭意欲行保伍法以去天下坐食之兵，不曾做得成。范仲達名如璋，太史之弟。爲袁州萬載令，行得保伍極好，自來言保伍法無及之者。此人有心力，行得極整肅。雖有姦細，更無所容，每有疑似無行止人，保伍不敢著，互相傳送至縣，縣驗其無他方令傳送出境。訖任滿，無一寇盜。頃張定叟知袁州，託其詢問則其法已亡，偶有一縣吏略記大概。」僩。

因論役法，曰：「差役法善。晁以道嘗有劄子論差役有十利。」僩。

「彭仲剛子復作台州臨海縣，理會役法甚善。朝廷措置役法，看如何措置終是不公。且如鄉有寬狹，寬鄉富家多，狹鄉富家少。狹鄉富家靳靳自足，一被應役，無不破家蕩産，極可憐憫！彭計一縣有幾鄉，鄉有闊狹，某鄉多富家，某鄉少富家，却中分富家以畀兩鄉，令其均平。其有不均處，則隨其道里遠近分割裨補令其恰好，人甚便之。」或曰：「恐致人怨。」曰：「不怨。蓋其公心素有以信於民，民自樂之。雖非法令之所得爲，然使民宜之，亦終不得而變也。又有所在利於爲保正而不利於爲保長者，蓋保長催税，其擾極多。某在紹興，有人訴不肯爲保長，少間却計會情願做保正，某甚嘉之，以爲捨易而就難。及詢之士人，乃云保長難於保正。又有計會欲爲保正〔二六〕、保長者，蓋有所獲於其中。所在風俗不同，看來只用倍法：若産錢滿若干當爲保正，外又計其餘産若干當爲保長，若産錢倍多則須兩番爲保正。如此則無争。又催税之法，頃見崇安趙宰使人俵由子，分爲幾限，令百姓依限當廳來納，甚無擾。及過隆興，見帥司令諸邑俵由子催税而責以十限。縣但委之吏手，是時饑餓，民甚苦之，恣爲吏人乞覓。或所少止七百而限以十限，每限自用百錢與吏；或欲作一項輸納，吏又以違限拒之；或所少不滿千錢，而趁限之錢則已踰千矣。其擾不可言。所以做官難，非通四方之風俗情僞，如何了得。」僩。

朋友言，某官失了税簿。先生曰：「此豈可失了。此是根本，無這個後如何稽考？所以周官建官便皆要那史，所謂史便是掌管那簿底。」義剛。

楊通老相見，論納米事。先生曰：「今日有一件事最不好：州縣多取於民，監司知之當禁止，却要分一分。此是何義理！」又論廣西鹽。曰：「其法亦不密。如立定格，六斤不得過百錢，不知去海遠處搬擔所費重。此乃許子之道，但當任其所之，隨其所嚮，則其價自平。天下之事所以可權衡者，正謂輕重不同。乃今一定其價，安得不弊！」又論汀寇止四十人，至調泉建福三州兵，臨境無寇，須令汀守分析。先生曰：「纔做從官不帶職出，便把這事做欠闕。見風吹草動便喜做事，不顧義理，只是簡利多害少者爲之。今士大夫皆有此病。」可學。

論財

今朝廷之財賦不歸一，分成兩三項，所以財匱。且如諸路總領贍軍錢，凡諸路財賦之入總領者，户部不得而預也。其他則歸户部，户部又未得。凡天下之好名色錢容易取者、多者，皆歸於内藏庫、封樁庫。惟留得名色極不好、極難取者乃歸户部，故户部所得者皆是枷棒栲箠得來，所以户部愈見匱乏。封樁、内藏，孝宗時鋭意恢復，故愛惜此錢不肯妄用，間欲支則有司執奏，旋悟而止。及至今日則供浮費不復有矣。今之户部、内藏正如漢之大農、少府錢。大農則國家經常之費，少府則人主之私錢。

因致道説國家財用耗屈，某人曾記得在朝文臣每月共支幾萬貫，武臣及内侍等五六十萬貫。曰：「唐初節度使皆是臨陳對敵，平定禍亂故得此官。今因唐舊而節度使之名不罷，皆安居暇食，安然受節度使之重禄，豈不是無謂！似聞蔡京當國曾欲罷之。」賀孫。

宗室俸給一年多一年，駸駸四五十年後何以當之？事極必有變。如宗室生下便有孤遺請給，初立此條止爲貧窮全無生活計者，那曾要得恁地泛及。賀孫。

因言宗室之盛，曰：「頃在漳州，因壽康登極恩，宗室量試出官，一日之間出官者凡六十餘人。州郡頓添許多給俸〔二七〕，幾無以支梧。朝廷不慮久遠，宗室自〔二八〕盛爲州郡之患，今所以已有一二州郡倒了。緣宗室請受浩瀚，直是孤遺多，且如一人有十子便用十分孤遺請受，有子孫多則寧不肯出官者[二九]，蓋出官則其子孫孤遺之俸皆止，而一官之俸反不如孤遺衆分之多也。在法，宗室無依倚者方得請孤遺俸，有依倚者不得請。有依倚，謂其叔伯兄弟之親[三〇]有官可以相依倚而不至於困乏。今則有伯叔兄弟爲官者反得憑勢以請孤遺之俸，而其直[三一]孤遺無依倚者反艱於請，以其無援而州郡沮抑之也。不知當初立法如何煞有不公處。如宗室丁憂依舊請俸，又宗室選人之待闕者[三二]亦有俸給，恩亦太重矣。朝廷更不思久遠，它日爲州郡之害未涯也。如漢法：宗室惟天子之子則裂土地而王之，其王之子則嫡者一人繼王，庶子則皆封侯，侯惟嫡子繼侯而其諸子則皆無封。故數世之後皆與庶人無異，其勢無以自給則不免躬農畝之事，如光武少年自販米是也。漳、泉宗室最多。南外、西外，在彼宮中不能容，則皆出居於外也。」因問西外、南外。曰：「創於徽宗朝。[三三]徽宗以宗室衆多，京師不能容，故令秦王位下子孫出居西京，謂之『西外』。太祖位下子孫出居南京，謂之『南外』。及靖康之亂，遭虜人殺戮虜掠之餘能渡江自全者，高宗亦遺州郡收拾。於是皆分置福、泉二州，西外在福州，南外在泉州。[三四]依舊分太祖、秦王位下而居之也。居於京師者則[三五]皆太宗以下子孫。太宗子孫是時世次未遠，皆有緦麻服，故皆處於京師。而太宗以下又自分兩等，濮園者尤親，蓋濮邸比那又爭兩從也。濮園之親，所謂『南班宗室』是也。近年如趙不流之屬皆是南班，其恩禮又優。故濮園位下女子[三六]事人者，其夫皆有官。」因言：「京師破時，黄唐傳爲宗正官，以宗室簿籍獻於虜人[三七]，虜人[三八]依簿搜索，無一人能逃匿者。又徽宗淵聖諸子皆是宦[三九]者指名取索，亦無一人能免者。言之痛傷。虜人初破京城時，只見來索近上寵倖用事底宦者數人，人莫測之，但疑其欲效此間置官，依傚宮闈間事耳。乃是盡[四〇]呼去問諸王諸公主所在，宮人有幾位，諸王有幾位，兩宮各有多少，并宮中寶玉之藏各有幾所。宦[四一]者一一聲説，略不敢隱。其有宮中秘藏寶玉之物外人不得知者，虜人皆來索取，皆是宦[四二]者指名[四三]教之也。方搜捕諸王宗室時，吴革獻議於孫傅，欲藏匿淵聖太子[四四]，淵聖是時一子[四五]年十許歲，以續趙祀，而取外人一子其[四六]狀貌年數相似者殺之以獻虜人[四七]，云皇子出閤爲衆人争奪蹂踐而死。孫傅不敢擔當，竟不敢爲，只得兩手付之，無一個骨肉能免者。可痛！可痛！[四八]」問：「吴革是時結連義兵欲奪二聖，爲范瓊誘殺之。不知當時若從中起能有濟否？」曰：「也做不得，大勢去矣。古人云『懍乎若朽索之馭六馬』，豈不是如此？只這裏纔操縱少緩，其終便有此禍，可不栗栗危懼！從古以來如此。如唐高祖、太宗之子孫被武后殺盡，其間不絶如綫。唐明皇奔迸流離，其子孫皆餓死，中更幾番禍亂，殺戮無遺。哀哉！」卓。

運使本是愛民之官，今以督辦財賦，反成殘民之職。提刑本是仁民之官，今以經、總制錢，反成不仁之具。淳。[四九]

「總領一司乃趙忠簡所置，當時之意甚重。蓋緣韓、岳統兵權重，方欲置副貳，又恐啓他之疑，故特置此一司，以總制財賦爲名，其實却是[五〇]專切報發御前兵馬文字，其意[五一]蓋欲陰察之也。」或謂：「總領之職，自可併歸漕司。」先生曰：「財賦散在諸路，漕司却都呼吸不來。亦如坑冶，須是創立都大提點，方始呼吸得聚。」道夫。[五二]

經總制錢，因一時軍興權宜所立，後遂不罷。要之，當今兵官愈多，兵愈不精。道夫。[五三]

或欲通銅錢出淮，先生深以爲不然。云：「東南銅錢已是甚少，其壞之又多端。私鑄銅器者，動整四五緡壞了。只某鄉間舊有此等[五四]，想見別處更多，此壞錢之端。[五五]又有海船之泄，海船高大，多以貨物覆其上，其內盡載銅錢轉之外國。朝廷雖設官禁，那曾檢點得出。其不廉官吏反以此爲利。又其一則淮上透漏，監官點閲税物但得多納幾錢，他不復問。銅錢過彼極有利，六七百文可得好絹一匹。若更不禁，那個不要帶去？又聞入川中用，若放入川蜀，其透漏之路更多。」賀孫。

論淮西鐵錢交子，曰：「交子本是代錢，今朝廷只以紙視之。今須是銅錢交子不得用於淮，鐵錢交子不得用於江南。又須江南官司置場兑换銅錢交子，乃可行耳。」人傑。

晦庵先生朱文公語類卷第一百十二

朱子九

論官

「方今朝廷只消置一相，三參政兼六曹，如吏兼禮、户兼工、兵兼刑。樞密可罷，如此則事易達。又如宰相擇長官，長官却擇其寮。今銓曹注擬小官繁劇而又不能擇賢。使[一]每道只令監司差除亦好，每道仍只用一個[二]監司。」人傑因舉陸宣公之言，以爲「豈有爲臺閣長官則不能擇一二屬吏，爲宰相則可擇千百具寮？」先生云：「此説極是。當時如沈既濟亦有此説之意。」人傑。

「古人云左史書言，右史書動。今也恁地分不得，只合合而記之。」直卿曰：「所可分者事而已。」曰：「也分不得，所言底便行出此事來。」道夫。

銓擇之法，只好京官付之監司，選人付之郡守，各令他隨材擬職。州申監司，監司申吏部，長貳審察聞奏，下授其職。却令宰相擇監司，吏部擇郡守。如此則朝廷亦可無事，又何患其不得人。道夫。

陳亮同父〔三〕謂：「今要得國富兵强，須是分諸路爲六段，六曹尚書領之，諸州有事祇經諸曹尚書奏裁取旨。又每一歲或二歲使一巡歷，庶幾下情可達。」先生曰：「若廣中、四川之類，使之巡歷，則其本曹亦有廢弛之患。」陳曰：「劇曹則所領者少，若路遠則兵、工部可爲也。」先生曰：「此亦是一說。」道夫。

「自秦置守、尉、監，漢有郡守、刺史〔四〕，刺史如今監司，專主按察。至漢末令刺史掌兵，遂侵郡守之權兼治民事，而刺史之權獨重。後來或置或否。漢有十二州、百三郡，郡有太守，州有刺史。歷代添置州名愈多而郡愈少。又其後也遂去郡而爲州，故刺史兼治軍民而守廢。至隋又置郡守。後又廢守置刺史，而刺史遂爲太守之職。某嘗說不用許多監司，每路只置一人，復刺史之職，正其名曰按察使，令舉刺州縣官吏。其下却置判官數員以佐之，如轉運判官、刑獄判官、農田判官之類。農田專主婚、田，轉運專主財賦，刑獄專主盜賊、刑獄，而刺史總之。稍重諸判官之權，資序視通判而刺史視太守，判官有事欲奏聞，則刺史爲之發奏，刺史不肯發，則許判官自徑申御史臺、尚書省，以分刺史之權。蓋刺史之權獨專則又不便，若其人昏濁則害貽一路，百姓無出氣處，故又須略重判官之權。諸判官下却置數員屬官，如職幕官之類。如此則事〔五〕權歸一，太守自治州事而刺史得舉刺一路，豈不簡徑省事，而無煩擾耗蠹之弊乎？」問：「今之主管資格亦視通判？」曰：「然，但權輕不能有所爲，只得奉承運使而已。若分爲判官，俾得專達則其權重，而監司亦不敢妄作矣。」僩。

或問：「漢三公之官與周制不同，何耶？」先生曰：「漢初未見孔壁古文尚書中周官一篇説太師、太傅、太保爲三公，〔六〕但見伏生口授牧誓、立政篇中所説司徒、司馬、司空，遂誤以是爲三公而置之。愚按：「漢高后元年初置少傅，平帝元始元年又置太保、太師。然當時所建三公實司徒、司馬、司空，非此之謂，但因其字義以爲師、保之職，故亦甚等〔七〕崇之，位在三公上。東漢稱爲上公，後世易爲三師，皆是意也。使西漢明見周官，有所據依，必不若是舛矣。」又按：漢書百官表中却曰：「太師、太傅、太保是爲三公。」又曰：「或説司馬主天，司徒主人，司空主土，是爲三公。」其説與周官合者，豈孔氏書所謂「傳之子孫，以貽後代」者，至是私有所謂專役〔八〕，故班固得以述之歟？抑但習聞其説無所折衷，故兩存之而不廢耶？古文尚書至東晉時因內史梅頤始行于世，東晉之前如揚雄以酒誥爲虛談，趙岐、杜預以説命、皋陶謨等篇爲逸書，則其證也。古者，諸侯之國只得置司徒、司馬、司空三卿，惟〔九〕天子方得置三公三孤六卿。牧誓、立政所紀，周是時方爲諸侯，乃侯國制度。周官所紀則在成王時，所以不同。三公三孤以師道輔佐天子，本是加官。周公以太師兼冢宰，召公以太師〔一〇〕兼宗伯，是以加官而兼宰相之職也。上數語疑有未圓處。後世官職益紊，今遂以三公三孤之官爲階官貼職之類，不復有師保之任、論道經邦之責矣。舊來猶是文臣之有勳德重望者方得除此〔一一〕，以其有輔教天子之名故也。後世或以諸王子〔一二〕、或以武臣爲之，既是天子之子與武臣，豈可任師保之責耶？説〔一三〕謬承襲，不復釐正。祖宗之法除三孤三公者必須建節，〔一四〕加檢校太子少保、少師之類，然後除開府儀同三司，既除開府，然後除三孤三公。南渡以來，如張、韓、劉、岳諸武臣猶是如此。今則不然，既建節後便抹過檢校，徑除開府至三孤三公矣。」〔一五〕又曰：〔一六〕「神宗贈韓魏公尚書令，後世不得更加侍中中書令，著爲定制，其禮極隆。本朝惟韓公爲然。〔一七〕後來蔡京改官制，遂奏云：『昔太宗皇帝嘗爲尚書令。〔一八〕』殊不知爲尚書令者乃唐太宗，非本朝太宗〔一九〕也。故唐不除尚書令，惟郭子儀功高特除，子儀堅辭〔二〇〕不敢受，曰：『昔者太宗皇帝嘗爲此官，非人臣敢居。』朝廷遂加『尚父』之號。蔡京名爲紹述熙豐故事，却恣意紛更，不知訛舛，舉朝莫不笑之，而不敢指其非。又奏徽宗云：『嘗面奉神宗聖旨，令改造尚書省。』尚書省者，神宗所造，規模雄〔二一〕偉，國朝以來官府所未有。迄工，神宗幸之，見壯麗如此，出令云：『今後輒敢改易〔二二〕者，以違制論。』自後宰相居之輒不利，王珪病死，章子厚、韓忠彥、蔡確皆相繼斥去。京惡之。是時蜀中有一士人姓家迎合其意，獻唐尚書省圖，云：『唐尚書省正廳在前，六曹諸司多〔二三〕在後，今皆反是。又土地堂在正廳之前，今却在後。所以宰相數不利。』京信其說，遂毀拆重造，比前苟簡逼仄之甚，無忌憚如此。」又曰：「本朝太宗嘗以中書令爲開封尹，由開封尹入禪大統，故後來不除中書令。其〔二四〕開封府者亦不敢正除，必加『權』字。蔡京改官制遂除中書令，當除底不除，謂尚書令也。不當除底却除。又，尹開封者更不帶『權』字。其悖亂無知皆此類也。又京以三公爲宰相，令人以『公相』呼已而不得呼『相公』。後來秦檜亦

如此，蓋倣此也。」儒用。〔二五〕

或問：「僕射名義如何？」曰：「舊云秦時置僕射官〔二六〕專主射，恐不然。禮云『僕人師扶左，射人師扶右，即周官太僕之職。君薨以是舉』，僕射之名蓋起於此。以其朝夕親近人主，後世承誤輒失其真，遂以爲宰相之號。如侍中、中書令、尚書令亦是如此。侍中秦官，漢因之，多是侍衛人主，〔二七〕行則參錯於宦官之間。其初猶以儒者爲之，如武帝時孔安國爲侍中，嘗掌唾壺是也。以其人〔二八〕日與人主相親，故浸以用事。尚書是掌群臣書奏，如州郡開拆司，管進呈文字，宰相如都吏。〔二九〕凡四方章奏皆由之以達。其初亦甚微，只如尚衣、尚食、尚輦、尚藥之類，亦緣居中用事，所以權重〔三〇〕。按秦時少府遣吏四人在殿中主發書，故謂之尚書。尚猶主也。中書，因漢武帝游宴後庭，去外庭遠，始用宦者典事，謂之『中書謁者』。〔三一〕置令、僕射尤與人主親狎，故其權愈重。元帝時洪恭爲令，石顯爲僕射，嘗權傾內外。按蕭望之云：「中書政本，更〔三二〕宜用士人。」蓋自武帝始用宦官出入奏事，非舊制也。及光武即位，政事不任三公而盡歸臺閣，〔三三〕三公皆擁虛器，凡天下之事盡入於中書。〔三四〕嘗見後漢群臣章奏首云臣某『奏疏尚書』，猶今言『殿下』、『陛下』之類，雖是不敢指斥而言，亦足以見其居要地而秉重權矣。當時事無巨細皆是尚書行下三公，或不經由三公徑下九卿。〔三五〕故在〔三六〕東漢時不惟尚書之權重，九卿之權亦重者，此也。按，光武不任三公，事歸臺閣者，蓋當時謂六尚書臺猶今言尚書省也。曹操開魏王府，未敢即擬朝廷建官，〔三七〕但置秘書令，〔三八〕篡漢之後始改爲中書監。以其素承寵任，故荀勗自中書遷尚書監，人賀之。勗曰：『奪我鳳凰池，諸君何賀耶！』〔三九〕西漢時中書之權重，東漢時尚書之權重，至此則中書之權復重而尚書之權漸輕矣。」問：「尚書省，〔四〇〕『省』字何義？」曰：「省即禁也。舊謂之『禁』，避魏卞后〔四一〕父諱，遂改爲『省』。猶今言省中、禁中。〔四二〕」儒用。〔四三〕

漢御史大夫如本朝參知政事。義剛。

監司，每路只須留一人，揀其風力者而與〔四四〕一郡而漸去之。伯豐。

朝廷設教官一件大未是，後生爲教官便做大了，只歷一兩任教官便都不了世事。須是不拘科甲，到五十方可爲之，不然亦須四十五。淳。

古者人主左右攜提執賤役，若虎賁、綴衣之類皆是士大夫，日相親密，所謂「待御僕從罔匪正人，以旦夕承弼厥辟。出入起居罔有不欽，發號施令罔有不臧」。不似而今大隔絶，人主極尊嚴，真如神明；人臣極卑屈，望拜庭下，不交一語而退。漢世禁中侍衛亦皆〔四五〕是士大夫，以孔安國大儒而執唾盂，雖儀盆亦是士人執之。宋文帝時，大臣某人〔四六〕入見則與坐話〔四七〕，初間愛之，視日影之斜惟恐其去；後來厭之，視日影之斜惟恐其不去，後竟殺之。魏明帝初說：「大臣太重則國危，小臣太親則身蔽。」〔四八〕後來左右小臣親密，至使中書令某人上床執手强草遺詔，流弊便有此事。漢宣帝〔四九〕懲霍光之弊，事必躬親，又有宦者恭、顯出來。光武懲王莽

之弊，不任三公，事歸臺閣。尚書、御史大夫、謁者謂之「三臺」。淳。〔五〇〕

天下事須是人主曉得通透了，自要去做方做〔五一〕得。某嘗說，〔五二〕如一事八分是人主要做，只有一二分是爲宰相了做，亦做不得。廣。〔五三〕

問：「或言今日之告君者皆能言『修德』二字，不知教人君從何處修起？必有其要。」曰：「安得如此說。只看合下心無〔五四〕不是私，即轉爲天下之大公，將一切私底意盡屏去，所用之人非賢即別搜求正人用之。」問：「以一人耳目，安能盡知天下之賢？」曰：「只消用一個好人作相自然推排出來，有一好臺諫知他不好人，自然住不得。」德明。〔五五〕

趙幾道云：「本朝宰相但一味度量而已。」答〔五六〕曰：「『寬裕溫柔，足以有容』固好，又須『發強剛毅，足以有執』則得。」〔五七〕

「古者三公坐而論道，方可子細說得。如今莫說教宰執坐，然〔五八〕奏對之時頃刻即退，所有〔五九〕文字懷於袖間，只說得幾句便將文字對上宣讀過，那得子細指點。且說無坐位，也須有個案子令開展在上指畫利害，上亦知得子細。看如〔六〇〕今頃刻便退，君臣如何得同心理會事。六朝時尚有『對案畫敕』之語，若有一案，猶使大臣略憑倚細說，如今公吏門呈文字相似，亦得子細。」又云：「直要理會事，且如一事屬吏部，其官長奏對時下面許多屬官一齊都着在殿下，逐事付與某人，某人便着有個區處，當時便可參考是非利害，即時施行，此一事便了。其他諸部有事皆如此，豈不了事？如今只隨例送下某部看詳，遷延推托，無時得了，或一二月，或四五月，或一年，或兩三年，如何得了。某在漳州要理會某事，集諸同官商量，皆逡巡泛泛，無敢向前，如此幾時得了。於是即取紙來，某自先寫起，教諸同官都[六一]各隨所見寫出利害，只就這裏便見得分明，便了得此一事。少間若更有甚商量，亦只是就這上理會，寫得在這裏定了便不到推延。若只將口說來說去，何時得了。朝廷萬事只緣各家都不說要了，但隨時延歲月作履歷遷轉耳，那得事了。古者人君『自朝至於日中昃不遑暇食，用咸和萬民』，『一日二日萬幾』。如今群臣進對頃刻而退，人主可謂甚逸。古人豈是故爲多事？」又云：「漢唐時，御史彈劾人多抗聲直數其罪於殿上，又如要劾某人先榜於闕外，直指其名不許入朝。這須是如此。如今要說一事，要去一人，千委百曲，多方爲計而後敢說，說且不盡，是甚麼[六二]模樣。六朝所載『對案畫敕』下又云『後來不如此，有同譖愬』，看如今言事者，雖所言皆是，亦只類於[六三]譖愬。」賀孫。[六四]

客有爲固始尉，言淮甸無備甚。先生曰：「大臣慮四方，若位居宰相也須慮周於四方始得，如今宰相思量得一邊，便全然掉却那一邊。如人爲一家之長，一家上下也須常常都計掛在自家，心下始得。」賀孫。

又曰：[六五]「官無大小，凡事只是一個公。若公時做得來也精采，便若小官，人也望風畏服。若不公，便是宰相，做來做去也只得個没下梢。」與立。

因說今官府文移之煩。先生曰：「國初時事甚簡徑，無許多虛文。嘗見太祖時，樞密院一卷公案行遣得簡徑。必竟英雄底人做事自別，甚樣索性。聞番中却如此，文移極少。且如今駕過景靈宮，差從官一人過盞子，有甚難事？只消宰相點下便了。須要三省下吏部，吏部下太常，太常擬差申部，部申省，動是月十日不能得了，所差又即是眼前人。趙丞相在位甚有意要去此等弊，然十不能去一二，可見上下皆然也〔六六〕。」太祖時公案，乃是蜀中一州軍變，後申來乞差人管押兵〔六七〕馬。樞密院且〔六八〕已經差使使臣及未經差使姓名，內一人姓樊。注云「樊愛能孫」。又〔六九〕有一人，注「此人清廉可使」。太祖就此人姓上點一點，就下批四字云：「只教他去。」後面有券狀云：「親〔七〇〕隨四人，某甲某乙。」太祖又批其下云：「只帶兩人去。」「小底兩人，某童某童。大紫騸馬一疋并鞍轡，小紫騮馬一疋并鞍轡。」太祖又批其下云：「不須帶紫騸馬去〔七一〕，只騎騸〔七二〕馬去。」又乞下銓曹疾速差知州，後面有銓曹擬差狀，約只隔得一二日，又有到任申狀，其兵馬監押纔到時，其知州亦到了。其行遣得簡徑捷速多〔七三〕如此。〔七四〕

舊來敕令文辭典雅，近日殊淺俗。裏面是有幾多病痛。方子。〔七五〕

先生閱報狀，見臺中有論列章疏，歎曰：「『射人須射馬，擒賊須擒王』，如何却倒了？」道夫。

今群臣以罪去者不能全其退處之節。凡辭避必再三，不允，直待章疏劾之，遂從罷黜。人傑。〔七六〕

舊法，貶責人若是庶官，亦須帶別駕或司馬，無有帶階官者。今呂子約却是帶階官安置。

人傑。〔七七〕

問選擇將帥之術。曰：「當無事之時，欲識得將須是具大眼力，如蕭何識韓信方得。不然，邊警之時兩兵相抗，恁時人才自急。且如國家中興，張、韓、劉、岳突然而出，豈平時諸公所嘗識者？不過事期到此厮拶出來耳。」道夫。〔七八〕

趙昌父相見，因論兵事。先生曰：「兵以用而見其强弱，將以用而見其能否。且如本朝諸公游陝西者多知邊事，此亦是用兵之故。今日諸將坐於屋下何以知其能？縱有韓、白復生亦何由辨之？」可學。〔七九〕

今日將官全無意思，只似人家驕子弟了。褒衣博帶，談道理，説詩書，寫好字，事發遣，如此何益於事？謙。〔八〇〕

今諸道帥臣只曾作一二任監司即以除之，有警則又欲其親督戰士，此最不便。萬一爲賊所虜，爲之奈何！彼固不足卹，然失一帥，其勢豈不張大？前輩謂祖宗用帥取以二路，一是曾歷邊郡，一是帥臣子弟曾諳習兵事者。此最有理。或謂戎幕宜用文臣三四員，此意亦好，蓋經歷知得此等利害，向後皆可爲帥。然必須精選而任，不可泛濫也。道夫。〔八一〕按童伯羽録同而略，今附，云：「今皆不擇帥才，只曾作一二任監司者即爲之，甚不便。且又有警即令親戰，尤不便，萬一被賊捉了，□固不足恤，然失了帥臣之體，豈不益張賊勢乎？前輩論帥謂只有二路取之，一曾歷邊郡，一是帥臣子弟曾諳習帥事者。外此皆不可。此言最

有理。」〔八二〕

或問：「諸公論置二大帥以統諸路之帥，如何？」曰：「不消如此。只是擇得一個人了，君相便專意委任他，却使之自擇參佐，事便歸一。今若更置大帥以監臨之，少間必有不相下之意，徒然紛擾。須是得一個人委任他，聽他自漸漸理會許多軍政，將來自有條理。」恪。〔八三〕

蜀遠朝廷萬有餘里，擇帥須用嚴毅，素有威名，足以畏壓人心，則喜亂之徒不敢作矣。道夫。〔八四〕

瀘州之事，朝廷既是命委清强官體究，帥司若有謀，只那體究官便是捉賊官。且如揀差體究官，帥司祇密着一不下司文字與之，令到地頭體究，隨宜便與處分。若體究官到彼，他見朝廷之意未十分來煎迫，亦須開門放入。但只與之言：「今日之事既是如此，若大兵四合勦滅亦不難。今亦未能如是，但你這頭首人，合當出來陳說始初是如何。」及其既至，則收而梟之，事即定矣。若遽然進兵掩捕，則事勢須激，城中之人不可保，而州郡必且殘破。道夫。〔八五〕

治愈大則愈難爲，監司不如做郡，做郡不如做縣。蓋這裏有仁愛心，便隔這一重。要做件事，他不爲做，便無緣得及民。淳。

某嘗謂今做監司不如做州郡，做州郡不如做一邑，事體却由自家。監司雖大於州，州雖大於邑，然都被下面做翻了，上面如何整頓。道夫。

辛幼安爲閩憲，問政。答曰：「臨民以寬，待士以禮，馭吏以嚴。」〔八六〕爲守令，第一是民事爲重，其次則便是軍政。今人都不理會。道夫。

監司薦人，後犯贓罪〔八七〕，須與鐫三五資，正郎則降爲員郎，員郎則降爲承議郎以下。若已爲侍從或無職名可鐫，則鐫其俸，或一切不與奏薦。如此則方始得它痛，恁地也須怕。今都不損它一毫。道夫。

問德粹：「婺源旱如何？」滕答云云。先生曰：「最有一件事是今日大弊，旱則申雨，檢荒則云熟，火燒民家則減數奏。到處如此。」可學。

「人居官要應副親戚，非理做事。因説道囑託所得貨賄，親戚受之。這是甚麼底事，敢胡亂做！」因説：「吳公路爲本路憲，崇安宰上世與之有契，在邑恣行，無所不至。有訴於吳，其罪甚衆。吳謂其上世有恩於我，我今居官，終不成以法相繩，遂寬釋訟者遣之。斯人益肆其暴虐，邑民皆無所告訴。看來固當不忘上世之恩，若以私恩一向廢法，又如何當官？漢武帝不以隆慮公主之故而赦其子昭平君，雖其初以金錢豫贖死罪，後竟付之法。云：『法令者，先帝之所造也。奈何以弟故廢先帝法，吾何面目入高廟乎！』東方朔上壽曰：『臣聞聖王爲政，賞不避仇讎，誅不擇骨肉。書曰「不偏不黨，王道蕩蕩」，此二帝三王之所重也。陛下行之，天下幸甚！』夫『天討有罪』是大小之事，豈可以私廢？」直卿云：「若是吳憲待崇安宰，雖當一付之法，還亦有少委曲否？」曰：「如恩舊在部屬，未欲一寘于法，亦須令尋醫去可也。」賀孫。

某人爲太守，當見客日分，先見迎[八八]客，方接同官及寄居官。人問其故。曰：「同官有稟議待商量區處，頗費時節。過客多是略見即行，若停軌[八九]在後，恐妨行色。」此事可法。賀孫。

詣學，學官以例講書。歸謂諸生曰：「且須看他古人道理意思如何。今却只做得一篇文字讀了，至[九〇]他古人道理意思處都不曾見。」道夫。[九一]

俞亨宗云：「某做知縣只做得五分。」曰：「何不連那五分都做了着[九二]？」自修。

有一朋友作宰，通監司等[九三]書先説無限道理。陳公亮作帥，謂之曰：「若要理會職事，且不須如此迂闊。」其[九四]以爲名言。人傑。

「胡侍郎[九五]言：『吏人，不可使他知我有恤他之意。』此説極好。」節問：「胡侍郎是誰？」曰：「做管見底。」[九六]又曰：「此已是恤他不可恤。小處可恤，大處不可恤。」又曰：「三五十錢底可恤，若有人來理會，亦須去[九七]治他。」節。

如看道理，辨是非，又須是自高一着方判法[九八]得別人説話。如堂上之人方能看堂下之人，若身在堂下如何看見子細！又如今兩人厮炒，自家要去决斷他，須是自家高得他。若與他相似，也斷他不得，況又不如他？李雖不與熟，嘗於其見先人時望見之，先人稱其人有才略。

因云：「今做官人幾時個個是闒冗人？多是要立作向上。那個不説道先着馭吏？少間無有不拱手聽命於吏者，這只是自家不見得道理，事來都區處不下。吏人弄得慣熟，却見得高於他，只得委任之。」云：〔九九〕「如圍棋一般，兩人初着，那個不要勝？誰肯去就死地自做活計？這只是見不高，無奈何。」賀孫。

謂李思永曰：「衡陽訟牒如何？」思永曰：「無根之訟甚多。」先生曰：「與他研窮道理，分別是非曲直，自然訟少。若厭其多，不與分別，愈見事多。」蓋卿。

嘗歎：「州縣官碌碌，民無所告訴。兼民情難知，耳目難得其人，看來如何明察，亦多有不知者。以此觀之，若是見得分明決斷時，豈可使有毫髮不盡！」又歎云：「民情難知如此，只是將甚麽人爲耳目之寄。」賀孫。

「韓延壽傳云『以期會爲大事』，某舊讀漢書，合下便喜他這一句。」直卿曰：「『敬事而信』也是這意。」曰：「然。」道夫。〔一〇〇〕

前輩説話可法。某嘗見吴丈〔一〇一〕公路云：「他作縣不敢作旬假。一日假則積下一日事，到底自家用做，轉添得繁劇則多粗率不子細，豈不害事？」道夫。

某與諸公説，下梢去仕宦不可不知，須是有旁通曆，逐日公事開項逐一記。了即勾之，未了須理會教了，方不廢事。賀孫。

當官文書簿曆須逐日結押，不可拖下。僩。

前輩檢驗皆有書，當官者不可不知。極多樣。僩。

「開落丁口，推割産錢」是治縣八字法。詞牒無情理者不必判。先減書鋪及勒供罪狀不得告訐之類。葉子昂催税只約民間逐限納錢上州，縣不留錢。德明。

因民户計較阻撓社倉倉官，而知縣不恤。曰：「此事從來是官吏見這些米糧出入於士民[一〇二]，不歸於官吏，所以皆欲沮壞其事。今若不存倉官[一〇三]，數年之間立便敗壞。雖二十來年之功，俱爲無益。」賀孫。

「爲税官，若是父兄宗族舟船過，只得禀白州府請別委官檢税，不[一〇四]可直拔放去。所以祖宗立法許相回避。」又曰：「臨事須是分毫莫放過。如某當官，或有一相識親戚之類，如此越用分明，不肯放過。」道夫。

晦庵先生朱文公語類卷第一百十三

朱子十

訓門人上之上[一]

問：「前承先生書云：『李先生云「賴天之靈常在目前」，如此安得不進？蓋李先生爲默坐澄心之學，持守得固。後來南軒深以默坐澄心爲非，自此學者工夫愈見散漫，反不如默坐澄心之專。』」先生曰：「只爲李先生不出仕，做得此工夫。若是仕宦，須出來理會事。向見吴公濟爲此學，時方授徒，終日在裏默坐。諸生在外都不成模樣，蓋一向如此不得。」問：「龜山之學曰『以身體之，以心驗之，從容自得於燕閑静一之中』。李先生學於龜山，其源流是如此。」曰：「龜山只是要閑散，然却讀書。尹和靖便不讀書。」以下訓德明。[二]

問：「涵養於未發之初，令不善之端旋消沉[三]則易爲力，若發後則難制。」先生云：「聖賢之論正要就發處制，惟子思説『喜怒哀樂之[四]未發謂之中』，孔孟教人多從發處説。未發時固當涵養，不成發後便却都不管他〔五〕。」德明云：「這處最難。」因舉横渠「戰退」之說。先生曰：「此亦不難，只要明得一個善惡。每日遇事須是體驗，見得是善從而保養取，自然不肯走在惡上去。」

次日又云：「雖是涵養於未發，源清則流清，然源清却未見得，被它流出來已是濁了。須是因流之濁以驗源之未清，就本原處理會。未有源之濁而流之能清者，亦未有流之濁而源清者，今人多是偏重了。只說涵養於未發，而已發之失乃不能制，是有得於静而無得於動；只知制其已發，而未發時不能涵養，則是有得於動而無得於静也。」

先生舉遺書云：「根本須是〔六〕先培擁然後可立趨向。」又云：「學者須敬守此心，不可急迫，當栽培深厚，涵泳於其間，然後可以自得。今且要收斂此心，常提撕省察。且如坐間説時事，逐人説幾件，若只管説，有甚是處！便截斷了，提撕此心令在此。凡遇事應物皆然。」問：「當官事多，膠膠擾擾，奈何？」曰：「他自膠擾，我何與焉？濂溪云『定之以中正，仁義而主静』，中與仁是發動處，正是當然定理處，義是截斷處，常要主静。豈可只管放出不收斂？『截斷』二字最緊要。」

又云：「須培擁根本令豐壯。以此去理會學，三代以下書、古今世變治亂存亡皆當理會。今只看此數書，又半上落下。且如編禮書不能就亦是此心不壯，須是培養令豐碩。吕子約『讀三代以下書』之説，亦有謂大故有書要讀，有事要做。」

臨别，再言：「學者須是有業次，須專讀一書了又讀一書。」德明起禀：「數日侍行，極蒙教誨。若得師友常提撕警省，自見有益。」先生曰：「如今日議論，某亦因而得温起一遍。」

問：「山居頗適，讀書罷，臨水登山，覺得甚樂。」先生曰：「只任閑散不可，須是讀書。」又言上古無閑民。其説甚多，不曾記録。大意似謂閑散是虚樂，不是實樂。

因説某人「開廣可喜，甚難得，只是讀書全未有是處。學者須是有業次。竊疑諸公亦未免如此」。德明與張顯父在坐，竦然聽教。先生言：「前輩諸賢多只是略綽見得個道理便休，少有苦心理會者。須是專心致意，一切從原頭理會過。且如讀堯、舜典『曆象日月星辰』、『律度量衡』、『五禮』、『五玉』之類，禹貢山川、洪範九疇須一一理會令透。又如禮書冠昏喪祭、王朝邦國許多制度逐一講究。」因言：「趙丞相論廟制不取荆公之説，編奏議時已删去[七]。不知荆公所論，深得三代之制，又不曾講究毁廟之禮，當時除拆已甚不應儀禮。可笑！子直一生工夫只是編奏議。今則諸人之學又只做奏議以下工夫，[八]無人就堯舜三代原頭處理會來。」又與敬之説：「且如做舉業，亦須苦心理會文字，方可以决科。讀書若不苦心去求，不成業次，終不濟事。」

問：「看先生所解文字略通大義，只是意味不如此浹洽。」曰：「只要熟看。」又云：「且將正文熟誦，自然意義生。有所不解，因而記録，它日却有反覆。」

「今學者皆是就册子上鑽，却不就本原處理會，只成講論文字，與自家身心都無干涉。須是將身心做根柢。」德明問：「向承見教，須一面講究一面涵養，如車兩輪，廢一不可。」先生云：「今只就文字理會，不知涵養，便是一輪轉，一輪不轉。」〔九〕

問：「今只論涵養却不講究，雖能閑邪存誠、懲忿窒慾，至處事差失，則奈何？」曰：「未説到差處，且如所謂『居處恭，執事敬』，若不恭敬便成放肆，如此類不難知。人却放肆不恭敬，如一個大公至正之路甚分明，不肯行，却尋得一綫路與自家私意合，便稱是道理。今人每每如此。」

德明問：「編喪祭禮當依先生指授，以儀禮爲經，戴記爲傳，周禮作旁證。」曰：「和通典也須看，就中却又議論更革處。」語畢，却云：「子晦正合且做切己工夫，只管就外邊文字上走，支離雜擾，不濟事。孔子曰『操則存，捨則亡』，孟子曰『學問之道無他，求其放心而已矣』，須如此做家計。程子曰『心要在腔子裏，不可騖外』，此個心須是管着他始得。且如曾子於禮上纖細無不理會過，及其語門弟子〔一〇〕，則曰『動容貌，斯遠暴慢矣；正顔色，斯近信矣；出辭氣，斯遠鄙倍矣。籩豆之事則有司存』，須有緩急先後之序，須有一〔一一〕本末，須將操存工夫做本，然後逐段逐義去看方有益。也須有倫序，只管支離雜看，却〔一二〕不成事去。『行有餘力，則以學文』，『志於道，據於德，依於仁』然後『游於藝』。今只就册子上理會，所以每每不相似。」又云：「正要克己上做工夫。」

問横渠「得尺守尺，得寸守寸」之説。曰：「不必如此，且放寬地步。不成讀書得一句且守一句，須一面居敬持養將去。」〔一三〕

問：「五典之彝、四端之性推尋根原，既知爲我所固有，日用之間大倫大端自是不爽，少有差失，只是爲私慾所撓，其要在窒慾。」曰：「有一分私慾，便是有一分見不盡，見有未盡便勝他私慾不過。若見得脱然透徹，私慾自不能留。大要須是知至，纔知至便到意誠、心正一向去。」又舉虎傷事。當時再三深思所見，及推太極動静、陰陽五行與夫仁義中正之所以主静者求教。先生曰：「據説亦只是如此，思索亦只到此，然亦無可思索。此乃『雖欲從之，末由也已』處。只要時習，常讀書，常講貫，令常在目前，久久自然見得。」

問：「氣質弱者如何涵養到剛勇？」曰：「只是一個勉强，然變化氣質最難。」〔一四〕

初七日稟辭，因求一言爲終身佩服，先生未答。且出，晚謁再請。先生曰：「早間所説用功事，細思之，只是昨日説『戒謹不睹，恐懼不聞』是要切工夫。佛氏説得甚相似，然而不同。佛氏要空此心，道家要守此氣，皆是安排。子思之時異端並起，所以作中庸發出此事，只是戒謹恐懼便自然常存，不用安排。『戒謹恐懼』雖是四個字，到用着時無它，只是緊緊〔一五〕鞭約，令歸此窠臼來。」問：「佛氏似亦能謹獨。」曰：「它只在静處做得，與此不同。佛氏只是占便宜，討閑静處去。老莊只是占姦，要它自身平穩。」先生又自言：「一二三年前見得此事尚鶻突，爲它佛説得相似。近年來方見得分曉，只是『戒謹所不睹，恐懼所不聞』好，顔子約禮事是如此。佛氏却無此段工夫。」

先生極論戒謹恐懼，以爲學者要切工夫。因問：「遺書中『敬義夾持直上達天德』之語亦是要切工夫？」先生曰：「不理會得時，凡讀書語言各各在一處，到〔一六〕底只是一事。」又問：「『必有事焉而勿正』一段亦是不安排，亦是戒謹恐懼則心自存之意？」曰：「此孟子言養氣之事。『必有事焉』謂集義也，集義則氣自長，亦難正他，亦難助他長。必有事而勿忘於集義，則積漸自長去。」以上德明自録，下見諸録。〔一七〕

廖德明赴潮倅，來告別，臨行求一安樂法。曰：「聖門無此法。」僩。

廖子晦得書來，云「有本原，有學問」。某初曉不得，後來看得他門都是把本原處是別有一塊物來模樣。聖人教人只是致知、格物，不成真個是有一個物事如一塊水銀樣走來走去那裏。這便是禪家説「赤肉團上自有一個無位真人」模樣。義剛。

問存心。曰：「存心不在紙上寫底，且體認自家心是何物。聖賢説得極分曉。孟子恐後人不識，又説四端，於此尤好玩索。」以下訓季札。〔一八〕

再問存心。曰：「非是别將事物存心。[一九]如[二〇]孔子曰『居處恭，執事敬，與人忠』，便是存心之法。如説話覺得不是便莫説，如[二一]做事覺得不是便莫做，亦是[二二]存心之法。」以上季札自録。[二三]

大雅謁先生於鉛山觀音寺。納贄拜謁後[二四]，先生問所學，大雅因質所見。先生曰：「所謂事事物物各得其所，乃所謂時中之義却是[二五]，但所説大意却錯雜。據如此説乃是欲求道於無形無象之中，近世學者大抵皆然。聖人語言甚實，且即吾身日用常行之間可見。惟能審求經義，將聖賢言語虚心以觀之，不必要著心去看他，如此[二六]久之，待他[二七]道理自見，不必求之太高也。今如所論却只於渺渺茫茫處想見一物懸空在，更無捉摸處，却[二八]將來如何頓放，更没收殺也[二九]。如此則與身中日用自然判爲二物，何緣得有諸己？只看論語一書，何嘗有懸空説底話？只爲漢儒一向尋求訓詁，更不看聖人意思，所以二程先生不得不發明道理，開示學者，使激昂向上求聖人用心處，故放得稍高。不期今日學者乃捨近求遠，處下窺高，一向懸空説了，扛得四[三〇]脚都不着地，其爲害反甚於向者之未知尋求道理依舊衹在大路上行。今之學者却求捷徑，遂至鑽山入水。吾友要知，須是與他古本相似者，方是本分道理；若不與古本相似，盡是亂道。」以下訓大雅。

臨别請教以爲服膺之計。答[三一]曰：「老兄已自歷練，但目下且須省閑事就簡約上做工夫。若舉業亦自〔三二〕是本分事。且如前日令老兄作告子未嘗知義論，其説亦自好，但終是摶量，非實見得。如今人説人文字辭太多，却〔三三〕不是辭多，自緣意少。若據某所見，『義内』即是『行有不慊於心則餒』，便自見得義在内。若徹頭徹尾一篇説得此理明，便是吾人日用事，豈特一篇時文而已。」

再見，因陳〔三四〕所撰論語精義備説。觀一二章畢，即曰：「大抵看聖賢語言不必〔三五〕須作課程，但平心定氣熟〔三六〕看，將來自有得處。今看老兄此書只是拶成文字，元不求自得。且如『學而時習之〔三七〕』一章，諸家説各有長處，亦有短處。如云『「鷹乃學習」之謂』與『時復思繹浹洽於中則説矣』，此程説最是的當處。如云『以善服〔三八〕人而信從者衆，故可樂』，此程説正得夫子意。如云『學在己，知不知在人』，尹子之言當矣。如游説『宜其令聞廣譽施於〔三九〕身，而人乃不知焉。是有命，「不知命，無以爲君子」』，此最是語病。果如此説，則是君子爲人所不知，退而安之於命，付之無可奈何，却如何見得真不愠處出來。且聖人之意儘有高遠處，轉窮究轉有深義。今作就此書則遂不復看精義矣，自此隔下了，見識止如此，上面一截道理更不復見矣。大抵看聖賢言語〔四〇〕須徐徐俟之，待其可疑而後疑之。如庖丁解牛，它只尋罅隙處游刃以往而衆理自解，芒刃亦不鈍。今一看文字便就上百端生事，謂之起疑，是解牛而用斧鑿，鑿開成痕，所以刃屢鈍。如此，如何見得聖賢之〔四一〕本意？且前輩講求非不熟，初學須是自處於無能，遵禀他前輩説話漸見實處。今一看未見意趣便争手奪脚，近前争説一分。以某觀之，今之作文者但口不敢説耳，其意直是謂聖賢説有未至，他要説出聖賢一頭地去[四二]，曾不知於自己本無所益。鄉曾[四三]令老兄虚心平氣看聖人語言，不意今如此支離。大抵中年以後爲學且須愛惜精神，如某在官所亦不敢屑屑留情細務者，正恐耗了精神，忽有大事來則無以待之。」[四四]

再見，因言：「去冬請違之後因得一詩，云『三見先生道愈尊，言提切切始能安。如今決破本根説，不作從前料想看。有物有常須自盡，中倫中慮覺猶難。願言克己工夫熟，要得周旋事仰鑽』。」看畢，云：「甚好。」大雅云：「近却盡去得前病，又覺全然安了，忒煞無疑，恐難進步。且如南軒説『無適無莫』，『適是有所必，莫是無所上[四五]』，便見得不妥貼。程氏謂『無所往，無所不往，且要「義之與比」處重』，便安了。」答[四六]曰：「此且做得一個粗粗底基址在，尚可加功。但古人訓釋字義，無用『適』字爲『往』字者，此『適』字當如『吾誰適從』之『適』，音『的』，是端的之意。言無所定亦無不定耳。張欽夫云：『「無適無莫」，釋氏謂有適、莫。』此亦可通。」問：「如何是粗粗底基址？」答云：[四七]「無所往亦無所不往，亦無深害，但認得『義』字重亦是。所謂粗者，如匠人出治材料且成樸在，然後刻畫可加也。如云『義』字，豈可便止？須要見之於事，那裏是義，那裏是不義。不可謂心安於此便是義，如宰我以食稻衣錦爲安不成便是義。

今所以要得[四八]於聖賢語言上精加考究，從而分別輕重、辨明是非，見得燦[四九]然有倫，是非不亂，方是所謂『文理密察』是也。自此應事接物，各當事幾而不失之過，不失之不及，此皆精於義理之效也。」問：「此是『精義入神以致用』否？」曰：「所謂『精義入神』，不過要思索令精之又精，則見於日用自然合理。所謂『入神』即此便是，非此外別有入神處也。如老兄詩云『中倫中慮』，只恁泛說何益？倫慮只是個倫理所在，要使言行有倫理爾。須是平時精考後躬行之，使凡一言一行皆出乎此理，則這邊自重。所謂『仰不愧，俯不怍』，浩然之氣亦從是生。若用工如此方有進處，若如此進時一齊俱進。聖賢見處雖卒未可遽盡，然進進不已，隨力量自當有到處。若非就這上見得義理之正，則非特所學不可見於行，亦非此道之至。」因問：「『苟不至德，至道不凝焉』，離事物、舍躬行以爲道，則道自道、我自我，尚不能合一，安得有進？」曰：「然。」

再見，即問曰：「三年不相見，近日如何？」對云：「獨學悠悠，未見進處。」答[五〇]曰：「悠悠於學者最有病。某前此說話亦覺悠悠，而學於某者皆不作切己工夫，故亦少見特然可恃者。且如孟子初語滕文公只道『性善』，善學者只就這上便做工夫，自應有得。及後再見孟子則不復更端矣，只說『世子疑吾言乎？夫道一而已矣』。顏淵曰『舜何人也？予何人也？有爲者亦若是』，以至『若藥弗瞑眩，厥疾弗瘳』，其言激切如此，意[五一]只是欲其着緊下工夫耳。又如語曹交一段，意亦同此。大抵爲學須是自家發憤振作鼓勇做去，直是要到一日須見一日之效，一月須見一月之效。諸公若要做，便從今日做去，不然便截從今日斷，不要務爲説話，徒無益也。」大雅云：「從前但覺寸進，不見特然之效。」答[五二]曰：「正爲如此，便不曾離得舊窠[五三]窟，何緣變化得舊氣質？」

又曰：[五四]「只[五五]孟子説『學問之道無它，求其放心而已矣』，此最爲學第一義也。故程先生[五六]云：『聖賢千言萬語，只是欲人將已放之心約之，使反復入身來，自能尋向上去。』某近因病中兀坐存息，遂覺有進步處。大抵人心流濫四極，何有定止？一日十二時中有幾時在軀殼内？與其四散閑走無所歸着，何不收拾令在腔子中？且今縱其營營思慮，假饒求有所得。譬如無家之商四方營求，得錢雖多，若無處安頓，亦是徒費心力耳。」[五七]

又曰：「學者做切己工夫要得不差，先須辨義利所在。如思一事，非特財利、利欲，只每事求自家安利處便是，推此便不可與[五八]入堯舜之道。切須勤勤提省，察之於纖微毫忽之間，不得放過。如此便不會錯用工夫。」

問：「程先生云『周羅事者先有周羅之病在心，多疑者先有疑病在心』，大雅則浩然無疑，但不免有周羅事之心。」答[五九]曰：「此正是無切己工夫，故見他人事須攬一分。若自己曾實做工夫則如忍痛然，我自痛且忍不暇，何暇管他人事？自己若把得重，則彼事自輕也[六〇]。」

因論古今聖賢千言萬語不過只要睹是爾。答曰：「睹是固好，然却只是結末一着，要得睹是須去求其所以。」大雅曰：「不過致知窮理。」答〔六一〕曰：「實做去便見得所以處。」

再見，即曰：「吾輩此個事，世俗理會不得。凡欲爲事，豈可信世俗之言爲去就！彼流俗何知？所以王介甫一切屏之。他做事雖是過，然吾輩自守所學，亦豈可爲流俗所梗？如今浙東學者多陸子静門人，類能卓然自立，相見之次便毅然有不可犯之色，自家一輩朋友又覺不振〔六二〕。一似忘相似，彼則又似助長。」又曰：「大抵事只有一個是非，是非既定，却揀一個是處行將去。必欲回互得人人道好，豈有此理！然事之是非久却自定。時下須是在我者無慊，仰不愧，俯不怍。别人道好道惡，管它！」

臨别請益。答〔六三〕曰：「大要只在『求放心』。此心流濫無所收拾，將甚處做管轄處？其他用工總閑慢，要須先就自立〔六四〕上立得定、決定不雜，則自然光明四達、照用有餘，己〔六五〕所謂是非美惡，亦不難辨矣。況天理人欲決不兩立，須得全在天理上行方見人慾消盡，義之與利不待分辨而明。至若所謂利者，凡有分毫求自利便處皆是便與克去，不待顯著方謂之利。此心須令純，純只在一處，不可令有外事參雜。遇事而發，合道理處便與果決行去勿顧慮，若臨事見義方復遲疑，則又非也。仍須勤勤把將做事，不可俄頃放寬，日日〔六六〕時時如此便須見驗，人之精神習久自成。大凡人〔六七〕心若勤緊收拾，莫令寬縱逐物，安有不得其正者！若真個提得緊，雖半月見驗可也。」

再見，首見教云：「今日用功且當以格物爲事。不曰『窮理』却説『格物』者，要得就事物上看教道理明。見得是處便斷然行將去，不要遲疑。將此逐日做一段工夫，勿令作輟，夫是之謂『集義』。天下只要一個是，若不研究得分曉，如何行得？書所謂『惟精惟一』最要，是它上聖相傳來底，只是如此。」

問：「吾輩之貧者令不學子弟經營，莫不妨否？」答〔六八〕曰：「止經營衣食亦無甚害。陸家亦作舖買賣。」因指其門閫云：「但此等事如在門限裏作〔六九〕，一動着脚便在此門限外矣。緣先以利存心，做時雖本爲衣食不足，後見利入稍優便多方求餘，遂生出〔七〇〕萬般計較，做出礙理事來。須思量止爲衣食，爲仰事俯育耳。此計稍足便須收斂，莫令出元所思處，則粗可救過。」因令看「利用安身，以崇德也」。大雅云：「『利者義之和也』，順利此道以安此身，則德亦從而進矣。」答〔七一〕曰：「孔子遭許多困厄，身亦危矣，而德亦進，何也？」大雅云：「身安而後德進者，君子之常。孔子遭變，權之以宜，寧身不安，德則須進。」答〔七二〕曰：「然。」〔七三〕劉仲升云：「横渠説『「精義入神」，事豫吾内、求利吾外也；「利用安身」，素利吾外致養吾内也』。」答〔七四〕曰：「他説自分明。」以上並大雅自録。〔七五〕

屢與人傑説「謹思之」一句，言思之不謹，便有枉用工夫處。以下訓人傑。〔七六〕

先生問別後工夫。對〔七七〕曰：「謹守教誨，不敢失墜。舊來於先生之説猶不能無疑，自昨到五更後，乃知先生之道斷然不可易。近看中庸，見得道理只從下面做起，愈下愈實。」先生曰：「道理只是如此，但今人須要説一般深妙，直以爲不可曉處方是道。展轉相承，只得〔七八〕一個理會不得底物事互相欺謾，如主管假會子相似。如二程説經義直是平常，多與舊説相似，但意味不同。伊川曰：『予年十七八時已曉文義，讀之愈久，但覺意味深長。』蓋只是這個物事，愈説愈明，愈看愈精，非別有個要妙不容言者也。近見湖南學者非復欽夫之舊，當來若到彼中，須與整理一番，恨不能遂此意耳。」

先生問人傑：「學者多入於禪，何也？」人傑答以「彼蓋厭吾儒窮格工夫，所以要趨捷徑」。先生曰：「『操則存，捨則亡』，吾儒自有此等工夫，然未有不操而存者。今釋子謂我有個道理能不操而存，故學者靡然從之。蓋爲主一工夫，學者徒能言而不能行，所以不能當抵他釋氏之説也。」人傑曰〔七九〕：「因〔八〇〕人傑之所見却不徒言，乃真得所謂操而存者。」先生曰：「畢竟有欠闕。」人傑曰：「工夫欠闕則有之，然此心則未嘗不存也。」先生曰：「正淳只管來争，便是源頭有欠闕。」反覆教誨數十言。人傑曰：「荷先生教誨，然説人傑不着。」先生曰：「正淳自主張，以爲道理只如此。然以某觀之，有德〔八一〕者自然精明不昧。正淳更且静坐思之，能知所以欠闕，則斯有進矣。」因言：「程門諸公，如游、楊者見道不甚分明，所以説着做工夫處都不緊切。須是操存之際常見〔八二〕得在這裏，則愈益精明矣。」次日見先生，曰：「昨日聞教誨，方知實有欠闕。」先生曰：「聖人之心如一泓止水，遇[八三]事時但見個影子，所以發必中節。若自心黑籠籠地，則應事安能中節！」

禪學一喝一棒都掀翻了，也是快活。却看二程説話，可知道不索性。豈特二程，使[八四]夫子言之[八五]亦如此，「學而時習之，不亦説乎」，看得好支離。[八六]

看人傑論語疑義，云：「正淳之病多要與衆説相反。譬如一柄扇子，衆人説這一面，正淳便説那一面以詰之；及衆人説那一面，正淳却説這一面以詰之。舊見欽夫解論語多有如此處。某嘗語之云，如此是別爲一書與論語相詰難也。」

靜時見此理，動時亦當見此理。若靜時能見，動時却見不得，恰似不曾。

常人之學多是偏於一理、主於一説，故不見四旁以起爭辯。聖人則中正和平，無所偏倚。[八七]

問：「索理有[八八]未到精微處，如何？」曰：「此是[八九]平日思慮夾雜不能虛明，用此昏底心，欲以觀天下之理而斷天下之疑，豈能究其精微乎！」

人傑將行，請教。先生曰：「平日工夫須是做到極[九〇]，四邊皆黑，無路可入，方是有長進處，大疑則可大進。若自覺有些長進便道我已到了，是未足以爲大進也。顔子仰高鑽堅、瞻前忽後，及至『雖欲從之，末由也已』，直是無去處了，至此方可[九一]語進矣。」

問「曾點、漆雕開已見大意」。先生云：「曾點、漆雕開是合下求〔九二〕見得大了，然但見大意，未精密也。」因語人傑曰：「正淳之病大概説得渾淪，都不曾嚼破殼子，所以多有纏縛，不索性，絲來綫去，更不直截，無那精密潔白底意思。若是實識得，便自一言兩語斷得分明。如今工夫須是一刀兩段，所謂『一棒一條痕，一摑一掌血』，如此做得〔九三〕底方可無疑慮。如項羽救趙，既渡，『沈船破釜甑〔九四〕，持三日糧，示士卒必死，無還心』，故能破秦。若更瞻前顧後，便不可也。」因舉禪語云：「『寸鐵可殺人』，無殺人手段則載一車鎗刀，逐件弄過，畢竟無益。」〔九五〕

「看文字不可落於偏僻，須是周匝，看得四通八達無些窒礙，方有進益。」又云：「某解語孟，訓詁皆存。學者觀書不可只看緊要處，閑慢處要都周匝。今説『求放心』，未問其他，只此便是『博學而篤志，切問而近思，仁在其中矣』。『博學〔九六〕篤志，切問〔九七〕近思』，方是讀書，却説『仁在其中』，蓋此便是『求放心』也。」以上並人傑自録，下見諸録。〔九八〕

「觀〔九九〕書不可貪多，常使自家力量有餘。」正淳云：「欲將諸書循環看。」先生曰：「不可如此，須看得一書徹了，方再看一書，若雜然並進，却反爲所困。如射弓，有五斗力且用四斗弓，便可拽滿也〔一〇〇〕，己力欺得他過。今學者不忖自己力量去觀書，照〔一〇一〕管他不過。」㽦。〔一〇二〕

「學問亦無個一超直入之理，直是銖積寸累做將去。某是如此喫辛苦從漸做來，若要得知亦須是喫辛苦了做，不是可以坐談僥倖而得。」正淳曰：「連日侍先生，教自做工夫，至要約貫通處似已詳盡。」先生曰：「只欠做。」㽦。

丙午四月初[一〇三]五日見先生，坐定，問：「從何來？」某云：「自丹陽來。經由都下，曾見游誠之。」問：「舊不相識？」某說：「無以爲先容。知游判院仙里人，同講學，故往相見。」「公又經長平？」某說：「得游判院書，見其兄，留一日。今自長平、麻沙到此。」問：「公城居，郊居？」某說：「村居。」「居彼幾年？」某說：「五世居。」「彼莫是北人燕山之後？」「某祖上漂流遂與族人相隔，亦難稽考。」問：「江南今即絶少竇氏。」某說：「平江亦有。」[一〇四]問：「仙鄉莫有人講學？」某說：「鄉里多理會文辭之學。」問：「公如何用心？」某說：「收放心。仰[一〇五]慕顏子克己氣象。游判院教某常收放心，常察忘與助長。」曰：「固是。前輩煞曾講說，差之毫釐，繆以千里。今之學者理會經書便流爲傳注，理會史學便流爲功利，不然即入佛老。最怕差錯。」問：「公留意此道幾年？何故向此？」某說：「先妣不幸，某憂痛無所措身。因讀西銘，見說『乾父坤母』，終篇皆見說得是，遂自此棄科舉。某十年願見先生，緣有薄産頗多，多是祖業，不敢不繼承，兒子又幼小。今兒子[一〇六]二十歲，曉世務，有幹人。新婦又了問內事。[一〇七]某[一〇八]於世務絶無累，又無功名之念，正是侍教誨之時。」先生說：「公已得操心之要。某數日不快，更没理會，這兩日却得。只是脚疼。公可挈行李過來書院相聚。」某相謝。

即起到旅邸，先生遺詹保義來取，食後，遂般過，見先生三子與館客坐。移時，先生請入內書院坐定，同見二客。〔一〇九〕先生〔一一〇〕問：「公常讀何書？」答云：「看伊川易傳、語孟精義、程氏遺書、近思録。」先生說：「語孟精義皆諸先生講論，其間多異同，非一定文字，又在人如何看。公畢竟如何用心？」某說：「仰慕顏子，見其氣象極好，如『三月不違仁』、『得一善則拳拳服膺』，如克己之目。某即察私心，欲去盡，然而極難。頃刻不存則忘，纔着意又助長，覺得甚難。」先生云：「且只得恁地。」先生問：「君十年用功，莫須有見處？」某謝：「資質愚鈍，未有見處，望先生教誨。」先生云：「也只是這道理，先輩都說了。」問：「仙鄉莫煞有人講學？」某說：「鄉里多從事文詞。」先生說：「早來說底，學經書者多流爲傳注，學史者多流爲功利，不則流入釋老。」某即說：「游判院說釋氏亦格物，亦有知識，但所見不精。」先生說：「近時〔一一一〕學佛者又生出許多知解，各立知見，又却都不如它佛元來說得直截。」問：「都下曾見誰？」某說：「只見游判院。薛象先略曾見。」先生說：「聞說薛象先甚好，却〔一一二〕只是不相識，曾有何說？」某說：「薛太傅教某『居仁由義』，『仁者人之安宅，義者人之正路』。」「別有何說？」某說：「薛太傅論顏子克己之目，舉伊川箴〔一一三〕。」某又說：「薛太傅說近多時不聞人說這話，某〔一一四〕學問實頭，但不須與人說。退之言不可公傳。道之在孟子『己私淑諸人』。」先生云：「却不如此。孟子說『君子之教者五』，上四者皆親教誨之。如『私淑艾』乃不曾親見，私傳此道自治，亦由〔一一五〕我教之一等。如『私淑諸人』，孟子〔一一六〕說：『我未得爲孔子徒也，但私傳孔子之道淑諸人。』」又說與同座二客：「如竇君說話，此公別〔一一七〕不用心於外。」晚見先生，同坐廖教授子晦敬之。先生說：「向來人見尹和靖先生，先生云：『諸公理會得個「學」字不〔一一八〕？只是學做個人。人也難做，如堯舜方是做人〔一一九〕。』」某說：「天地人謂之三極，人纔有些物欲害氣〔一二〇〕處，不〔一二一〕與天地流通，如何得相似？誠爲難事。」先生曰：「是。」問：「鎮江耿守如何？」某說：「民間安土樂業。」云：「見說好，只是不與〔一二二〕相識。」先生說與廖子晦：「適間文卿說，明道語學者『要鞭辟近裏，切問而近思，仁在其中矣』，又曰『言忠信，行篤敬，雖蠻貊之邦行矣；言不忠信，行不篤敬，雖州里行乎哉？立則見其參於前也，在輿則見其倚於衡也，夫然後行』。只此是學。質美者明得盡，查滓便渾化〔一二三〕，却與天地同體。其次莊敬持養，及其至則一也。明得盡時查滓已自化了。莊敬持養，未能與己合。」以下訓從周。〔一二四〕

問：〔一二五〕「曾理會『敬』字不〔一二六〕？」對云：〔一二七〕「程先生說『主一之謂敬，無適之謂一』。」曰：「畢竟如何見得這『敬』字？」答〔一二八〕曰：「端莊嚴肅，則敬便存。」曰：「須是將敬來做本領。涵養得貫通時，纔『敬以直內』便『義以方外』。義便有敬，敬便有義。如居仁便由義，由義便居仁。」某說：「敬莫只是涵養？義便分別是非？」曰：「不須恁地說。不敬時便是不義。」

敬有死敬，有活敬。若只守着主一之敬，遇事不濟之以義，辨其是非則不活。若熟後，敬便有義，義便有敬。靜則察其敬與不敬，動則察其義與不義。如「出門如見大賓，使民如承大祭」，不敬時如何？「坐如尸，立如齊」，不敬時如何？須敬義夾持，循環無端則内外透徹。〔一二九〕

讀〔一三〇〕書如煉丹，初時烈火鍛煞，然後漸漸慢火養。如〔一三一〕煮物，初時烈火煮了，後來〔一三二〕却須慢火養。讀書初勤敏着力，子細窮究，後來却須緩緩温尋，反復玩味，道理自出。又是不得貪多欲速，直須要熟，工夫自熟中出。又〔一三三〕卿病在貪多欲速。

看文字〔一三四〕失之太寬。譬如小者用〔一三五〕大籠罩，終有轉動。又如一物，上下四旁皆有所牽〔一三六〕引，如此則必不精矣。當如射者，專心致志只看紅心。若看紅心又覷四邊，必不能中。列子説一射者懸蝨於户，視之三年，大如車輪。想當時用心專一，不知有他。雖實無這事，要當如此，所見方精。

某説：「『克、伐、怨、欲』，此四字察得〔一三七〕却絶少。昨日又思量『剛』字，先聖所取甚重，曰『吾未見剛者』，某驗之於身，亦庶幾焉。且如有邪、正二人，欲某曲〔一三八〕之，雖死不可。」先生曰：「不要恁地説。惟天性剛强之人不爲物欲所屈。如『克、伐、怨、欲』亦不要去尋來勝他，如此則胸中隨從者多，反害事，只此便是『克、伐、怨、欲』。只是虚心看物，物來便知是與非，事事物物皆有個透徹無隔礙方是，纔事〔一三九〕不透便做病。且如公説不信陰陽家説，亦只孟浪不信。夜來説神仙事不能得了當，究竟知否？」某對：「未知的當。請問。」先生曰：「伊川先生曾説『地美，神靈安，子孫盛』。如『不爲』五者，今之陰陽家却不知。惟近世吕伯恭不信，然亦是横説。伊川之[一四〇]言方爲至當。古人卜其宅兆，是有吉凶方卜。譬如草木，理會根源則知千條萬葉上各有個道理。事事物物各有一綫相通，須是曉得。敬夫説無神仙，也不消得，便有也有甚奇異！彼此無相干，又當[一四一]什麽？却便[一四二]要理會是與非。且如説閑話多亦是病，尋不是處去勝他亦是病，便[一四三]『克、伐、怨、欲』看了，一切掃除。若此心湛然，常如明鏡，物來便見方是。如公前日有些見處，只管守着歡喜則甚？如漢高祖得關中，若見寶貨、婦女喜後便住，則敗事矣。又如既取得項羽，只管喜後不去經畫天下，亦敗事。正如過渡，既已上岸則當向前，不成只管讚嘆渡船之功。」五峰先生曾説，如齊宣王不忍觳觫之心乃良心，當[一四四]存此心。敬夫説「觀過知仁」，當[一四五]察過心則知仁。二説皆好意思。却[一四六]是尋良心與過心也不消得，只此心常明不爲物蔽，物來自見。上並從周録，下見諸録。[一四七]

先生問竇云：「尋常看『敬』字如何？」曰：「心主於一而無有它適。」先生曰：「只是常要提撕令胸次湛然分明。若只塊然獨坐守着個敬，却又昏了。須是常提撕，事至物來便曉然判別得個是非去。」竇云：「每常胸次湛然清明時覺得可悦。」先生曰：「自是有可悦之理。只是敬好，『敬以直内』便能『義以方外』。有個敬便有個不敬，常如此戒懼。方不睹不聞、未有私欲之際已是戒懼了，及至有少私意發動又却謹獨，如此即私意不能爲吾害矣。」德明。

賓問：「讀大學章句、或問，雖大義明白，然不似聽先生之教親切。」曰：「既曉得此意思，須持守相稱方有益，『誠敬』二字是涵養它底。」德明。

賓自言夢想顛倒。先生曰：「魂與魄交而成寐，心在其間依舊能思慮，所以做成夢。」因自言：「數日病，只管夢解書。向在官所，只管夢爲人判狀。」賓曰：「此猶是日中做底事。」先生曰：「只日中做底事亦不合形於夢。」德明。

晦庵先生朱文公語類卷第一百十四

朱子十一

訓門人二

謨[一]於鄉曲自覺委靡隨順處多，恐不免有同流合污之失。先生曰：「『孔子於鄉黨，恂恂如也，似不能言者』，處鄉曲固要人情周盡，但須分别是非，不要一向隨順，失了自家。天下事只有一個是一個非，是底便是，非底便非。」問曰[二]：「是非自有公論歟[三]？」曰：「如此説便不是了。是非只是是非，如何是非之外，更有一個公論？纔説有個公論，便又有個私論也。此[四]不可不察。」以下訓謨。[五]

「謨於私欲未能無之，但此意萌動時却知用力克除，覺方寸累省頗勝前日，更當如何進修[六]？」先生曰：「此只是强自降伏，若未得天理純熟，一旦失覺察，病痛出來，不可不知也。」

問曰[七]：「五峰所謂『天理人欲，同行異情』，莫須這裏要分别否？」曰：「『同行異情』只如飢食渴飲等事，在聖賢無非天理，在小人無非私欲，所謂『同行異情』者如此。此事若不曾尋着本領，只是説得他名義儘分曉，[八]畢竟無與我事。須就自家身上實見得私欲萌動時如何，天理發見時如何，其間正有好用工夫處。蓋天理在人，亘萬古而不泯，選甚如何蔽固而天理常自若，無時不自私意中發出，但人不自覺。正如明珠大貝混雜沙礫中，零零星星逐時出來，但只於這個道理發見處當下認取，簇合零星漸成片段。到得自家好底意思日長月益，則天理自然純固。向之所謂私欲者自然消靡退散，久之不復萌動矣。若專務克治私欲而不能充長善端，則吾心所謂私欲者日相鬬敵，縱一時按伏得下，又當復作矣。初不道隔去私意，後別尋一個道理主執而行，纔如此又只是自家私意。只如一件事見得如此爲是，如此爲非，便從是處行將去，不可只恁便休了[九]。誤[一〇]一事必須知悔，只這知悔處便是天理。孟子説『牛山之木』，既曰『若此其濯濯也』，又曰『萌蘖生焉』；既曰『旦晝梏亡』，又曰『夜氣所存』。如説『求放心』，心既放了，如何求又來得[一一]？只爲這些道理根於一性者渾然至善，故發於日用者多是善底。道理只要人自識得至，雖惡人亦只患他頑然不知省悟，若心裏稍知不穩便從這裏改過，亦豈不可做好人？孟子曰『人之所以異於禽獸者幾希。庶民去之，君子存之』，去只是去着這些子，存只是存得[一二]這些子，學者所當深察也。」議論至此，[一三]謨再三稱贊所言之善[一四]。先生曰：「未可如此便做領略過去。有些説話且留在胸次烹治鍛煉，教這道理成熟。若只一時以謂[一五]説得明白便道是了，又恐只做一場說話〔一六〕。」

寒泉之別，請所以教。曰：「議論只是如此，但須務實。」請益。曰：「須是下真實工夫。」未幾復以書來，曰：「臨別所說務實一事，途中曾致思否？觀之〔一七〕今日學者不能進步，病痛全在此處，不可不知也。」

謨〔一八〕問：「未知學問，知有人欲，不知有天理。既知學問，則克己工夫有着力處。然應事接物之際，苟失存主則心不在焉，及既知覺已爲間斷，故因天理發見而收合善端便成片段。雖承見教如此，而工夫最難。」先生曰：「此亦學者常理，雖顏子亦不能無間斷。正要常常點檢，力加持守，使動靜如一，則工夫自然接續。」問：「中庸或問，所謂『誠者物之終始』以理之實而言也。『不誠無物』以此心不實而言也，謂此心不存，則見於行事雖不悖理亦爲不實，正謂此歟？」曰：「大學所謂『知至』、『意誠』者，必須知至然後能誠其意也。今之學者只說操存而不知講明義理，則此心憒憒，何事於操存也！某嘗謂『誠意』一節正是聖、凡分別關隘去處，若能誠意則是透得此關〔一九〕，透得此關後滔滔然自在，此〔二〇〕爲君子。不然則崎嶇反側，不免爲小人之歸也。」「致知所以先於誠意者，如何？」曰：「致知者須是知得盡，尤要切〔二一〕。尋常只將『知至』之『至』作『盡』字說，近來看得合是作『切至』之『至』。知之者切，然後貫通得誠意底意思，如程先生所謂『真知』者是也。」〔二二〕

問致知讀書之序。先生曰：「須先看大學。然六經亦皆難看，所謂『聖人有隱書〔二三〕，後世多燕書〔二四〕』是也。如尚書收拾於殘缺之餘，却必要句句義理相通，必至穿鑿。不若且看他分明處，其他難曉者姑缺之可也。程先生謂讀書之法『當平其心，易其氣，闕其疑』，是也。且先看聖人大意，未須便以己意參之。如伊尹告太甲便與傅說告高宗不同，伊尹之言諄切懇到，蓋太甲資質低，不得不然。若高宗則無許多病痛，所謂『黷於祭祀，時謂弗欽』之類，不過此等小事爾。學者亦然，看得自家病痛大，則如伊尹之言正用得着，蓋有這般病須是這般藥。讀聖賢書皆要體之於己，每如此。」〔二五〕

問：「大抵學便〔二六〕踐履，如何？」曰：「不可。〔二七〕易云『學以聚之，問以辯〔二八〕之』，既探討得是當，且〔二九〕放頓寬大田地，待觸類自然有會合處，故曰『寬以居之』，且未可說〔三〇〕『仁以行之』。」〔三一〕

問功夫節目次第。先生曰：「尋常與學者〔三二〕做功夫甚遲鈍，但積累得多，自有貫通處。且如論孟須從頭看，以正文爲正，却看諸家說狀得正文之意如何。且如此〔三三〕自平易處作功夫，觸類有得，則於難處自見得意思。如『養氣』之說豈可驟然理會？候玩味得七篇了漸覺得意思。如一件木頭，須先劖削平易處，至難處一削可除也。今不先治平易處而徒用力於其所難，所以未有得而先自困也。」〔三四〕

既受詩傳，併力抄録，頗疏侍教。先生曰：「朋友來此多被册子困倒，反不曾做得工夫。何不且過此説話？彼皆紙上語爾。有所面言，資益爲多。」又問：「與周元茂[三五]同邸，所論何事？」以周宰所言對曰：[三六]「先生著書立言義理精密。既得之，熟讀深思，從此力行，不解有差。」先生曰：「周宰才質甚敏，只有些粗疏，不肯去細密處求。説此便可見，載之簡牘縱説得甚生[三七]分明，那似當面議論一言半句便有通達處？所謂『共君一夜話，勝讀十年書』，若説到透徹，[三八]何止十年之功也。」以上並周謨自録，下見諸録。[三九]

周舜弼[四〇]以書來問仁，及以仁義禮智與性分形而上下。先生答書略曰：「所謂仁之德即程子『穀種』之説，愛之理也。愛乃仁之已發，仁乃愛之未發。若於此認得，方可説與天地萬物同體，不然恐無交涉。仁義禮智，性之大目，皆形而上者，不可分爲二也。」因云：「舜弼爲學自來不切己體認，却只是尋得三兩字來撑拄，亦只説得個皮殼子。」㽦。

一日同周舜弼[四一]遊屏山歸，因説山園甚佳。曰：「園雖佳，而人之志則荒矣。」方子。

先生問曰：[四二]「看甚文字？」文蔚[四三]曰：「看論語。」曰：[四四]「看得論語如何？」曰：「自看論語後，逼得做工夫緊，不似每常悠悠。」曰：「做甚工夫？」文蔚[四五]曰：「只是存養。」曰：「自見住不得時便是。某怕人説『我要做這個事』。見飯便喫，見路便行，只管説『我要做這個事』何益。」文蔚又言：「近來覺有一進處：畏不義，見不義事不敢做。」先生曰：「甚好，但亦要識得義與不義。若不曾睹當得是，顛前錯後，依舊是胡做。」又曰：「須看大學。聖賢所言皆是自家元有此理，但人不肯着意看，若稍自着意便自見得，却不是自家無此理他鑿空撰來。」以下訓文蔚。

問致知涵養先後。先生曰：「須先致知而後涵養。」問：「伊川言『未有致知而不在敬者〔四六〕』，如何？」曰：「此是大綱説。要窮理須是着意，不着意，如何會理會得分曉。」〔四七〕問：「私意竊發，隨即鉏治，雖去枝葉，本根更在，感物又發，如何？」曰：「只得如此，所以曾子『戰戰兢兢，如臨深淵，如履薄冰』。」

一日侍食，先生曰：「只易中『節飲食』三字，人不曾行得。」

文蔚以所與邵武〔四八〕李守約答問書請教。先生曰：「大概亦是如此。只是『尊德性』功夫却不在紙上，在人自做。自『尊德性』至『敦厚』凡五件，皆是德性上工夫。自『道問學』至『崇禮』皆是問學上工夫，須是横截斷看，問學功夫節目却多。尊德性功夫甚簡約，且如伊川只説一個『主一之謂敬，無適之謂一』，只是如此，别更無事。某向來自説得尊德性一邊輕了，今覺見未是。上面一截便是一個坯了，有這坯子，學問之功方有措處。」文蔚曰：「昔人多以前面三條分作兩截。至『温故而知新』却説是問學事，『敦厚以崇禮』却説是尊德性事。惟先生一徑截斷，初若可疑，子細看來却甚精密。」先生曰：「温故大段省力，知新則所造益深。敦厚是德性上事，纔説一個『禮』字便有許多節文，所以前面云『禮儀三百，威儀三千』，皆是禮之節文。『大哉聖人之道。洋洋乎，發育萬物，峻極于天』却是上面事。下學上達，雖是從下學始，要之只是一貫。」〔四九〕

「子融、才卿是許多文字看過，今更巡一遍，所謂『温故』。再巡一遍又須較見得分曉。譬〔五〇〕如人有許〔五一〕多田地，須自照管還〔五二〕曾耕得不曾耕得〔五三〕，若有荒廢去〔五四〕處，須用耕墾。」子融曰：「每自思之：今亦不可謂之〔五五〕不知，但知之未至；不可謂之〔五六〕不誠，但其誠未至；不可謂不行，但行之未至。若得這三者皆至，便是了得此事。」先生曰：「須有一個至底道理。」

因説僧家有規矩各自〔五七〕嚴整，士人却不循禮，先生曰：「他却是心有用處。今之〔五八〕士人雖有好底不肯爲非，亦是他資質偶然如此。要之，其心實無所用，每日閑慢時多。且〔五九〕如欲理會一個〔六〇〕道理，理會不得便掉過三五日、半月日不當事，鑽不透便休了。既是來這一門，鑽不透又須别尋一門；不從大處入，須從小處入；不從東邊入，須〔六一〕從西邊入。及其入得却只是一般。今頭頭處〔六二〕鑽不透便休了，如此則無説矣。有理會不得處須是皇皇汲汲然，無有理會不得者。譬如人有大寶珠，失了，不着緊尋取，〔六三〕如何會得！」以上並陳文蔚自録，下見諸録。〔六四〕

問：「『色容莊』最難。」先生曰：「心肅則容莊，非是外面做那莊出來。」陳才卿亦說「九容」。次早，復見先生，[六五]才卿以右手拽涼衫，左袖口偏於一邊。先生曰：「公昨夜說『手容恭』，今却如此。」才卿赧然，急叉手鞠躬，曰：「忘了。」先生曰：「爲己之學有忘耶？向徐節孝見胡安定，退，頭容少偏，安定忽厲聲云：『頭容直！』節孝自思：『不獨頭容要直，心亦要直。』自此更無邪心。學者須是如此始得。」友仁。按，黄卓録此條云：「郭兄問：『「色容莊」甚難。』曰：『非用功於外，如心肅則容莊。』」[六六]

次日相見，先生偶脚氣發。因蘇宜久欲歸，先生蹙然曰：「觀某之疾如此，非久於世間者，只是一兩年間人。亦欲接引後輩一兩人傳續此道，荷公門遠來，亦欲有所相補助，只是覺得如此苦口都無一分相啓發處。不知如何，横說竪說都說不入。如昨夜才卿問程先生如此謹嚴，何故諸門人皆不謹嚴？因隔夜說程門諸弟子及後來失節者。某答云：『是程先生自謹嚴，諸門人自不謹嚴，干程先生何事？』某所以發此者，正欲才卿深思而得反之於身，如針之劄身，皇恐發憤，無地自存，思其所以然之故，却再問某延平[六七]李先生資質如何，全不相干涉。非惟不知針之劄身，便是刀鋸在身，也不知痛了。每日讀書，心全不在上，只是要自說一段文義便了。如做一篇文義相似，心中全無所作爲。恰是[六八]一個無圖之人，飽食終日，無所用心。若是心在上面底人，說得話來自別，自相湊合。敢說公門無一日心在上面。莫說一日，便十日心也不在。莫說十日，便是數月心也不在。莫説數月，便是整年心也不在。每日讀書只是讀過了便了，更不知將此心去體會，所以説得來如此疏。」先生意甚蹙然[六九]。僩。

袁州臨別請教。先生曰：「守約兄弟皆太拘謹，更少放寬。謹固好，然太拘則見道理不盡，處事亦往往急迫。道理不只在一邊，須是四方八面看始盡。」訓閎祖，自録。[七〇]「邵武人個個急迫，此是氣禀如此。學者先須除去此病方可進道。」先生謂方子曰：「觀公資質自是寡過。然閑闊[七一]中又須縝密，寬緩中又須謹敬。」訓方子，自録。[七二]

問：「嘗讀何書？」答：[七三]「讀語孟。」先生曰：「如今看一件書須是着力至誠去看一番。將聖賢説底一句一字都理會過，直要見聖賢語脈所在，這一句一字是如何道理。[七四]直是用力與他理會，如做冤讎相似，理會教分曉然後將來玩味，方盡見得意思出來。若是泛然[七五]，今次又見是好，明次又見是好，終是無功夫[七六]。」以下訓㽦。[七七]

先生問㽦與二友[七八]：「此去做甚工夫？」伯豐曰：「政欲請教，先易後詩，可否？」先生曰：「既嘗讀詩，不若先詩後易。」㽦曰：「亦欲看詩。」曰：「觀詩之法，且虛心熟讀尋繹之，不要被舊説粘定看得不活。伊川解詩亦説得義理多了。詩本只是恁地説話，一章言了，次章又從而歎詠之，雖別無義而意味深長。不可於名物上尋義理。後人往往見其言只如此平淡，只管添上義理，却窒塞了他。如一源清水，只管將物事堆積在上，便壅隘了。某觀諸儒之説，唯上蔡云

『詩在識六義體面，却諷味以得之』，深得詩之綱領，他人所不及。所謂『以意逆志』者，『逆』如迎待之意，若未得其志只得待之，如『需于酒食』之義。後人讀詩便要去捉將志來，以至束縛之。吕氏詩記有一條收數説者却不定，云，此説非詩本意，然自有個安頓用得他處，今一概存之。正如一多可底人，來底都是。如所謂『要識人情之正』，夫『詩可以觀』者，正謂其間有得有失、有黑有白，若都是正，却無可觀。今不若且置小序于後，熟讀正文爲善[七九]。如收得一詩，其間説香、説白、説寒時開，雖無題目，其爲梅花詩必矣。每日看一經外，大學、論語、孟子、中庸四書自依次序循環看，然史亦不可不看。若且[八〇]看通鑑，通鑑却是連長記去，一事只一處説，別無互見，又散在編年。雖是大事，其初却小，後來漸漸做得大，故人初看時不曾着精神，只管看向後去，却記不得。不若先草草看正史一過，正史各有傳，可見始末，又有他傳可互考者[八一]，所以易記。每看一代正史訖，却去看通鑑，亦須作綱目，隨其大事劄記某年有某事之類，準春秋經文書之。温公亦有本朝大事記，附稽古録後。」

先生問嚮及二友：「俱嘗看易傳，看得他[八二]如何是好？何處是緊要？看得愛也不愛？愛者是愛他甚處？」嚮等各對訖。先生曰：「如此只是葫蘆[八三]提看，元不曾實得其味。此書自是難看，須經歷世故多，識盡人情物理方看得入。蓋此書平淡，所説之事皆是見今所未嘗有者。如言事君處[八四]及處事變患難處，今[八五]皆未嘗當着，可知讀時無味。蓋他説得闊遠，未有底事預包載[八六]在此。學者須[八七]讀詩、書，他經自[八八]有個見處，及曾經歷過前件[八九]此等事方可以讀之，得其無味之味，此初學者所以未可便看。某屢問讀易傳人，往往皆無所得，可見此書難讀。如論語所載皆是事親、取友、居鄉黨，目下便用得者，所言皆對著學者即今實事。孟子每章先言大旨了，又自下注脚。大學則前面三句總盡致知、格物而下一段綱目，『欲明明德』以下一段又總括了傳中許多事，一如鎖子骨，纔提起便總統得來。所以教學者且看二三書，若易傳，則卒乍裹面無提起處，蓋其間義理闊多，伊川所自發與經文又似隔一重皮膜，所以看者無個貫穿處。蓋自孔子所傳時，解『元亨利貞』已與文王之詞不同，伊川之説又自[九〇]與經文不相着。讀者須是文王自作文王意思看，孔子自作孔子意思看，伊川自作伊川意思看。況易中所言事物已是譬喻，不是實指此物而言，固自難曉。伊川又别發明出義理來。今須先得經之[九一]本意了，則看程傳便不至如門扇無臼轉動不得，亦是一個大底胸次，識得世事多者方看得出。大抵程傳所以好者，其言平正，直是精密，無小[九二]過處，不比他書[九三]有抑揚，讀者易發越。如上蔡論語，義理雖未盡，然人多喜看，正以其説有過處，啓發得人，看者易入。若程傳則不見其抑揚，略不驚人，非深於義理者未易看也。」[九四]

是日[九五]拜違先生，先生相送出門[九六]曰：「所當講者亦明[九七]備矣，更宜愛惜光陰，以副願望。」又曰：「正[九八]好自做工夫，趲積下。一旦相見，庶可舉出商量，勝如旋來理會。」以上

並當自録。[九九]

道夫以疑目質之先生，其別有九。先生曰：「正願得之。」[一〇〇]「其一曰，涵養、體認，致知、力行，雖云互相發明，然畢竟當於甚處着力？」先生[一〇一]曰：「四者據公看，如何先後？」曰：「據道夫看，學者當以致知爲先。」先生[一〇二]曰：「四者本不可先後，又不可無先後，須當以涵養爲先。若不涵養而專於致知，則是徒然思索；若專於涵養而不致知，却鶻突去了。以某觀之，四事只是三事，蓋體認便是致知也。」「二曰，居常持敬於靜時最好，及臨事或[一〇三]厭倦，或於臨事時着力則愈着[一〇四]紛擾。不然，則於正存敬時忽忽爲思慮引去。是三者將何以勝之？」先生[一〇五]曰：「今人將敬來別做一事，所以有厭倦，爲思慮引去。敬只是自家一個心常醒醒便是，不可將來別做一事。又豈可指擎跽曲拳，塊然在此而後爲敬。」又曰：「今人將敬、致知來做兩事。持敬時只塊然獨坐，更不去思量。却是今日持敬，明日去思量道理也，豈可如此？但一面自持敬，一面去思量道理，二者本不相妨。」「三曰，人之心，或爲人激觸，或爲利欲所誘，初時克得下。不覺突起，更不可禁禦，雖痛遏之，卒不能勝。或勝之而已形於辭色。此等爲害不淺。望先生明教。」[一〇六]先生[一〇七]曰：「只是養未熟爾。」「四曰，知言云『天理人欲，同體而異用，同行而異情』，道夫[一〇八]切謂凡人之生，粹然天地之心，不與物爲對，是豈與人欲同體乎？五峰之言必有深意，望先生詳諭。」[一〇九]先生[一一〇]曰：「五峰『天理人欲，[一一一]同體而異用』，此〔一一二〕一句説得不是，天理人欲如何同得？故張欽夫嶽麓書院記只使他『同行而異情』一句，却是他合下便見得如此。他蓋嘗曰『凡人之生，粹然天地之心，道義完具，無適無莫，不可以善惡辯，不可以是非分』，所以有『天理人欲，同體而異用』之一〔一一三〕語。只如『粹然天地之心』，即是至善，又如何不可分辯？天理便是性，人欲便不是性，自是他合下見得如此。當時無人與他理會，故恁錯了。」「五曰，遺書云：『今志於義理而心不安樂者，何也？此則正是剩一個助之長。雖則心「操之則存，捨之則亡」，然而持之太甚便是「必有事焉」而正之也，亦須且恁地去。如此者只是德孤。「德不孤，必有鄰」，到德盛後自無窒礙，左右逢其原也。』此一段多所未解，乞賜詳諭。〔一一四〕」先生〔一一五〕曰：「遺書〔一一六〕這個也自分明，只有『且恁去』此一句教人〔一一七〕難曉。其意只是不可説道持之太甚便放下了，亦須且恁持去。德孤只是單丁有這些道理，所以不可靠，易爲外物侵奪。緣是處少，不是處多。若是處多，不是處少，便不爲外物侵奪，到德盛後自然『左右逢其原』也。」「六曰，南軒先生答吳晦叔書云『反復其道』，正言消長往來乃是道也。程子所謂『聖人未嘗復，故未嘗見其心』，蓋有往則有復。以天地言之，陽氣之生所謂復也。固不可指此爲天地心，然於其復也可見天地心焉，蓋所以復者是也。在其〔一一八〕人有失則有復。復，賢者之事也，於其復也亦可見其心焉。道夫〔一一九〕切謂聖人之心，天地之心也。天地之心可見則聖人之心亦可見，況夫復之爲卦，一陽復於積陰之下，乃天地生物之心也。聖人雖無復，然是心之用因時而彰，故堯之不虐、舜之好生、禹之拯溺、湯之救民於水火、文王之視民如傷，是皆以天地之心爲心者也。故聖賢之所推尊、學者之所師慕，亦以其心顯白而無暗曖之患耳。而謂不可見，何哉？張先生發明程子之指雖云昭著，然愚意終所未諭，用敢攄其臆説以求正於先生焉。〔一二〇〕」先生曰：「不知程子當時説如何，欽夫却恁説。大抵易之言陰陽有指君子小人而言，有指天理人欲而言，有指動静之機而言，初不可以一偏而論。如天下皆君子而無小人，皆天理而無人欲，其善無以加。有若動不可以無静，静不可以無動，蓋造化不能以獨成，而〔一二一〕或者見其相資而不可相無也，〔一二二〕遂以爲天下不可皆君子而無小人，不能皆天理而無人欲，此得其一偏之論。只如『有不善未嘗不知，知之未嘗復行』，夫〔一二三〕賢者之心因復而見者。至〔一二四〕若聖人則無此，故其心不可見。然亦有因其動而見其心者，正如公所謂堯之不虐，舜之好生，皆是因其動而見其心者。只當時欽夫之語亦未分明。」「七曰，李延平教學者於静坐時看喜怒哀樂未發之氣象爲如何。伊川謂『既思即是已發』。道夫謂李先生之言主於體認，程先生之言專在涵養，其大要實相爲表裏。然於此不能無疑。夫所謂體認者，若曰體之於心而識之猶所謂默會也，信如斯言則未發自是一心，體認又是一心，以此一心認彼一心，不亦膠擾而支離乎？李先生所言决不至是，但道夫愚陋，切所未曉，幸先生詳教。〔一二五〕」先生〔一二六〕曰：「李先生所言，自是他當時所見如此。」問：「二先生之説何從？」曰：「也且只得依程先生之說。」八問邵康節男子吟。先生［一二七］曰：「康節詩乃是說他［一二八］先天圖中數之所從起處。『天根月窟』指復、姤二卦而言。」「九問，濂溪遺事載邵伯温記康節論天地萬物之理以及六合之外，而伊川稱歎。東見録云『人多言天地外，不知天地如何說内外？外面畢竟是個甚？若言著外，則須似有個規模』，此說如何？伏乞明教。［一二九］」先生［一三〇］曰：「六合之外，莊周亦云『聖人存而不論』，是［一三一］以其難說故也。舊嘗見漁樵對問：『問：「天何依？」曰：「依乎地。」曰：［一三二］「地何附？」曰：「附乎天。」曰：［一三三］「天地何所依附？」曰：「自相依附。天依形，地附氣，其形也有涯，其氣也無涯。」』意者當時所言不過如此。某嘗欲注此語於遺事之下，欽夫苦不許，細思無有出是說者。」因問：「向得此書而或者以爲非康節所著。」先生曰：「其間儘有好處，非康節不能著也。」以下訓道夫。［一三四］

道夫［一三五］請問爲學之要。先生曰：「公所條者便是。大凡須是［一三六］於日用間下工，只恁說歸虛空不濟事。温凊定省，這四事亦須實行方得，只指摘一二事亦豈能盡？若一言可盡，則聖人言語豈止一事？聖人言語明白載之書者不過孝弟忠信，其實精粗本末衹是一理。聖人言『致知』、『格物』亦豈特一二而已？如此則便是德孤。致，推致也；格，到也。亦須一一推到那裏方得。」又曰：「如『人君止於仁』，姑息也是仁，須當求其所以爲仁；『爲臣止於敬』，擎跽曲拳也是敬，亦當求其所以爲敬。且如公自浦城來崇安，亦須遍歷崇安境界方且［一三七］到崇安。大凡〔一三八〕人皆有是真〔一三九〕知，而前此未嘗知者只爲不曾推去爾。愛親從兄，誰無是心？於此推去，則温凊定省之事亦不過是愛，自其所知推而至於無所不知，皆由人推耳。」子昂曰：「敢問推之之説？」先生曰：「且如孝只是從愛上推去，凡所以愛父母者無不盡其至。不然，則曾子問孝至末梢却問『子從父之令，可以爲孝乎』，蓋父母有過，己所當諍，諍之亦是愛之所推。不成道我愛父母，姑從其令。」

爲學之道在諸公自去着力。且如這裏有百千條路都茅塞在裏，須自去揀一條大底行。如仲思昨所問數條，第一條涵養、致知、力行，這裏〔一四〇〕便是爲學之要。〔一四一〕

道夫云：〔一四二〕「向見先生教童蜚卿於心上着工夫。數日來專　靜坐，澄治此心。」先生曰：「若如此塊然都無所事，却如浮屠氏矣。所謂存心者，或讀書以求義理，或分別是非以求至當之歸，只那所求之心便是已存之心，何俟塊然以處而後爲存耶？」

道夫〔一四三〕問：「尋常操存處，覺纔着力則愈紛擾，這莫是太把做事了？」曰：「自然是恁地。能不操而常存者是到甚麽地位！孔子曰『操則存，捨則亡』，操則便在，這個『存』字亦不必深着力。〔一四四〕這物事本自在，但自家略加提省則便得，『必有事焉，而勿正，心勿忘，勿助長也』。」

道夫言：「羅先生教學者靜□中坐看〔一四五〕『喜怒哀樂未發謂之中』，未發作何氣象。李先生以爲此意不惟於進學有力，兼亦是養心之要。而遺書有云『既思則是已發』，昔嘗疑其與前所舉有礙，細思亦甚緊要，不可以不考。」直卿曰：「此問亦甚切，但程先生剖析毫釐，體用明白；羅先生探索本源，洞見道體。二者皆有大功於世，善觀之則亦『並行而不相悖』矣。況羅先生於靜坐觀之，乃其思慮未萌，虛靈不昧，自有以見其氣象則初無害於未發。蘇季明以『求』字爲問則求非思慮不可，此伊川所以力辨其差也。」先生曰：「公雖是如此分解，羅先生說終恐做病。如明道亦說靜坐可以爲學，謝上蔡亦言多着靜不妨。此說終是小偏，纔偏便做病。道理自有動時，自有靜時。學者只是『敬以直內，義以方外』，見得世間無處不是道理，雖至微至小處亦有道理，便以道理處之。不可專要去靜處求，所以伊川謂『只用敬，不用靜』便說得平。也是他經歷處〔一四六〕多，故見得恁地正而不偏。若以世之大段紛擾人觀之，若會靜得，固好。若講學則不可有毫髮之偏也。如天雄、附子，冷底人喫得也好，如要通天下喫便不可。」〔一四七〕

大率爲學雖是立志，然書亦不可不讀，須將經傳本文熟復。如仲思早來所說，專一靜坐正如他〔一四八〕浮屠氏塊然獨處，更無酬酢，然後爲得。吾徒之學正不如此，遇無事則靜坐，有書則讀書，以至於〔一四九〕接物處事常教此心光晻晻地便是存心。豈可凡百放下祇是靜坐。向日童蜚卿〔一五〇〕有書亦說如此。某答之云：「見其〔一五一〕事自那裏過却不理會，却祇要如此，如何是實下工夫？」

仲思言：「正大之體常[一五二]存。」曰：「無許多事。古人已自説了，言語多則愈支離。只[一五三]如公昨來所問涵養、致知、力行三者，便是以涵養做頭，致知次之，力行次之，不涵養則無主宰。如做事須用人，纔放下或困睡，這事便無人做主，都由別人，不由自家。既涵養又須致知，既致知又須力行，若致知而不力行，與不知同。亦須一時並了，非謂今日涵養、明日致知、後日力行也。要當皆以敬爲本，敬却不是將來做一個事，今人多先安一個『敬』字在這裏，如何做得？敬只是提起這心莫教放散，恁地則心便明[一五四]。自[一五五]這裏便窮理、格物，見得當如此便是，不當如此便不是，既見了便行將去。今且將大學來讀，便見爲學次第初無許多屈曲。」又曰：「某於大學中所以力言小學者，以古人於小學中已自把捉成了，故於大學之道無所不可。今人既無小學之功，却當以敬爲本。」[一五六]

道夫[一五七]問：「敬而不能安樂者，何也？」曰：「只是未熟在。如飢而食，喫得多則須飽矣。」

「讀書要須耐煩努力，翻了巢穴。譬如煎藥，初煎時須猛着火，待衮了却退着以慢火養之。讀書亦須如此。」頃之，復謂驤曰：「觀令弟却自耐煩讀書。」[一五八]

問：「處鄉鄙宗族，見他有礙理不安處，且欲與之和同則又不便，方[一五九]欲正己以遠之，又失之孤介而不合中道。如何？」曰：「這般處也是難，也只得無忿疾之心爾。」

先生一日謂飛卿與道夫曰：「某老矣。公輩欲理會義理好着緊用工，早商量得定。將來自求之未必不得，然早商量得定尤好。」

道夫〔一六〇〕問：「道夫在門下雖數年，覺得病痛甚〔一六一〕多。」曰：「自家病痛，他人如何知得盡？但今〔一六二〕見得義理稍不安，便勇决而〔一六三〕改之而已。」久之，復曰：「看來用心專一、讀書子細則自然會長進，病痛自然消除。」

道夫辭拜還侍，先生曰：「更硬着脊梁骨。」

先生問各人庚甲，既而曰：「歲月易得，後生不覺老了。」〔一六四〕

「慤實有志而又才敏者可與爲學。」道夫曰：「苟慤實有志則剛健有力，如此，雖愚必明矣，何患不敏！」先生曰：「要之，也是恁地，但慤實有志者於今實難得。」〔一六五〕

「大凡人須是存得此心。此心既存，則雖不讀書亦有一個長進處；纔一放蕩，則放下書册便其中無一點學問氣象。舊來在某處朋友〔一六六〕，及今見之，多茫然無進學底意思，皆恁放蕩了。」道夫曰：「心不存，雖讀萬卷，亦何所用。」曰：「若能讀書，就中却有商量。只他連這個也無，所以無進處。」道夫曰：「以此見得孟子『求放心』之説緊要。」曰：「如程子所説『敬』字，亦緊要也。」此併前段蓋先生自政和縣省墓回，因言之。〔一六七〕

道夫問：「劉季文所言心病，道夫常恐其志不立，故心爲氣所動。不然，則志氣既立，思慮凝静，豈復有此？」曰：「此亦是不讀書、不窮理，故心無所用，遂生出這病。某昨日之言不曾與説得盡。」道夫因言：「季文自昔見先生後，敦篤謹畏，雖居於市井，人罕有見之者。自言向者先生教讀語、孟，後來於此未有所見，深以自愧，故今者復來。」曰：「得他恁地也好。或然窮來窮去，久之自有所見，亦是一事。」又曰：「讀書須是專一，不可支蔓。且如讀孟子，其間引援詩、書處甚多。今雖欲檢本文，但也只須看此段［一六八］便依舊自看本來章句，庶幾此心純一。」道夫曰：「此非特爲讀書之方，抑亦存心養性之要法也。」

於今爲學之道更無他法，但能熟讀精思，久久自有見處。「尊所聞，行所知」則久久自有至處。以上並道夫自録。［一六九］

晦庵先生朱文公語類卷第一百十五

朱子十二

訓門人三

庚戌五月，初見先生于臨漳。問：「前此從誰學？」寓答：「自少只在鄉里從學。」先生曰：「此事本無嶢崎，只讀聖賢書，精心細求當自得之。今人以爲此事如何秘密，不與人説，何用如此。」問看易。答云：「未好看易[一]，易自難看。易本因卜筮而設，推原陰陽消長之理、吉凶悔吝之道。先儒講解失聖人意處多，待用心力去求是費多少時光。不如且先讀論語等書[二]。」又問讀詩。答云：「詩固可以興，然亦自難。先儒之説亦多失之。某枉費許多年工夫，近來於詩、易略得聖人之意。今學者不如且看大學、語、孟、中庸四書，且就見成道理精心細求，自應有得。待讀此四書精透，然後去讀他經，却易爲力。」寓舉子宜宗兄云：「人最怕拘迫，易得小成。」且言「聖賢規模如此其大」。先生答云：「未好説聖賢，但隨人資質亦多能成就。如伯夷高潔不害爲聖人之清，若做不徹亦不失爲謹厚之士，難爲徇虛名。」以下訓寓。

問：「初學精神易散，静坐如何？」曰：「此亦好，但不專在静處做工夫，動作亦當體驗。聖賢教人豈專在打坐上？要是隨處着力，如讀書，如待人處事，若動若静，若語若默，皆當存此。無事時只合静心息念，且未説做他事，只自家心如何令把捉不定？恣其散亂走作何有於學？孟子謂『學問之道無他，求其放心而已矣』。不然，精神不收拾則讀書無滋味，應事多齟齬，豈能求益乎！」

問：「人氣力怯弱，於學有妨否？」曰：「爲學在立志，不干氣稟强弱事。」又云：「爲學何用憂惱，但放〔三〕令平易寬快去。」寓舉聖門弟子之衆〔四〕，唯稱顔子好學，其次方説及曾子，他人則不及之。〔五〕以知此〔六〕事大難。先生云：「某〔七〕看來有〔八〕甚難？有甚易？只是堅立着志，順義理做去，別無嶢嶇。〔九〕」

寓〔一〇〕問：「有事時應事，無事時心如何？」曰：「無事時只得無事，有事時也如無事時模樣。只要此心常在，所謂『動亦定，静亦定』也。」問程子言「未有致知而不在敬者」。曰：「心若走作不定，何緣見得道理？如理會這一件事未了，又要去理會那事，少間都成無理會。須是理會這事了，方好去理會那事，須是主一。」問：「思慮難一，如何？」曰：「徒然思慮濟得甚事？某謂若見得道理分曉，自無閑雜思慮。人所以思慮紛擾，只緣未見道理耳。『天下何思何慮』，是無閑思慮也。」問：「程子常教人静坐，如何？」曰：「亦是他見人要多慮，且教人收拾此心耳。初學亦當如此。」

寓[一一]問：「如古人詠歌舞蹈到動盪血脈流通精神處，今既無之，專靠着[一二]義理去研究，恐難得悦樂。不知如何？」答[一三]曰：「只是看得未熟耳。若熟看，待浹洽則悦矣。」先生因説寓：「讀書看義理須是開豁胸次令磊落明快，恁地憂愁作甚底？亦不可先責效。纔責效便見有憂愁底意思，只管如此，胸中結聚一餅子不散。須是胸中寬閑始得。而今且放置閑事不要閑思量，只專心去玩味義理便會心精，心精便會熟。『涵養當用敬，進學則在致知』，無事時且存養在這裏，提撥警覺，不要放肆。到那講習應接便當思量義理，用義理做將去。無事時便着存養收拾此心。」

林一之問：「先生説動静，莫只是動中有静、静中有動底道理？」曰：「固是如此。然何須將來引證？某僻性最不喜人引證。動中静、静中動，古人已説了。今更引來要如何引證得是？但與此文義不差耳，有甚深長？今自家理會這處便要將來得使，恁地泛泛引證作何用。明道先生言介甫説塔，不是上塔。如[一四]今人正是説塔，須是要直上那頂上去始得。説得濟甚事？如要去取咸陽，一直去取便好，何必要問咸陽是如何廣狹、城池在那處、宫殿在那處？亦何必説是雍州之地？但取得其地便是。今恁地引證，恰似要説咸陽，元不曾要取他地。」[一五]

寓[一六]問：「前夜先生所答一之動静處，曾舉云『譬如與兩人同事，須是相救始得』，寓看來静却救得動，不知動如何救得静？」曰：「人須通達萬變，心常湛然在這裏。亦不是閉門静坐，塊然自守。事物來也須去應，應了依然是静。看事物來，應接去也不難，便是『安而後能慮』。動了静，静了動，動静相生，循環無端。如人之嘘吸，若只管嘘，氣絶了，又須吸；若只管吸，氣無去處便不相接了。嘘之所以爲吸，吸之所以爲嘘。『尺蠖之屈，以求伸也；龍蛇之蟄，以存身也』，屈伸消長，闔闢往來，其機不曾停息。大處有大闔闢，小處有小闔闢；大處有大消息，小處有小消息。此理萬古不易。如目有瞬時，亦豈能常瞬？定又須開，不能常開。定又須瞬，瞬了又開，開了又瞬。至纖至微，無時不然。」又問：「此説相救是就義理處説動静，不知就應事接物處説動静如何？」曰：「應事得力則心地静；心地静，應事分外得力。便是動救静，静救動。其本只在湛然純一，素無私心始得。無私心，動静一齊當理，纔有一毫之私，便都差了。」按：陳淳是一時所同聞而略詳不同，今附，云：[一七]「徐問：『前夜説動静功用相救。静可救得動，動如何救得静？』曰：『亦[一八]須是明得這理使無不盡，直到萬理明徹之後，此心湛然純一，便能如此。如静也不是閉門獨坐，塊然自守，事物來都不應。若事物來亦須應，既應了此心便又静。心既静，虚明洞徹，無一毫之累便從這裏應將去，應得便徹，便不難，便是「安而後能慮」。事物之來須去處置他，這一事合當恁地做便截然斷定，便是「慮而後能得」。得是静，慮便[一九]是動。如「艮其止」，止是静，所以止之便是動。如「君止於仁，臣止於敬」，仁、敬是静，所以思要止於仁、敬便是動。固是静救動、動救靜，然其本又自此心湛然純一，無私，[二〇]動靜便一齊當理，心若自私便都差了。動了又靜，靜了又動，動靜只管相生，如循環之無端，若要一於動靜不得。如人之噓吸，若一向噓，氣必絶了，須又當吸；若一向吸，氣必滯了，須又當噓。噓之所以爲吸，吸之所以爲噓。「尺蠖之屈，以求伸也，龍蛇之蟄，以存身也，精義入神以致用也，利用安身以崇德也」，一屈一伸，一闔一闢，一消一息，一往一來，其機不曾停。大處有大闔闢、大消息，小處有小闔闢、小消息，此理更萬古而不息。如目豈能不瞬？時亦豈能常瞬？又須開。開了定，定了又瞬，瞬了又定，只管恁地去。消息闔闢之機至纖至微，無物不有。』」

先生謂寓曰：「文字可汲汲看，悠悠不得。急看方接得前面看了底，若放慢則與前面意思不相接。莫學某看文字，看到六十一歲，方略見得道理恁地。[二一]今老矣，看得做甚使得？學某不濟事，公宜及早向前。」

寓臨漳告歸取[二二]，稟云：「先生所以指教，待歸子細講求。」曰：「那處不可用功？何待歸去用功？古人於患難尤見得着力處。今夜在此，便是用功處。」以上並寓自録，以下見諸録。[二三]

居甫請歸作工夫，曰：「即此處便是工夫。」可學。

居甫問：「平日只是於大體處未正。」曰：「大體，只是合衆小理會成大體。今不窮理，如何便理會大體？」可學。

「居甫、敬之是一種病，都緣是弱。仁父亦如此，定之亦如此。只看他前日信中自説『臨事而懼』，不知孔子自説行三軍。自家平居無事，只管恁地懼個甚麼？」賀孫説：「定之之意是當先生前日在朝，恐要從頭拆洗，決裂做事，故説此。」曰：「固是。若論來，如今事體合從頭拆洗，合有決裂做處，自是定着如此。只是自家不曾當這地位，自是要做不得。若只管懼了，到合説處都莫説。」賀孫。

居父如僧家禮懺，今日禮多少拜，説懺甚罪過；明日又禮多少拜，又説懺甚罪過。日日只管説，如浙中朋友，只管説某今日又如此，明日又説如此。若是見得不是，便須掀翻却[二四]做教是當，若只管恁地徒説，何益！如宿這客店不穩便，明日便[二五]須進前去好處宿。若又只在這裏住，又只説不好，豈不可笑？賀孫。

淳冬至以書及自警詩爲贄見先生[二六]，翌日延[二七]入郡齋。與語曰：「某踰分到此，恨識面之晚。」淳起禀曰：「淳年齒壯長，蹉跎無立，仰視聖賢大有愧心，今日初侍，未知所以爲問，望先生指示其工夫要處。」[二八]先生曰：「學固在乎讀書，而亦不專在乎讀書。公詩甚好，可見其志亦是[二九]曾用工夫。然以何爲要？有要則三十五章可以一貫。若皆以爲要又成許多頭緒，便如東西南北禦寇一般。」曰：「淳[三〇]晚生妄意，未知折衷，惟先生教之。」先生問：「平日如何用工夫？」曰：「只就己上用工夫。」曰：[三一]「己上如何用工夫？」曰：「只日用間察其天理、人欲之辨。」曰：[三二]「如何察之？」曰：「只就秉彝良心處察之。」曰：「心豈直是發？莫非心也。今這裏説話也是心，對坐也是心[三三]，何者不是心？然則緊要着力在何處？」扣之再三，淳思未答。先生縷縷言曰：「凡看道理，須要窮個根源來處。如爲人父如何便止於慈，爲人子如何便止於孝，爲人君如何便止於仁，爲人臣如何便止於敬。[三四] 如論孝須窮個孝根原來處，論慈須窮個慈根原來處，仁、敬亦然，凡道理皆從根原來處尋[三五] 究，方見得確定，不可只道我操修踐履便了。多見士人有謹守質[三六] 好者，此固是好。及到講論義理便是[三七] 執己見，自立一般門户，移轉不得，又大可慮也。道理要見得直，[三八] 須是表裏首末極其透徹，無有不盡，真見得是如此決然不可移易始得，不可只見[三九] 一班半點便以爲是。如爲人父須真知是決然止於慈而不可易，爲人子須真知是決然止於孝而不可易。善，須真見得是善方始決然必做；惡，須真見得是惡方始決然必不做。如看不好底文字固是不好，須自家真見得是不好；好底文字固是好，須自家真見得是好。聖賢言語須是[四〇] 看得十分透徹，如從他肚裏穿過，一字或輕或重移易不得始是。看理徹則我與理一，然一下未能徹須是浹洽始得。這道理甚活而[四一] 其體渾然，而其中粲然，上下數千年真是昭昭在天地間，前聖後聖相傳，所以斷然而不疑。夫子之所教者，教乎此也；顏子之所樂者，樂乎此也。圓轉處儘圓轉，直截處儘直截。先知所以覺後知，先覺所以覺後覺。」問：「顏子之樂只是天地間至富至貴底道理樂去，樂可求之否？」曰：「非也。此一下未可便知，須是窮究萬理，要令極徹。」已而曰：「程子謂『將這身來放在萬物中一例看，大小大快活』，又謂『人於天地間並無窒礙處，大小大快活』，此便是顏子樂處。這道理在天地間須是真窮到底，至纖至悉，十分洞〔四二〕徹，無有不盡；則與萬物爲一，無所窒礙，胸中泰然，豈有不樂！」以下訓淳。〔四三〕

問：「日用間今且如何用工夫？」曰：「大綱只是恁地，窮究根原來處直要透徹。又且須『敬以直内，義以方外』，此二句爲要。」

「『擇善而固執之』，如致知、格物便是擇善，誠意、正心、修身便是固執，只此二事而已。」淳因舉南軒〔四四〕「知與行互相發」。先生〔四五〕曰：「知與行須是齊頭做方能互相發，程子曰『涵養須用敬，進學則在致知』，下『須』字、『在』字，便是皆要齊頭着力，不可道知得了後〔四六〕方始行。有一般人儘聰明，知得而行不得〔四七〕是資質弱。又有一般人儘行得而知不得。」因問：「某〔四八〕資質懦弱，行意常緩於知〔四九〕，克己不嚴，進道不勇，不審何以能嚴能勇？」曰：「大綱亦只是適間所説。於那根原來處真能透徹，這個自都了。」

問：「静坐觀書則義理浹洽，到幹事後看義理又生，如何？」曰：「只是未熟。」

問：「看道理須尋根原來處，只是就性上看否？」曰：「如何？」曰：「天命之性，萬理完具，總其大目則仁義禮智其中遂分別成許多萬善。大綱只如此，然就其中須件件要徹。」曰：「固是如此，又須看性所因是如何？」曰：「當初天地間元有這個渾然道理，人生禀得便是性。」曰：「性只是理，萬理之總名。此理亦只是天地間公共之理，禀得來便爲我所有。天之所命如朝廷指揮差除人去做官。性如官職，官便有職事。」

問：「欲專一看[五〇]書，以何爲先？」曰：「先讀大學，可見古人爲學首末次第。且就實處理會却好，不消得專去無形無[五一]影處理會。」[五二]

天下萬事都是合做底，而今也不能殺定合做甚底事。聖賢教人也不曾殺定教人如何做，只自家日用間看甚事來便做工夫。今日一樣事來，明日又一樣事來，預定不得。若指定是事親而又有事長焉[五三]，指定是事長而又有事君焉[五四]。只日用間看有甚事來便做工夫。

這道理不是如那[五五]堆金積寶在這裏，便把分付與人去，亦只是說一個路頭教人自去討，討得便是自底，討不得也無奈何。須是自着力，着些精彩去做，容易不得。

譬如十里地[五六]，自家行到五里，見人說十里地頭事便把爲是，更不進去。那人說固不我欺，不我誣[五七]，然自家不親到那裏，不見得真，終是信不過。

須是理會得七八分[五八]了，被人決一決便有益，說十分話便領得。若不曾這裏[五九]做工夫，雖說十分話，亦了不得。

生[六〇]做一世人，不可泛泛隨流地便當了得人道，[六一]須思量到如何便超凡而達聖。今日爲鄉人，明日爲聖賢，如何會到此？便是[六二]一聳拔！[六三]如此方有長進。若[六四]理會不得也好，便悠悠了。

讀書理會一件〔六五〕又一件。不止是讀書，如遇一件事，且就這事上思量合當如何做，處得來當方理會別一件。書不可只就皮膚上看，事亦不可只就皮膚上理會。天下無書不是合讀底，無事不是合做底。若一個書不讀，這裏便缺此一書之理；一件事不做，這裏便缺此一事之理。大而天地陰陽，細而昆蟲草木，皆當理會。一物不理會，這裏便缺此一物之理。

天下無不可說底道理。如爲人謀而忠，朋友交而信，傳而習，亦都是眼前事，皆可說，〔六六〕只有一個熟處說不得，除了熟之外無不可說者。且〔六七〕未熟時頓放這裏又不穩帖，拈放那邊又不是。然終不成住了，也須從這裏更著力始得。到那熟處，頓放這邊也是，頓放那邊也是，七顛八倒無不是，所謂「居之安則資之深，資之深則左右逢其原」。譬如梨柹，生時酸澀喫不得，到熟後自是一般甘美，相去大遠，只在熟與不熟之間。寓録同。

謂淳曰：「大學已是讀過書，宜朝夕常常温誦勿忘。」

諸友只有個學之意，都散慢〔六八〕，不恁地勇猛。恐度了日子，須著火急痛切意思，嚴了期限，趲了工夫，作〔六九〕幾個月日氣力去攻破一過，便就裏面旋旋涵養。如攻寨，須出萬死一生之計攻破了關限始得，而今都打開〔七〇〕未破，只循寨外走。道理都咬不斷，何時得透？〔七一〕

問：「看文字只就本句固是見得古人本意，然不推廣之則用處又易得不相浹，如何？」曰：「須是本句透熟方可推，若本句不透熟不惟推便錯，於未推時已錯了。」

學則處事都是理，不學則看理便不恁地周匝，不恁地廣大，不恁地細密。然理亦不是外面硬生底[七二]道理，只是自家固有之理。「堯舜性之」，即[七三]此理元無欠[七四]失；「湯武反之」，已有些子失但復其舊底。學只是復其舊底而已。蓋向也交割得來，今却失了，何[七五]不汲汲自修而反之乎！此其所以爲急。不學則只是硬隄防，處事不見理，只是[七六]任私意。平時却也强勉去得，到臨事變便亂了。

問：「持敬、致知互相發明否？」曰：「古人如此說，必須是如此。更問他發明與不發明要如何？古人言語寫在册子上不解錯了，只如此做工夫便見得滋味。不做持敬，只說持敬作甚？不做致知，只說致知作甚？譬如他人做得飯熟，盛在椀裏自是好喫，不解毒人。是定自家但喫將去便知滋味，何用問人？不成自家這一邊做得些小持敬工夫，計會那一邊致知發明與未發明；那一邊做得些小致知工夫，又來計會這一邊持敬發明與未發明。如此有甚了期？」[七七]

看道理須要[七八]那大處看，便前面開闊。不要就壁角裏，地步窄，一步便觸，無去處了。而今且要看天理人欲、義利公私，分別得明，將自家日用底與他勘驗，須漸漸有見處，前頭漸漸開闊。那個大壇場，不去上面做，不去上面行，只管在壁角裏，縱理會得一句，只是一句透，道理小了。如破斧詩，須看那「周公東征，四國是皇」，見得周公用心始得。

諸友問疾，請退。先生曰：「堯卿、安卿且坐。相別十年，有甚大頭項工夫、大頭項疑難可商量處？」淳曰：「數年來見得日用間大事小事分明件件都是天理流行，無一事不是合做底，更不容挨推閃避。吾身〔七九〕撞着這事，以理斷定便小心盡力做到尾去。兩三番後，此心磨刮出來便漸漸堅定。雖有大底，不見其爲大；難底，不見其爲難；至磽确、至勞苦處不見其爲磽确，不見其爲〔八〇〕勞苦；横逆境界，不見其有憾恨底意；可愛羨難割捨底，不見其有粘滯底意。見面前只是理，覺如水到船浮，不至有甚慳澀，而夫子與點之意、顏子樂底意、漆雕開信底意、中庸鳶飛魚躍底意、周子洒落及程子活潑潑底意，覺見都在面前，真個是如此；而『禮儀三百，威儀三千』，亦無一節文非天理流行。易三百八十四爻時義，便正是就日用上剖析個天理流行底條目。前聖後哲都是一揆，而其所以爲此理之大處却只在人倫，而身上工夫切要處却只在主敬。敬則此心常惺惺，大綱卓然不昧，天理無時而不流行，而所以爲主敬工夫直是不可少時放斷，心常敬則常仁。」先生曰：「恁地泛説也容易。」久之，曰：「只恐勞心落在無涯可測之處。」〔八一〕

因問：「向來所呈與點説一段如何？」曰：「某平生便是不愛人説此話。論語一部自『學而時習之』至『堯曰』，都是做工夫處，不成只説了『與點』便將許多都掉了。聖賢説事親便要如此，事君便要如此，事長便要如此，言便要如此，行便要如此，都是好用工夫處。通貫浹洽，自然見得在面前。若都掉了，只管説『與點』，正如喫饅頭只撮個尖處，不喫下面餡子，許多滋味都不見。向〔八二〕此等無人曉得，説出來也好。今説得多了都是好笑，不成模樣。近來覺見説這樣話都是閑説，不是真積實見。昨廖子晦亦説『與點』、鬼〔八三〕神，反覆問難，轉見支離没合殺了。」

聖賢教人無非下學工夫。一貫之旨如何不便説與曾子？直待他事事都曉得方説與他。子貢是多少聰明！到後來方與説：「『汝以予爲多學而識之者與？』曰：『然，非與？』曰：『非也，予一以貫之。』」此意是如何？萬理雖只是一理，學者且要去萬理中千頭百緒都理會，四面湊合來自見得是一理。不去理會那萬理，只管去理會那一理，説「與點」、顔子之樂如何。程先生語録事事都説，只有一兩處説此，何故説得恁地少？而今學者何故説得恁地多？只是空想象。

程先生曰「學者識得仁體實有諸己，只要義理栽培」，恐人不曉栽培，更説「如求經義，皆栽培之意」。呂晉伯問伊川：「語、孟且將緊要處理會如何？」伊川曰：「固是好。若有所得，終不浹洽。」後來晉伯終身坐此病，説得孤單，入禪學去。

聖賢立言垂教無非着實。如「博我以文，約我以禮」，如「尊德性而道問學，致廣大而盡精微，極高明而道中庸，温故而知新，敦厚以崇禮」，如「博學之，審問之，謹思之，明辨之，篤行之」，如「君子食無求飽，居無求安，敏於事而慎於言，就有道而正焉」，其〔八四〕類皆一意也。

「看〔八五〕道理要得寬平廣博，平心去理會。若實見得，只説一兩段亦見得許多道理。

要〔八六〕將一個大底語言都來罩了，其間自有輕重不去照管，說大底說得太大，說小底又說得都沒〔八七〕巴鼻。如昨日說破斧詩，恐平日恁地枉用心處多。」淳曰：「昨間〔八八〕先生教誨，其他似此樣處無所疑矣。」先生曰：「學問不比做文字，不好便改了。此却是分別善惡邪正，須要十分是當方與聖賢契合。如破斧詩，恁地說也不錯，只是不好。說得一角，不落正腔窠，喝斜了。若恁地看理〔八九〕淺了不濟事。恰似撑船放淺處，不向深流運動不得，須是運動游泳於其中。」

淳又曰：「聖人千言萬語都是日用間本分合做底工夫。只是立談之頃要見總會處，未易以一言決。」先生曰：「不要說總會。如『博我以文，約我以禮』，博文便是要一一去用工，何曾說總會處？又如『深造之以道，欲其自得之也』，深造以道便是要一一用工，到自得方是總會處。如顏子『克己復禮』，亦須是『非禮勿視，非禮勿聽，非禮勿言，非禮勿動』，不成只守個克己復禮，將下面許多都除了。如公說易，只大綱說個三百八十四爻皆天理流行。若如此，一部周易只一句便了，聖人何故作許多，十翼從頭說『大哉乾元』云云，『至哉坤元』云云？聖賢之學非老氏之比，老氏說『通於一而〔九〇〕萬事畢』，其他都不說，少間又和那一都要無了方好。學者固是要見總會處。而今只〔九一〕說個總會處，如『與點』之類，只恐孤單沒合殺，下梢流入釋老去，何〔九二〕有『詠而歸』底意思！」〔九三〕

晚再入卧內，淳稟曰：「適間蒙先生痛切之誨，退而思之，大要『下學而上達』。下學與上達固相對是兩事，然下學却當大段多著工夫。」先生曰：「聖賢教人多説下學事，少説上達事，[九四]但只理會下學又局促了。須事事理會過，將來也要知個貫通處。不去理會下學，只去[九五]理會上達，即都無事可做，只[九六]恐孤單枯燥。程先生曰『但是自然，更無玩索』，既是自然，便都無可理會了。譬如耕田，須是種下種子便去耘鋤灌溉，然後到那熟處。而今只想象那熟處，却不曾下得種子，如何會熟？如『一以貫之』是聖人論到極處了，而今只去想象那一，不去理會那貫。譬如討一條錢索在此，都無錢可穿去聲。[九七]」[九八]

淳又問曰[九九]：「爲學工夫大概在身則有個心，心之體爲性，心之用爲情，外則目視耳聽、手執[一〇〇]足履；在事則自事親事長以至於待人接物、洒掃應對、飲食寢處，件件都是合做工夫處。聖賢千言萬語，便只是其中細碎條目。」先生曰：「講論時是如此講論，做工夫時須是著實去做。凡[一〇一]道理聖人都説盡了。論語中有許多，詩、書中有許多，須是一一與理會過方得。程先生謂『或讀書講明道義，或論古今人物而別其是非，或應事接物[一〇二]而處其當否』，如何而爲孝，如何而爲忠，以至天地之所以高厚，一物之所以然，都逐一理會，不是只一個都了。[一〇三]」

先生召諸友至卧内，曰：「安卿更有甚説話？」淳曰：「兩日思量爲學道理。日用間做工夫所以要步步縝密者，蓋緣天理流行乎日用之間，千條萬緒無所不在，故不容有所欠缺。若工夫有所欠缺，便於天理不湊得著。」先生曰：「也是如此。理只在事物之中。做工夫須是密，然亦須是那疏處斂向密，又就那密處展放開，若只拘要那縝密處又[一〇四]局促了。」淳[一〇五]問：「放開底樣子如何？」先生曰：「亦只是見得天理是如此，人欲是如此，便做將去。」[一〇六]

子思說「尊德性」又却說「道問學」，「致廣大」又却說「盡精微」，「極高明」又却說「道中庸」，「溫故」又却說「知新」，「敦厚」又却說「崇禮」，這五句爲[一〇七]學用功精粗，全體說盡了。如今所說却只偏在「尊德性」上去，揀那便宜多底占了，無「道問學」底許多工夫。[一〇八]恐只是[一〇九]自了之學，出門動步便有礙，做一事不得。今人之患在於徒務末而不究其本，然只去理會那本而不理會那末[一一〇]亦不得。時變日新而無窮，安知他日之事非吾輩之責乎？[一一一]若只是自了，便待工夫做得二十分到，終不足以應變，牽強去應又成杜撰，既是杜撰便是人欲。[一一二]又有誤認人欲作天理處。應[一一三]變不合義理，平[一一四]日許多工夫依舊都是錯了。

又曰：[一一五]「吾友僻在遠方，無師友講明又不接四方賢士，又不知遠方事情，又不知古今人事之變，這一邊易得暗昧[一一六]。小[一一七]而一身有許多事，一家又有許多事。大而一國，又大而天下，事業又[一一八]恁地多，都要人與他做，[一一九]不成我只管得自家。若將此樣學問去應變，如何通得許多事情，做出許多事業？須[一二〇]是立定此心，泛觀天下之事，精粗巨細無不周遍。下梢打成一塊，是〔一二一〕一個物事方可見於用。不是揀那精底放在一邊，揀那〔一二二〕粗底放在一邊。」

又曰：〔一二三〕「胡文定答曾吉甫書有『人只要存天理、去人欲』之論，後面一向稱贊，都不與之分析，此便是前輩不會爲人處。此處正好捉定與他剖判始得。『天〔一二四〕理人欲』只是一個大綱如此，下面煞有條目。須是就事物上辨别那個是天理，那個是人欲。不可恁地空説，將大綱夾〔一二五〕罩却，籠統無界分，恐一向暗昧，更動不得。如做器具，固是教人要做得好，不成要做得不好。好底是天理，不好底是人欲，然須是較量所以好處、如何樣做方好始得。」〔一二六〕

又曰：〔一二七〕「今且將平日看甚書中見得古人做甚事，那處是，那處不是，那處可疑，那處不可疑，自見得又〔一二八〕是如何。於平日做甚〔一二九〕底事，甚麽處是，舉一〔一三〇〕段來便見得所以爲天理、所以爲人欲。」淳因舉：「向年居喪，喪事重難，自始至終皆自擔當，全無分文責備舍弟之意。」先生曰：「此也是合做底。」淳曰：「到臨葬時，同居爲長〔一三一〕皆以年月不利爲説，淳皆無所徇，但治壙事辦則卜一日爲之。」先生曰：「同居〔一三二〕此樣天理又是硬了。」李丈曰：「亦是尊長説得下。」先生曰：「幸而無齟齬耳。若有不能相從，則少加委曲亦無妨。」淳曰：「大祥次日，族中尊長爲酒食之會，淳走避之。後來聞尊長鎮日相尋，又令人皇恐。如何？」先生曰：「不喫也好，然此亦無緊要。禮『君賜之食則食之，父之友食之則食之，不避粱肉』，某始嘗疑此，後思之只是當時一食，後依舊不食爾。父之友既可如此，則尊長之命，一食亦無妨，若有酒醴則辭。」[一一三三]

是夜再召淳與李丈入臥內，曰：「公歸期不久，更有何較量？」淳讀與點說與先生聽[一一三四]。先生曰：「大概都是，亦有小小一兩處病。」又讀廖倅書所難與點說。先生曰：「有得有失。」又讀淳所回廖倅書。先生曰：「天下萬物當然之則便是理，所以然底便是原頭處。今所說固是如此，但聖人平日也不曾先說個天理在那裏方教人做去湊，只是說眼前事教人平平恁地做工夫去，自[一一三五]到那有見處。」淳曰：「只[一一三六]做工夫後見得天理也無妨，只是未做工夫，不要先去討見天理否？」先生曰：「畢竟先討見天理立定在那裏，則心意便都在上面行，易得將下面許多工夫放緩了。」[一一三七]

子晦之說無頭。如吾友所說從原頭來，又却要先見個天理在前面方去做，此正是病處。子晦疑得也是，只說不出。吾友合下來說話便有此病，是先[一一三八]「有所立卓爾」，然後「博文約禮」也。若把這天理不放下相似，把一個空底物放這邊也無頓處，放那邊也無頓處；放這邊也恐攧破，放那邊也恐攧破。這天理說得蕩漾，相[一一三九]似一塊水銀，衮來衮去捉他[一一四〇]不着。又如水不沿流泝源，合下便要尋其源，鑿來鑿去終是鑿不着。

「下學上達自有次第，於下學中又有次第，致知有[一一四一]多少次第，力行有[一一四二]多少次第。」淳曰：「下學中如致知時，亦有理會那上達底意思否？」曰：「非也。致知，今且就這事上理會個合做底是如何，少間又就這事上思量合做底因甚是恁地，便見得這事道理合恁地。又思量因甚道理合恁地，便見得這事道理原頭處。逐事都如此理會，便件件知得個原頭處。」淳曰：「件件都知得個原頭處，湊合來便成一個物〔一四三〕否？」先生曰：「不怕那〔一四四〕不成一個物〔一四五〕。只管逐件恁地去，千件成千個物事，萬件成萬個物事，將來自然撞着成一個物事，方如水到船浮。」

今〔一四六〕且去放下此心平平恁地做，把文字來平看，不要得高。第一番且平看那一重文義是如何；第二番又揭起第一重，看那第二重是如何；第三番又揭起第二重，看那第三重是如何。看來看去，二十番三十番便自見得道理有穩處。不可纔看一段便就這一段上要思量到極，要尋見原頭處。如中庸〔一四七〕「天命之謂性」，初且恁地平看過去，便看下面「率性之謂道」。若〔一四八〕反倒這「天命之謂性」一句，便無工夫看「率性之謂道」了。「喜怒哀樂未發之謂中」亦且平看過去，便看「發而皆中節謂之和」。若只反倒這「未發之中」，便又無工夫看「中節之和」了。

聖〔一四九〕人教人只是一法，教萬民及公卿大夫士之子皆如此。如「父子有親，君臣有義」，初只是〔一五〇〕兩句。後來又就「父子有親」裏面推説許多，「君臣有義」裏面推説許多。而今見得有親有義合恁地，又見得因甚有親、因甚有義道理所以合恁地，節節推上去便自見原頭處。只管恁地做工夫去，做得合殺便有采。

聖〔一五一〕人教人只是說下面一截，少間到那田地又挨上些子，不曾直說到上面。「子以四教：文、行、忠、信」，又曰「博學而篤志，切問而近思，仁在其中矣」，做得許多，仁自在其中。〔一五二〕

有一般人亦已做得工夫，道理上已有所見，只因他有些小近似處不知只是近似，便把做一般，這裏纔一失脚便陷他裏去了。此等不能皆然，亦有皆然者。〔一五三〕

淳〔一五四〕問：「前夜承先生〔一五五〕教誨不可先討見天理，私心更有少疑，蓋一事各有一個當然之理，真見得此理則做此事便確定，不然則此心末梢又會變了。不審如何？」曰：「這自是一事之理。前夜所說，只是不合要先見一個渾淪大底物捺〔一五六〕在這裏，方就這裏放出去做那萬事；不是於事都不顧理一向冥行而已。事親中自有個事親底道理，事長中自有個事長底道理。這事自有這個道理，那事自有那個道理，各理會得透則萬事各成萬個道理，四面湊合來便只是一個渾淪道理。而今只先去理會那一，不去理會那貫，將尾作頭，將頭作尾，沒理會了。曾子平日工夫只先就貫上事事做去到極處，夫子亦〔一五七〕喚醒他說我這道理只用一個去貫了，曾子便理會得。不是只要抱一個渾淪底物事，教他自流出去。」〔一五八〕

淳有問目段子拜呈[一五九]。先生讀畢，曰：「大概説得也好，只是一樣意思。」[一六〇]又曰：「所[一六一]説道理只[一六二]撮那頭一段尖底，末梢便要到那『大而化之』極處，中間許多都把做查滓。[一六三]相似把個利刀[一六四]截斷。」[一六五]

問：「事各有理，而理各有至當十分處。今看得七八分，只做到七八分處，上面欠了分數。莫是窮來窮去，做來做去，久而且熟，自能長進到十分否？」曰：「雖未能從容，只是熟後便自會從容。」再三詠「熟」字。

諸友入侍，坐定，先生目淳申前説，曰：「若把這些子道理只管守定在這裏，則相似山林苦行一般，便都無事可做了，所謂『潛心大業』者何有哉？」淳曰：「已知病痛，大段欠了下學工夫。」先生曰：「近日陸子静門人寄得數篇詩來，只將顔淵、曾點數件事重疊説，其他詩書禮樂都不説。如吾友下學也是[一六六]揀那尖利底説，粗鈍底都掉了，今日下學，明日便要上達。如孟子，從梁惠王以下都不讀，只揀告子、盡心來説，只消此兩篇，其他五篇都删了。緊要便讀，閑慢底便不讀；精底便理會，粗底便不理會。書自是要讀，恁地揀擇不得。如論語二十篇，只揀那曾點底意思來涵泳，都要蓋了。單單説個『風乎舞雩，詠而歸』，只做個四時景底[一六七]，論語何用説許多事？」[一六八]

問：[一六九]「某有八字『優游涵泳，勇猛精進』，[一七〇]如何？」曰：「也不須如此做題目，〔一七一〕也不須如此〔一七二〕起草，只做將去。」

問：〔一七三〕「應事當如何？」曰：「士人在家有甚大事？只是着衣喫飯，理會眼前事而已。其他天下事，聖賢都説得〔一七四〕十分盡了。今無他法，爲上〔一七五〕必因丘陵，爲下必因川澤，自家只就他説話上寄搭些工夫，便都是我底。」〔一七六〕

大凡〔一七七〕事要思量，學要講。如古人一件事有四五人共做，自家須看那人做得是，那人做得不是。又如眼前一件事有四五人共議，甲要如此，乙要如彼。自家須見那人説得是，那人説得不是。便待思量得不是，此心曾經思量一過，有時得〔一七八〕那不是底發我這是底。如十個物事，搏〔一七九〕九個不着，那一個便着，則九個不着底也不是枉思量。又如講義理有未通處，與朋友共講，十人十樣説，自家平心看那個是，〔一八〇〕那個不是。或他説是底却發得自家不是底，或十人都説不是，有時因此發得自家是底。所以適來説，有時是這處理會得，有時是那處理會得，少間便都理會得。只是自家見識到，别無法。學者須是撒開心胸，事事逐件都與理會過。未理會得底且放下，待無事時復將來理會，少間那件〔一八一〕事理會不得？」〔一八二〕

諸友揖退，先生留淳獨語，曰：「何故無所問難？」淳曰：「數日承先生教誨，已領大意，但當歸去作工夫。」先生曰：「此别定不再相見。」淳問曰：「已分上事已理會，但應變處更望提誨。」先生曰：「今且當理會常，未要理會變。常底許多道理未能理會得盡，如何便要理會變！

聖賢說〔一八三〕許多道理平鋪在那裏，且要闊着心胸平去看，通透後自能應變。不是硬捉定一物便要討常，便要討變。」

今也須如僧家行脚，接四方〔一八四〕賢士，察四方之事情，覽山川之形勢，觀古今興亡治亂得失之迹，這道理方見得周遍。「士而懷居，不足以爲士矣」，不是塊然守定這物事在一室，關門獨坐便了，便可以爲聖賢。自古無不曉事情底聖賢，亦無不通變底聖賢，亦無關門坐地〔一八五〕底聖賢。

聖賢無所不通，無所不能，那個事理會不得？如中庸「天下國家有九經」，便要理會許多物事。如武王訪箕子陳洪範，自身之視、聽、言、貌、思極至於天人之際，以人事則有八政，以天時則有五紀，稽之於卜筮，驗之於庶證，無所不備。如周禮一部書載周公許多經國制度，那裏便有國家當自家做？只是古聖賢許多規模，大體也要識。蓋這道理無所不該，無所不在。且如禮、樂、射、御、書、數，許多周旋升降，文章品節之繁，豈有妙道精義在？只是也要理會，理會得熟時道理便在上面。又如律曆、刑法、天文、地理、軍旅、官職之類都要理會，雖未能洞究其精微，然也要識個規模大概，道理方浹洽通透。若只守個些子捉定在這裏，把許多都做閑事，便都無事了，如此只理會得門内〔一八六〕，門外之〔一八七〕事便了不得。

聖〔一八八〕人教人要博學。二字力說。須是「博學之，審問之，謹思之，明辨之，篤行之」。子曰

「我非生而知之者，好古敏而〔一八九〕求之者也」，「文武之道布在方册」，「在人，賢者識其大者，不賢者識其小者。夫子焉不學？而亦何常師之有」，聖人雖是生知，然也事事理會過，無一之不講。

這道理不是只就一件事上理會見得便了。學時無所不學，理會時却是逐件上理會去，凡事雖未理會得詳密亦有個大要處，縱詳密處未曉得而大要處已被自家見了。今公只就一綫上窺見天理，便説天理只恁地了，便要去通那萬事，不知如何得？萃百物然後觀化工之神，聚衆材然後知作室之用，於一事一義上欲窺聖人之用心，非上智不能也。須撒開心胸去理會。

天理大，所包得亦大。且如五常之教，自家而言只有個父子夫婦兄弟，纔出外便有朋友。朋友之中，事已煞多。及身有一官，君臣之分便定，這裏面又煞多事，事事都合講過。他人未做工夫底亦不敢向他説，如吾友於己分上已自見得，若不説與公又可惜了。他人於己分上不曾見〔一九〇〕，泛而觀萬事固是不得。而今已有個本領，只〔一九一〕捉定這些子便了也不得。如今只道是持敬，收拾身心，日用要合道理無差失，此固是好。然則〔一九二〕出而〔一九三〕應這事得時，應那事又不得。

學之大本，中庸、大學已説盡了。大學首便説「格物致知」。爲甚要格物致知？便是要無所不格，無所不知。物格知至方能意誠、心正、身修，推而至於家齊、國治、天下平，自然滔滔去都

無障礙。〔一九四〕

淳稟曰：「伏承教誨，深覺大欠下學工夫。恐遐陬僻郡，孤陋寡聞，易致差迷，無從就正。望賜下學説一段以爲朝夕取準。」先生曰：「而今也不要先討那〔一九五〕差處，待到那差地頭便旋旋理會。下學只是放闊去做，局促在那一隅便窄狹了，須出四方游學一遭，這朋友處相聚兩三〔一九六〕月日看如何，又那朋友處相聚三兩月日看如何。」胡問：〔一九七〕「游學四方固好，恐又隨人轉了。」曰：「要我作甚？〔一九八〕不合便去。若〔一九九〕隨人轉又不如在〔二〇〇〕屋裏孤陋寡聞。」按，黄義剛録少異，今附，云：「陳安卿下學説有恐差了之語。先生曰：『也不須説，而今也不要先計那差處，待到地頭旋旋理會。下學只是放開去做，局促去那一段便窄狹了。須是出四方游一遭，這朋友處相聚三兩月日看如何，又那朋友處三兩月日看如何。恁地便見。』胡叔器曰：『游學固好，恐又被不好底人壞了。』先生曰：『我須是先知得他是甚麼樣人，及見後不與他相處數月便見，若是不合，便去。若恁地隨人轉，不如只在屋裏孤陋寡聞。』」〔二〇一〕

先生謂淳曰：「安卿須是『友天下之善士爲未足，又尚論古之人』，須是開闊方始展拓。若只如此恐也不解十分。」

先生餞席，酒五行，中筵，親酌一杯勸李丈云：「相聚不過如此，退去反而求之。」次一杯與淳。起，趍而前。先生力止之，坐。〔二〇二〕曰：「安卿更須來一遭〔二〇三〕。村裏坐，不覺壞了人。昔陳了翁説，一人棋甚高，或邀之入京參國手。日久在側並無所教，但使之隨行擕棋局而已。

或人詰其故，國手曰：『彼棋已精，其高著已盡識之矣，但淺著未曾識，教之隨行，亦要都經歷一過。』」

臨行拜別，先生曰：「安卿今年已許人書會，冬間更須出行一遭。不然，亦望自愛。〔二〇四〕」李丈稟曰：「書解乞且放緩，願早成禮書以幸萬世。」先生曰：「書解甚易，只等蔡三哥來便了。禮書大段未也。」以上並淳自録，下見諸録。〔二〇五〕

陳安卿〔二〇六〕問：「前日先生與廖子晦書云『道不是有個物事閃閃爍爍在那裏』，固是如此，但所謂『操則存，捨則亡』，畢竟也須是有個物事。」先生曰：「操存只是教你收斂，教你心莫胡思亂量，幾曾捉定有個物事在這〔二〇七〕裏！」又問：「『顧諟天之明命』，畢竟是個甚麽？」先生曰：「此只是説要得道理在面前，不被物事遮障了。『立則見其參於前，在輿則見其倚於衡』，皆只是見得理如此，不成別有一〔二〇八〕個物事光爍在那裏。」

漳州陳淳會問，方有可答，方是疑。〔二〇九〕

賀孫問：「陳安卿〔二一〇〕近得書否？」曰：「緣王子合與他答問，諱他寫將來，以此漳州朋友都無問難來。」因説：「王子合〔二一一〕無長進，在學中却〔二一二〕將實録課諸生，全不識輕重先後。許多學者近來覺得都不濟事。」賀孫云：「也是世衰道微，人不能自立，纔做官便顛沛。」曰：「如做官、科舉皆害事。」或曰：「若在此説得甚好，做却如此。」曰：「只緣無人説得好，説得好乃是知得到。若知得到，雖摩頂至足，也只是變他不得。」因言：「器之昨寫來問幾條，已答去。今再説來亦未分曉。『公』之爲『仁』，『公』不可與『仁』比並看。『公』只是無私，纔無私這『仁』便流行。程先生云『唯公爲近之』，却不是近似之『近』。纔『公』，『仁』便在此，故云『近』。猶云『知所先後則近道矣』，不是『道』在『先後』上，只知『先後』便近於『道』。如去其壅塞則水自流通，水之流通却不是去壅塞底物事做出來。水自是元有，只被塞了，纔除了塞便流。仁亦[二一三]自是元有，只被私意隔，纔克去己私，做底便是仁。」賀孫云：「公是仁之體，仁是理。」曰：「不用恁底[二一四]説，徒然不分曉。只公是無私，無私則理無或蔽。今人喜也是私喜，怒也是私怒，哀也是私哀，懼也是私懼，愛也是私愛，惡也是私惡，慾也是私慾。苟能克去己私，廓然大公，則喜是公喜，怒是公怒，哀、懼、愛、惡、慾莫非公矣。此處煞係利害。顔子所授於夫子只是『克己復禮爲仁』。讀書最忌以己見去説，但欲合己見，不知非本來旨意。須是且就他説，説教分明，有不通處，却以己意較量。」賀孫。

晦庵先生朱文公語類卷第一百十六

朱子十三

訓門人四

先生曰：[一]「前日得公書，備悉雅意。聖賢見成事迹一一可考而行。今日之來，若捨六經之外求所謂玄妙之説則無之。近世儒者不將聖賢言語爲切己可行[二]之事，必於上面求新奇可喜之論，屈曲纏繞，詭秘變怪，不知聖賢之心本不如此。既以自欺又轉相授受，復以欺人。某嘗謂，雖使聖人復生，亦只將六經、語、孟之所載者循而行之，必不更有所作爲。伏羲再出依前只畫八卦，文王再出依前只衍六十四卦，禹再出依前只是洪範「九疇」，此外更有甚詫異事？如今要緊只是將口讀底便做身行底，説出底便是心存底。居父相聚幾一年，覺得渠只怕此事有難者，某終曉渠意不得。」以下訓賀孫。[三]

問在卿：「如何讀書？」賀孫答[四]云：「少失怙恃，凡百失教。既壯，所從師友不過習爲科舉之文，然終不肯安心於彼，常欲讀聖賢之書。自初得先生所編論孟精義，讀之至今不敢忘。然中間未能有所決擇，故未有定見。」先生曰：「大凡人説要去從師，然未及從師之時也須先自着力做工夫及六七分，到得聞緊切説話易得長進。若是平時不曾用力，終是也難一頓下手。」問：「看大學覺得有[五]未透，心也尚自[六]粗在。」曰：「這粗便是細，只是恁地看熟了自通透。公往前在陳君舉處如何看文字？」曰：「也只就事上理會，將古人所説來商量，須教可行得[七]。」曰：「怕恁地不得。古人見成法度不用於今，却[八]自是如今有用不得處，然不可將古人底折合來就如今爲可用之計。如鄭康成所説井田，固是難得千里平地如此方正可疆理溝洫之類，但古人意思必是如此方得，不應零零碎碎做得成。古人事事先去理會大處正處，到不得已處方有變通。今却先要去理會變通之説。」

今須先正路頭，明辨爲己爲人之别，直見得透，却旋旋下工夫，則思慮自通，知識自明，踐履自正。積日累月漸漸熟，漸漸自然。若見不透，路頭錯了，則讀書雖多，爲文日工，終做事不得。比見浙間朋友或自謂能通左傳，或自謂能通史記；將孔子置在一壁，却將左氏、司馬遷駁雜之文鑽研推尊，謂這個是盛衰之由，這個是成敗之端。反而思之，干你身己甚事？你身己[九]有多多少少底病未曾去，却來説甚盛衰興亡治亂，這個直是自欺。

「如今理會道理且要識得個頭。若不識得個頭，只恁地散散逐段説不濟事。假饒句句説得，段段記得，有甚精微奥妙？都理會得也都是閑話。若識得個頭上有源，頭下有歸着，看聖賢書便句句着實，句句爲自家身己設，如此方可以講學。要知這源頭是甚麽，只在身己上看，許多道理盡是自家固有底。仁義禮智，『知皆廣而充之，若火之始然、泉之始達』，這個是源頭，見得這個了方可講學，方可看聖賢説話。恰如人知得合當行，只假借聖賢言語作引路一般，不然徒然[一〇]記得、説得都是外面閑話，聖賢急急教人只在這些子。纔差過那邊去便都無些子着身己，都是要將去附合人，都是爲別人，全不爲自家身己。纔就這邊來便是自工夫。這正是爲己、爲人處。公今且要理會志趣是要如何。若不見得自家身己道理分明，看聖賢言語那裏去捉摸！」又云：「如今有[一一]見得這個[一二]道理了，到得進處，有用力慤實緊密者進得快，有用力慢底便自[一三]進得鈍。何況不見得這個[一四]源頭道理，若[一五]便緊密也徒然不濟事。何况慢慢地，便全然是空。如今拽轉亦快，如船遭逆風吹向別處去，若得風翻轉，是這一載不問甚麽物色一齊都拽轉，若不肯轉時一齊都不轉。見説『無[一六]不敬』便定定着『無不敬』始得，見説『思無邪』便定定着『思無邪』始得。書上説『無不敬』，自家口讀『無不敬』，身心自恁地怠慢放肆；詩上説『思無邪』，自家口讀『思無邪』，心裏却胡思亂想。這不是讀書。口即是心，心即是口。又如説『足容重』，須着重是天理，合下付與自家便當重，自家若不重便自壞了天理。『手容恭』，須着恭是天理合，下付與自家便當恭，自家若不恭便自壞了天理。『目容端』，須着端是天理，合下付與自家便當端，自家若不端便自壞了天理；『口容止』，須著止是天理，合下付與自家便當止，自家若不止便自壞了天理；『聲容靜』，須着靜是天理，合下付與自家便當靜，自家若不靜便自壞了天理；『頭容直』，須著直是天理，合下付與自家便當直，若不直便自壞了天理；『氣容肅』，須著肅是天理，合下付與自家便當肅，自家若不肅便自壞了天理；『立容德』，須着德是天理，合下付與自家便當德，自家若不德便自壞了天理；『色容莊』，須著莊是天理，合下付與自家便當莊，自家若不莊便自壞了天理。〔一七〕把聖賢説話將來學，便是要補填得元初底教好。又如説『非禮勿視』自是天理，付與自家雙眼，不曾教自家視非禮，纔視非禮便不是天理。『非禮勿聽』自是天理，付與自家雙耳，不曾教自家聽非禮，纔聽非禮便不是天理。『非禮勿言』自是天理，付與自家一個口，不曾教自家言非禮，纔言非禮便不是天理。『非禮勿動』自是天理，付與自家一個身心，不曾教自家動非禮，纔動非禮便不是天理。」賀孫〔一八〕問：「初學心下恐空閑未得。試驗之平日，常常看書，否則便思量義理，其他邪妄不見來。纔心下稍空閑便要〔一九〕思量別所在去。這當奈何得〔二〇〕？」曰：「纔要閑便不閑，纔要靜便不靜，某向來正如此。可將明道答橫渠書看。」因舉其間「非外是内」之説。

問：「往前承誨，只就窮理説較多。此來如『尊德性、致廣大、極高明』上一截，數數蒙提警，此意是如何？」曰：「已前也説了，只是夾雜説。如大學中亦自説，但覺得近日諸公去理會窮理工夫多，又自漸漸不着身己。」

賀孫[二二]問：「前日承教辨是非，只交遊中便有是有非，自家須便分別得，且不須誦言。這莫是只說尋常泛交？若朋友則有責善琢磨之義。」曰：「固是。若是等閑人亦自不可說，只自家胸次便要得是非分明。事事物物上都有個道理，都有是有非，所以『舜好問而[二三]察邇言』。雖淺近閑言語中莫不有理，都要見得破。『隱惡而揚善』，自家這裏善惡便分明。然以聖明昭鑒，纔見人不好便說出來也不得，只是揚善，那惡底自有不得掩之理。纔說揚善，自家已自分明，這亦聖人與人爲善之意。」又云：「一件事走過眼前，匹似閑也有個道理，也有個是非。緣天地之間上蟠下際都無別事，都只是這道理。」

謂諸生曰：「公說欲遷善改過而不能，只是公不自去做工夫，若恁地安安排排只是做不成。如人要赴水火，這心纔發便入裏面去，若說道在這裏安排便只不成。看公來此，逐日只是相對默坐無言，恁地慢滕滕如何做事？」數日後，復云：「坐中諸公有會做工夫底，有病痛處[二三]底，某逐一都看見些[二四]，逐一救正他。惟公恁地循循默默，都理會公心下不得，這是幽冥暗弱，這是大病。若是剛勇底人，見得善便還他做得透，做不是處也顯然在人耳目間[二五]，人皆見之。前日公說『風雷益』，看公也無些子風意思，也無些子雷意思。」[二六]

賀孫請問，語聲末後低，先生不聞。因云：「公仙鄉人，何故聲氣都恁地？說得個起頭，後面賴將去。子夏曰『聽其言也厲』。公只管恁地，下梢不好，見道理不分明，將漸入於幽暗，含含胡胡，不能到得正大光明之地。說話須是一字是一字，一句是一句，便要見得是非。」

先生謂賀孫：「也只是莫巧。公鄉間有時文之習，易得巧。」

「浙中朋友，一等底只理會上面道理，又只理會一個空底物事，都無用，少間亦只是計較利害；一等又只就下面理會事，眼前雖粗有用，又都零零碎碎了，少間只見得利害。如橫渠說釋氏有『兩末之學』，兩末，兩頭也，都是那中間事物轉關處都不理會。」賀孫問：「如何是轉關處？」曰：「如致知、格物便是就事上理會道理。理會上面底，却棄置事物爲陳迹，便只說個無形影底道理；然若還被他放下來，更就事上理會又却易。只是他已見得上面一段物事不費氣力，省事了，又那肯下來理會？理會下面底又都細碎了，這般道理須是規模大方理會得。」遂舉「伊川說，曾子易簀便與『有天下行一不義、殺一不辜、不爲』一同。後來說得來便無他氣象。大底却可以做小，小底要做大却難，小底就事物細碎上理會。」〔二七〕

先生因學者少寬舒意，曰：「公讀書恁地縝密固是好，但恁地逼截成一團，此氣象最不好，這是偏處。如一項人恁地不子細，固是不成個道理。若一向蹙密，下梢却展拓不去。明道一見顯道，曰：『此秀才展拓得開，下梢可望。』」又曰：「於辭氣間亦見得人氣象。如明道語言固無甚激昂，看來便見寬舒意思。龜山，人只道恁地寬，看來不是寬，只是不解理會得，不能理會得。

范純夫語解比諸公說理最平淺，但自有寬舒氣象，儘好。」

嘗見陸子静說「且恁地依傍看」，思之，此語說得好。公看文字亦且就分明注解依傍看教熟，待自家意思與他意思相似，自通透。也自有一般人敏捷，都要看過，都會通曉。若不恁地，只是且就曉得處依傍看。如公讀論語，還常文義曉得了未？若文義未曉得，又且去看某家如此說，某家如彼說，少間都攪得一塲没理會。尹和靖只是依傍伊川許多說話，只是他也没變化，然是他[二八]守得定。

辭先生，同黄敬之歸鄉赴舉。先生曰：「仙里士人在外孰不經營僞牒？二公獨逕還鄉試，殊强人意。」

人合是疑了問，公今却是揀難處來問，教人如何描摸？若說得，公又如何便曉得？若升高必自下。今人要入室奥須先入門入庭，見路頭熟，次第入中間來。如何自階裏一造要做後門出？伊川云「學者須先就近處」。[二九]

仁父、味道却是别，立得一個志趨却正，下工夫却易。以上並賀孫自録。[三〇]

與立問[三一]：「常苦志氣怯弱，恐懼太過，心下常若有事，然[三二]少悦豫底意思，不知此病痛是如何？」先生曰：「試自[三三]思自家是有事，是無事？」應[三四]曰：「本無事，自覺得如此。」先生曰：「若是無事便是無事，又恐懼個甚？只是見理不徹後如此，若見得理徹，自然心下無事。然此亦是心病。」因舉遺書捉虎及滿室置尖物事。又曰：「且如今人潔病[三五]，那裏有潔病[三六]？只是疑病，疑後便如此。不知在君父之前還如此得否？」瀲又因論氣質各有病痛不同。曰：「纔明理後氣質自然變化，病痛都自不見了。」以下訓瀲[三七]。

先生誨與立等曰：「爲學之道無他，只是要理會得目前許多道理，世間事無大無小皆有道理。如中庸所謂『率性之謂道』也只是這個道[三八]，『道不可須臾離』也只是這個道[三九]。見得是自家合當做底便做將去，不當做底斷不可做，只是如此。」又曰：「爲學無許多事，只是要持守身心，研究道理，分別得是非善惡，直是『如好好色，如惡惡臭』，到這裏方是踏着實地，自住不得。」又曰：「經書中所言只是這一個道理，都重三疊四說在裏，只是許多頭面出來。如語孟所載也只是這許多話。一個聖賢出來說一番了，一個聖賢又出來從頭說一番。如書中堯之所說也只是這個，舜之所說也只是這個，以至於禹、湯、文、武所說也只是這個，又如詩中周公所贊頌文、武之盛德亦只是這個。便若桀紂之所以危亡，亦只是反了這個道理。若使別撰得出來，古人須自撰了。惟其撰不得，所以只共這個道理。」又曰：「讀書須是件件讀。理會了一件方可換一件，這一件理會得通徹是當了，則終生[四〇]更不用再理會，後來只須把出來温尋涵泳便了。若不與逐件理會，則雖讀到老依舊是生底，又却如不曾讀一般，又[四一]濟甚事。正[四二]如喫飯，不成一日都要喫得盡，須與分做三頓喫，只恁地頓頓喫去，知一生喫了多少飯！讀書亦如此。」𣿬因說：「學者先立心志爲難。」先生曰：「也無許多事，只是一個敬，徹上徹下只是這個道理。到得剛健，便自然勝得許多物慾之私。」温公謂：「人以爲如制驛馬、如斡磬石之難也。靜而思之，在我而已。如轉户樞，何難之有？」以上𣿬自録，下見諸録。［四三］

楊𣿬［四四］問：「『思無邪』，固要得如此，不知如何能得如此？」曰：「但邪者自莫思便了。」又問：「且如持敬，豈不欲純一於敬？然自有不敬之念固欲與己相反，愈制則愈甚。或謂只自持敬，雖念慮妄發莫管他，久將自定，還如此得否？」曰：「要之，邪正本不對立，但恐自家胸中無個主。若有主，邪自不能入。」又問：「不敬之念非出於本心。如忿慾之萌，學者自［四五］當自克，雖聖賢亦無如之何。至於思慮妄發，欲制之而不能。」曰：「纔覺恁地，自家便挈起了，但莫先去防他。然此只是自家見理不透，做主不定，所以如此。大學曰『物格而後知至，知至而後意誠』，纔意誠則自然無此病。」與立。［四六］

一日因論讀大學，答以每爲念慮攪擾，頗妨工夫。先生［四七］曰：「只是不敬。敬是［四八］惺惺底法，以敬爲主則百事皆從此做去。今人都不理會我底，自不知心所在，都要理會他事，又要齊家、治國、平天下。心者，身之主也。撐船須用篙，喫飯須使匙，不理會心是不用篙、不使匙之謂也。攝心只是敬。纔敬，看做甚麽事，登山亦只這個心，入水亦只這個心。」訓懇，自録。［四九］

先生問時舉［五〇］云：「子善別後做甚工夫？」時舉云：「自去年書院看孟子至告子，歸後雖日在憂患中，然夜間亦須看一二章。至今春看了，却看中庸。見讀程易。此讀書工夫如此。若裹面工夫，尚多間斷，未接續成片段，將如之何？」先生曰：「書所以維持此心，若一時放下則一時德性有懈，若能時時讀書，則此心庶可無間斷矣。」因問：「『日夜之所息』，舊兼止息之義，今只在[五一]生息之義，如何？」先生云：「近看得只是此義。」時舉云：「凡物日夜固有生長，若良心既放而無操存之功，則安得自能生長？」先生曰：「放去未遠故亦能生長，但夜間長得三四分，日間所爲又做了七八分，却摺轉來，都消磨了這些子意思，此所以終至於梏亡也。」以下訓時舉。[五二]

先生問時舉：「觀書如何？」時舉自言：「常苦於粗率，無精密之功，不知病根何在？」先生曰：「不要討甚病根，但知道粗率，便是病在這上，祇便更加子細便了。今學者亦多來求甚[五三]病根。某向他説頭痛灸頭，脚痛灸脚。病在這上只治這上便了，更別討甚病根也。」[五四]

問「管仲之器小哉」處，説及王伯之所以異。先生曰：「公看文字好立議論，是先以己意看他，却不以聖賢言語來澆灌胸次，爭[五五]這些子不好。自後只要白看乃好。」

先生歷言諸生之病甚切。謂時舉：「看文字也却細膩親切，也却去身上做工夫，但只是不去正處看，却去偏傍處看。如與人説話相似，不向面前看他，却去背後尋索，以爲面前説話皆不足道，此亦不是些小病痛。想見日用工夫也只去小處理會，此亦是立心不定故爾，切宜戒之。」

時舉請問云：〔五六〕「久侍師席，今將告違，不勝依戀。〔五七〕然氣質偏蔽，不能自知，尚望先生〔五八〕賜以一言，使終身知所佩服。」先生曰：「凡前此所講論者不過如此，亦別無他說，但於大本上用力，凡讀書窮理須要看得親切。某少年曾有一番專看親切處，其他器數都未暇考。此雖未爲是，却與今之學者泛然讀過者似亦不同。」

早拜朔，先生說：「諸友相聚已半年，光陰易過。其間看得文義分明者所見亦未能超詣，不滿人意。兼是爲學須是己分上做工夫，有本領方不作言語說。若無存養，儘說得明，自成兩片，亦不濟事，況未必說得明乎？要須發憤忘食，痛切去做身分上功夫，莫荏苒，歲月可惜也！」是日，問時舉：「看詩外別看何書？」時舉答：「欲一面看近思錄。」先生曰：「大凡爲學有兩樣，一者是自下面做上去，一者是自上面做下來。自下面做上者便是就事事上旋旋〔五九〕尋個道理湊合將去，得到上面極處亦只一理。自上面做下者便是〔六〇〕先見得個大體，却自此而觀事物，見其莫不有個當然之理，此所謂自大本而推之達道也。若會做工夫者也〔六一〕須從大本上面〔六二〕理會將去便好。昔明道在扶溝謂門人曰：『爾輩在此只是學某言語，盍若行之？』謝顯道請問焉。却云：『且靜坐。』」時舉因云：「『雷在地中，復。先王以至日閉關，商旅不行，后不省方』，在學者分上說便是要安靜涵養，這些子善端耳定生。〔六三〕」曰：「若着實做工夫，要知這説話也不用説，若會做工夫便一字也來這裏使不着。此説某不欲説與人，却恐學者聽去便做空虚認了。且如程門中如游定夫，後來説底話大段落空無理會處，未必不是在扶溝時只恁地聽了。」時舉因言平日學問次第云云。先生曰：「此心自不用大段拘束他，既[六四]在這裏又要向那裏討他。要知只是争個醒與睡着耳。人若醒時耳目聰明，應事接物便自然無差錯處。若被私慾引去，便一似睡着相似，只更與他唤醒來[六五]，纔醒又便無事矣。」時舉因云：「釋氏有豁然頓悟之貌[六六]，不知使得否？不知倚靠得否？」先生曰：「某也曾見叢林中有言頓悟者，然[六七]後來看這人也只尋常。如陸子静門人，初見他時常云有所悟，後來所爲却更顛倒錯亂。看來所謂豁然頓悟者，乃是當時略有所見，覺得果是浄潔快活，然稍久則却漸漸淡去了。何嘗倚靠得來？[六八]」時舉云：「舊時也有過般狂戒[六九]時節，以爲聖人便即日可到。到後來果如先生所云漸漸淡了，到今日却只得逐旋挨去。然早上聞先生賜教云『諸生工夫不甚超詣』，時舉退而思之。不知如何便得超詣？」先生云：「只從大本上理會，亦是逐旋挨去自會超詣。且如今學者考理一如在淺水上撑船相似，但覺辛苦不能鄉前。須是從上面放得些水來添，便自然撑得動，不用費力，滔滔然去矣。今有學者在某門者，其於考理非不精當，説得來置水不漏，直是理會得好。然所爲却顛倒錯繆，全然與所知者相反。人只管説[七〇]道某不合引他，如今被他累却不知。渠實是理會得，某如何不與他説？他凡所説底話，今世俗人往往有全曉不得者。

他之所説非不精明，然所以所爲背曉[七一]者，只是不曾在源頭上用力故也。往往他一時明敏，隨處理會，便自曉得分明，然源頭上不曾用功，只是徒然耳。」時舉因云：「如此者，不是知上工夫欠，乃是行上全然欠耳。」先生曰：「也又緣他[七二]知得不實，故行得無力。」時舉云：「惟其不見於行，是以知不能實。」時舉嘗謂，知與行互相發明之説，誠不可易之論。」先生又云：「此心虚明，萬理具足，外面理會得者即裏面本來有底，只要自大本而推之達道耳。」先生又謂時舉曰：「朋友相處要得更相規戒，有過則相[七三]告。」時舉應喏。先生曰：「然小過只曉曉底説，又似没緊要相似。大底過失又恐他已深固[七四]，不容易説。要知只盡公之誠意耳。」又云：「本領上欠了工夫，外面都是閑。須知道大本若立，外面應事接物上道理都是大本上發出。如人折這一枝花，只是這花根本上物事。」以上並時舉自録。按董銖録同，但次序小異，更不復出。[七五]

洪慶將歸，先生召入與語。出洪慶前所問[七六]卷子，示曰：「議論也平正。兩日來反覆爲看，所説者非不是，但其中言語多似不自胸中流出。原其病痛[七七]只是淺耳，故覺見枯燥，不甚條達。合下原頭欠少工夫，今先須養其源始得。此去且存養，要這個道理分明常在這裏，久自有覺，覺後自是此物洞然通貫圓轉。」乃舉孟子「求放心」、「操則存」兩節，及明道先生語録中「聖賢教人千言萬語，下學上達」一條云：「自古聖賢教人也只就這理上用功，所謂放心者不是走作向別處去。蓋一瞬目間便不見，纔覺得便又在面前，不是苦難收拾，公且自去提撕便見得是如此〔七八〕。」又曰：「如今要下工夫且須端莊存養，獨觀昭曠之原，不須枉費工夫鑽紙上語。待存養得此中昭明洞達，自覺無許多窒礙。恁時方取文字來看，則自然有意味，道理自然透徹，遇事時自然迎刃而解，皆無許多病痛。此等〔七九〕不欲對諸人説，恐他不肯去看文字又不實了。且教他看文字，撞來撞去將來自有撞着處。公既年高，又做這般工夫不得，若不就此上面着緊用工，恐歲月悠悠，竟無所得。」又曰：「近來學者，如漳泉人物於道理上發得都淺，却是作文時文采發越粲然可觀；謂堯卿、至之。〔八〇〕浙間士人又却好就道理上壁角頭着工夫，如某人輩子善、叔恭。恐也是風聲氣習如此。」又云：「今之學者有三樣人才，一則資質渾厚，却於道理上不甚透徹，一則儘理會得道理，又生得直是薄，一則資質雖厚，却飄然説得道理儘多，又似承當不起。要個恰好底，難得。此間却有一兩個朋友理會得好。如公資質如此，何不爲？只爲源頭處用工較少。而今須喫緊著意做取。尹和靖在程門直是十分鈍底，被他只就一個『敬』字上做工夫，終被他做得成。」因説及陳後之、陳安卿二人爲學頗得蹊徑次第。又曰：「顔子與聖人不争多，便是聖人地位，但顔子是水初平、風浪初静時，聖人則是水已平、風恬浪静時。」又曰：「爲學之道須先有〔八一〕得這個道理方可講究。若居處必恭、執事必敬、與人必忠，要如顔子直須就視聽言動上警戒到復禮處。仲弓『出門如見大賓，使民如承大祭』，是無時而不主敬。如今亦不須較量顔子、仲弓如何會如此，只將他那事就自家切己處便做他底工夫，然後有益。」又曰：「爲學之道如人耕種一般，先須辨了一片地在這裏了，方可在上耕種。今却就別人地上鋪排許多種作底物色，這田地元不是我底。又如人作商，亦須先安排許多財本方可運動，若財本不贍則運動未得。到論道處，如説冰［八二］只説是冷，不能以『不熱』字説得；如説湯只説是熱，不能以『不冷』字説得。又如飲食，喫着酸底便知是酸底，喫着鹹底便知是鹹底始得。」語多不能盡記，姑述其大要者如此。訓洪慶，自録［八三］。按林恪亦録此條，前略而後異，今附，云：［八四］「石子餘將告歸，先生留飯，飯罷，召入與語，將子餘所問目出，［八五］曰：『兩日反覆與公看，見得公所説非是不是，其病痛處只是淺耳。淺，故覺得枯燥，不恁條達，是源頭處元不曾用工夫來。今須是整肅［八六］，存養得這個道理分明，常在這裏，持之以久，自然有得。看文字自然通徹，遇事自然圓轉，不見費力。』乃舉孟子『學問之道無它，求其放心而已矣』、『操則存，捨則亡，出入無時，莫知其鄉』二節，及明道先生語録『聖賢千言萬語，只是欲人將已放之心約之使反覆入自［八七］來，下學而上達』，云：『自古聖賢教人只是就這個道理上用功。放心不是走作別處去。一霎眼間即便不見，纔覺便又在面前，不是難收拾，公後來［八八］自去提撕，便見得是如此［八九］。今要下工夫，告［九〇］且獨觀昭曠之原，不須得［九一］枉用工夫鑽紙上語。存得此中，昭明條暢，自覺無許多窒礙，方取文字來看，便見有味。道理通透，遇事則迎刃而解，無許多病痛。然此等語不欲對諸公説，且教它自用工夫，撞來撞去自然撞着。公既年高，若不如此下工夫，恐悠悠歲月，竟無所得。』又云：『某少時爲學，十六歲便好理學，十七歲便有如今學者見識。後得謝顯道論語，甚喜，乃熟讀。先將朱筆抹出語意好處；又熟讀得趣，覺見朱抹處太煩，再用墨抹出；又熟讀得趣，別用青筆抹出；又熟讀得其要領，乃用黃筆抹出。至此，自見所得處甚約，只是一兩句上，却日夜就此一兩句上用意玩味，胸中自是洒落。』」

節[九二]問學問之端緒。答[九三]曰：「且讀書依本分做去。」以下訓節。[九四]

節[九五]問：「事有合理而有意爲之者[九六]，如何？」答[九七]曰：「事雖義而心則私。如路，好人行之亦是路，賊行之亦是路。合如此者是天理，起計較便不是。」

「只是揮扇底，只是不得背着他。」節問曰：「只順他？」先生曰：「只是循理。」

節[九八]問：「應事心便去了。」答[九九]曰：「心在此應事，不可謂之出在外。」

節[一〇〇]問：「欲求大本以總括天下萬事。」答[一〇一]曰：「江西便有這個議論。須是窮得理多，然後方[一〇二]有貫通處。今理會得一分便得一分受用，理會得二分便得二分受用。若『一以貫之』，儘未在。陸子靜要盡掃去從簡易。某嘗說，且如做飯，也須趁柴理會米，無道理合下便要簡易。」

不曾說教胡亂思，說「謹思」。將與人看不得。公要討個無聲無臭底道，雖視之不見、聽之不聞，然却開眼便看見、開口便說着。雖「無極而太極」，然只是眼前道理。若有個高妙底道理而聖人隱之，便是聖人大無狀。不忠不信，聖人首先犯着。

節[一〇三]問：「篤行允蹈皆是作爲，畢竟道自道，人自人，不能爲一。」答[一〇四]曰：「爲一則聖人矣，『不勉而中，不思而得，從容中道』。」節[一〇五]又問：「顏子『不遠復』，『擇乎中庸』。

顔子亦未到此地。」答[一〇六]曰：「固是。只爲後人把做易了，後遂流爲異端。」

節[一〇七]問：「事事當理則必不能容，能容則必不能事事當理。」答[一〇八]曰：「容只是寬平不狹。如這個人當殺則殺之，是理合當殺，非是自家不容他。」

節[一〇九]問：「節昔以觀書爲致知之方，今又見得是養心之法。」曰：「較寬，不急迫。」又曰：「一舉兩得，這邊又存得心，這邊理又到。」節復問：「心在文字，則非僻之心自入不得？」先生應。

節[一一〇]問：「觀書或曉其意而不曉字義。如『從容』字，或曰『横出爲從，寬容爲容』，如何？」曰：「這個見不得。莫要管他横出、包容，只理會言意。」

節初到一二日，問「君子義以爲質」一章。曰：「不思量後只管去問人，有甚了期？向來某人自欽夫處來，録得一册將來看。問他時，他説道那時陳君舉將伊川先生易傳在看，檢兩版又問一段，檢兩版又問一段。欽夫他又率略，只管爲他説。據某看來自當不答。大抵問人，必説道古人之説如此，某看得[一一一]來是如此，未知是與不是。不然，便説道據某看得[一一二]來不如此，古人又如此説是如何。不去思量，只管問人，恰如到人家見人家[一一三]有倚子，却[一一四]去問他説道：[一一五]『你安頓這倚子是如何？』」

節[一一六]問：「何以驗得性中有仁義禮智信？」先生怒曰：「觀公狀貌不離乎嬰孩，高談每及於性命。」與衆人曰：「他只管來這裏摸這性，性若是去捕捉他則愈遠。理本實有條理。五常之體不可得而測度，其用則爲五官〔一一七〕，孝於親，忠於君。」又曰：「必有本，如惻隱之類，知其自仁中發；事得其宜，知其自義中出；恭敬，知其自禮中出；是是非非，知其自智中出；信者，實有此四者。眼前無非性，且於分明處作工夫。」又曰：「體不可得而見，且於用上着工夫則體在其中。」次夜曰：「吉甫昨晚問欲要見得性〔一一八〕中有仁義禮智。無故不解發惻隱之類出來，有仁義禮智，故有惻隱之類。」

以某觀之，做個聖賢，千難萬難。如釋氏則今夜痛説一頓，有利根者當下便悟，只是個無星之秤耳。

節〔一一九〕問：「精神收斂便昏，是如何？」曰：「也不妨。」又曰：「昏畢竟是慢。如臨君父、淵崖，必不如此。」又曰：「若倦且瞌睡些時，無害。」節〔一二〇〕問：「非是讀書過當倦後如此。是纔收斂來稍久便困。」曰：「便是精神短後如此。」

義剛〔一二一〕問：「打坐也是工夫否？」先生曰：「也有不要打坐底，如杲老之屬，他最説打坐不是。」又問：「而今學者去打坐後，坐得瞌睡時心下也大故定。」先生曰：「瞌睡時却不好。」

以下訓義剛。〔一二二〕

問説「漆雕開章」云云，先生不應。又説「與點章」云云，先生又不應。久之，却云：「公那江西人只管要理會那漆雕開與曾點，而今且莫要理會。所謂道者，只是君之仁、臣之敬、父之慈、子之孝便是。而今只去理會『言忠信，行篤敬』、『博學而篤志，切問而近思，仁在其中矣』，須是要『坐如尸』、『立如齊』。〔一二三〕而今却只管去理會那流行底，是〔一二四〕甚麼物事！　又不是打破一桶水，隨科隨坎皆是。」

義剛〔一二五〕又問：「格物工夫至爲浩大。如義剛氣昏，也不解泛然格得。欲且將書細讀，就上面研究義理，如何？」先生應云：〔一二六〕「那〔一二七〕書上也便有那〔一二八〕面前道理在。」義剛又言：「古人爲學皆是自小得人教之有方，所以長大來易入於道。如〔一二九〕義剛日前只是習作舉子〔一三〇〕業，好書皆不曾講究。而今驟收其放心，覺用力倍難。今欲且將那〔一三一〕小學等書理會，從洒掃應對進退與夫〔一三二〕禮、樂、書、數、射、御，從頭再理會起來〔一三三〕，不知如何？」先生曰：「也只是事事知致謹，常常持養，莫教放慢了便是。若是自家有個操柄時，便自不解到得十分走作了。」

義剛啓曰：「向時請問平生多悔之病，蒙賜教，謂第二番莫爲便了，也不必長長存在胸中。義剛固非欲悔，但作一事時千思萬量，若思量不透處又與朋友相度。合下做時自謂做得謹〔一三四〕密了，及事纔過，又便猛省着有欠缺處。纔如此略〔一三五〕着，則便〔一三六〕氣動了志，便是三兩日價〔一三七〕精神不定。不知此病生於何處？」先生曰：「便是難。」又言：〔一三八〕「便是難。不能得那〔一三九〕恰好處。顔子『仰之彌高，鑽之彌堅，瞻之在前，忽焉在後』，便是如此，便是不能得見這個物事定帖。這個〔一四〇〕也無着力處，聖人教人但不過是『博文約禮』，須是平時只管去講明，講明得熟時，後却解漸漸不做差了。」

「半〔一四一〕年得侍洒掃，曲蒙提誨，自此得免小人之歸，但氣質昏蒙，自覺易爲流俗所遷。今此之歸，且欲閉門不出，刻意讀書。皆未知所向，欲乞指示。」先生曰：「只杜門便是所向，別也無所向。只是就書上子細玩味、考究義理便是。」又云：「初拜先生，〔一四二〕具述平日之非與所以遠來之意，力求陶鑄及所以爲學之序。」先生曰：「人不自訟則没奈他何〔一四三〕。今公既自知其過，則講書窮理，便是爲學也無他陶鑄處。」問：「讀書以何者爲先？」曰：「且將論語、大學共看。」至是，又請曰：「大學已看了，先生解得分明，也無甚疑。論語已看九篇。今欲看畢此書更看孟子，如何？」先生曰：「好。孟子也分明，甚易看。」

「侍教半年，仰蒙曲賜〔一四四〕提誨。自正月間看論語，自〔一四五〕覺得略知入頭處。先生所以教人只要逐章逐句理會，不要揀擇。敬遵明訓，豈敢違越！〔一四六〕但此番歸去，恐未便得再到侍下，如語孟中設有大疑則無可問處。今欲於此數月揀大頭段來請教，不知可否？」先生曰：「好。」以上並義剛自録。〔一四七〕

蓋卿因言：「致知、格物工夫既到，然後應事接物始得其宜。若工夫未到，雖於應事接物之際未盡合宜，亦得〔一四八〕隨時爲應事接物之計也。」先生曰：「固是如此。若學力未到時，不成不去應事接物得〔一四九〕！且如某在長沙時，處之固有一個道理；今在路途，道理又別。人若學力未到，其於應事接物之間且隨吾學力所至處之。善乎明道之言！曰『學者全體此心。學雖未盡，若事物之來不可不應，但隨分限應之，雖不中，不遠矣』。」以下訓蓋卿。〔一五〇〕

蓋卿言於先生曰：「向來讀大學、語、孟、中庸四書，如水投石。近年得先生所論四書讀之，反覆潛玩，始覺意味深長。」先生曰：「且如此做工夫，有未透處且須放下，別理會一件。」〔一五一〕

蓋卿稟辭，且乞贈言。先生曰：「逐日所相與言者皆所〔一五二〕宜着工夫，不用重說。」蓋卿又請〔一五三〕曰：「此來幸甚，侍傳約之誨，所得洪多，然於承教之願猶未深愜。來歲儻尚未死，繼得爲遠謁函丈之計。〔一五四〕」先生曰：「人事不可預期。歸日宜一面着實做工夫。」蓋卿猶在先人服中。〔一五五〕

甲寅八月三日，蓋卿以書見先生於長沙郡齋，請曰：「蓋卿願從學久矣，乃今得遂所圖。然先生以召命戒途有日，殊爲匆匆，即欲隨諸生遇晚聽講。」先生曰：「甚好！甚好！」〔一五六〕是晚請教者七十餘人。或問先生云〔一五七〕：「向蒙見教，讀書須要涵泳，須要浹洽。因看孟子千言萬語只是論心。七篇之書如此看，是涵泳工夫否？」先生曰：「某爲見此中人讀書大段鹵莽，所以說讀書須當涵泳，只要子細尋繹，令胸中有所得爾。如吾友所說又襯貼一件意思，硬要差排，看書豈是如此？」又有〔一五八〕一士友曰：「先生『涵泳』之説乃杜元凱『優而柔之』之意。」先生曰：「固是如此，亦不用如此解説。所謂涵泳者，只是子細讀書之異名也。大率與今人説話便是難處〔一五九〕。某只是〔一六〇〕説一個『涵泳』，一人硬來差別〔一六一〕，一人硬來解説。此是隨諸生解，支離延蔓，閑説閑講，少間展轉，只是添得多、説得遠，却要做甚？〔一六二〕若是〔一六三〕如此講書、如此聽人説話，全不是自做工夫，全無巴鼻，可知是使人説學是空談。此中人所問大率如此，好理會處不理會，不當理會處却支離去説，説得全無意思。」以上蓋卿自録。〔一六四〕

初見，先生云：「某自到此，與朋友亦無可説，古人學問只是爲己而已。聖賢教人具有倫理。學問是人合理會底事，學者須是切己方有所得。今世有人〔一六五〕知爲學者，聽人説一席好話亦解開悟，到切己工夫却全不曾做，所以悠悠歲月，無可理會。若使切己下工，聖賢言語雖散在諸書，自有個通貫道理，須實有見處，自然休歇不得。如人趁養家一般，一日不去趁便受飢餓。今人事無小大皆老草過了。只如讀書一事，頭邊看得兩段便揭過後面，或看得一二段，或看得三五行，或都不看，〔一六六〕殊不曾子細理會，如何會有益？」或問：「人講學不明，用處全差了。」先生云：「不待酬酢應變時。若學不切己，自家一個渾身自無處着，雖三魂七魄亦不知下落，何待用時方差？」坐間有言及傅子囦者。先生云：「人雖見得他偏，見得他不是，此邊却未有肯着力做自家工夫，如何不爲他所謾？近世人大被人謾，可笑！見人胡亂一言一動便被降下了，只緣自無工夫，所以如此。便又有不讀書之説可以誘人，宜乎陷溺者多。」先生又云：「彼一般説話雖是説禪，却能鞭逼得人緊。後生於此邊既無所得，一溺其説便把做件事做，如何可回？終竟他底不是，愈傳愈壞了人。」或又云：「近世學者多躐等。」先生云：「亦更有不及等人。」以下訓謙。

謙〔一六七〕問：「爲學工夫，以何爲先？」先生云：「亦不過如前所説，專在人自立志。既知這道理，辨得堅固心，一味向前，何患不進？只患立志不堅，只恁聽人言語，看人文字，終是無得於己。」或云：「須是做工夫，方覺言語有益。」先生云：「別人言語亦當子細窮究。孟子説『我知言，我善養吾浩然之氣』，知言便是窮理別人言語。他自邪説，何與我事？被他謾過，理會不得便有陷溺。所謂『生於其心，害於其政；作於其政，害於其事』，蓋謂此也。」

「德之看文字尖新，如見得一路光明便射從此一路去。然爲學讀書寧詳毋略，寧近毋遠，寧下毋高，寧拙毋巧。若一向罩過，不加子細，便看書也不分曉。然人資質亦不同，有愛趨高者，亦有好務詳者。雖皆有得，然詳者終是看得溥博浹洽。」又言：「大學等書向來人只説某説得詳，如何不略説使人自致思？此事大不然。人之爲學只是爭個肯不肯耳。他若無得，不肯向這邊，略亦不解致思；他若肯向此一邊，自然有味，愈詳愈有意味。」以上皆謙自録，下見諸録。〔一六八〕

廖兄請曰：「某遠來求教，獲聽先生雅言至論，退而涵泳，發省甚多。旅中只看得先生大學章句、或問一過，所以誨人者至矣。爲學入德之方無以加此，敢不加心！明日欲別誨席，更乞一言之賜。」先生曰：「他無説，只是自下工夫便有益。此事元不用許多安排等待，所謂『造次顛沛必於是』也，人只怕有悠悠之患。」廖兄復對曰：「學者之病多在於〔一六九〕悠悠，極荷提策。」先生云：「見得分曉便當下工夫。時難得而易失，不可只恁地過了。」蓋卿。

先生問自修云〔一七〇〕：「前此得書，甚要講學，今有可説否？」自修云：「適值先生去國匆匆，不及款承教誨。」先生云：「自家莫匆匆便了。」訓自修，自録。〔一七一〕

紹熙甲寅四月二十一日晦庵朱先生〔一七二〕奉天子命就國於潭，道過臨江。長孺自吉州吉水縣〔一七三〕山間越境迎見先生，與之進〔一七四〕某四拜，先生受半答半。某〔一七五〕跪進劄子，其〔一七六〕略云：「某嘗謂問答之際，此最學者之大機也。蓋問必有疑，疑必有釋，答必有要，要不容隱。〔一七七〕竊觀聖賢之間惟兩答〔一七八〕最親切極至，學者不可忽也。〔一七九〕『子路、曾皙、冉有、公西華侍坐。子曰：「居則曰不吾知也。如或知爾則何以哉？」』子路以使勇對，冉有以足民對，子華以小相對。三子者，夫子皆未之領許也。獨曾點下一轉語：『「異乎三子者之撰。莫春者，春服既成，冠者五六人，童子六七人，浴乎沂，風乎舞雩，詠而歸。」夫子喟然嘆曰：「吾與點也！」』此是一問答。『子貢問：「有一言而可以終身行之者乎？」子曰：「其恕乎！」』此是一問答。是故善答者莫如點，善問者莫如賜。點之答□□而有德，賜之問搜徑而無歧。其有德者，顏子不改其樂之意；其無歧□□□道一以貫之之意。故曰善答者莫如點，善問者莫如賜。〔一八〇〕晚進末學〔一八一〕懵不知道，先生若曰：『如或知爾則何以哉？』長孺未有以對也。長孺狂妄，將有請問於先生曰：『有一言而可以終身而〔一八二〕行之者乎？』先生推先聖之心，慰學者之望，不孤某〔一八三〕所以委身受教之誠，賜金聲玉振之音。」舉中說云「通於夫子，受罔極之恩」。〔一八四〕先生閱劄子畢，欣然一笑〔一八五〕曰：「恁地却不得。子貢問夫子：『得〔一八六〕一言而可以終身行之者乎？』子曰：『其恕乎！』此只是就子貢身上與他一個『恕』字。若其他學者要學聖人，煞有事件，如何將一個字包括得盡。」某〔一八七〕問曰：「先生云一個字包不盡，極是，但大道茫茫，何處下手？也〔一八八〕須有一個切要可以用功夫處。願先生指教。〔一八九〕」先生乃舉中庸一章云：「大哉聖人之道。洋洋乎發育萬物，峻極於天，優優大哉。禮儀三百，威儀三千，待其人而後行。故曰苟不至德，至道不凝焉。故君子尊德性而道問學，致廣大而盡精微，極高明而道中庸，溫故而知新，敦厚以崇禮。」〔一九〇〕既〔一九一〕誦訖，遂言曰：「『尊德性，道問學；致廣大，盡精微；極高明，道中庸；溫故，知新；敦厚，崇禮』，只從此下工夫理會。」某問〔一九二〕曰：「何者是德性？何者是問學？」先生曰：「不過是『居處恭，執事敬』、『言忠信，行篤敬』之類，都是德性。至於問學則煞闊，條項甚多。事事物物皆是問學，無窮無盡。」某〔一九三〕曰：「德性却如何尊？問學却如何道？」先生曰：「尊德性做一件重事，莫輕忽他，只此是尊。」

時先生手中持一扇，因舉扇而言：「且如這一柄扇，自家不會做，去問人扇如何做。人教之以如何做，既聽得了須是自〔一九四〕去做這扇便得，如此方是道問學。若問〔一九五〕得去便〔一九六〕掉下不去做，如此便不是道問學。」某〔一九七〕曰：「如先生之言，『道』字莫只是訓『行』否？」先生頷之，而曰：「自『尊德性』而下，雖是五句，却是一句總四句；雖是十件，却是〔一九八〕兩件總八件。」某問曰：〔一九九〕「如何是一句總四句？」先生曰：「『尊德性，道問學』，這一句爲主，都總得『致廣大，盡精微；極高明，道中庸；温故，知新；敦厚，崇禮』四句。」某問曰：〔二〇〇〕「如何是兩件統八件？不知分別那個四件屬『尊德性』？那個四件屬『道問學』？」先生曰：「致廣大、盡精微、極高明、道中庸，這四件屬尊德性。温故、知新、敦厚、崇禮，這四件屬道問學。」〔二〇一〕某問曰：〔二〇二〕「如何『致廣大』？如何『盡精微』？」先生曰：「自家須要做聖賢事業，致〔二〇三〕聖賢地位，這是『致廣大』。然須是從洒掃應對進退間色色留意方得，這是『盡精微』。」某曰：〔二〇四〕「如何『極高明』，尚〔二〇五〕『道中庸』？」先生曰：「此身與天地並，這是『極高明』。若只說却不踏實地，無進步〔二〇六〕處，亦只是胡說。也須是自家周旋委曲於規矩準繩之中，到俯仰無愧怍處始得，這是『道中庸』。」某問曰：〔二〇七〕「如何『温故』？如何『知新』？」先生曰：「譬如讀論語，今日讀這一段所得是如此，明日再讀這一段所得又如此。兩日之間所讀同而所得不同，這便是『温故知新』。」某問曰：〔二〇八〕「如何『敦厚』？如何『崇禮』?」先生曰：「若只是恁地敦厚，却塊然無用也，須見於〔二〇九〕運量酬酢、施爲注措之間發揮出來始得。」某謝曰：〔二一〇〕「先生〔二一一〕教誨親切明白，後學便可下工夫。極感！〔二一二〕」先生又諷誦「大哉聖人之道。洋洋乎發育萬物，峻極于天，優優大哉。禮儀三百，威儀三千，待其人然後行。故曰『苟不至德，至道不凝焉』」等數語而贊之，曰：「這全在人。且如『發育萬物，峻極于天』、『禮儀三百，威儀三千』，甚次第大事，只是一個人做了。然而下面又待〔二一三〕地拈出，謂『苟不至德，至道不凝焉』，結這兩句最爲要切。須先了得『禮儀三百，威儀三千』，然後到得『發育萬物，峻極于天』去處。這一個『凝』字最緊，若不能凝，則更無些子屬自家，須是凝時方得。所謂『至德』便是『禮儀三百，威儀三千』，所謂『至道』便是『發育萬物，峻極于天』，切須着力理會。」〔二一四〕某〔二一五〕請曰：「先生之教，某既得而聞之矣。〔二一六〕恒某〔二一七〕愚陋，恐不能盡記先生之言論風指〔二一八〕，不知先生或〔二一九〕可以書爲一説，使某奉承而退，朝夕服膺，〔二二〇〕如何?」先生復〔二二一〕笑曰：「某不立文字，尋常只是講論。適來所説盡之矣。若吾友得之於心，推而行之，一向用工，儘有無限，何消某寫出！若於心未決〔二二二〕，縱使寫在紙上看來是甚麽物事，吾友見〔二二三〕在紙上尋討，又濟甚事！」某〔二二四〕謝曰：「先生之誨，敢不敬聽！當自此探討力行。〔二二五〕」先生曰：「且着力勉之！勉之！」某將〔二二六〕起，先生留飯，置酒三行，燕語久之，飯罷辭去，退而記之。訓長孺，自録。〔二二七〕